WEBLOGIC EXPERT

설치에서 트러블슈팅까지
웹로직의 모든 것

WEBLOGIC EXPERT

엔지니어, 개발자, 아키텍트, 운영자를 위한
버전 8부터 12까지

설치에서 트러블슈팅까지
웹로직의 모든 것

이규석 · 김민수 지음

i!i
에이콘

당신을 곤경에 빠뜨리는 것은
당신이 모르고 있는 것이 아니라,
그럴 리 없다고 당신이 확신하고 있는 것이다.

- 마크 트웨인

추천의 글

웹로직 엔지니어로서 지금까지 웹로직에 대한 서적들은 종종 있었지만 정작 실무자들을 위한 도서는 거의 없었던 것 같다. 이 책은 웹로직 8.1부터 가장 최신 버전을 모두 아우르며, 설치부터 트러블슈팅까지 보기 쉽게 정리했다. 또한 오랜 시간 동안 실제 사용자들이 많이 겪어온 문제에 대해 패턴별로 잘 정리한 책이다. 좋은 책은 특별히 광고를 하지 않아도 많이 팔리게 되어 있다. 웹로직을 담당하는 분들이라면 거의 모든 분들이 이 책을 소장하고 때가 묻을 정도로 많이 참고하리라 생각한다. 관련 종사자 분들이 꼭 읽어볼 것을 권하고 싶다.

– **이범** / 한국오라클 OFM 사업부 부장

전 세계에서 가장 많이 사용되는 상용 WAS인 웹로직 서버의 국내서 출간을 진심으로 기쁘게 생각한다. 오라클의 공식 문서로 활용해도 손색이 없을 정도로 짜임새 있는 구성과, 저자의 지식과 경험에 근거한 깊이 있는 내용을 담아 웹로직 개발자나 운영자라면 반드시 소장해야 할 책이라 단언한다. 웹로직을 알아가기 위해 수없이 구글창을 열고 닫았을 한국의 모든 웹로직 개발자와 운영자들에게 웹로직 서적의 바이블이 될 것임을 확신하며 강력히 추천한다. 영문 매뉴얼만을 제공하기로 악명(?) 높은 오라클을 대신하여 기꺼이 자신들의 경험과 기술을 공유해주신 두 저자분께 감사의 말씀을 전한다.

– **이미정** / 한국오라클 OFM 사업부 컨설턴트

웹로직은 다양한 인더스트리에서 특히 미션크리티컬mission-critical한 시스템에서 사용되고 있는 WAS이다. 시장 기술을 선도하고 높은 안정성으로 인정받고 있지만, 실제 실무자들이나 처음 웹로직을 배우고자 하는 사람들이 늘 곁에 두고 볼 수 있는 제대로 된 한글 책이 없었던 것이 항상 아쉬웠다. 이 책은 가장 기본적인 설치에서부터 구성, 트러블슈팅까지 어떤 수준의 독자라도 도움을 받을 수 있는 아주 유용한 책이라고 생각한다. 강력히 추천하는 바이다.

    – **이창재** / 한국오라클 OFM 아키텍트

16년 전만 해도 모두에게 낯설었던 웹로직 서버는 오늘날 WAS의 기준이 되었으며, 중요한 많은 시스템에서 도입되는 핵심 소프트웨어로 자리매김했다. 그러나 아직까지도 웹로직 서버를 사용하기란 어려운 일이고 수많은 장애에 대처하기에도 실무자들의 경험이 부족한 것이 현실이다. 그렇다고 매번 교육을 받을 수도 없으며, 매뉴얼은 복잡하기만 하다. 이러한 측면에서 WAS를 운영하는, 혹은 개발하는 사람이라면 이 책을 꼭 옆에 두고 보기를 권한다. 특히 간단한 구성에서 필요한 기능을 구현하는 방법, 그리고 저자의 경험이 고스란히 담겨 있는 '트러블슈팅' 내용은 이 책의 가치를 높여주는 부분이다. 특히 처음 시작하는 운영자나 개발자라면 이 책이 좋은 길잡이가 되어 줄 것이라 믿는다.

    – **김태전** / 델소프트웨어코리아 이사

이 책은 저자의 다양한 필드 경험을 통한 구성 방법론과 각 버전별 특징 등이 잘 정리되어 있고, WAS에 대한 이해와 웹로직의 특성과 문제점, 그리고 문제 해결 방법 등에 대해 독자들이 쉽게 이해하고 찾을 수 있도록 잘 정리되어 있다. 성능과 안정성을 고려한 인프라 설계 시 참고할 수 있는 케이스별 적용 방법이 잘 정리되어 있어 ICT 분야에서 프론트엔드의 설계나 구성 시 많은 도움이 되며, WAS 스택별 명칭 설명이 친절하게 정리되어 있어 처음 이 분야에 관심을 갖고 접하는 사람들도 쉽게 이해할 수 있게 구성되어 있다. WAS를 이해하고 싶고, 웹로직을 선택해 시스템을 구성하려는 사람들에게 추천하고 싶은 책이다.

    – **전종범** / KT IT기술전략담당 TA 전문컨설턴트

지은이 소개

이규석 hahohh@gmail.com

(주)지티플러스에 근무하면서 WEB/WAS 엔지니어로 주로 기업과 공공 서비스에 대한 기술지원을 수행하였다. 현재는 갈라랩에서 서버 프로그래머로 C++ 베이스의 서버 개발과 함께 웹기술과 nosql, 기계학습 등의 기술을 활용, 접목시키는 역할을 하고 있다.

김민수 ckolivia@gmail.com

(주) 지티플러스에서 WEB/WAS 엔지니어로 기업의 제조와 통신 서비스에 대한 기술지원을 수행하였으며 집필에 대한 지식을 바탕으로 현재는 한화 S&C에서 미들웨어 운영업무를 담당하고 있다.

WAS 엔지니어로 일을 하면서 지인들에게 소개를 하거나 명함을 교환하면 흔히 받는 질문이 있습니다.

"WAS 엔지니어가 무슨 일을 하는 거예요?"

여러 예를 들어가며 설명해보지만, 결국 돌아오는 대답은 "무슨 일인지 잘 모르겠네요."입니다.

WAS를 포함한 미들웨어 엔지니어는 흔한 직업도 아니고, IT 분야에서도 잘 알려지지 않은 직종입니다. 미들웨어 엔지니어란, 인터넷 쇼핑몰과 같은 서비스에서 사용하고자 개발된 웹 애플리케이션을 실행할 수 있는 기반 환경을 구성하고, 발생하는 장애 상황을 해결하며, 나아가 더 나은 환경을 만드는 직종입니다.

WAS는 크게 오라클 웹로직 서버Oracle WebLogic Server, IBM 웹스피어WebSphere, 티맥스 제우스TMAX JEUS와 같은 상용소프트웨어 진영과 제이보스JBoss나 톰캣Tomcat과 같은 오픈소스 진영이 있습니다. 이 책에서는 상용소프트웨어 중 오라클 웹로직 서버를 설명합니다. 일반적으로 '웹로직'이라 함은 해당 제품을 말합니다.

저는 실무에 있으면서 신입 엔지니어나 웹로직을 처음 접하는 운영자를 많이 접하고, 그들의 고민을 지켜봤습니다. 웹로직 자체를 주제로 한 서적은 시중에 거의 없습니다. 그러다 보니 자신의 실력을 향상시킬 정확한 가이드 라인은 오라클 도큐먼트나 회사 내 문서, 인터넷 블로그가 대부분이라 볼 수 있습니다.

영문으로 된 오라클 도큐먼트를 참고해 모든 기능을 파악하면서 테스트하는 것이 가장 좋겠지만, 대부분의 사람은 본능적으로 모국어로 쓰여지고 접근하기 쉬운 인터넷 블로그를 참조하는 경우가 더 많습니다. 하지만 블로그의 경우 자신의 경험에 대한 결과를 기술한 것이 많고, 일부는 검증된 자료가 아니어서 때에 따라 시행착오로 인한 시간 낭비로 밤을 새는 경우도 자주 봤습니다. 그래서 저는 WAS 엔지니어로 일하면서 기록해둔 웹로직의 노하우를 책으로 정리해 독자분들께 웹로직 전문가가 될 수 있는 비책을 제공하려고 합니다.

이 책을 처음부터 차근차근 숙지한다면 웹로직 전문가가 됨에 무리가 없을 것입니다. 더불어 이 책을 통해 WAS를 이해하고 나아가 자바와 자바 EE 환경을 이해하기를 바랍니다.

감사의 글

이 책이 출간되기까지 많은 분의 도움이 있었습니다. 그 분들이 없었다면 이 책은 단지 메모 형태의 파일로나 남아 있었을 겁니다. 격려와 도움을 주신 분들에게 감사의 마음을 전합니다.

두 분의 아버지와 두 분의 어머니
결혼을 통해 이제는 아버지와 어머니가 두 분씩 생겼습니다. 부모님의 사랑과 관심, 격려는 매순간 의지가 됩니다. 특히 컴퓨터 과목 선생님이신 아버지와 개발자인 또 한 분의 아버지, 이런 아버님들이시기에, 그리고 이러한 남편을 둔 어머님들이시기에 더 이해하시고 관심을 갖고 응원해주시지 않았나 싶습니다. 앞으로도 부모님에 비하면 부족하겠지만 이 기회에 마음을 전합니다. 사랑합니다. 감사합니다.

김태전 (델소프트웨어코리아 이사)
제 인생에서 새로운 터닝포인트의 큰 기회를 제공해주신 김태전 이사님. 삼촌과의 인연이 아니었다면 아마도 웹로직이라는 세상을 몰랐을 겁니다. 일과 사람을 대함에 있어서의 자세에서 늘 초심을 잃지 말라는 조언을 잊지 않으려고 노력하고 있습니다. 이 책의 방향을 잡는 데 삼촌의 조언이 아니었다면 출간되기까지 더 많은 시간이 걸렸을 텐데 다시 한 번 감사드립니다. – 김민수

전종범 (KT IT기술전략담당 TA 전문컨설턴트)
대학원에서 맺은 선후배의 인연으로 제 인생에서 더 없이 중요한 멘토인 종범오빠. 오빠와의 커뮤니케이션은 제게 늘 신선한 자극제가 되어서 절 단단하게 해주는것 같습니다. 일을 함에 있어 제가 가진 장점과 단점을 어떻게 다듬어가고 활용할 것인가, 인

생은 어떻게 살아갈 것인가 등 대화의 주제가 인문학이든 철학이든 상관없이 저의 질문에 척척박사처럼 대답해주시는 오빠와의 시간은 정말 흥미진진하고 재미있는 시간입니다. 감사합니다. - 김민수

임상우 (이스트 인터랙티브 기술이사)
'책을 쓴다'라는 결정적 동기 부여를 해준 상우 형에게 특별한 감사의 말을 전하고 싶습니다. 형의 경력과 책무에서 나오는 조언과 충고는 엔지니어로서만이 아닌 세상을 살면서 갖춰야 할 생각과 행동, 나아가야 할 방향을 고민하게 합니다. 덕분에 책을 써 봄으로 인해 알았던 지식을 정리하고 부족했던 지식과 지금의 일을 다시 되돌아보는 기회를 갖게 되었음에 깊은 감사의 말을 전합니다. - 이규석

그리고 여러분께
또한 특별히 형으로서의 책임감을 주는 동생 규현이, 아인이, 민진이, 지금 해야 할 일을 고민하고 나아갈 수 있도록 조언을 주신 제릭스테크놀로지 CEO 오승우 형님, 책에 대한 이상을 갖게 해주신 레드햇의 이형승 부장님과 이주호 선배, 기술적인 리드를 해주시는 지티플러스 박대영 선배(블로거: 시후아빠), 책을 쓰는 목적과 방향성을 제시해주신 액센츄어 방지영, 사내에서 많은 관심을 갖고 지켜봐주신 지티플러스 조한준 부장님과 임직원 여러분, 에이콘 출판사와 만남을 주선해주신 김태완 님과 출판에 조언과 도움을 주신 에이콘 김희정 부사장님과 임직원분들, 기술적인 의견과 방향성을 제시해주신 오라클 이범 부장님, 분에 넘치는 추천글을 적어주신 한국오라클의 이미정 선생님과 이창재 선생님, 책에 대한 관심과 고객사 입장의 의견을 주신 현대홈쇼핑 이형준 대리님, 동부CNI 박준수 과장님, 오픈타이드 남궁동석 님, 교원그룹 김진홍 님, IBM 문준환 과장님과 김효선 님에게 감사드립니다.

목 차

3장 웹로직, 시작 • 127

"Hello World"

웹로직WebLogic 세상에 들어온 독자 여러분을 환영한다. 이 책에서는 현재 자바로 개발된 웹 기반의 서비스를 제공하는 곳에서 사용되는 웹로직을 다루며, 최신 릴리스 버전인 12.2.x부터 아직까지도 상당수 사용되고 있는 8.1까지 전반적인 내용을 아우른다. 『설치에서 트러블슈팅까지 웹로직의 모든 것 WebLogic Expert』는 특정 버전에 한하지 않고 웹로직이라는 제품 자체를 이해하고 각 버전에 대한 특징과 차이, 적절한 구성 방법과 장애상황에 대한 트러블슈팅에 이르기까지 각 업무 환경에서 필요로 하는 경험을 제공한다.

이 책은 실제 애플리케이션을 서비스하기 위한 웹로직의 구성 설정과 관리를 설명한다. 우선 웹로직의 설치와 구성에서 가장 기본이 되는 방법과 웹로직을 기동하는 여러 방법을 설명하고 독자가 처한 상황에 맞는 방법을 선택할 수 있게 도와준다. 또한 웹로직 구성 이후 운영 단계에서 필요로 하는 서버 인스턴스 관리와 클러스터링, 자원 관리, 모니터링, 트러블슈팅에 대해 설명한다. 마지막으로 버전별 설명과 업그레이드 방안을 알아본다. 본격적으로 웹로직에 대해 알아보기 전에 웹로직 서버의 의미와 로드맵, 설치사양 등을 알아보자.

웹로직 서버

"오라클 웹로직 서버는 엔터프라이즈 환경에서 자바 EE 관련 애플리케이션을 브라우저 기반의 클라이언트 환경에서 실행되는 미들웨어 계층의 서버 프로그램이다."라고 정의하면 엔터프라이즈 환경과 자바 EE 애플리케이션, 미들웨어, 서버 프로그램을 모두 이해해야 한다. 물론 해당 정의가 틀린 것은 아니지만 쉽지도 않다. 정의가 의미하는 바를 우선 알아보자.

최근 많은 엔터프라이즈 환경, 즉 기업 환경의 애플리케이션들이 웹 브라우저 기반으로 서비스되고 있다. 이전에 프리젠테이션과 비즈니스 로직을 한 계층에서 수행하던 2티어tier 환경에서 프리젠테이션과 비즈니스 로직을 분리해 처리하는 3티어 환경으로 전환되면서 비즈니스 로직을 담당할 미들웨어가 발전하기 시작했다. 더불어 기업 환경이 이전에는 클라이언트Client/서버Server 환경과 웹 환경이었다면, 웹 환경의 장점인 애플리케이션의 관리와 배포상의 이점, 클래스 형태로 개발된 비즈니스 로직의 재사용성, 서비스 개방성, 시스템 확장의 용이성 등이 업무 변화의 가속화와 대량의 데이터 관리, 유연성을 요구하는 환경 변화에 맞는 좀 더 효율적인 환경이라는 판단하에 웹 환경으로의 전환이 증가하고 있다.

이러한 전환 과정 가운데 애플리케이션 개발을 위한 개발 언어의 선택이 필요하다. 자바는 높은 이식성과 웹 환경에 최적화된 라이브러리, 기업 환경에서 요구되는 다양한 라이브러리, 다양한 커뮤니티의 지원, 무료로 사용할 수 있는 개발 환경의 구축이라는 이점으로 개발 언어로서 매력을 갖고 있다. 3티어의 중간 계층으로 명칭되는 미들웨어는 클라이언트와 서버 간의 통신이나 데이터 전달을 수행하는 소프트웨어를 상징하는데, 앞서 살펴본 정의대로 기업 환경과 웹 환경에서 서비스를 제공할 수 있는 미들웨어 소프트웨어가 WASWeb Application Server이다. WAS는 약어의 원문대로 웹 애플리케이션 서버라고 불리우기도 하고 웹 컨테이너라고도 한다. 국내에서는 WAS로 통칭하지만 일부 외국에서는 AS라고 하기도 한다. 자바가 대부분이지만 일부 닷넷.NET과 같은 언어를 사용하기 때문에 일부 WAS라고도 부르기도 한다.

쉽게 접근해보면 WAS는 일종의 시스템이다. 시스템은 구성요소와 상호작용, 특정 제약조건이 정해져서 입력Input이 들어오면 내부적으로 처리해준다. 그리고 필요하다면 해당 데이터를 저장하고 필요한 데이터를 불러오기도 하면서, 결국은 구현 시 의도한 결과 값을 줘야 한다. WAS도 구현 시 의도한 결과 값을 주기 위한 애플리케이션이다.

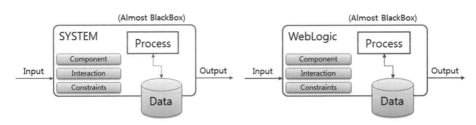

● 시스템과 웹로직

WAS는 서버 기반의 애플리케이션을 수행하기 위해 실행 환경을 제공한다. 웹상에서 애플리케이션이 수행하는 트랜잭션의 처리와 웹 기반의 애플리케이션 처리, 관리, 모니터링을 제공하며 기업 환경의 역할을 수행하기 위해 자바 언어로 개발된 WAS는 자바 EE 표준을 준수해야 한다. 대표적인 예로는 자바 EE 스펙은 JSP, 서블릿Servlet, EJB가 있다. 이렇게 자바 EE 스펙을 준수해 개발된 WAS는 대표적으로 오라클 웹로직 서버Oracle WebLogic Server, IBM 웹스피어WebSphere, 티맥스 제우스TMAX JEUS, 제이보스JBoss가 있고, 웹 컨테이너로서의 역할인 JSP/서블릿 기능을 주로 수행하는 아파치 톰캣Apache Tomcat이 있다.

웹로직은 1995년 웹로직WebLogic 사에서 개발된 이후 BEA사에 인수되었고, BEA는 현재 오라클에 인수되어 기존 오라클 AS의 자리를 대신한다. 현재 오라클 퓨전 미들웨어Oracle Fusion Middleware의 코어Core로 자리잡았으며, 2017년 8월 기준 JDK 8과 Java EE 7을 지원하는 12.2.1 버전이 출시되어 있다. 웹로직은 라이선스의 종류가 스탠다드Standard, 엔터프라이즈Enterprise, 스윗Suite 세 가지로 나뉜다. 스탠다드는 기본적으로 J2EE의 모든 스펙과 개발 툴, 오라클의 개발 프레임워을 지원하는 기본적인 웹로직 라이선스이고, 엔터프라이즈는 스탠다드 라이선스에 추가적으로 클러스터Cluster 기능 등을 지원한다. 스윗은 오라클 코히어런스Coherence를 포함하는 라이선스로서 메모리 캐시의 역할을 수행한다.

웹로직의 로드맵과 EOL

웹로직 서버는 2017년 11월 현재 'Oracle WebLogic Server 12cR2'로 명명된 12.2.1.3이 출시되어 있다. 오라클로 웹로직 서버가 이전되면서 오라클의 퓨전 미들웨어 제품군의 WAS는 기존 OASOracle Application Server에서 웹로직으로 대체되었으며, 향후 분기나 반기별로 릴리스된다. 현재 릴리스된 버전은 자바 EE 7에 대한 모든 스펙을 지원하고 이후 출시되는 웹로직 또한 현재와 같이 JDK와 자바 EE 간 틱톡 방식으로 릴리스될 전망이다. 단, 2017년 8월 오라클의 소프트웨어 에반젤리스트 데이빗 델라바시(David Delabassee)의 공식블로그에 자바EE8 버전 배포를 앞두고 자바EE 개발 방식을 재고할 기회가 마련됐다고 밝혀 향후 자바 EE에 대한 로드맵은 불투명한 상태이다.

2015년 릴리스 된 12.2.1 버전은 JDK 8을 지원하며 오라클의 12.2.1 버전 제품군 전체적으로 멀티테넌시를 지원한다.

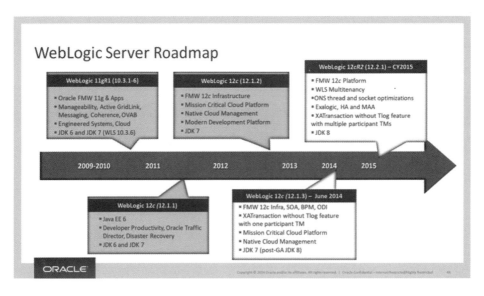

● 2015년까지 웹로직 로드맵 (출처: 오라클)

출시되는 오라클 제품에 대한 지원 단계는 크게 세 가지 단계로 나눠 관리되며, https://www.oracle.com/support/lifetime-support/index.html에서도 확인 가능하다.

- 프리미어 지원Premier Support: GAGeneral Availability, 즉 제품이 출시된 이후 5년간은 기본적인 기술 지원과 제품의 업데이트나 픽스, 패치, 오라클 혹은 타사 제품에 대한 인증이 수행된다.
- 연장 지원Extended Support: 초기 지원 기간이 지난 후 추가적인 비용을 지불해 새로운 제품과의 인증을 제외한 모든 지원을 수행한다.
- 지속적인 지원Sustaining Support: 초기 지원나 확장 지원 기간이 지난 제품에 대해서는 추가적은 패치나 업데이트는 없지만 기존 레퍼런스에 대한 기술 지원을 수행한다.

각 지원 유형에 따른 상세 지원 범위는 다음과 같다.

	프리미어 지원	확장 지원	유지 지원
주요 제품 및 기술 릴리스	●	●	●
24 시간 365 일 서비스 요청 지원	●	●	●

기술 자료를 포함한 My Oracle Support에 대한 액세스	●	●	●
소프트웨어 및 운영 체제 업데이트	●	●	기존
보안 경고	●	●	기존
중요 패치 업데이트	●	●	기존
세금, 법률 및 규정 업데이트	●	●	기존
도구 / 스크립트 업그레이드	●	●	기존
플래티넘 서비스 이용	●	●	
대부분의 기존 오라클 제품 / 버전 인증	●	●	
대부분의 기존 타사 제품 / 버전 인증	●	●	
대부분의 새로운 타사 제품 / 버전 인증	●	●	
대부분의 새로운 오라클 제품에 대한 인증	●		

● 오라클 제품 지원 범위 (출처: 오라클)

현재 사용되고 있는 웹로직 버전에 대한 2017년 10월 기준 EOL 정보는 다음과 같고 http://www.oracle.com/us/support/library/lifetime-support-middleware-069163.pdf 에서 확인 가능하다.

웹로직 서버 릴리스	GA 날짜	초기 지원 종료	확장 지원 종료	유지 지원 종료
12.2.x	Oct 2015	Oct 2020	Oct 2023	무기한
12.1.x	Dec 2011 – Jul 2014	Dec 2017	Dec 2019	무기한
11g R1(10.3.1 and higher)	Jun 2009 – Nov 2009	Dec 2018	Dec 2021	무기한
10.3	Aug 2008	Jan 2014	Jan 2017	무기한
10.0 (include MP2)	Mar 2008	Mar 2013	Mar 2015	무기한
9.x	Nov 2006	Nov 2011	Nov 2013	무기한
8.1	Jul 2003	Sep 2009	Sep 2011	무기한

● 웹로직의 버전별 EOL

웹로직은 10.3.x 이후로 오라클의 버전 형식을 따른다. 일반적으로 웹로직의 제품 설치 파일은 [Major].[Minor].[Release] 버전 형식을 갖고 해당 제품에 패치가 추가되면 5번째 자리에 패치 숫자가 붙는 형식이다.

● 웹로직 버전과 의미

새로 제품이 릴리스되면 기존 제품의 기술 지원은 새로운 환경에 맞춰 지원이 종료된다. 메이저Major나 마이너Minor 버전이 바뀌지 않더라도 동일 제품 버전에 대한 릴리스Release 버전이 출시되면 기존 릴리스 버전은 최대 1년에서 최소 3개월 동안의 지원 만료에 대한 유예 기간을 갖는다. 이러한 정책은 웹로직 사용자에 대해 보안적인 측면이나 버그 픽스를 위한 조치이며, 과거에 릴리스된 버전을 사용하는 사용자를 위해 업그레이드 설치를 제공한다.

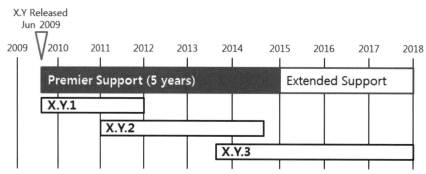

● 웹로직 릴리스 버전 출시 이후 이전 릴리스 버전의 지원 기간

자바 EE 스탠다드 지원

자바 EE는 자바 엔터프라이즈 에디션Java Enterprise Edition으로 풀이되며, 이전에는 J2EE

라고도 불려졌다. 기존 자바 엔터프라이즈 에디션에서 자바 언어를 사용한 애플리케이션, 애플릿, 컴포넌트 등을 개발할 수 있는 환경을 제공했는데, 기업 환경에서 필요로 하는 관련 개발 환경을 추가하면서 자바 EE가 스펙을 정의한다. 자바 환경이 발전함에 따라 자바 EE의 스펙에도 변화가 생기고 이러한 스펙을 모아 버전을 결정한다. 현재까지는 자바 EE 7이 2013년 발표되었고 2017년 말 자바 EE 8이 발표될 예정이다. 이러한 자바 EE 버전에 따라 WAS에서 해당 버전을 지원하는지의 여부도 매우 중요하다. 단순히 가장 최신의 버전이 가장 좋다고 말할 수 없고 개발된 애플리케이션을 운영할 WAS 환경에서 지원하는지의 여부도 중요하다.

	8.1 + SPx	9.0 + MPx	10.0 + MPx	10.3	10.3.x	12.1.x	12.2.x
Java EE	1.3	1.4, 1.3	5.0	5.0	5.0	6.0	7.0
JSP	1.2, 1.1	2.0, 1.2, 1.1	2.1, 2.0, 1.2, 1.1	2.1, 2.0, 1.2, 1.1	2.1, 2.0, 1.2, 1.1	2.2, 2.1, 2.0, 1.2, 1.1	2.3, 2.2, 2.1, 2.0, 1.2, 1.1
Servlet	2.3, 2.2	2.4, 2.3, 2.2	2.5, 2.4, 2.3, 2.2	2.5, 2.4, 2.3, 2.2	2.5, 2.4, 2.3, 2.2	3.0, 2.5, 2.4, 2.3, 2.2	3.1, 3.0, 2.5, 2.4, 2.3, 2.2
EJB	2.0, 1.1	2.1, 2.0, 1.1	3.0, 2.1, 2.0, 1.1	3.0, 2.1, 2.0, 1.1	3.0, 2.1, 2.0, 1.1	3.1, 3.0, 2.1, 2.0, 1.1	3.2, 3.1, 3.0, 2.1, 2.0, 1.1
JDBC	2.0	3.0	3.0	4.0, 3.0	4.0, 3.0	4.0, 3.0	4.0, 3.0
JSF	—	—	—	—	1.2, 1.1	2.1, 2.0, 1.2, 1.1	2.2, 2.1, 2.0, 1.2, 1.1
JMS	1.0.2b	1.1, 1.0.2b	1.1, 1.0.2b	1.1, 1.0.2b	1.1, 1.0.2b	1.1, 1.0.2b	2.0, 1.1, 1.0.2b
Web Services	—	1.1 (JSR-921)	1.2, 1.1	1.2, 1.1	1.2, 1.1	1.3, 1.2, 1.1	1.3, 1.2, 1.1
JAX-WS	—	—	2.0	2.1, 2.0	2.1, 2.0	2.2, 2.1, 2.0	2.2, 2.1, 2.0
JAX-RPC	1.0	1.1, 1.0	1.1, 1.0	1.1, 1.0	1.1	1.1	1.1
SOAP	1.2, 1.1	1.2, 1.1	1.2, 1.1	1.2, 1.1	1.2, 1.1	1.2, 1.1	1.3, 1.2
WSDL	1.1	1.1	1.1	1.1	1.1	1.1	1.1
Internet Protocol	v4	v6, v4	v6, v4	v6, v4	v6, v4	v6, v4	v6, v4

● 웹로직의 버전과 주요 컴포넌트 버전

설치 요구사항

웹로직의 설치에 요구되는 웹로직 버전별로 지원되는 OS, JDK, DBMS, 웹 서버를 확인해 알맞은 웹로직 버전을 확인해야 한다.

웹로직 버전	링크
8.1 ~ 10.3	http://docs.oracle.com/cd/E13196_01/platform/suppconfigs/config_wls.html
10.3.x ~ 12.2.1	http://www.oracle.com/technetwork/middleware/ias/downloads/fusion-certification-100350.html • 오라클 퓨전 미들웨어 12c(xls)용 시스템 요구사항과 지원 플랫폼 • 웹로직 서버 12c(xls)용 시스템 요구사항과 지원 플랫폼 • 오라클 퓨전 미들웨어 11gR1 (xls)용 시스템 요구사항과 지원 플랫폼

● 웹로직 지원 사항 확인 링크

웹로직 각 버전의 설치 요구사항 웹 페이지나 다운로드한 엑셀 파일에는 지원되는 각 제품과 버전을 상세히 설명한다. 내용 중 버전마다 대응되는 JDK의 주요 버전은 설치 시 요구되는 주요 요구사항이므로 웹로직을 사용해 운영할 애플리케이션에서 사용할 JDK 버전에 맞춰 웹로직 버전을 선택한다.

웹로직 버전	JDK 버전
8.1 SP6	1.4.2
9.0 ~ 10.0 MP2	1.5.0
10.3 ~ 10.3.x	1.6.0, 1.7.0(10.3.6 only)
12.1.x	1.7.0
12.2.x	1.8.0

● 웹로직 버전에 대응하는 JDK 버전

JDK 외에도 웹로직이 설치되기 이전에 사용될 OS나 연동할 웹 서버, DBMS와 같은 제품에 대해 웹로직의 정상적인 동작이 보장되는 제품인지의 여부를 확인할 필요가 있다.

이 책의 구성

1부. 웹로직, 구성의 정석

설치와 구성을 사용 환경에 맞춰 진행했을 때 운영과 관리의 편의성을 더하고, 나아가 장애상황에 대한 예방이 가능하다. 1부에서는 웹로직을 사용하기에 앞서 어떤 점을 고려해야 하는지 알아보고 실제 구성하는 방법을 알아본다.

1장. 웹로직 구성 전 단계 웹로직을 운영하기에 앞서 사용 환경과 방식을 고려해 구성의 방향을 잡아본다.

2장. 웹로직 서버 설치와 도메인 구성 웹로직 구성의 기초가 되는 서버 구성 요소의 설치하는 방법을 버전별로 알아본다. 웹로직 홈을 정하는 방법과 설치 시 발생할 수 있는 장애상황에 대한 대처 방법도 알아본다.

3장. 웹로직, 시작 여러 가지 시작 방법과 버전별로 적절한 서버 시작/정지 방안을 알아본다.

4장. 웹로직의 로그 웹로직의 로그를 기록하는 방식과 로그의 관리 방안을 알아본다.

5장. 데이터베이스 연동 애플리케이션에서 요구하는 데이터베이스 자원의 설정 방법과 주요 구성 설정 방법을 알아본다.

6장. 배치 애플리케이션을 웹로직에 배치하는 방법과 웹로직에서 제공하는 디스크립터의 의미와 설정 방법을 알아본다.

7장. 웹 서버 연동 웹로직 플러그인을 사용해 웹 서버와 연동하는 방법과 플러그인에서 제공하는 기능을 알아본다.

8장. 모니터링과 자원 설정 웹로직을 사용한 서비스들의 자원 모니터링 방법과 각 수치의 의미를 알아본다.

2부. 웹로직, 관리의 정석

설치와 구성이 완료된 이후 사용 환경에 따른 추가적인 관리 방법과 장애상황 발생 시 문제점을 찾고 해결하는 방법을 알아본다.

9장. 관리 전 고민할 사항 웹로직의 현재 상황 파악과 관리 시 고려할 만한 몇 가지 사항에 대해 알아본다.

10장. 웹로직 도메인 환경 웹로직의 도메인 구성 요소를 살펴보고 각 구성 요소의 사용 방안을 알아본다.

11장. 웹로직 실행 환경 웹로직이 실행되는 환경에서 영향을 받는 요소와 상황별 대응 방안을 알아본다.

12장. JMS 웹로직에서 관리하는 주요 자원 중 하나인 JMS의 구성 방법과 활용 방안, 외부 솔루션 등을 알아본다.

13장. 코히어런스 메모리 기반 솔루션인 코히어런스^{Coherence}와의 관계와 활용 범위를 제시하고, 구성 방법과 테스트를 알아본다.

14장. 트러블슈팅 웹로직에서 발생할 수 있는 장애요소와 현상에 대한 파악, 대응 방안을 알아본다.

이 책의 선수 지식과 대상 독자

웹로직에 대한 사전 지식이 꼭 필요한 것은 아니며 자바 엔터프라이즈^{Java Enterprise}에 대한 기본 개념만 있는 독자라면 책을 따라하는 것에 큰 어려움은 없다. 이 책은 웹로직을 접하는 엔지니어 및 시스템 관리자, 개발자, 웹로직을 기반으로 한 솔루션 관계자들에게 도움이 될 것이다. 웹로직 외에 타 WAS를 사용해본 경험이 있는 독자라면 비교 학습을 할 수 있는 이점이 있다.

이 책의 편집 규약

이 책에서 정보를 구별하는 편집 스타일은 다음과 같이 정의한다.

1. 코드 단어와 블록은 다음과 같다.

```xml
<?xml version="1.0" encoding="UTF-8"?>
<wls:weblogic-web-app>
```

```xml
  <wls:weblogic-version>12.2.1</wls:weblogic-version>
  <wls:context-root>test</wls:context-root>
</wls:weblogic-web-app>
```

2. 코드 블록이 긴 경우 구분을 위해 리스트 0.1과 같이 선으로 구분해 표기한다.

```xml
<?xml version="1.0" encoding="UTF-8"?>
<weblogic-web-app
 xmlns="http://www.bea.com/ns/weblogic/90"
 xmlns:xsi="http://www.w3.org/2001/XMLSchema-instance">
    <!-생략-->
</weblogic-web-app>
```

리스트 0.1 weblogic.xml의 예

3. 커맨드라인 입력 또는 출력은 다음과 같이 표기한다.

```
# cd $DOMAIN_HOME
# java weblogic.Admin -url AdminHost:7001 FORCESHUTDOWN
Server "AdminServer" was shutdown successfully ...
```

4. 메뉴명, 특정 단어나 명칭에 대한 설명은 고딕을 사용한다.

예) 다음 페이지에서 **Accept License Agreement** 라디오 버튼을 선택한다.

5. 각 환경 변수의 의미는 다음과 같다. 예를 들어 유닉스^Unix/리눅스^Linux 환경에서 PATH라는 환경 변수를 읽을 때 ${PATH} 또는 $PATH로 나타내고, 윈도우에서는 %PATH%로 나타내지만 이 책에서는 $PATH로 통일한다.

- **$JAVA_HOME**: JDK가 설치된 홈^Home 디렉토리

  유닉스/리눅스의 경우 '/usr/java6_64' 또는 '/opt/java/jdk6' 방식으로 설치되어 있는 디렉토리다. 윈도우의 경우 'C:\Program Files\Java\jdk1.6.0_45' 방식으로 설치되어 있는 디렉토리다.

- **$BEA_HOME 혹은 $MIDDLEWARE_HOME 혹은 $ORACLE_HOME**: 웹로직이 설치된 홈 디렉토리

  웹로직이 설치되어 weblogic81 혹은 wlserver_10.0 같은 웹로직 서버 구성 디렉토리를 포함하는 웹로직 홈 디렉토리다. 8.1~10.0 MP2 버전에서는 '$BEA_HOME', 10.3.6 버전에서는 '$MIDDLEWARE_HOME', 12.1.x 버전부터 '$ORACLE_HOME'으로 명칭만 다르게 사용된다.

- **$WL_HOME**: 웹로직 구성요소 디렉토리

  웹로직이 설치된 디렉토리에 실제 웹로직 서버 구성요소인 weblogic81이나 wlserver_10.0 같은 웹로직 서버 구성 디렉토리다.

- **$DOMINA_HOME**: 웹로직 도메인Domain이 구성된 도메인 홈Domain Home 디렉토리 $WEBLOGIC_HOME/domains/[DOMAIN_NAME] 위치다.

웹로직 각 버전의 유닉스/리눅스 환경에서 일반적인 설치 환경 및 디렉토리 위치의 예는 다음 표와 같다.

웹로직 버전	JAVA_HOME	INSTALL_DIR	DOMAIN_HOME
8.1 SP6	/usr/java14	/app/wls/wls816	$BEA_HOME/domains/v816Domain
10.0 MP2	/usr/java5	/app/wls/wls1002	$BEA_HOME/domains/v1002Domain
10.3.6	/usr/java6	/app/wls/wls1036	$MIDDLEWARE_HOME/domains/v1036Domain
12.1.2	/usr/java7	/app/wls/wls1212	$ORACLE_HOME/domains/v1212Domain
12.2.1	/usr/java8	/app/wls/wls1221	$ORACLE_HOME/domains/v1221Domain

● 설치 환경 및 디렉토리의 예

6. 웹로직 관리자 계정 아이디는 **weblogic**, 비밀번호는 **welcome1**로 설정했다.

이 책의 활용 방안

이 책에서 다루는 웹로직은 전반적인 내용을 모두 다루기 때문에 동일한 주제에 대해 현재 운영 중인 모든 웹로직 버전을 포함한다. 이러한 이유로 동일한 주제에 대해 여러 버전에 따라 반복하여 설명되는 구조로 되어 있으므로 책을 읽는 목적에 따라 읽는 방법을 달리할 수 있다.

1. 웹로직의 전반적 지식을 알기 원한다면 처음부터 끝까지 차례대로 읽는 방법으로, 웹로직 버전 전체에 대한 설치와 구성, 자원 관리와 웹로직과 관련한 환경과 장애 처리에 이르기까지 '웹로직'이라는 제품이 변화해온 모습과 웹로직이 다른 WAS 와는 다른 기본적 특징에 대해 알 수 있을 것이다.

2. 특정 웹로직 버전으로 서비스하고 있는 고객사의 운영 담당자나 개발 중인 개발자

는 각 장의 버전별 주제를 선택적으로 읽어 필요한 내용만을 습득할 수 있다.

3. 이와 더불어 기본적인 설치나 구성의 내용이 필요하다면 1부의 내용을, 활용 방안
   과 장애 처리 관련 내용을 원한다면 2부의 내용을 위주로 책을 활용할 수 있다.

- 책의 수직적 구조 읽기

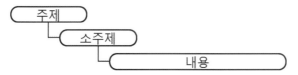

- 책의 수평적 구조 읽기

4. 각 챕터에서 설명한 예제와 스크립트는 깃허브에서 확인할 수 있다.

https://github.com/Great-Stone/weblogic-expert

## 1부

웹로직, 구성의 정석

## 1장

웹로직 구성 전 단계

어떤 제품이든지 제품을 구성하는 첫 단계가 필요하다. PC에 운영체제^{OS, Operating} System를 설치할 때나 유틸리티를 설치할 때도 설치 경로, 파티션, 사용자가 원하는 옵션을 선택하고, 각 소프트웨어를 구성한다. 이렇게 구성된 소프트웨어는 대부분 그 상태가 오래 유지되는데, 웹로직도 마찬가지로 사용하려는 용도나 목적에 맞춰 설치하고 구성하게 된다. 이 장에서는 웹로직을 설치하고 구성하기에 앞서 용도와 사용 환경에 따라 어떻게 구성할 것인지에 대한 고려사항을 알아본다.

1.1 : 개발 서버의 필요성

웹로직을 운영하기에 앞서 실제 애플리케이션의 동작이 정상적인지 테스트할 필요가 있다. 따라서 개발 서버가 필요한데, 가장 좋은 예는 운영 서버와 같은 환경의 서버에 개발 환경을 구축하는 것이다. 자바^{Java}는 플랫폼을 가리지 않는다지만, OS나 자바, 혹은 그 외적인 차이로 인해 실제 운영 서버에 애플리케이션 배포 시 문제가 발생하는 사례가 잦다. 그래서 운영 환경에 영향을 주지 않는 별도의 서버에 구축하는 것을 권장한다. 하지만, 이러한 경우 비용 문제가 발생할 수 있다. 운영 환경과 완벽히 같은 서버를 구축할 수 있는가도 문제다. 따라서 가능하면 같은 웹로직, 같은 OS, 같은 JDK 사용과 같은 최대한 비슷한 환경이 제공되어야 한다.

이처럼 비슷한 환경이 제공되지 않는 경우, 개발된 애플리케이션을 운영 환경에 적용하는 작업은 마이그레이션^{migration} 작업이 된다. 다른 조건하에 개발된 애플리케이션이 운영 환경에서 정상적으로 동작한다고 100% 확신할 수 없기 때문이다. 특히, 많은 경우 웹로직이 아닌 WAS^{Web Application Server}에서 개발된 애플리케이션이 웹로직에 배포되었을 때 문제가 있다는 사례가 많다. 엄연히 구성 컴포넌트와 스펙이 다른 WAS에서 개발된 애플리케이션이기에 이러한 상황은 예견된 상황이다. 따라서 개발 용도로서의 웹로직은 무료로 사용할 수 있기에 개발 단계에서부터 운영 환경에 맞는 WAS를 선택해 개발하고 운영 환경과 비슷한 개발 서버에서 최종 확인 후 운영 서버에 배포하는 것을 권장한다.

1.2 : 이중화의 고려사항

서버 이중화, 데이터베이스^{DB, DataBase} 이중화 등 많은 소프트웨어와 구성 환경을 이중화한다. 물론 있을지 모를 장애 상황에 대한 대처나 애플리케이션의 상시적 배포 등 많은 이유로 인해 이중화된 환경을 구성한다. 웹로직 또한 이중화된 환경에서 운영할 수 있게 설계되어 있다. 하지만, 중요한 점은 그 목적이다. 이중화나 다중화의 목적은 부하분산이나 병렬처리, 장애 상황의 대처에 있을 것이다. 이를 위해 최적화된 자원 할당이 중요하고, 더불어 편중된 서비스로 인한 완전하지 못한 이중화가 되지 않는지 구성 단계에서부터 확인이 필요하다. 그리고 요청을 분산시켜주기 위한 네트워크 장비나 웹 서버의 구성 여부 또한 확인해봐야 한다.

1.3 : 애플리케이션 지원

개발되는 애플리케이션은 시기나 개발 수행자, 트렌드에 따라 개발 환경이 달라진다. 따라서 애플리케이션이 정상적으로 동작하기 위한 환경의 요구조건이 무엇인지 파악해 그 조건에 맞는 웹로직을 선택해야만 한다. JDK 버전을 기준으로 JDK7으로 개발되고 있다면 그 애플리케이션은 웹로직 12.1.1.x 환경이 필요할 것이고, 자바 EE 스펙을 기준으로 JSP 2.3 이나 Servlet 3.1 스펙으로 개발될 애플리케이션은 12.2.x 버전에서 동작하게 되어 있다. 이렇게 각 애플리케이션이 요구하는 스펙에 맞춰 웹로직 서버를 구성해야 정상적인 동작을 기대할 수 있다.

1.4 : 웹로직의 구성 요소

웹로직을 구성하기에 앞서 웹로직에서 사용되는 구성 요소의 용어에 대해 짚고 넘어가자.

도메인

도메인^{Domain}은 웹로직의 관리 단위다. 도메인에서 구성된 환경 및 자원은 동일 도메인 내에서 적용된다. 웹로직을 사용하기 위해 필요한 스크립트와 서버로그의 기본 위치이기도 하다. 하나의 어드민 서버^{Admin Server, Administration Server}가 필수이며, 추가로 매니지드 서버^{Managed Server}를 기동할 수 있다.

어드민 서버

하나의 도메인을 관리하기 위한 관리 서버다. 도메인이 구성되면 반드시 하나의 어드민 서버가 구성되며 이를 통해 도메인의 구성 및 설정을 할 수 있다. 어드민 서버만으로도 웹 애플리케이션의 서비스가 가능하다.

매니지드 서버

어드민 서버에 종속적인 웹로직 서버 인스턴스다. 어드민 서버에서 설정한 구성과 환경으로 기동한다. 처음 매니지드 서버Managed Server 기동 시 어드민 서버에 접속해 설정된 정보를 받아온다. 각 도메인상에 위치한 매니지드 서버는 해당 도메인에서 구성한 자원을 할당받을 수 있다. 일반적으로 실제 서비스는 매니지드 서버에 배포된다.

시스템

논리적으로 매니지드 서버를 분리하는 단위이자 노드 매니저Node Manager의 관리 단위다. 웹로직 서버 인스턴스는 물리적으로 다른 장비인지 인지하지 못하므로 웹로직 사용자가 논리적으로 분리한다. 클러스터Cluster 구성 시 생성되는 서버의 백업 정보는 자신과 다른 서버에 저장되는데, 이때 백업의 대상 서버는 서로 다른 시스템Machine에 우선해 저장하게 동작한다.

클러스터

웹로직은 무중단 페일오버Failover를 위해 클러스터 기능을 제공한다. 클러스터는 같은 도메인의 두 개 이상의 서버로 구성되며, UDPUser Datagram Protocol나 멀티캐스트Multicast 통신을 기반으로 동작한다.

노드 매니저

웹로직의 어드민 콘솔Admin Console에서 웹로직을 기동시키고 필요에 따라 장애 발생 시 재기동과 같은 설정을 할 수 있다. 노드 매니저를 통해 원격으로 웹로직의 서버 인스턴스들에 대해 컨트롤이 가능하다.

구성의 이해를 돕기 위해 그림 1.1을 참고하자.

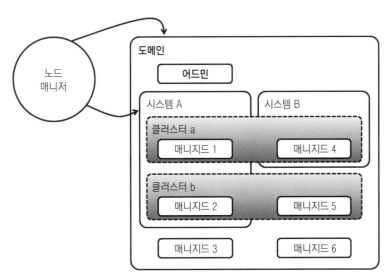

그림 1.1 웹로직의 구성 요소

구성 요소를 하나씩 살펴보자.

- 도메인에는 어드민 서버가 하나 존재한다.
- 각 매니지드 서버는 사용자가 지정하기에 따라 시스템이나 클러스터에 포함될 수도 있고, 아닐 수도 있다.
- 클러스터는 두 개 이상의 서버 인스턴스로 구성되며, 시스템에 포함되는지와 관계없이 구성 가능하다.
- 노드 매니저는 시스템이나 도메인 단위로 웹로직 서버에 대한 컨트롤을 한다.

이와 같이 웹로직 서버의 구성 요소에 대한 개념을 알고 관계를 이해해서, 설치와 구성에 앞서 웹로직의 기본적인 운영에 필요한 구성을 설계할 수 있다.

## 2장

웹로직 서버 설치와 도메인 구성

자바 EE 스펙과 JDK 버전에 따라 웹로직을 설치하는 방법과 서비스 수행을 위한 웹로직 구성 요소인 도메인 구성 방법을 알아보고자 한다. 설치 디렉터리 위치와 도메인 구성에 사용할 각 요소를 미리 정의해야 설치와 구성 후 변경하는 수고로움을 덜 수 있다.

2.1 : 웹로직 서버 설치 준비

웹로직을 설치하기 전 웹 애플리케이션이나 연계되는 소프트웨어를 감안해 버전을 선정해야 하며, 자바 EE 스펙이나 애플리케이션의 JDK 버전을 참고해 설치할 웹로직 버전을 선택한다.

	8.1 SP6	9.2 MP4	10.0 MP2	10.3	10.3.6	12.1.x	12.2.x
자바 EE	1.3	1.4, 1.3	5.0	5.0	5.0	6.0	7.0
JDK	1.4.2 (32비트)	5.0 (32/64비트)	5.0 (32/64비트)	6.0 (32/64비트)	6.0 (32/64비트) 7.0(64비트)	7.0 (64비트)	8.0 (64비트)

표 2.1 웹로직 주요 버전의 자바 EE 버전과 JDK 버전

웹로직을 설치하기 이전에는 웹로직의 각 버전별 자바 EE 스펙을 확인해 사용할 자바 EE 환경에 맞는 버전을 사용해야 한다.

2.1.1 오라클 회원가입

웹로직을 다운로드하려면 계정이 필요하다. 다음 과정을 거쳐 회원가입을 한다.

1. 오라클Oracle 홈페이지(http://www.oracle.com)에 접속해 상단에 있는 **로그인(Sing-in)**를 선택한다.

2. 로그인 버튼 아래에 **계정 만들기(Create an account)** 링크를 클릭한다.

3. 계정 생성을 위한 **필수 필드**를 입력하고 **생성** 버튼을 클릭한다.

4. 계정 확인 페이지에서 가입한 메일로 계정을 활성화할 링크가 포함된 이메일을 전송했다는 안내가 표시된다.

5. 받은 이메일의 링크를 클릭하거나 복사하여 브라우저에 입력하고 페이지를 이동하면 다시 로그인 페이지로 이동한다.

6. **로그인(Sign in)**을 통해 이동한 로그인 페이지에서 계정 생성 시 사용한 **사용자 이름**과 **비밀번호**를 입력 후 **로그인** 버튼을 클릭하면 계정이 활성화된다.

2.1.2 설치 파일 다운로드

웹로직은 밴더사인 오라클 홈페이지의 다운로드 경로를 통해 다운로드할 수 있다. 다운로드 링크가 EOL^End Of Life된 제품에 대해서는 없기 때문에 이 경우 MY ORACLE SUPPORT의 일반 문의를 통해 요청해야 한다. MY ORACLE SUPPORT에는 고객번호가 필요하기 때문에 오라클과 계약된 고객에 한해 요청이 가능하다. 웹로직을 다운로드하는 방법은 다음과 같다.

1. 오라클 홈페이지(http://www.oracle.com)에 접속해 상단 탭에 있는 **메뉴(Menu)** 〉 Downloads(Trials and Downloads) 〉 Middleware 를 클릭한다.

2. 오라클 다운로드 페이지에서 중간 탭에 있는 Middleware 항목 중 WebLogic Server 12c를 선택한다.

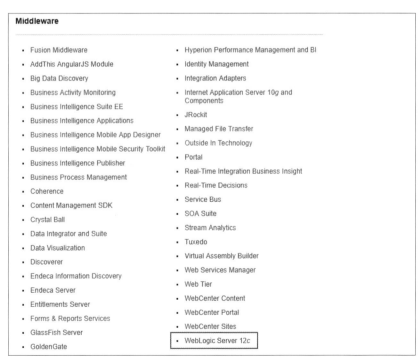

그림 2.1 미들웨어 제품군 항목과 웹로직

3. 다운로드하려면 Accept License Agreement 라디오 버튼을 선택해야 한다.

그림 2.2 라이선스 동의 라디오 버튼

4. 최신 버전이 메인 다운로드로 나오며, See All Free WebLogic Server for Developer downloads 링크를 클릭하면 이전 버전의 링크를 확인할 수 있다.

5. 최신 버전은 각 플랫폼별/설치 파일 형태별로 링크가 보여지는데, 그림 2.3처럼 선택한다. 이전 버전은 2017년 11월 기준 12.2.1.2, 12.2.1.1, 12.2.1, 12.1.3, 10.3.6 버전을 다운받을 수 있다.

그림 2.3 최신 버전 다운로드와 이전 버전 링크

그림 2.4 'See All Free WebLogic Server for Developer downloads'
클릭시 다운로드 페이지

2.1.3 JDK 다운로드

웹로직은 앞의 표 1.1에서 보이듯 각 버전에 맞는 JDK^{Java Development Kit}를 사용해야 한다. JDK도 오라클 홈페이지에서 받을 수 있다. exe나 bin 형태의 웹로직 설치 파일에는 JDK가 포함되어 있기는 하나 출시된 시기의 JDK 버전이기 때문에 마이너^{minor} 버전이 업그레이드된 JDK의 설치를 권장한다. 또한 exe나 bin 형태가 아닌 jar 형태의 설치 파일은 JDK가 반드시 필요하다. JDK를 다운로드하는 방법은 다음과 같다.

1. 오라클 홈페이지(http://www.oracle.com)에 접속해 상단 탭에 있는 **메뉴(Menu)** 〉 Downloads(Trials and Downloads) 〉 Java 〉 All Java downloads 를 클릭한다.

2. Java 다운로드 페이지에서 Java SE를 선택한다.

3. 항상 최신 버전이 메인 다운로드로 나타난다. 다운로드 페이지 최하단의 Java Archive를 클릭하면 이전 버전의 링크를 확인할 수 있다. 다운로드하는 버전에 맞게 링크를 이동해 클릭한다.

그림 2.5 JDK 최신 버전 다운로드 링크 이미지와 이전 버전의 링크

4. 다운로드하려면 우선 Accept License Agreement 라디오 버튼을 선택한다.

5. OS 플랫폼별로 파일 링크가 있다. JRE가 아닌 JDK임에 주의해 다운로드한다.

2.2 : 웹로직 서버 설치

웹로직의 서버를 설치하기 전 필요한 설치 파일과 사용할 JDK가 준비되면 설치를 진행할 수 있다. 웹로직 서버 구성 요소가 설치된 이후에 실제 서비스를 담당할 도메인을 구성한다.

2.2.1 웹로직 설치의 일반적인 사항

웹로직 설치 파일의 형태는 다음과 같다.

- 윈도우^{Windows} 32비트: exe 파일
- 솔라리스^{Solaris} SPARC 32비트, HP-UX PARISC 32비트: bin 파일
- AIX, 리눅스^{Linux}, 64비트 OS: jar 파일

최근 대부분의 OS는 64비트고, 웹로직의 최신 버전인 12.1.x 버전들은 64비트로 운영을 권장하므로 개발을 위한 설치 파일 외에는 대부분 jar 형태의 설치 파일이다. 하지만, 이전 버전들에서는 각 플랫폼과 32비트 환경에서의 설치 파일에 차이가 있으

므로 확장자를 확인해 설치하자. bin과 jar 확장자를 갖는 파일의 경우 유닉스^{Unix}/리눅스 환경에서 chmod를 사용해 설치 파일에 실행 권한을 할당해줘야 실행 가능하다.

```
# chmod 755 ./fmw_12.2.1.3.0_wls.jar
```

또한 jar 형태의 설치 파일은 JDK가 사전에 설치되어 있어야 실행이 가능하다. 설치 파일의 실행 방법은 플랫폼마다 다음과 같은 차이가 있다.

플랫폼	설치 파일 실행 방법
윈도우	exe 형태의 설치 파일은 설치 파일을 더블클릭하거나 cmd창에서 실행한다. 　> wls1036_win32.exe jar 형태의 설치 파일은 자바의 jar 파일 실행 명령을 통해 실행한다. 　> D:\java1.6.0\bin\java -jar wls1036_generic.jar
유닉스/리눅스	bin 형태의 설치 파일은 명령줄에 다음과 같이 입력해 실행한다. 　# ./wls1036_solaris32.bin jar 형태의 설치 파일은 자바의 jar 파일 실행 명령을 통해 실행한다. 　# /usr/java1.6.0/bin/java -jar wls1036_generic.jar

표 2.2 플랫폼에 따른 설치 파일 실행 방법

솔라리스나 HP-UX 플랫폼에서는 jdk 32비트와 62비트가 하나의 디렉토리에 설치된다.

```
# $JAVA_HOME/bin/java -version
java version "1.5.0_12"
Java(TM) 2 Runtime Environment, Standard Edition (build 1.5.0_12-b04)
Java HotSpot(TM) Server VM (build 1.5.0_12-b04, mixed mode)
```

이렇게 mixed mode로 구성되는 jdk는 기본적으로 32비트로 동작하기 때문에 64비트 실행을 위해 -d64 옵션을 넣어 실행해야 한다.

```
# $JAVA_HOME/bin/java -d64 -jar ./wls1036_generic.jar
```

이렇게 설치 파일을 실행하면 기본은 그래픽 모드이므로 설치 UI가 나타난다.

그림 2.6 GUI 환경에서의 실행 파일 실행 UI 화면

웹로직 12.1.1 까지의 설치에서는 윈도우나 X윈도우 환경이 아닌 유닉스/리눅스에서는 기본 구성 모드인 GUI 환경으로 진행할 수 없다는 메시지를 보여주면서 콘솔 모드로 진행된다.

그림 2.7 GUI 미 지원 시 콘솔 모드로 설치 진행되는 화면

설치 환경에서 그래픽 모드의 실행이 불가능한 경우 콘솔 모드로 설치가 진행된다. 웹로직 12.1.1 까지의 설치에서는 의도적으로 콘솔 모드로 실행하려면 다음과 같이 -mode=console 옵션을 넣어 실행하면 콘솔 모드로 바로 설치가 진행된다.

그림 2.8 '-mode=console'을 추가한 설치 진행

2.2.2 8.1 버전 그래픽 모드 설치

웹로직 8.1 버전은 여전히 사용하는 곳이 많다. 현재 SP6 Service Pack 까지 나왔고 JDK 1.4.2를 지원한다. 썬 Sun JDK는 32비트만을 지원함에 유의한다. 그래픽 모드로 설치하는 방법은 다음과 같다.

1. 설치 파일을 업로드한 후 실행한다.

2. Welcome: 환영 메시지를 확인하고 진행한다.

3. **BEA License Agreement:** 라이선스 동의 여부를 묻는다. 설치를 진행하기 위해 Yes 를 클릭하고 진행한다.

4. **Choose BEA Home Directory:** 설치 위치(BEA Home)를 결정한다. 기존에 웹로직이 설치되어 있다면 기존 경로가 먼저 오른쪽에 나타난다. 새로운 위치에 설치하려 면 Create a new BEA Home에 체크한 후 설치할 경로를 BEA Home Directory에 지 정한다.

그림 2.9 웹로직 8.1 설치 디렉토리 설정

5. **Choose Install Type:** 설치 유형을 선택한다. Complete 선택하는 경우 기본 구성 요 소를 설치한다. 구성 요소를 선택하기 위해 Custom으로 진행한다.

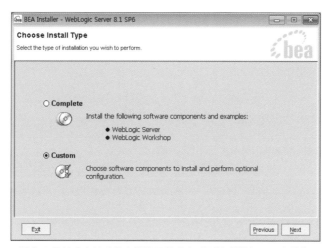

그림 2.10 구성 요소의 사용자 선택 구성 요소 설치를 위한 'Custom' 선택

6. Choose Components: WebLogic Server 항목들만 있으면 기본적으로 필요한 웹로직의 서버 구성 요소가 설치된다.

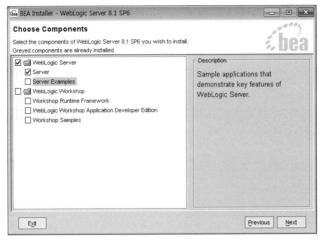

그림 2.11 서버 구성 요소 선택

7. Choose Product Directory: 웹로직 서버 구성 요소 설치 위치를 선택한다. 일반적으로 BEA Home 디렉토리에 설치한다.

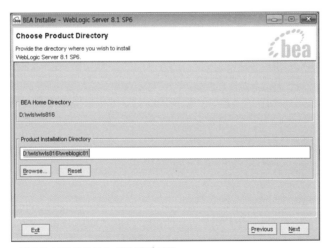

그림 2.12 서버 구성 요소 설치 위치 설정

8. Install Windows Services: 윈도우 환경에서는 노드 매니저를 서비스로 등록할지 여부를 묻는다. 차후 구성이 가능하므로 No를 선택한 후 진행하면 설치가 진행된다.

9. Installation Complete: 서버 구성 요소의 설치가 완료되면 Run Quickstart에 대한 실행 여부를 체크하게 되어 있다. 체크 후 설치를 완료하면 도메인을 추가할 수 있는 Configuration Wizard 링크가 포함된 퀵스타트^{QuickStart}가 실행된다.

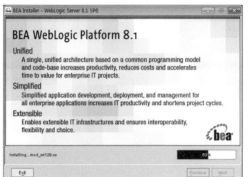

그림 2.13 설치 진행과 설치 완료

10. 웹로직 8.1의 설치가 완료되면 설치 디렉토리와 구성 요소가 생성된다.

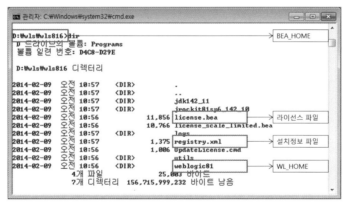

그림 2.14 웹로직 8.1 디렉토리 구조

2.2.3 8.1 버전 콘솔 모드 설치

웹로직 8.1의 콘솔 모드로 설치하는 방법은 다음과 같다. 8.1 SP6을 기준으로 했다.

1. Welcome: 설치 파일을 업로드한 후 실행하면 환영하는 메시지가 보인다. 엔터키는 Next 값이다. **엔터키**로 진행한다.

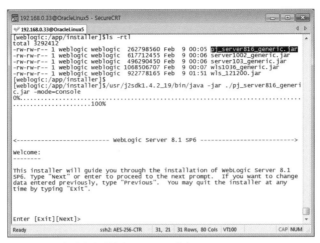

그림 2.15 설치 파일의 실행과 Welcome 화면

2. **BEA Systems License Agreement**: 라이선스에 동의하느냐고 물어본다. 설치를 진행하기 위해 1을 입력한 후 진행한다.

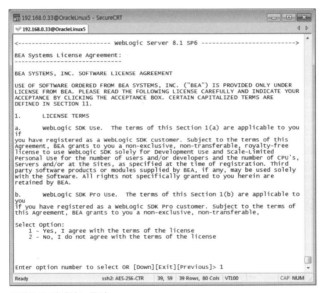

그림 2.16 라이선스 동의

3. **Choose BEA Home Directory**: 설치 위치(BEA Home)를 결정한다. 기존에 웹로직이 설치되어 있다면 기존 경로가 나타난다. 웹로직이 설치될 경로를 지정하고 진행하면 다시 한 번 확인한다.

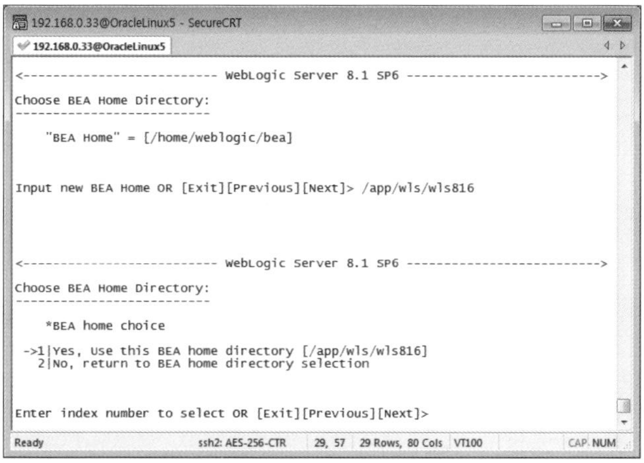

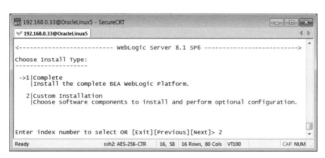

그림 2.17 웹로직 설치 디렉토리 설정

4. Choose Install Type: 설치 유형을 선택한다. Complete를 선택하는 경우 기본 구성
   요소를 설치한다. 구성 요소를 선택하기 위해 Custom으로 진행한다. 2를 입력한
   후 진행한다.

그림 2.18 구성 요소의 사용자 선택 구성 요소 설치를 위한 'Custom' 선택

5. Choose Components to install: 구성 요소를 선택한다. 구성 요소 우측에 x 표시가
   설치될 요소다. 설치하지 않는 컴포넌트는 **구성 요소 우측 [번호]**를 선택하면 해당
   요소가 해제된다. WebLogic Server 항목들만 있으면 기본적으로 필요한 웹로직의
   서버 구성 요소가 설치된다.

그림 2.19 서버 구성 요소 선택

구성 요소가 맞으면 선택한 후 Yes, use these component selections로 진행한다.

6. Choose Product Directory: 웹로직 서버 구성 요소 설치 위치를 선택한다. 일반적으로 BEA Home 디렉토리에 설치한다. 확인 후 진행하면 설치가 진행된다.

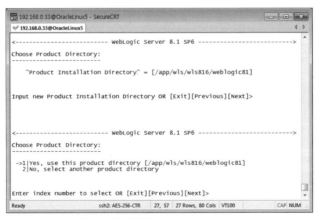

그림 2.20 서버 구성 요소 설치 위치 설정

7. Installation Complete: 설치가 완료 메시지가 확인되고 진행하면 임시 파일들을 삭

제하고 프롬프트 상태로 빠져나간다.

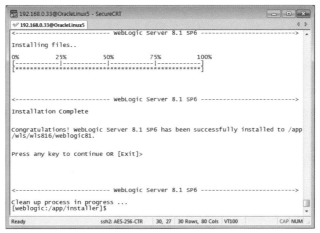

그림 2.21 설치 진행과 설치 완료

8. 웹로직 8.1의 설치가 완료되면 설치 디렉토리가 생성된다.

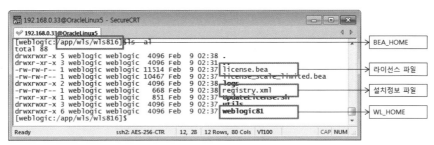

그림 2.22 웹로직 8.1 디렉토리 구조

2.2.4 9.0~10.0 MP2 버전 그래픽 모드 설치

웹로직 9.0에서 10.0 MP2까지의 버전은 JDK 5를 지원하며 32/64비트 환경에서 운영이 가능하다. 9.x는 9.2 MP4 버전까지 출시되었고, 10.0은 10.0 MP2 버전까지 출시되었다. 웹로직 10.0 MP2의 그래픽 모드로 설치하는 방법은 다음과 같다. 각 버전마다 설치 순서나 구성상 약간의 차이가 있을 수 있음에 유의한다.

1. 설치 파일을 업로드한 후 실행한다.
2. Welcome: 환영 메시지를 확인하고 진행한다.

3. BEA License Agreement: 라이선스 동의 여부를 묻는다. 설치를 진행하기 위해 Yes 를 클릭하고 진행한다. 10.0 MP2는 라이선스 동의 여부를 묻지 않는다.

4. Choose BEA Home Directory: 설치 위치(BEA Home)를 결정한다. 기존에 웹로직이 설치되어 있다면 기존 경로가 먼저 오른쪽에 나타난다. 새로운 위치에 설치하려면 Create a new BEA Home에 체크한 후 설치할 경로를 BEA Home Directory에 지정한다.

그림 2.23 웹로직 10.0 MP2 설치 디렉토리 설정

5. Choose Install Type: 설치 유형을 선택한다. Complete를 선택하는 경우 기본 구성 요소를 설치한다. 구성 요소를 선택하기 위해 Custom으로 진행한다.

그림 2.24 구성 요소의 사용자 선택 구성 요소 설치를 위한 'Custom' 선택

6. Choose Products and Components: WebLogic Server 항목들만 있으면 기본적으로 필요한 웹로직의 서버 구성 요소가 설치된다.

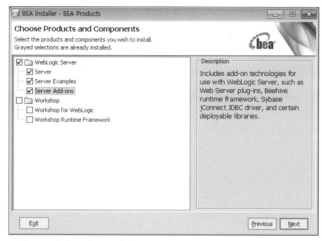

그림 2.25 서버 구성 요소 선택

7. Choose Product Installation Directories: 웹로직 서버 구성 요소 설치 위치를 선택한다. 일반적으로 BEA Home 디렉토리에 설치한다.

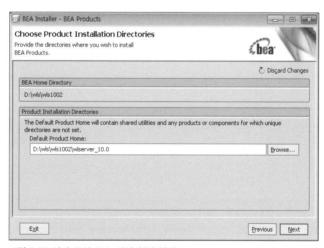

그림 2.26 서버 구성 요소 설치 위치 설정

8. Install Windows Services: 윈도우 환경에서는 노드 매니저를 서비스로 등록할지 여부를 묻는다. 차후 구성이 가능하므로 No를 선택한 후 진행한다.

9. **Choose Shortcut Location:** 윈도우 환경에서는 시작 메뉴에 등록하는 유형에 대한 선택이 있다. 원하는 유형을 선택한 후 진행하면 설치가 진행된다.

10. **Installation Complete:** 서버 구성 요소의 설치가 완료되면 Run Quickstart에 대한 실행 여부를 체크하게 되어 있다. 체크한 후 설치를 완료하면 도움말 링크가 포함된 퀵스타트가 실행된다.

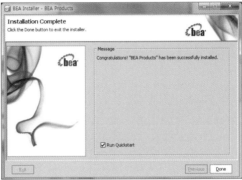

그림 2.27 설치 진행과 설치 완료

11. 웹로직 10.0 MP2의 설치가 완료되면 설치 디렉토리가 생성된다.

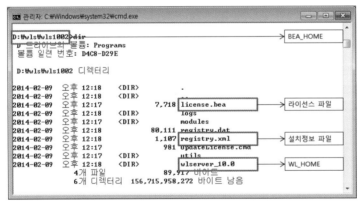

그림 2.28 웹로직 10.0 MP2 디렉토리 구조

2.2.5 9.0~10.0 MP2 버전 콘솔 모드 설치

웹로직 9.0에서 10.0 MP2까지의 버전의 콘솔 모드로 설치하는 방법은 다음과 같다. 10.0 MP2를 기준으로 설치했으며 버전마다 설치 순서나 구성상 약간의 차이가 있을 수 있음에 유의한다.

1. **Welcome**: 설치 파일을 업로드한 후 실행하면 환영하는 메시지가 보인다. 엔터키는
   Next 값이다. **엔터키**로 진행한다.

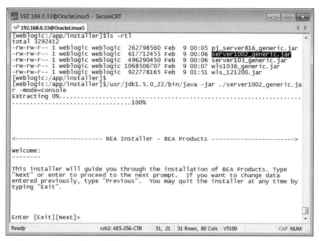

그림 2.29 설치 파일의 실행과 Welcome 화면

2. **BEA Systems License Agreement**: 10.0 MP2를 제외한 버전에서는 라이선스에 동
   의하느냐고 물어본다. 이 경우 설치를 진행하기 위해 1을 입력한 후 진행한다.

3. **Choose BEA Home Directory**: 설치 위치(BEA Home)를 결정한다. 기존에 웹로직이
   설치되어 있다면 기존 경로가 나타난다. 웹로직이 설치될 경로를 지정하고 진행하
   면 다시 한 번 확인한다.

그림 2.30 웹로직 설치 디렉토리 설정

4. Choose Install Type: 설치 유형을 선택한다. Complete를 선택하는 경우 기본 구성
   요소를 설치한다. 구성 요소를 선택하기 위해 Custom으로 진행한다. 2를 입력한
   후 진행한다.

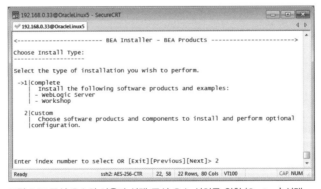

그림 2.31 구성 요소의 사용자 선택 구성 요소 설치를 위한 'Custom' 선택

5. Choose Components to install: 구성 요소를 선택한다. 구성 요소 우측에 x 표시가 설치될 요소다. 설치하지 않는 컴포넌트는 **구성 요소 우측 [번호]**를 선택하면 해당 요소가 해제된다. WebLogic Server 항목들만 있으면 기본적으로 필요한 웹로직의 서버 구성 요소가 설치된다.

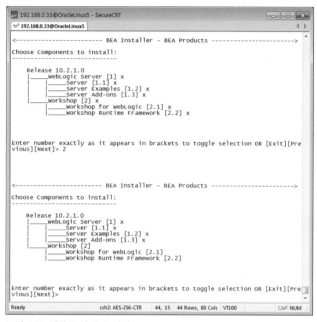

그림 2.32 서버 구성 요소 선택

6. Choose Product Installation Directories: 웹로직 서버 구성 요소 설치 위치를 선택한다. 일반적으로 BEA Home 디렉토리에 설치한다. 확인 후 진행하면 설치가 진행된다.

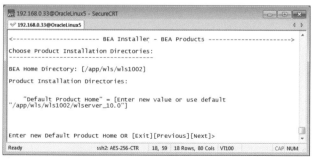

그림 2.33 서버 구성 요소 설치 위치 설정

7. Installation Complete: 설치가 완료 메시지가 확인되고 진행하면 임시 파일들을 삭제하고 프롬프트 상태로 빠져나간다.

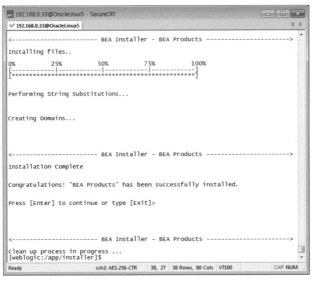

그림 2.34 설치 진행과 설치 완료

8. 웹로직 10.0 MP2 설치가 완료되면 설치 디렉토리가 생성된다.

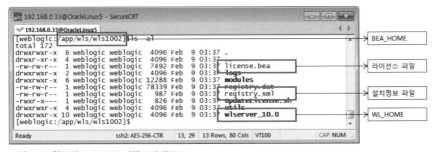

그림 2.35 웹로직 10.0 MP2 디렉토리 구조

2.2.6 10.3~12.1.1 버전 그래픽 모드 설치

웹로직 10.3에서 10.3.6까지의 버전은 JDK6을 지원하며 32/64비트 환경에서 운영이 가능하다. 10.3은 BEA에서 오라클로 인수된 직후 처음 발표된 버전이며, 이후 개선사항을 포함해 10.3.1 버전부터는 정식적인 오라클 퓨전 미들웨어^{Oracle Fusion Middleware}

의 코어Core로 변모한다. 오라클 퓨전 미들웨어의 11g에 해당하는 스펙을 갖추었으며 11g 혹은 10.3 버전으로 불리는데, 정식 버전은 마이너 버전까지 포함해 명칭하는 것이 일반적이다.

10.3.x 버전부터는 개발 툴로 기존의 워크샵Workshop을 제외시키고 이클립스를 기반으로 한 OEPEOracle Enterprise Package for Eclipse를 포함하는 설치 파일을 다운로드할 수 있다.

> **Installers with Oracle WebLogic Server, Oracle Coherence and Oracle Enterprise Pack for Eclipse:**
>
> - Linux x86 with 32-bit JVM (1.2 GB)
> - Windows x86 with 32-bit JVM (1.2 GB)
> - Mac OS X with 32-bit JVM (1.4 GB)

그림 2.36 OEPE가 포함된 웹로직 설치 파일 링크

또한 웹로직 10.3.3부터는 웹로직 설치 파일이 오라클 코히어런스Oracle Coherence와 함께 패키징됨에 따라 Oracle WebLogic Server and Oracle Coherence로 표기된다.

> **Installers with Oracle WebLogic Server and Oracle Coherence:**
>
> - Linux x86 with 32-bit JVM (811 MB)
> - Windows x86 with 32-bit JVM (800 MB)
> - Generic (997 MB)

그림 2.37 오라클 코히어런스가 기본적으로 포함되는 웹로직 설치 파일 링크

그래픽 모드로 설치하는 방법은 10.3.6을 기준으로 진행했다. 설치는 각 버전마다 설치 순서나 구성상 약간의 차이가 있을 수 있음에 유의한다. 설치 파일이 이전 인터내셔널International 버전이 별도 구분되었던 것에 비해 10.3.2 버전부터 모두 국가별 언어를 지원하므로 시스템 언어가 한국어인 경우 설치 과정 또한 한국어로 표기된다.

1. 설치 파일을 업로드한 후 실행한다.

2. **시작**: 환영 메시지를 확인하고 진행한다.

3. **Middleware 홈 디렉토리 선택**: 설치 위치(Middleware Home)를 결정한다. 기존에 웹로직이 설치되어 있다면 기존 경로가 먼저 오른쪽에 나타난다. 새로운 위치에 설치하려면 **새 Middleware 홈 생성**에 체크한 후 설치할 경로를 **Middleware 홈 디렉토리**에 지정한다.

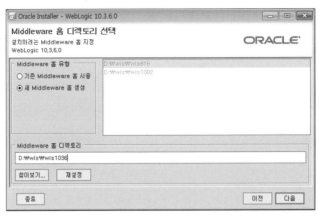

그림 2.38 웹로직 10.3.6 설치 디렉토리 설정

4. **보안 갱신을 위해 등록**: 10.3.1 버전부터 오라클 서포트^{Oracle Support} 계정이 있는 경우 보안 갱신을 위한 등록 과정이 있다. 등록하지 않으려면 My Oracle Support를 통해 **보안 갱신 수신** 체크박스를 해지하고 알림을 받지 않겠냐는 물음에 **예**를 선택한후 **다음** 버튼을 클릭한다.

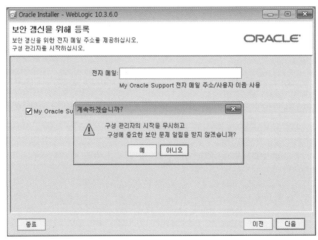

그림 2.39 보안 갱신 해제

간혹 한글 환경에서 설치 오류로 인해 체크박스 해제가 안 되는 경우가 있다. 이 경우 전자 메일 주소를 등록하지 않고 계속 진행하면 접속 실패 창이 뜨는데, 이때 **구성의 보안 문제 알림을 받고 있지 않거나 이 시스템이 인터넷에 접속되어 있지 않습니다.** 체크박스를 체크하고 **계속** 버튼을 클릭한다.

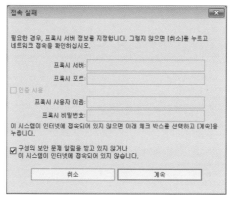

그림 2.40 보안 메일을 설정하지 않는 상태에서 진행되는 접속 실패 창

5. **설치 유형 선택**: 설치 유형을 선택한다. **일반 설치**를 선택하는 경우 기본 구성 요소를 설치한다. 구성 요소를 선택하기 위해 **사용자 정의 설치**로 진행한다.

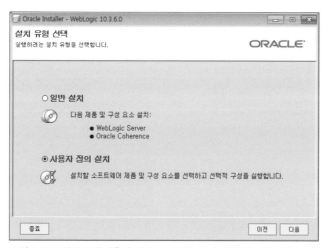

그림 2.41 구성 요소의 사용자 선택 구성 요소 설치를 위한 '사용자 정의 설치' 선택

6. **제품 및 구성 요소 선택**: WebLogic Server 항목들만 있으면 기본적으로 필요한 웹로 직의 서버 구성 요소가 설치된다.

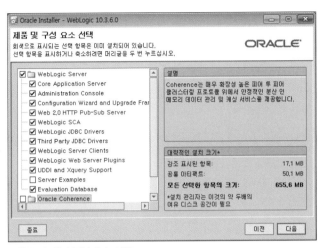

그림 2.42 서버 구성 요소 선택

7. **JDK 선택**: 기본 JDK를 선택하는 물음이다. 추가할 경우 **찾아보기...**를 눌러 JAVA_ HOME을 찾아준다. 시스템에 **JAVA_HOME**이 설정되어 있거나 설치 파일이 jar 형 태인 경우 해당 JDK 경로가 아래 표시된다.

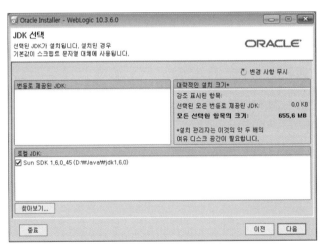

그림 2.43 JDK 선택

8. **제품 설치 디렉토리 선택**: 웹로직 서버 구성 요소 설치 위치를 선택한다. 일반적으로 Middleware 홈 디렉토리에 설치한다.

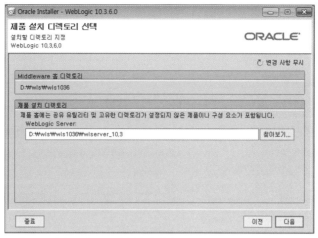

그림 2.44 서버 구성 요소 설치 위치 설정

9. **윈도우 서비스 설치**: 윈도우 환경에서는 노드 매니저를 서비스로 등록할지 여부를 묻는다. 차후 구성이 가능하므로 **아니오**를 선택한 후 진행한다.

10. **바로 가기 위치 선택**: 윈도우 환경에서는 시작 메뉴에 등록하는 유형에 대한 선택이 있다. 원하는 유형을 선택한 후 진행한다.

11. **설치 요약**: 설치될 구성 요소 목록을 보여준다. 확인한 후 **다음**으로 진행하면 설치가 진행된다.

12. **설치 완료**: 서버 구성 요소의 설치가 완료되면 Quickstart 실행에 대한 실행 여부를 체크하게 되어 있다. 체크한 후 설치를 완료하면 도움말 링크가 포함된 퀵스타트가 실행된다.

그림 2.45 설치 진행과 설치 완료

13. 웹로직 10.3.6의 설치가 완료되면 설치 디렉토리가 생성된다.

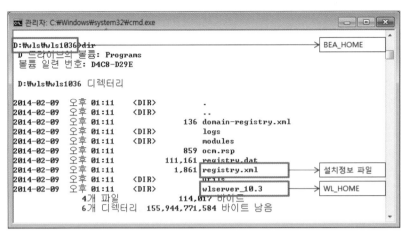

그림 2.46 웹로직 10.3.6 디렉토리 구조

2.2.7 10.3~12.1.1 버전 콘솔 모드 설치

콘솔 모드로 설치하는 방법은 10.3.6을 기준으로 진행했다. 설치는 각 버전마다 설치 순서나 구성상 약간의 차이가 있을 수 있음에 유의한다. 설치 파일이 이전 인터내셔널 버전이 별도로 구분되었던 것에 비해 10.3.2 버전부터 모두 국가별 언어를 지원하므로 시스템 언어가 한국어인 경우 설치 과정 또한 한국어로 표기된다. 한국어 입력을 사용 하는 경우 오류가 발생할 수 있으므로 유닉스/리눅스 환경에서는 다음과 같이 locale 을 변경하고 진행하는 것을 권장한다.

```
# export LANG=C
```

1. Welcome: 설치 파일을 업로드한 후 실행하면 환영하는 메시지가 보인다. 엔터키는 Next 값이다. **엔터키**로 진행한다.

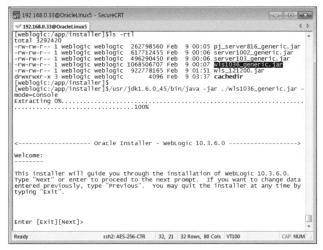

그림 2.47 설치 파일의 실행과 Welcome 화면

2. **Middleware Home Directory**: 설치 위치(Middleware Home)를 결정한다. 기존에 웹로직이 설치되어 있다면 기존 경로가 나타난다. 웹로직이 설치될 경로를 지정하고 진행하면 다시 한 번 확인한다.

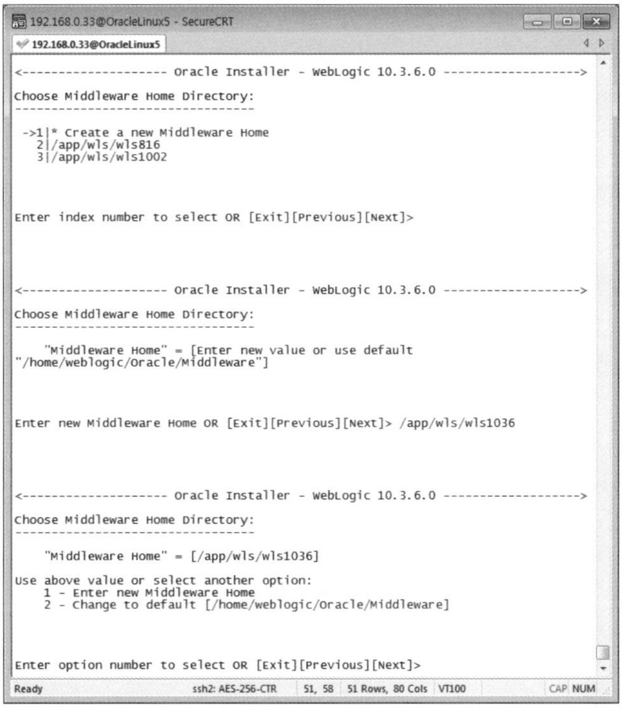

그림 2.48 웹로직 설치 디렉토리 설정

3. Register for Security Updates: 10.3.1 버전부터 오라클 써포트^{Oracle Support} 계정이 있는 경우 보안 갱신을 위한 등록 과정이 있다. 등록을 하지 않으려면 3을 입력한 후 진행하고, No로 설정한 후 보안 갱신을 받지 않겠다고 Yes를 입력한 후 진행한다. Receive Security Update 항목이 No로 변경된 것을 확인한 후 진행한다.

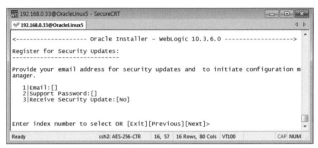

그림 2.49 보안 갱신 등록 해제

4. Choose Install Type: 설치 유형을 선택한다. Complete를 선택하는 경우 기본 구성 요소를 설치한다. 구성 요소를 선택하기 위해 Custom으로 진행한다. 2를 입력한 후 진행한다.

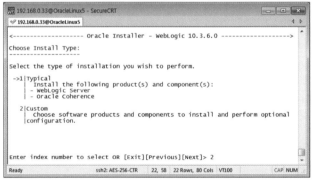

그림 2.50 구성 요소의 사용자 선택 구성 요소 설치를 위한 'Custom' 선택

5. Choose Products and Components: 구성 요소를 선택한다. 구성 요소 우측에 x 표 시가 설치될 요소다. 설치하지 않는 컴포넌트는 **구성 요소 우측 [번호]**를 선택하면 해당 요소가 해제된다. WebLogic Server 항목들만 있으면 기본적으로 필요한 웹로 직의 서버 구성 요소가 설치된다.

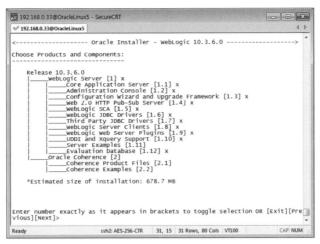

그림 2.51 서버 구성 요소 선택

6. JDK Selection: 기본 JDK를 선택하는 물음이다. 추가할 경우 1을 선택하면 JDK HOME을 지정할 수 있다. 시스템에 JAVA_HOME이 설정되어 있거나 설치 파일이 jar 형태인 경우 해당 JDK 경로가 표시된다. x 표시가 되어 있는 것을 확인한 후 진행한다.

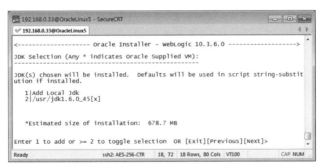

그림 2.52 JDK 선택

7. Choose Product Installation Directories: 웹로직 서버 구성 요소 설치 위치를 선택한다. 일반적으로 BEA Home 디렉토리에 설치한다. 확인한 후 진행하면 설치가 진행된다.

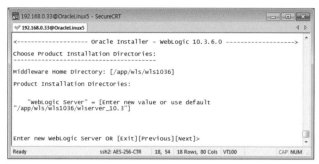

그림 2.53 서버 구성 요소 설치 위치 설정

8. The following Products and JDKs will be installed: 설치를 시작하기 전 선택한 컴포넌트가 포함되어 있는지 확인하고 진행하면 설치가 진행된다.

그림 2.54 구성 요소 확인

9. Installation Complete: 설치가 완료 메시지가 확인되고 진행하면 임시 파일들을 삭제하고 프롬프트 상태로 빠져나간다.

그림 2.55 설치 진행과 설치 완료

10. 웹로직 10.3.6 설치가 완료되면 설치 디렉토리가 생성된다.

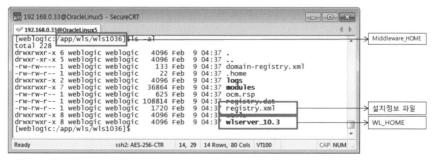

그림 2.56 웹로직 10.3.6 디렉토리 구조

2.2.8 12.1.2~12.2.1 버전 그래픽 모드 설치

웹로직 12.1.2 버전은 JDK7을, 12.2.1 버전은 JDK 8을 지원하며 64비트만을 지원한다. 32비트인 경우 개발 플랫폼에 한정된다. 따라서 운영 환경을 위한 설치 파일은 모두 jar 형태다. 기존 그리드Grid 플랫폼으로 상징되던 'g'의 라인업으로서의 웹로직

10.3.x에서 클라우드Cloud 플랫폼으로 상징되는 'c' 라인업인 12.1.1은 JDK 7과 자바 EE6 지원이라는 스펙 변화를 일으켰지만, 아직 클라우드에 완벽히 준비되지 않은 구조였다. 하지만, 12.1.2가 릴리스되고, 웹로직을 포함한 오라클 퓨전 미들웨어의 전체적인 버전이 12.1.2로 맞춰지면서 상호 간 클라우드를 위한 연계성을 띄게 된다. 이러한 큰 변화에 맞춰 기존 BEA에 서 제공하던 형식의 설치 프로그램은 Oracle Universal Installer로 변경되었고 설치 구성 또한 변화가 생겼다. 그래픽 모드로 설치하는 방법은 12.2.x 의 경우 **자동 업데이트** 단계가 추가된 것을 제외하고 동일하다.

1. 설치 파일을 업로드한 후 실행한다.
2. **시작**: 환영 메시지를 확인하고 진행한다.

   * 자동 업데이트: 12.2.x는 시작 단계 이후 설치 시 패치와 함께 설치할 수 있도록 인터페이스가 변경되었다. 패치 파일이 있는 경우 **디렉토리에서 패치 선택** 항목에 파일 위치를 지정하거나 **My Oracle Support**에서 업데이트 검색 항목에 계정을 입력하여 패치를 다운 받아 업데이트와 함께 설치를 진행할 수 있다.
3. **설치 위치**: 설치 위치(Oracle 홈)를 결정한다. 기존에 웹로직이 설치되어 있다면 기존 경로가 먼저 목록에 나타난다. 새로운 위치에 설치하려면 직접 입력하거나 **찾아보기...** 버튼을 클릭해 설치할 경로를 지정한다.

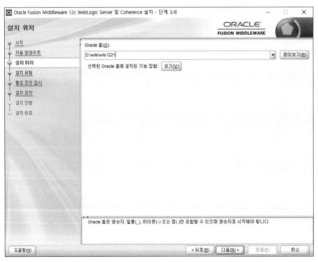

그림 2.57 웹로직 12.2.1 설치 디렉토리 설정

4. **설치 유형**: 구성 요소를 선택한다. WebLogic Server, Coherence 또는 **전체**를 선택할

수 있다. 웹로직 서버 구성 요소만 설치한다면 WebLogic Server **설치**를 선택하고
진행한다.

그림 2.58 서버 구성 요소 선택

5. **필요 조건 검사**: 설치가 진행될 플랫폼이 설치 요구조건을 만족하는지 확인하는 작
   업을 거친다. 요구조건이 충분하지 못한 경우 아래 확인란에서 문제점을 확인할
   수 있다.

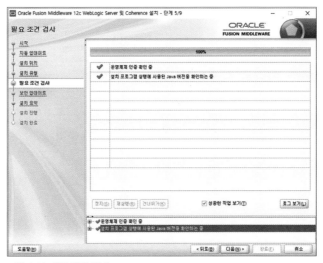

그림 2.59 설치 환경 검사

6. **보안 갱신**: 오라클 써포트 계정이 있는 경우 보안 갱신을 위한 등록을 할 수 있다. 등록을 하지 않으려면 **My Oracle Support를 통해 보안 업데이트 수신** 체크박스를 해지하고 알림을 받지 않겠냐는 물음에 **예**를 선택한다.

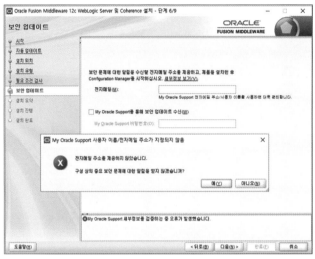

그림 2.60 보안 갱신 해제

7. **설치 요약**: 웹로직이 설치될 위치, 기능에 대한 요약을 확인한다. **응답 파일 저장**을 선택하면 사일런트 모드로 설치 시 필요한 response 파일을 저장한다.

8. **설치 완료**: 설치 완료 후 **WebLogic 구성 마법사 실행**에 대해 체크한 후 완료하면, 웹로직 도메인 구성이 실행된다.

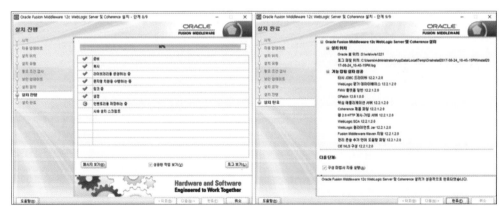

그림 2.61 설치 진행과 설치 완료

9. 웹로직 12.1.2~12.2.1의 설치가 완료되면 설치 디렉토리가 생성된다.

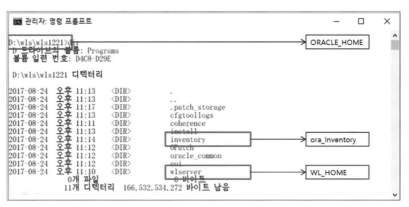

그림 2.62 설치된 웹로직 디렉토리 구조

2.2.9 12.1.2~12.2.1 버전 사일런트 모드 설치

웹로직은 그래픽 모드와 콘솔 모드 설치 방법을 지원하고 추가적으로 사일런트 모드를 지원한다. 앞서 두 가지 방식과 다르게 사일런트 모드는 미리 설정한 구성 내용을 읽어 설치 과정을 완료하는 방식으로, 10.3.6 버전까지는 사일런트 모드에 대한 필요성은 미미했으나 12.1.2 버전부터는 오라클 인스톨러로 변경되면서 콘솔 모드의 설치 방법이 없어졌기 때문에 그래픽 모드 설치가 불가능한 경우 사일런트 모드 설치가 요구된다.

사일런트 모드 설치 시 response 파일과 oraInst.loc 파일이 필요하다. response 파일의 경우 그래픽 모드로 설치 시 설치 요약 단계에서 저장하는 파일에서 얻을 수도 있고 다음 URL의 Sample Response File for Oracle WebLogic Server and Coherence Installation 의 내용을 참고해 생성도 가능하다.

- 12.1.2 : http://docs.oracle.com/middleware/1212/core/OUIRF/response_file.htm

- 12.1.3 : http://docs.oracle.com/middleware/1213/core/OUIRF/response_file. htm#OUIRF370

- 12.2.1 : https://docs.oracle.com/middleware/1221/core/OUIRF/GUID-19DEEA75-CC63-47D4-BDC7-038E133490E0.htm#OUIRF389

다음 리스트 2.1을 참고해 wls1212.rsp 파일을 생성한다. 주요 설정 내용은 설치 위

치와 설치 파일의 타입, 보안 업데이트 여부에 대한 설정이다. ORACLE_HOME 항목은 웹
로직 설치 위치이며 지정되는 디렉토리는 반드시 비어 있어야 한다.

```
[ENGINE]

#DO NOT CHANGE THIS.
Response File Version=1.0.0.0.0

[GENERIC]

#Set this to true if you wish to skip software updates
DECLINE_AUTO_UPDATES=true

#My Oracle Support User Name
MOS_USERNAME=

#My Oracle Support Password
MOS_PASSWORD=<SECURE VALUE>

#If the Software updates are already downloaded and available on your local
system, then specify the path to the directory where these patches are
available and set SPECIFY_DOWNLOAD_LOCATION to true
AUTO_UPDATES_LOCATION=

#Proxy Server Name to connect to My Oracle Support
SOFTWARE_UPDATES_PROXY_SERVER=

#Proxy Server Port
SOFTWARE_UPDATES_PROXY_PORT=

#Proxy Server Username
SOFTWARE_UPDATES_PROXY_USER=

#Proxy Server Password
SOFTWARE_UPDATES_PROXY_PASSWORD=<SECURE VALUE>

#The oracle home location. This can be an existing Oracle Home or a new Oracle
Home
ORACLE_HOME=/app/wls/wls1212

#Set this variable value to the Installation Type selected. e.g. WebLogic
Server, Coherence, Complete with Examples.
INSTALL_TYPE=WebLogic Server

#Provide the My Oracle Support Username. If you wish to ignore Oracle
Configuration Manager configuration provide empty string for user name.
MYORACLESUPPORT_USERNAME=
```

```
#Provide the My Oracle Support Password
MYORACLESUPPORT_PASSWORD=<SECURE VALUE>

#Set this to true if you wish to decline the security updates. Setting this to
true and providing empty string for My Oracle Support username will ignore the
Oracle Configuration Manager configuration
DECLINE_SECURITY_UPDATES=true

#Set this to true if My Oracle Support Password is specified
SECURITY_UPDATES_VIA_MYORACLESUPPORT=false

#Provide the Proxy Host
PROXY_HOST=

#Provide the Proxy Port
PROXY_PORT=

#Provide the Proxy Username
PROXY_USER=

#Provide the Proxy Password
PROXY_PWD=<SECURE VALUE>

#Type String (URL format) Indicates the OCM Repeater URL which should be of
the format [scheme[Http/Https]]://[repeater host]:[repeater port]
COLLECTOR_SUPPORTHUB_URL=
```

리스트 2.1 wls1212.rsp 파일 내용

오라클 제품 설치 시 필요로 하는 Inventory_loc와 그룹을 지정하기 위한 oraInst.
loc 파일을 생성한다.

```
inventory_loc=oui_inventory_directory
inst_group=oui_install_group
```

리스트 2.2 oraInst.loc 파일의 기본 폼

oraInst.loc 파일의 기본 폼에 따라 설치에 사용할 예제는 다음을 참고한다.

```
inventory_loc=/app/wls/oraInventory
inst_group=weblogic
```

리스트 2.3 oraInst.loc의 예제

사일런트 모드로 설치를 진행하기 위해 다음과 같이 실행한다.

```
# $JAVA_HOME/java -jar ./wls_121200.jar -silent -response /tmp/wls12c.rsp
-invPtrLoc /tmp/oraInst.loc
```

response 파일의 경우 전체 경로를 넣어야 함에 주의한다. response 파일을 별도로 지정하지 않으면 내용을 직접 실행 명령줄에 나열할 수도 있다.

```
# $JAVA_HOME/java -jar ./wls_121200.jar -silent -invPtrLoc /tmp/oraInst.loc \
ORACLE_HOME=/app/wls/weblogic1212 \
INSTALL_TYPE="WebLogic Server" \
SECURITY_UPDATES_VIA_MYORACLESUPPORT=false
```

사일런트 모드로 설치를 진행하면 설치되는 플랫폼의 설치 요건을 확인하고 response 파일에서 설정한 값으로 설치된다.

그림 2.63 사일런트 모드 설치

웹로직 12.1.2~12.2.1의 설치가 완료되면 설치 디렉토리가 생성된다.

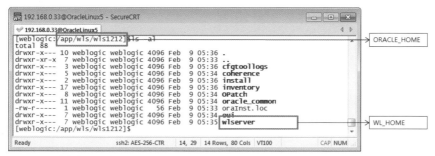

그림 2.64 설치된 웹로직 디렉토리 구조

2.2.10 웹로직 설치 시 로그 생성

웹로직 12.1.2 버전 부터 설치 시 로그를 Inventory_loc로 설정한 위치에 남기지만 해당 버전을 제외한 다른 버전은 별도의 로그 옵션을 추가해 설치로그를 기록할 수 있다. 설치 시 문제가 있는 경우 다음과 같이 해당 옵션을 통해 어떤 이유로 설치가 정상적으로 진행되지 않는지 확인 가능하다.

```
# java -jar ./wls1211_generic.jar -mode=console -log=/tmp/install.log
```

2.2.11 웹로직 설치 /tmp 공간 부족

자바는 기본 임시 디렉토리가 유닉스/리눅스인 경우 '/tmp'로 지정된다. 웹로직 설치 시 임시 파일이 해당 디렉토리에 생성되는 데 용량이 부족한 경우 다음과 같은 오류를 확인할 수 있다.

```
# /usr/java6/bin/java -jar ./wls1211_generic.jar -mode=console
Extracting 0%.......
Fatal error encountered during self-extraction.[No space left on device]
```

임시 디렉토리의 공간이 부족한 경우 다음과 같이 자바의 옵션을 통해 별도의 위치를 설정함으로서 설치를 진행할 수 있다. 자바 옵션은 -jar 앞에 선언해야 한다.

```
# java -Djava.io.tmpdir=/cs2/seeker/tmp -jar ./wls1211_generic.jar
-mode=console
```

2.2.12 리눅스 플랫폼에서 설치 시 행 업

리눅스에서 웹로직 설치 시 한참을 멈추는 현상이 발생하는 경우가 있다. 리눅스 플랫폼에서만 한정적으로 발생하는 현상으로 '/dev/urandom' 지정으로 인해 발생하는 현상이다. 리눅스에서는 난수 발생 시 디바이스 파일을 사용할 수 있는데, 기본적으로 '/dev/random'과 '/dev/urandom'을 제공한다. 이러한 난수를 사용해 보안적 요소를 구성하고자 자바의 'securerandom.source'로 '/dev/urandom'을 사용하는데, 경로상 지정의 문제로 인해 '/dev/./urandom'으로 변경해야 행 업^{Hang Up} 현상이 해결되는 경우가 있다.

```
#생략

#
# Select the source of seed data for SecureRandom. By default an
# attempt is made to use the entropy gathering device specified by
# the securerandom.source property. If an exception occurs when
# accessing the URL then the traditional system/thread activity
# algorithm is used.
#
# On Solaris and Linux systems, if file:/dev/urandom is specified and it
# exists, a special SecureRandom implementation is activated by default.
# This "NativePRNG" reads random bytes directly from /dev/urandom.
#
# On Windows systems, the URLs file:/dev/random and file:/dev/urandom
# enables use of the Microsoft CryptoAPI seed functionality.
#
securerandom.source=file:/dev/./urandom

#생략
```

리스트 2.4 $JAVA_HOME/jre/lib/security/java.security의 /dev/urandom 수정

　이러한 행 업 현상은 시간이 지나면 해결되지만, 설치 이후에 웹로직의 도메인을 생성하거나 웹로직 서버 기동 시 동일한 현상이 발생할 수 있으므로 주의가 필요하다.

2.3 : 웹로직 도메인 구성

웹로직 서버 구성 요소가 설치되면 실제 서비스를 수행할 도메인을 구성할 수 있다. 최초 도메인 구성 시 어드민 서버, 매니지드 서버, 클러스터, 시스템 등 여러 구성에 대한 설정을 할 수 있으나 어드민 서버만을 구성하고 차후 어드민 콘솔에서 부가적인 구성을 하는 것이 일반적이다.

2.3.1 웹로직 도메인 구성의 일반적인 사항

도메인의 구성을 진행하는 '구성 마법사Configuration Wizard'는 다음 위치에서 실행할 수 있다. 12.1.2~12.2.1은 설치와 같이 그래픽 모드로만 실행됨에 주의한다.

플랫폼	설치 파일 실행 방법
윈도우	cmd 형태의 파일을 더블클릭하거나 cmd창에서 실행한다. > `$WL_HOME/common/bin/config.cmd` 12.1.2 이상 버전의 경우 다음 파일이 실제 실행 파일이다. > `$ORACLE_HOME/oracle_common/common/bin/config.cmd`
유닉스/리눅스	sh 형태의 파일을 실행한다. > `$WL_HOME/common/bin/config.sh` 12.1.2 이상 버전의 경우 다음 파일이 실제 실행 파일이다. > `$ORACLE_HOME/oracle_common/common/bin/config.sh`

표 2.3 플랫폼에 따른 도메인 구성 마법사 실행 방법

이렇게 도메인 구성 마법사를 실행하면 기본은 그래픽 모드이므로 설치 UI가 나타난다.

그림 2.65 GUI 환경에서의 실행 파일 실행 UI 화면

윈도우나 X윈도우 환경이 아닌 유닉스/리눅스에서는 기본 구성 모드인 GUI 환경으

로 진행할 수 없다는 메시지를 보여주면서 콘솔 모드로 진행된다.

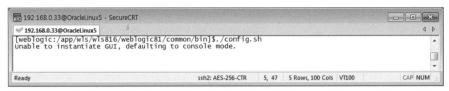

그림 2.66 GUI 미 지원일 경우 콘솔 모드로 설치 진행되는 화면

설치 환경에서 그래픽 모드의 실행이 불가능한 경우 콘솔 모드로 설치가 진행된다. 의도적으로 콘솔 모드로 실행하려면 -mode=console 옵션을 넣어 실행하면 콘솔 모드로 바로 설치가 진행된다.

2.3.2 개발 모드와 운영 모드

도메인을 구성하기에 앞서 선택해야 할 사항이 있다. 웹로직은 개발 편의성을 위한 설정 값이 지정된 개발 모드와 운영 환경에서 서비스를 안정적으로 서비스할 수 있도록 설정 값이 지정된 운영 모드가 있다.

특징	개발 모드	운영 모드
SSL	웹로직의 보안(Security) 서비스에서 제공하는 디지털 인증서를 사용해 인증할 수 있다.	웹로직에서 기본적으로 인증서를 제공하지 않기 때문에 인증서 없이 사용을 하게 된다면 경고(Warning) 메시지가 출력된다.
Auto deploy	웹로직 도메인 디렉토리의 'applications' 또는 'autodeploy' 디렉토리에 있는 애플리케이션은 어드민 서버에 자동으로 배포되고 변경사항에 대한 갱신이 가능하다.	Auto deploy 기능이 제공되지 않는다.
로그 파일 로테이션 (Log File Rotation)	로테이트(Rotate)가 기본적으로 500KB에서 로테이션(Rotation)되며 서버 기동 시 자동 로테이션된다.	로테이트가 기본적으로 5000KB에서 로테이션되며 서버 기동 시 로테이션되지 않는다.
boot.properties	어드민 서버 기동 시 사용자 이름(username)과 비밀번호(password)를 입력하지 않아도 기동될 수 있도록 boot.properties 파일이 생성된다.	boot.properties 파일이 생성되지 않는다.

표 2.4 개발 모드와 운영 모드의 차이 비교

개발 모드와 운영 모드의 사용자 대상에 따라 차이가 있으나 일반적으로 개발 서버나 스테이징 서버에서는 개인 환경과 다르게 운영 환경과 같은 조건이 되야 하므로 운영 모드로 구성한다. 하지만, 개발 모드의 Auto deploy 기능을 사용하기 위해 운영 환경에서도 개발 모드로 사용하는 사례도 있다. 이렇게 구성된 개발 모드와 운영 모드는 서버 환경을 불러오는 파일에서 `PRODUCTION_MODE`로 확인이 가능하다.

- 8.1 버전: $DOMAIN_HOME/**setEnv.sh**
- 9.0 이상 버전: $DOMAIN_HOME/bin/**setDomainEnv.sh**

또한 도메인 구성 환경 파일인 config.xml에서도 `<production-mode-enabled>`의 `true/false` 값으로도 확인이 가능하다.

- 8.1 버전: $DOMAIN_HOME/**config.xml**
- 9.0 이상 버전: $DOMAIN_HOME/config/**config.xml**

이렇게 설정된 개발 모드와 운영 모드는 서버 기동 시 로그에 각 모드가 표시된다.

```
<Nov 18, 2013 9:51:00 PM KST> <Notice> <WebLogicServer> <BEA-000329> <Started
WebLogic Admin Server "816Admin" for domain "816_domain" running in Production
Mode>
```

2.3.3 8.1 버전 그래픽 모드 도메인 구성

웹로직 8.1 버전의 구성 마법사를 윈도우 또는 X윈도우 환경에서 실행하면 기본적으로 그래픽 모드로 구성 마법사가 시작된다. 그래픽 모드로 웹로직 8.1 도메인을 구성하는 방법은 다음과 같다.

1. 구성 마법사Configuration Wizard를 실행한다.

2. **Create or Extend a Configuration**: 새로운 도메인을 구성할 것인지 기존 도메인 구성을 변경할 것인지 묻는다. **Create a new WebLogic configuration**를 체크한 후 진행한다.

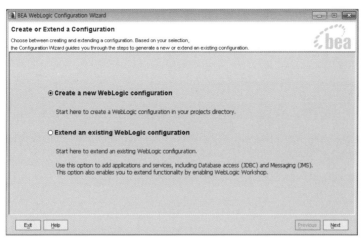

그림 2.67 도메인 구성 형태

3. Select a Configuration Template: 템플릿 목록이 나타난다. 샘플이나 예제 도메인이
   아닌 기본 도메인을 구성하기 위해 Base WebLogic Server Domain을 선택해 진행
   한다.

4. Choose Express or Custom Configuration: Express로 진행하면 웹로직 템플릿 기본
   값으로 구성이 완료된다. 구성의 변경을 위해 Custom을 선택한 후 Next 버튼을 클
   릭한다.

그림 2.68 Custom 도메인 구성

5. **Configure the Administration Server**: 어드민 서버의 Name, Listen address, Listen port를 지정할 수 있고 SSL 활성화(SSL enabled) 여부도 선택 가능하다. Listen address를 All Local Addresses로 선택하는 경우 해당 장비의 가용한 모든 IP를 사용한다. 이름의 경우 차후 변경하려면 복잡한 과정을 거치므로 미리 설정하는 것을 권장한다.

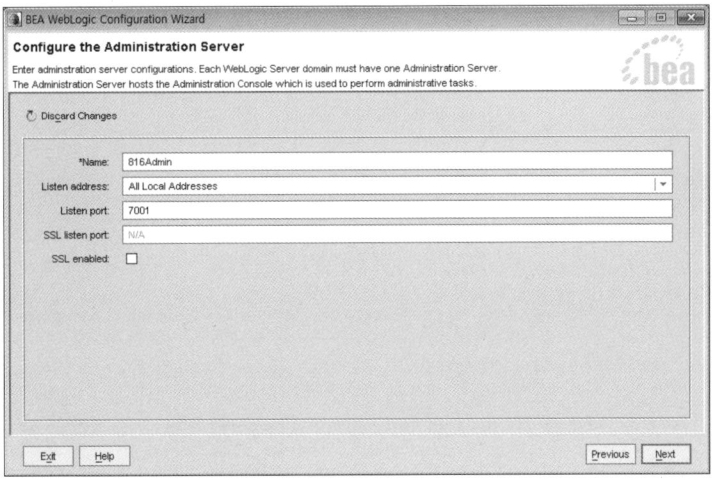

그림 2.69 어드민 서버 구성 설정

6. **Managed Servers, Clusters, and Machines Options**: 웹로직 도메인 구성 요소인 매니지드 서버와 그와 관련한 구성 요소에 대해 설정할 것인지를 묻는다. 구성 완료 후 어드민 콘솔에서도 추가/변경이 가능하므로 No로 진행한다.

7. **Database (JDBC) Options**: JDBC 커넥션 풀Connection Pool 관련 구성 요소를 먼저 구성할 것인지 여부를 묻는다. 구성 완료 후 어드민 콘솔에서도 추가/변경이 가능하므로 No로 진행한다.

8. **Messaging (JMS) Options**: JMS 관련 구성 요소를 먼저 구성할 것인지 여부를 묻는다. 구성 완료 후 어드민 콘솔에서도 추가/변경이 가능하므로 No로 진행한다.

9. **Configure Administrative Username and Password**: 웹로직의 인증 정보를 입력한다. 서버의 기동과 어드민 콘솔 접근 시 필요한 정보이므로 구성 시 설정한 값을 잊지 않도록 해야 한다.

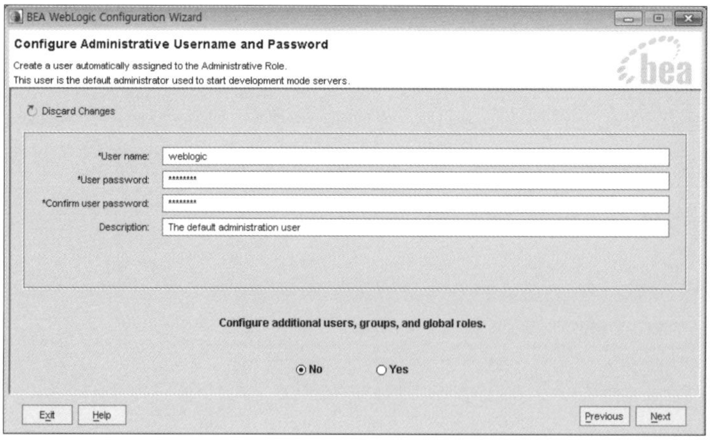

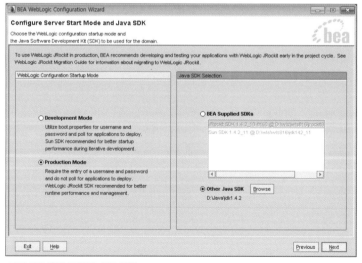

그림 2.70 관리 계정 설정

10. Configure Windows Options: 윈도우에서 설치하는 경우 시작 메뉴에 도메인 shortcut을 생성할지 여부와 어드민 서버를 서비스로 등록할지 여부를 묻는다. 서비스 등록의 경우 차후 추가/변경이 가능하므로 No로 진행한다.

11. Configure Server Start Mode and Java SDK: WebLogic Configureation Startup Mode 에서는 개발 모드와 운영 모드의 여부를 묻는다. Production Mode로 선택했다. Java SDK Selection에서는 JAVA_HOME이 설정되어 있는 경우 목록에 나타나지만 사용하고자 하는 JDK가 목록에 없으면 Other Java SDK를 선택한 후 Browse 버튼을 통해 사용하고자 하는 JDK를 설정한다.

그림 2.71 운영 모드와 JDK 선택

12. Create WebLogic Configuration: 도메인을 구성하기 전에 설정한 내용이 맞는지 확인하고 도메인 구성 위치를 정한다. 기본 경로는 '$BEA_HOME/user_projects/domains'가 기본값이나 디렉토리의 단계가 추가되는 불편함 때문에 'user_projects'는 제외하는 것을 권장한다. Browse 버튼으로 생성할 디렉토리 설정 후 Configuration Name 우측 공란에 도메인 이름을 설정한다. 확인한 후 Create 버튼을 클릭하면 구성이 시작된다.

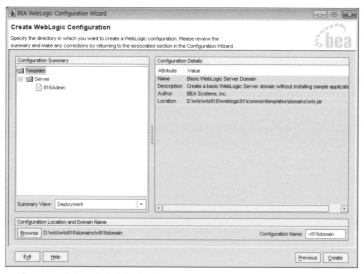

그림 2.72 도메인 구성 위치와 이름 설정

13. Creating Configuration: 설치가 완료되면 Done 버튼을 클릭해 종료한다. 그래픽 모드의 경우 Start Admin Server 체크박스를 선택하고 종료하면 현재 구성한 도메인의 어드민 서버를 기동시켜준다.

14. 웹로직 8.1의 도메인이 구성되면 도메인 디렉토리가 생성된다.

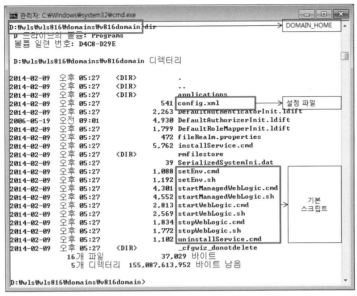

그림 2.73 웹로직 8.1 도메인 디렉토리 구조

2.3.4 8.1 버전 콘솔 모드 도메인 구성

웹로직 8.1 버전의 콘솔 모드로 도메인을 구성하는 방법은 다음과 같다.

1. 구성 마법사를 실행한다.

2. Create or Extend a Configuration: 새로운 도메인을 구성할 것인지 기존 도메인 구성을 변경할 것인지 묻는다. 1을 입력한 후 진행한다.

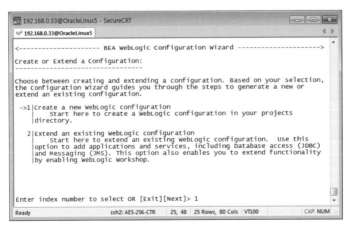

그림 2.74 도메인 구성 형태

3. Select a Domain Template: 템플릿 목록이 나타난다. 샘플이나 예제 도메인이 아닌 기본 도메인을 구성하기 위해 Basic WebLogic Server Domain 8.1.6.0 항목인 3을 입력한 후 진행한다.

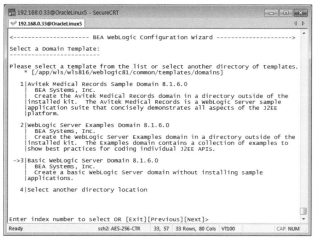

그림 2.75 기본 템플릿 설정

4. Choose Configuration Option: Express mode로 진행하면 웹로직 템플릿 기본값으로 구성이 완료된다. 구성의 변경을 위해 2를 입력한 후 진행한다.

그림 2.76 도메인 구성 형태

5. Configure the Administration Server: 어드민 서버의 Name, Listen address, Listen port를 지정할 수 있고 SSL enabled도 선택 가능하다. Listen address를 All Local Addresses로 선택하는 경우 해당 장비의 가용한 모든 IP를 사용한다. 이름의 경우

차후 변경하려면 복잡한 과정을 거치므로 미리 설정하는 것을 권장한다. 각 항목의 번호를 선택해 설정 변경 및 확인 후 진행한다.

그림 2.77 어드민 서버 구성 설정

6. **Choose Configuration Option**: 웹로직 도메인 구성 요소인 매니지드 서버와 그와 관련한 구성 요소에 대해 설정할 것인지를 묻고 이후 JDBC 설정이나 JMS, 보안 관련 구성 설정 여부를 물어본다. 구성 완료 후 어드민 콘솔에서도 추가/변경이 가능하므로 모두 2를 입력한 후 진행한다.

7. **Configure Administrative Username and Password**: 웹로직의 인증 정보를 입력한다. 서버의 기동과 어드민 콘솔 접근 시 필요한 정보이므로 구성 시 설정한 값을 잊지 않도록 해야 한다. 각 항목의 번호를 선택해 설정 변경 및 확인 후 진행한다.

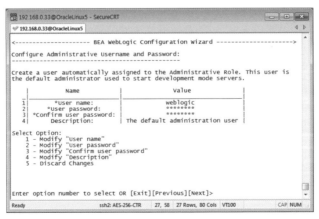

그림 2.78 관리 계정 설정

8. Domain Mode Configuration: 개발 모드(Development Mode)와 운영 모드(Production Mode)의 여부를 묻는다. 운영 모드를 선택하기 위해 **2**를 입력한 후 진행한다.

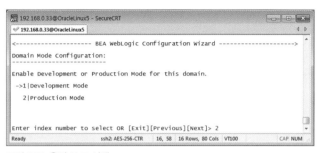

그림 2.79 운영 모드 선택

9. Java SDK Selection: JAVA_HOME이 설정되어 있는 경우 목록에 나타나지만 사용하고자 하는 JDK가 목록에 없으면 **Other Java SDK**를 선택해 JAVA_HOME을 지정한다.

그림 2.80 JDK 선택

10. Select the target domain directory for this configuration: 도메인 구성 위치를 정한다. 기본 경로는 '$BEA_HOME/user_projects/domains'가 기본값이나 디렉토리의 단계가 추가되는 불편함 때문에 'user_projects'는 제외하는 것을 권장한다. 도메인이 생성될 디렉토리 경로를 입력한 후 진행한다.

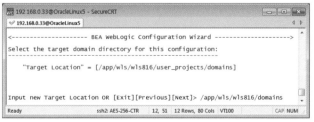

그림 2.81 도메인 구성 위치 설정

11. Edit Domain Information: 도메인 이름을 입력 후 **엔터키**로 진행하면 도메인 이름 값
이 변경된다. 확인 후 **엔터키**로 진행하면 구성이 시작된다.

그림 2.82 도메인 이름 설정

12. 구성이 완료되면 'Domain Created Successfully!' 메시지와 함께 명령 입력 상
태로 돌아간다.

13. 웹로직 8.1의 도메인이 구성되면 도메인 디렉토리가 생성된다.

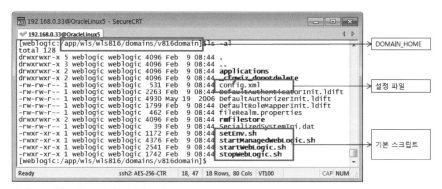

그림 2.83 웹로직 8.1 도메인 디렉토리 구조

2.3.5 9.0~10.0 MP2 버전 그래픽 모드 도메인 구성

웹로직 9.0~10.0 MP2 버전의 구성 마법사를 윈도우 또는 X윈도우 환경에서 실행하
면 기본적으로 그래픽 모드로 구성 마법사가 시작된다. 그래픽 모드로 구성하는 방법
은 10.0 MP2를 기준으로 도메인을 구성하는 각 버전마다 설치 순서나 구성상 약간의
차이가 있을 수 있음에 유의한다.

1. 구성 마법사를 실행한다.

2. Welcome: 새로운 도메인을 구성할 것인지 기존 도메인 구성을 변경할 것인지 묻는다. Create a new WebLogic configuration을 체크한 후 진행한다.

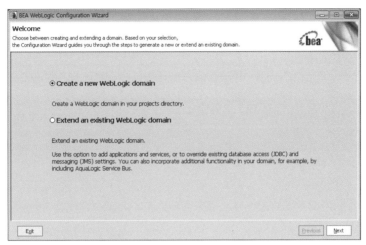

그림 2.84 도메인 구성 형태

3. Select Domain Source: 템플릿 목록이 나타난다. 기본 도메인을 구성하기 위해 WebLogic Server (Required)만을 선택한 후 진행한다.

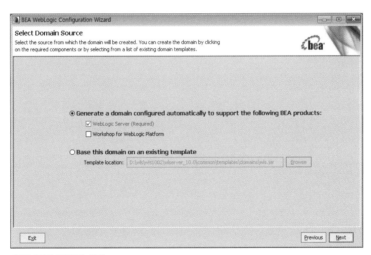

그림 2.85 템플릿 선택

4. Configure Administrator Username and Password: 웹로직의 인증 정보를 입력한다. 서버의 기동과 어드민 콘솔 접근 시 필요한 정보이므로 구성 시 설정한 값을 잊지 않도록 해야 한다.

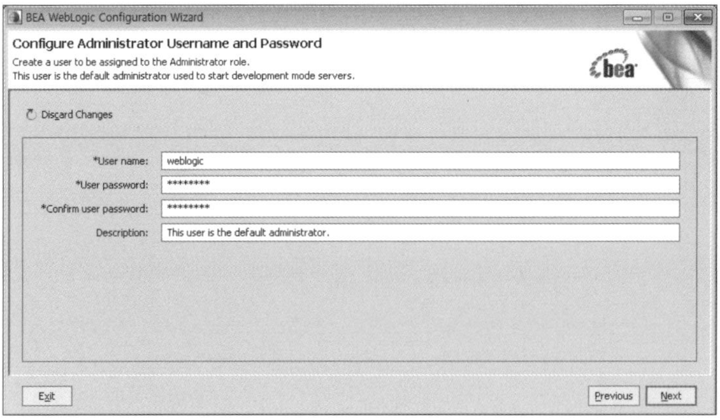

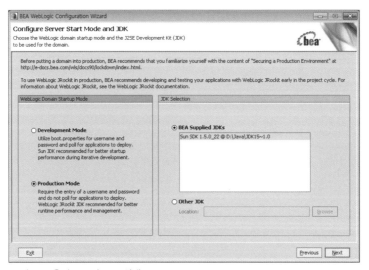

그림 2.86 관리 계정 설정

5. Configure Server Start Mode and JDK: WebLogic Domain Startup Mode에서는 개발
   모드와 운영 모드의 여부를 묻는다. Production Mode로 선택했다. Java Selection
   에서는 JAVA_HOME이 설정되어 있는 경우 목록에 나타나지만 사용하고자 하는
   JDK가 목록에 없으면 Browse 버튼을 통해 사용하고자 하는 JDK를 설정한다. 여기
   서는 BEA Supplied JDKs를 선택한다.

그림 2.87 운영 모드와 JDK 선택

6. Customize Environment and Services Settings: 기본으로 지정된 템플릿에서 각 구
   성 요소에 대한 설정 변경과 추가를 할 것인지 묻는다. No를 선택하면 기본 설정으
   로 구성된다. 설정 변경을 위해 Yes를 선택한 후 Next 버튼을 클릭한다.

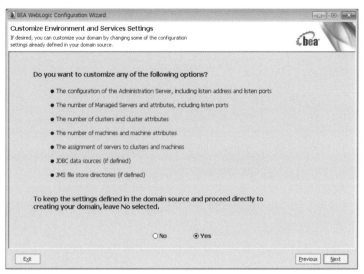

그림 2.88 Custom 도메인 구성

7. Configure the Administration Server: 어드민 서버의 Name, Listen address, Listen port를 지정할 수 있고 SSL enabled도 선택 가능하다. Listen address를 All Local Addresses로 선택하는 경우 해당 장비의 가용한 모든 IP를 사용한다. 이름의 경우 차후 변경하려면 복잡한 과정을 거치므로 미리 설정하는 것을 권장한다.

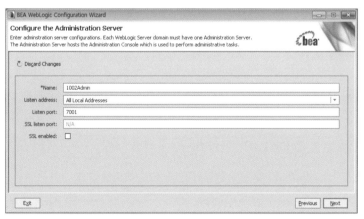

그림 2.89 어드민 서버 구성 설정

8. Configure Managed Servers/Configure Machines: 웹로직 도메인 구성 요소인 매니지드 서버를 설정할 것인지 여부를 묻는다. 구성 완료 후 어드민 콘솔에서도 추가/변경이 가능하므로 No로 진행한다.

9. Review WebLogic Domain: 지금까지 구성한 설정이 맞는지 확인하고 변경을 원하면 Previous 버튼으로 해당 구성 항목 설정 창에서 수정한다.

10. Create WebLogic Domain: 도메인 구성 위치와 이름을 정한다. 기본 경로는 '$BEA_HOME/user_projects/domains'가 기본값이나 디렉터리의 단계가 추가되는 불편함으로 'user_projects'는 제외하는 것을 권장한다. Domain name 우측 공란에 도메인 이름을 설정하고 Browse 버튼이나 직접 입력을 통해 생성될 디렉터리 경로를 설정한 후 Create 버튼을 클릭하면 구성이 시작된다.

그림 2.90 도메인 구성 위치와 이름 설정

11. Creating Domain: 설치가 완료되면 Done 버튼을 클릭해 종료한다. 그래픽 모드의 경우 Start Admin Server 체크박스를 선택하고 종료하면 현재 구성한 도메인의 어드민 서버를 기동시켜준다.

12. 웹로직 10.0 MP2의 도메인이 구성되면 도메인 디렉터리가 생성된다.

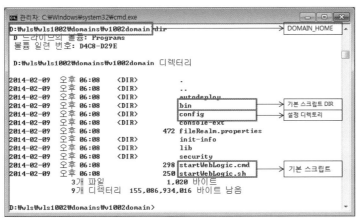

그림 2.91 웹로직 10.0 도메인 디렉토리 구조

2.3.6 9.0~10.0 MP2 버전 콘솔 모드 도메인 구성

웹로직 9.0~10.0 MP2 버전의 콘솔 모드로 도메인을 구성하는 방법은 다음과 같다. 각 버전마다 설치 순서나 구성상 약간의 차이가 있을 수 있음에 유의한다.

1. 구성 마법사를 실행한다.

2. Welcome: 새로운 도메인을 구성할 것인지 기존 도메인 구성을 변경할 것인지 묻는다. 1을 입력한 후 진행한다.

그림 2.92 도메인 구성 형태

3. Select Domain Source: 템플릿 선택 목록이 나타난다. 기본 도메인을 구성하기 위해 1을 입력한 후 진행하면 기본 템플릿에서 사용할 목록이 나온다. 선택된 템플릿은 x 표시가 되어 있다. 변경사항 없이 진행한다.

그림 2.93 템플릿 선택

4. Configure Administrator Username and Password: 웹로직의 인증 정보를 입력한다. 서버의 기동과 어드민 콘솔 접근 시 필요한 정보이므로, 구성 시 설정한 값을 잊지 않도록 해야 한다. 각 항목의 번호를 선택해 설정 변경 및 확인 후 진행한다.

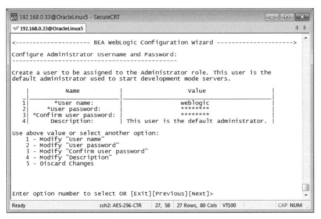

그림 2.94 관리 계정 설정

5. Domain Mode Configuration: 개발 모드와 운영 모드의 여부를 묻는다. 운영 모드를 선택하기 위해 2를 입력한 후 진행한다.

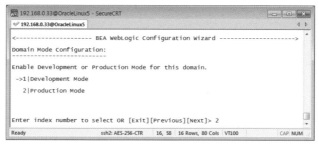

그림 2.95 운영 모드 선택

6. Java SDK Selection: JAVA_HOME이 설정되어 있는 경우 목록에 나타나지만, 사용하고자 하는 JDK가 목록에 없으면 Other Java SDK를 선택해 JAVA_HOME을 지정한다.

그림 2.96 JDK 선택

7. Choose Configuration Option: 기본으로 지정된 템플릿에서 각 구성 요소에 대한 설정 변경과 추가를 할 것인지 묻는다. No를 선택하면 기본 설정으로 구성된다. 설정변경을 위해 1을 입력한 후 진행한다.

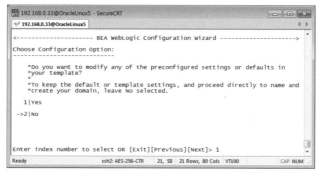

그림 2.97 Custom 도메인 구성

8. Configure the Administration Server: 어드민 서버의 Name, Listen address, Listen port를 지정할 수 있고 SSL enabled도 선택 가능하다. Listen address를 All Local Addresses로 선택하는 경우 해당 장비의 가용한 모든 IP를 사용한다. 이름의 경우 차후 변경하려면 복잡한 과정을 거치므로 미리 설정하는 것을 권장한다. 각 항목의 번호를 선택해 설정 변경 및 확인 후 진행한다.

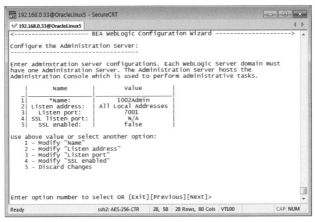

그림 2.98 어드민 서버 구성 설정

9. Configure Managed Servers / Configure Clusters / Configure Machines / Configure Unix Machines: 웹로직 도메인 구성 요소인 매니지드 서버를 설정할 것인지 여부를 묻는다. 구성 완료 후 어드민 콘솔에서도 추가/변경이 가능하므로 계속 진행한다.

10. Select the target domain directory for this domain: 도메인 구성 위치와 이름을 정한다. 기본 경로는 '$BEA_HOME/user_projects/domains'가 기본값이나 디렉토리의 단계가 추가되는 불편함 때문에 'user_projects'는 제외하는 것을 권장한다.

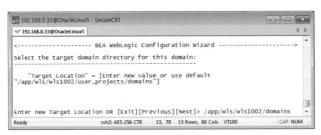

그림 2.99 도메인 구성 위치 설정

11. Edit Domain Information: 도메인 이름을 입력 후 엔터키로 진행하면 도메인 이름 값이 변경된다.

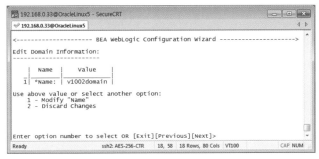

그림 2.100 도메인 이름 설정

12. 구성이 완료되면 "Domain Created Successfully!" 메시지와 함께 명령 입력 상태로 돌아간다.

13. 웹로직 10.0 MP2의 도메인이 구성되면 도메인 디렉토리가 생성된다.

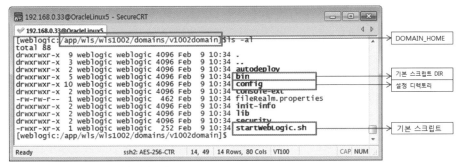

그림 2.101 웹로직 10.0 도메인 디렉토리 구조

2.3.7 10.3~12.1.1 버전 그래픽 모드 도메인 구성

웹로직 10.3~12.1.1 버전의 구성 마법사를 윈도우 또는 X윈도우 환경에서 실행하면 기본적으로 그래픽 모드로 구성 마법사가 시작된다. 그래픽 모드로 구성하는 방법은 12.1.1을 기준으로 도메인을 구성하는 방법은 다음과 같다. 각 버전마다 설치 순서나 구성상 약간의 차이가 있을 수 있음에 유의한다.

1. 구성 마법사를 실행한다.

2. **시작**: 새로운 도메인을 구성할 것인지 기존 도메인 구성을 변경할 것인지 묻는다.
   새 WebLogic 도메인 만들기에 체크한 후 진행한다.

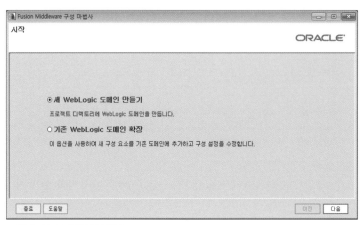

그림 2.102 도메인 구성 형태

3. **도메인 소스 선택**: 웹로직의 기본 도메인에 추가적으로 SIP, JAX-RPC, JAX-WS 모
   듈이 제공된 도메인 구조를 추가할 수 있다. 기본 도메인을 구성하기 위해 Basic
   WebLogic Server Domain만 선택한 후 진행한다.

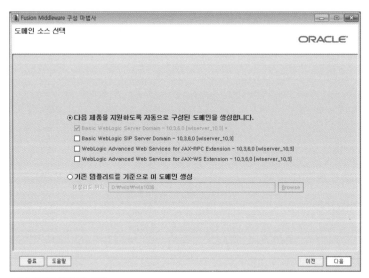

그림 2.103 템플릿 선택

4. 도메인 이름 및 위치 지정: 도메인 구성 위치와 이름을 정한다. 기본 경로는 '$BEA_HOME/user_projects/domains'가 기본값이나 디렉토리의 단계가 추가되는 불편함으로 'user_projects'는 제외하는 것을 권장한다. **도메인 이름** 우측 공란에 도메인 이름을 설정하고 Browse 버튼이나 직접 입력을 통해 생성될 디렉토리 경로를 설정한다.

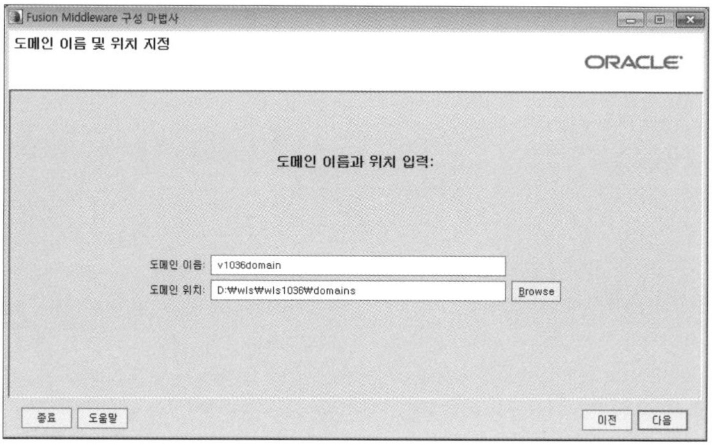

그림 2.104 도메인 구성 위치와 이름 설정

5. 관리자 사용자 이름 및 비밀번호 구성: 웹로직의 인증 정보를 입력한다. 서버의 기동과 어드민 콘솔 접근 시 필요한 정보이므로, 구성 시 설정한 값을 잊지 않도록 해야 한다. 비밀번호에는 숫자가 포함되어야 함에 주의한다.

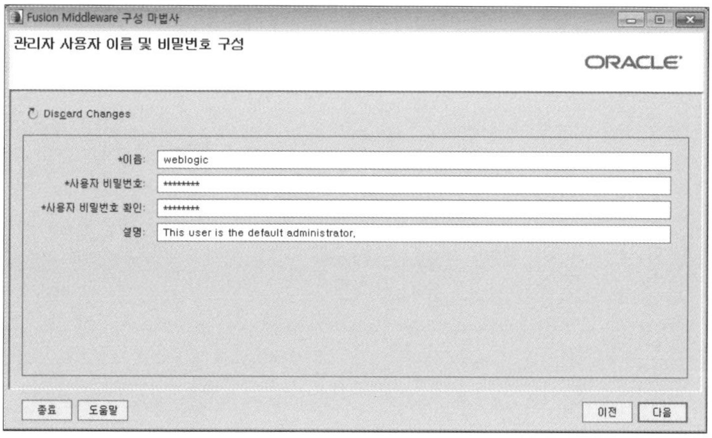

그림 2.105 관리 계정 설정

6. **서버 시작 모드 및 JDK 구성**: WebLogic **도메인 시작 모드**에서는 개발 모드와 운영 모드의 여부를 묻는다. **운영 모드**로 선택했다. **JDK 선택**에서는 JAVA_HOME이 설정되어 있는 경우 목록에 나타나지만 사용하고자 하는 JDK가 목록에 없으면 Browse 버튼을 통해 사용하고자 하는 JDK를 설정한다.

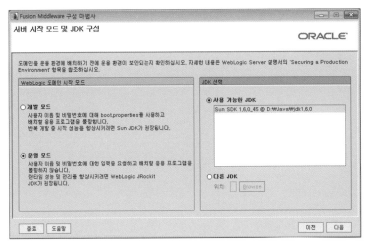

그림 2.107 운영 모드와 JDK 선택

7. **선택적 구성 선택**: 기본으로 지정된 템플릿에서 어떤 구성 요소의 설정 변경과 추가를 할 것인지 묻는다. **관리 서버** 외의 항목은 구성 완료 후 어드민 콘솔에서도 추가/변경이 가능하므로 **관리 서버**만 선택한 후 진행한다.

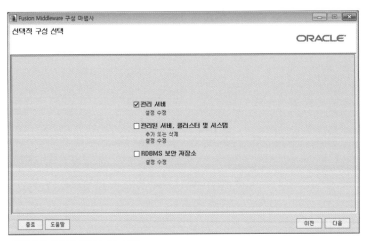

그림 2.108 변경 대상 구성 선택

8. **관리 서버 구성**: 어드민 서버의 **이름**, Listen address, Listen port를 지정할 수 있고 SSL이 **사용으로 설정됨**도 선택 가능하다. Listen address를 All Local Addresses로 선택하는 경우 해당 장비의 가용한 모든 IP를 사용한다. 이름의 경우 차후 변경하려면 복잡한 과정을 거치므로 미리 설정하는 것을 권장한다.

그림 2.109 도메인 구성 위치와 이름 설정

9. **구성 요약**: 구성한 설정이 맞는지 확인하고 변경을 원하면 **이전** 버튼으로 해당 구성 항목 설정 창에서 수정한다. 확인 후 Create 버튼을 클릭하면 구성이 시작된다.

10. 웹로직 10.3.6의 도메인이 구성되면 도메인 디렉토리가 생성된다.

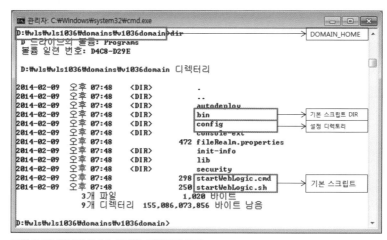

그림 2.110 웹로직 10.3.6 도메인 디렉토리 구조

2.3.8 10.3~12.1.1 버전 콘솔 모드 도메인 구성

콘솔 모드로 도메인을 구성하는 방법은 10.3.6을 기준으로 진행했다. 설치는 각 버전
마다 설치 순서나 구성상 약간의 차이가 있을 수 있음에 유의한다.

1. 구성 마법사를 실행한다.

2. Welcome: 새로운 도메인을 구성할 것인지 기존 도메인 구성을 변경할 것인지 묻
   는다. 1을 입력한 후 진행한다.

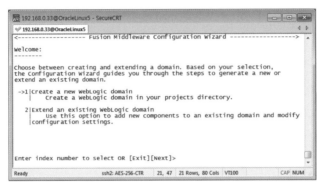

그림 2.111 도메인 구성 형태

3. Select Domain Source: 웹로직의 기본 도메인에 추가적으로 SIP, JAX-RPC, JAX-
   WS 모듈이 제공된 도메인 구조를 추가할 수 있다. 선택된 템플릿은 x 표시가 되어
   있다. 변경사항 없이 진행한다.

그림 2.112 템플릿 선택

4. **Edit Domain Information**: 도메인 이름을 입력 후 **엔터키**로 진행하면 도메인 이름 값이 변경된다.

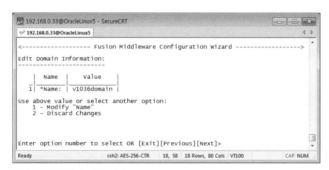

그림 2.113 도메인 이름 설정

5. **Select the target domain directory for this domain**: 도메인 구성 위치와 이름을 정한다. 기본 경로는 '$BEA_HOME/user_projects/domains'가 기본값이나 디렉토리의 단계가 추가되는 불편함으로 'user_projects'는 제외하는 것을 권장한다.

그림 2.114 도메인 구성 위치 설정

6. Configure Administrator Username and Password: 웹로직의 인증 정보를 입력한다. 서버의 기동과 어드민 콘솔 접근 시 필요한 정보이므로, 구성 시 설정한 값을 잊지 않도록 해야 한다. 비밀번호에는 숫자가 포함되어야 함에 주의한다.

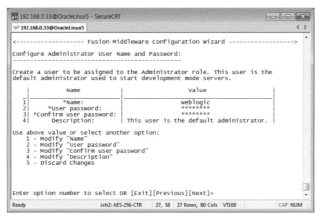

그림 2.115 관리 계정 설정

7. Domain Mode Configuration: 개발 모드와 운영 모드의 여부를 묻는다. 운영 모드를 선택하기 위해 2를 입력한 후 진행한다.

그림 2.116 운영 모드 설정

8. Java SDK Selection: JAVA_HOME이 설정되어 있는 경우 목록에 나타나지만 사용하고자 하는 JDK가 목록에 없으면 Other Java SDK를 선택해 JAVA_HOME을 지정한다.

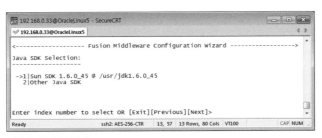

그림 2.117 JDK 설정

9. Select Optional Configuration: '기본으로 지정된 템플릿에서 어떤 구성 요소의 설정 변경과 추가를 할 것인지 묻는다. Administration Server 외의 항목은 구성 완료 후 어드민 콘솔에서도 추가/변경이 가능하므로 1을 입력한 후 **엔터키**로 진행한다.

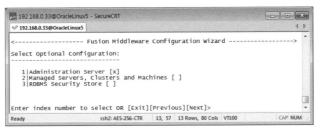

그림 2.118 변경 대상 구성 선택

10. Configure the Administration Server: 어드민 서버의 Name, Listen address, Listen port를 지정할 수 있고 SSL enabled도 선택 가능하다. Listen address를 All Local Addresses로 선택하는 경우 해당 장비의 가용한 모든 IP를 사용한다. 이름의 경우 차후 변경하려면 복잡한 과정을 거치므로 미리 설정하는 것을 권장한다. 확인한 후 진행하면 구성이 시작된다.

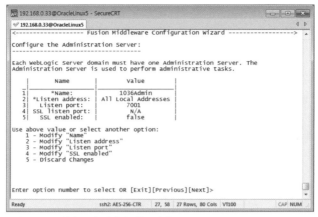

그림 2.119 도메인 구성 위치와 이름 설정

11. 구성이 완료되면 'Domain Created Successfully!' 메시지와 함께 명령 입력 상
태로 돌아간다.

12. 웹로직 10.3.6의 도메인이 구성되면 도메인 디렉토리가 생성된다.

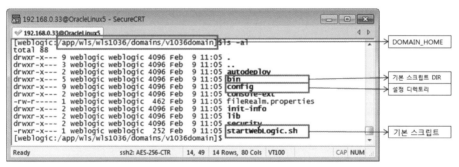

그림 2.120 웹로직 10.3.6 도메인 디렉토리 구조

2.3.9 12.1.2~12.2.1 버전 그래픽 모드 도메인 구성

웹로직 12.1.2 버전의 구성 마법사를 윈도우 또는 X윈도우 환경에서 실행하면 기본적
으로 그래픽 모드로 구성 마법사가 시작된다. 12.1.1 버전까지의 구성마법사의 UI가
12.1.2부터 Oracle Universal Installer 형식의 UI로 변경되었지만 설정하는 항목은
이전과 동일하다. 그래픽 모드로 구성하는 방법은 12.2.1을 기준으로 도메인을 구성하
는 방법은 다음과 같다.

1. 구성 마법사를 실행한다.

2. **도메인 생성**: 새로운 도메인을 구성할 것인지 기존 도메인 구성을 업데이트할 것인지 묻는다. **새 도메인 생성**에 체크하고 **도메인 위치**에 설치할 도메인의 전체 경로를 넣는다.

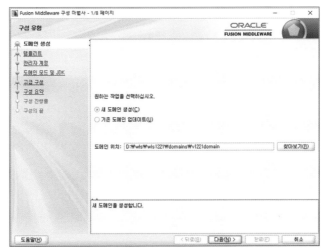

그림 2.121 도메인 구성 형태와 도메인 전체 경로 설정

3. **템플리트**: 웹로직 설치시 선택한 모듈에 따라 기본 도메인에 추가적으로 SIP, JAX-RPC, JAX-WS, Coherence, JAX-WS SOAP/JMS 모듈이 제공된 도메인 구조를 추가할 수 있다. 기본 도메인을 구성하기 위해 Basic WebLogic Server Domain만 선택한 후 진행한다.

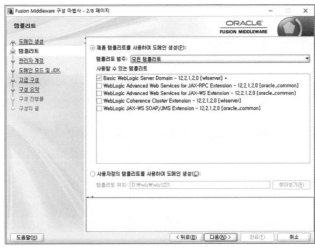

그림 2.122 템플릿 선택

4. **관리자 계정**: 웹로직의 인증 정보를 입력한다. 서버의 기동과 어드민 콘솔 접근 시 필요한 정보이므로, 구성 시 설정한 값을 잊지 않도록 해야 한다. 비밀번호에는 숫자가 포함되어야 함에 주의한다.

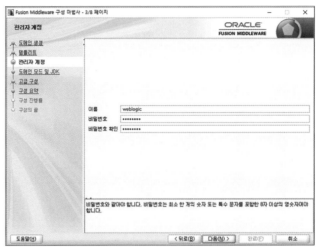

그림 2.123 관리자 계정 설정

5. **도메인 모드 및 JDK**: **도메인 모드**에서는 개발 모드와 운영 모드의 여부를 묻는다. **운영**을 선택했다. JDK에서는 JAVA_HOME이 설정되어 있는 경우 목록에 나타나지만 사용하고자 하는 JDK가 목록에 없으면 **기타 JDK 위치**의 **찾아보기** 버튼을 통해 사용하고자 하는 JDK를 설정한다.

그림 2.124 운영 모드와 JDK 선택

6. **고급 구성**: 기본으로 지정된 템플릿에서 어떤 구성 요소의 설정 변경과 추가를 할 것인지 묻는다. **관리 서버** 외의 항목은 구성 완료 후 어드민 콘솔에서도 추가/변경이 가능하므로 **관리 서버**만 선택한 후 진행한다.

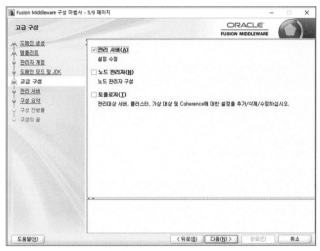

그림 2.125 변경 대상 구성 선택

7. **관리 서버**: 어드민 서버의 **서버 이름**, **수신 주소**, **수신 포트**를 지정할 수 있고 **SSL 사용** 여부도 선택 가능하다. **수신 주소**를 **모든 로컬 주소**(All Local Addresses)로 선택하는 경우 해당 장비의 가용한 모든 IP를 사용한다. 이름의 경우 차후 변경하려면 복잡한 과정을 거치므로 미리 설정하는 것을 권장한다.

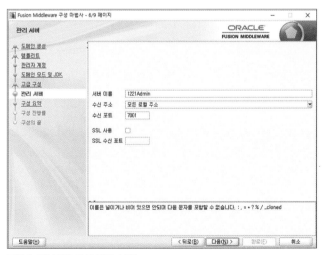

그림 2.126 변경 대상 구성 선택

8. **구성 요약**: 구성한 설정이 맞는지 확인하고 변경을 원하면 **뒤로** 버튼으로 해당 구성 항목 설정 창에서 수정한다. 확인 후 **생성** 버튼을 클릭하면 구성이 시작된다.

9. **구성 성공**: 구성이 완료되면 생성된 도메인의 위치와 어드민 서버 URL을 표기한다. **관리 서버 시작** 체크박스를 선택하고 종료하면 현재 구성한 도메인의 어드민 서버를 기동시켜준다.

10. 웹로직 12.2.1의 도메인이 구성되면 도메인 디렉토리가 생성된다.

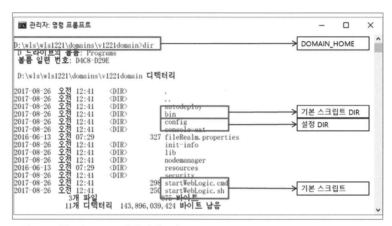

그림 2.127 웹로직 12.2.1 도메인 디렉토리 구조

2.3.10 wlst를 사용한 12.1.2 이상 버전 도메인 구성

wlst^{WebLogic Scripting Tool}는 웹로직의 도메인과 서버 인스턴스, 자원들을 모니터링하고 관리하는 데 사용하는 명령줄 스크립팅 인터페이스다. wlst는 웹로직의 모든 버전에서 사용이 가능하다. 12.1.2 이상의 경우 도메인 구성과 관련해 별도의 콘솔 모드가 제공되지 않기 때문에 wlst를 사용하면 윈도우나 X윈도우 환경이 제공되지 않는 환경에서도 구성이 가능하다. wlst는 스크립팅 환경을 시작해 명령어를 통해 작업을 수행할 수도 있고, 명령어들을 미리 파일로 생성한 후 읽어들여 실행하는 것도 가능하다.

웹로직 12.1.2 이상의 도메인 구성을 위해 '$WL_HOME/common/bin'의 wlst를 실행시킨다.

```
# cd /app/wls/wls1212/wlserver/common/bin
# ./wlst.sh
```

```
Initializing WebLogic Scripting Tool (WLST) ...

Welcome to WebLogic Server Administration Scripting Shell

Type help() for help on available commands

wls:/offline>
```

기본 도메인을 구성하기 위한 템플릿을 읽는다($WL_HOME에는 실제 경로를 입력한다).

```
wls:/offline> readTemplate('$WL_HOME/common/templates/wls/wls.jar')
wls:/offline/base_domain>
```

템플릿을 정상적으로 읽어오면 템플릿 기본 도메인 이름인 base_domain이 명령줄에 표시된다. 관리자 계정을 등록하기 위해 템플릿의 계정 정보로 이동해 사용자 이름과 비밀번호를 변경한다. 서버의 기동과 어드민 콘솔 접근 시 필요한 정보이므로, 구성 시 설정한 값을 잊지 않도록 해야 한다. 비밀번호에는 숫자가 포함되어야 함에 주의한다.

```
wls:/offline/base_domain> cd('Security/base_domain/User/weblogic')
wls:/offline/base_domain/Security/base_domain/User/weblogic>
set('Name','weblogic')

wls:/offline/base_domain/Security/base_domain/User/weblogic>
cmo.setPassword('welcome1')
```

도메인 모드를 운영 모드로 설정하기 위해 다음과 같이 수행한다..

```
wls:/offline/base_domain/Security/base_domain/User/weblogic> cd('/')
wls:/offline/base_domain> set('ProductionModeEnabled','true')
```

JDK_HOME의 경우 wlst가 실행될 때 사용된 경로를 따른다. 별도의 JDK_HOME을 설정하려면 다음과 같이 수행한다.

```
wls:/offline/base_domain> setOption('JavaHome','/usr/jdk1.7.0_51')
```

어드민 서버의 Name, ListenAddress, ListenPort를 지정할 수 있고 SSL 사용 설정도 가능하다. 기본 ListenAddress는 All Local Addresses로 별도로 설정하지 않으면 해당 장비의 가용한 모든 IP를 사용한다. 이름의 경우 차후 변경하려면 복잡한 과정을 거치므로 미리 설정하는 것을 권장한다. 다음과 같이 이름, 수신 주소, 수신 포트를 수정할 수 있다.

```
wls:/offline/base_domain> cd('Servers/AdminServer')
wls:/offline/base_domain/Server/AdminServer> set('Name','1212Admin')
wls:/offline/base_domain/Server/1212Admin> set('ListenAddress',
'All Local Addresses')
wls:/offline/base_domain/Server/1212Admin> set('ListenPort',7001)
```

어드민 서버의 이름을 변경하면 프롬프트의 경로 또한 변경된다. 기본 템플릿의 구성을 변경해 앞서 설정한 내용을 확인하고 최종적으로 도메인을 생성하려면 다음과 같이 수행한다. 도메인 이름은 영문으로 시작해야 한다. exit()를 수행하면 wlst를 종료한다.

```
wls:/offline/base_domain/Server/1212Admin> cd('/')
wls:/offline/base_domain> writeDomain('/app/wls/wls1212/domains/v1212domain')

wls:/offline/w1212_domain> closeTemplate()
wls:/offline> exit()
```

Exiting WebLogic Scripting Tool.

이와 같이 wlst를 사용해 웹로직의 도메인 구성을 했으며, 미리 구성할 정보를 파일로 생성해 자동으로 수행되게 할 수 있다. 앞서 wlst에서 사용한 구성 정보를 'py' 파일로 생성하면 wlst에 직접 설정 값을 넣지 않고 미리 구성한 설정을 읽어 wlst가 수행될 수 있다. 12.1.2 버전의 예로 다음과 같이 /tmp/w1212domain.py 파일로 생성했다. readTemplate의 경로는 해당 템플릿 파일의 전체 경로를 넣는 것에 주의한다.

```
# Create WLS 12.1.2 Domain

# Read Template
print('Read Template')
readTemplate('/app/wls/wls1212/wlserver/common/templates/wls/wls.jar');

# Configure Administrative Username and Password
print('Configure Administrative Username and Password');
cd('Security/base_domain/User/weblogic');
set('Name','weblogic');
cmo.setPassword('welcome1');
```

```
# Domain Mode Configuration
print('Domain Mode Configuration');
cd('/');
set('ProductionModeEnabled','true');

# Set JDK
print('Set JDK');
setOption('JavaHome','/usr/jdk1.7.0_51');

# Configure the Administration Server
print('Configure the Administration Server');
cd('Servers/AdminServer');
set('Name','1212Admin');
set('ListenAddress','All Local Addresses');
set('ListenPort',7001);

# Create Domain
print('Create Domain');
cd('/');
writeDomain('/app/wls/wls1212/domains/v1212domain');
closeTemplate();
exit();
```

리스트 2.5 wlst로 읽을 v1212domain.py의 예제

생성한 스크립트 파일을 wlst가 읽어 실행하는 방법은 다음과 같다.

```
# $WL_HOME/common/bin/wlst.sh /tmp/w1212domain.py
```

또는 다음과 같이 실행할 수도 있다.

```
# java -cp $WL_HOME/server/lib/weblogic.jar weblogic.WLST /tmp/w1212domain.py
```

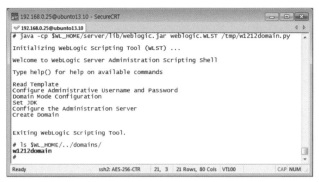

그림 2.128 wlst 실행과 생성된 도메인

    최종적으로 wlst를 사용한 도메인 구성의 경우 그래픽 모드나 콘솔 모드를 통해 운영 모드를 설정할 때와는 달리 8.1 버전의 $DOMAIN_HOME/setEnv.sh (or cmd)나 9.0 이상 버전의 $DOMAIN_HOME/bin/setDomainEnv.sh (or cmd)의 PRODUCTION_MODE에 별도의 값이 지정되어 있지 않아 기본값인 false로 설정된다. 따라서 wlst로 도메인을 구성하는 경우 다음과 같이 PRODUCTION_MODE를 true로 설정한다.

```
#생략
enableHotswapFlag=""
export enableHotswapFlag

PRODUCTION_MODE="true"
export PRODUCTION_MODE
#생략
```

리스트 2.6 $DOMAIN_HOME/bin/setDomainEnv..sh의 PRODUCTION_MODE 수정

2.3.11 9.0~10.0 MP2 버전의 64비트 jdk 사용 옵션

웹로직에서는 IO 작업의 성능을 위해 각 플랫폼마다 Native IO 모듈을 제공한다. 해당 모듈은 jdk의 32비트/64비트 종류에 따라 다르다. 이러한 설정은 '$WL_HOME/common/bin/comEnv.sh'에 있는데 10.0 MP2와 10.3.6을 비교하면 다음과 같다.

```
#생략
```

```
HP-UX)
  arch=`uname -m`
  if [ "${arch}" = "ia64" ]; then
    if [ -n "${SHLIB_PATH}" ]; then
      SHLIB_PATH=${SHLIB_PATH}:${WL_HOME}/server/native/hpux11/IPF32:${WL_
      HOME}/server/native/hpux11/IPF32/oci920_8
    else

      SHLIB_PATH=${WL_HOME}/server/native/hpux11/IPF32:${WL_HOME}/server/
      native/hpux11/IPF32/oci920_8
    fi
#생략
```

리스트 2.7 웹로직 10.0 버전의 HP–UX 기준 Native IO 모듈

```
#생략
HP-UX)
  arch=`uname -m`
  if [ "${arch}" = "ia64" ]; then
    if [ -n "${SHLIB_PATH}" ]; then
      if [ "${SUN_ARCH_DATA_MODEL}" = "64" ]; then
        SHLIB_PATH=${SHLIB_PATH}:${WL_HOME}/server/native/hpux11/IPF64:${WL_
        HOME}/server/native/hpux11/IPF64/oci920_8
      else
        SHLIB_PATH=${SHLIB_PATH}:${WL_HOME}/server/native/hpux11/IPF32:${WL_
        HOME}/server/native/hpux11/IPF32/oci920_8
      fi
    else
      if [ "${SUN_ARCH_DATA_MODEL}" = "64" ]; then
        SHLIB_PATH=${WL_HOME}/server/native/hpux11/IPF64:${WL_HOME}/server/
          native/hpux11/IPF64/oci920_8
      else
        SHLIB_PATH=${WL_HOME}/server/native/hpux11/IPF32:${WL_HOME}/server/
        native/hpux11/IPF32/oci920_8
      fi
    fi
#생략
```

리스트 2.8 웹로직 10.3 이상 버전의 HP–UX 기준 Native IO 모듈 분기문

9.0에서 10.0 MP2 버전까지는 64비트에 대한 분기문이 없기 때문에 웹로직의 64비트 운영 환경을 위해 '$WL_HOME/common/bin/commEnv.sh'의 해당 네이티브[native]

모듈 경로를 64비트에 맞게 수정해줘야 한다.

플랫폼	네이티브 모듈 경로 수정
HP−UX(itanium)	${WL_HOME}/server/native/hpux11/IPF32 → IPF64
HP−UX(PA_RISC)	${WL_HOME}/server/native/hpux11/PA_RISC → PA_RISC64
AIX	${WL_HOME}/server/native/aix/ppc → ppc64
솔라리스(SPARC)	${WL_HOME}/server/native/solaris/sparc → sparc64
솔라리스(x86_64)	${WL_HOME}/server/native/solaris/x86 → x86_64

표 2.5 플랫폼별 '$WL_HOME/common/bin/commEnv.sh' 수정 경로

네이티브 모듈의 경로를 수정하고 HP-UX와 솔라리스 OS 플랫폼에서 실행되는 JVM이 64비트로 실행되기 위해서는 -d64 옵션이 필요하다. 웹로직 서버가 기동될 때 해당 설정도 플랫폼의 32비트/64비트 여부에 따라 추가되어야 하는데, 이 또한 9.0에서 10.0 MP2 버전까지는 64비트 지정 분기문이 없기 때문에 웹로직의 64비트 운영 환경을 위해 '$WL_HOME/common/bin/commEnv.sh'에 -d64 옵션을 추가해줘야 한다.

```
#생략
if [ "${JAVA_USE_64BIT}" = "true" ] && [ "${JAVA_VENDOR}" != "Oracle" ]
  then
      JVM_D64="-d64"
      export JVM_D64
      JAVA_VM="${JAVA_VM} ${JVM_D64}"
      export JAVA_VM
fi
#생략
```

리스트 2.9 웹로직 10.3 이상 버전의 '-d64' 옵션을 추가해주는 분기문

```
#생략 - $WL_HOME/common/bin/commEnv.sh 마지막 줄에 추가
export JAVA_VM="${JAVA_VM} -d64"
```

리스트 2.10 웹로직 9.0~10.0 MP2 버전의 '-d64' 옵션의 추가

## 3장

웹로직, 시작

웹로직을 기동하는 방법은 스크립트 실행과 노드 매니저, 그리고 윈도우 환경에서는 서비스로 등록과 같은 방법이 있다. 실행 방법이 다를 뿐 모두 weblogic.Server 클래스를 실행시켜 웹로직 서버를 실행하는 데 목적이 있다. 방법이 여러 가지인 이유는 각 상황이나 운영 요구 조건에 따라 알맞은 실행 방법을 선택해야 한다는 것을 의미한다.

앞서 웹로직의 설치와 구성에 대해 알아봤다. 웹로직 서버 기동을 위한 구성이 완료되면 서비스를 제공하기 위한 '웹로직 설치'가 완료된다. 웹로직 설치가 처음부터 각 운영 방안과 구성에 대한 고민을 충분히 하고 운영하는 곳과 그렇지 않은 곳은 향후 장애 상황, 운영 환경, 업그레이드 등의 이벤트와 마주치면 확연한 차이가 생기기 마련이다. 웹로직을 운영하는 데 있어서 어떻게 시작하고 종료할 것인지의 문제는 운영자 입장에서의 고려사항이 충분히 반영되는지의 여부다. 대부분의 운영을 위한 설치는 엔지니어가 지원해 설치하겠지만 웹로직을 시작/종료하는 데 있어서 방법이 다르므로 각 성격에 맞는 방법을 도출해내야 한다.

간단하고 빠른 시작과 재빠른 장애 조치를 위해서는 스크립트 방안을 선택할 수도 있고, 웹 화면을 통해 운영하는 방안으로 노드 매니저를 사용할 수도 있다. 윈도우에서는 OS의 시작과 동시에 웹로직을 기동시켜 서비스를 시작할 수 있는 윈도우 서비스도 특색에 맞게 활용할 수 있다. 이는 단지 자바 웹 애플리케이션을 도입한다거나 새로운 서비스를 오픈하기 위한 설치이기에 앞서 운영자로서, 엔지니어로서 고민해봐야 할 문제다. 특히 국내에서는 노드 매니저를 통한 운영이 매우 드물다. 대부분이 스크립트 기반으로 운영하는데, 아마도 초기 웹로직이 국내에 들어와 운영될 당시 대부분이 그렇게 해왔기 때문일 것이다. 앞서 설명한 여러 가지 웹로직의 시작과 종료에 대한 방법들은 기존 방법들에 비해 위험하거나 리스크가 있다거나 한 것이 아니라, 좀 더 나은 운영 환경을 위한 다양한 방안이 있다고 볼 수 있겠다.

3.1 : 기본 스크립트

웹로직의 기동 절차와 원리를 웹로직을 구성하면 제공되는 기본 스크립트를 사용해 알아보자. 기본 스크립트는 향후 사용자 스크립트나 노드 매니저, 서비스로 기동 시 문제가 발생하는 경우 기본 스크립트를 실행해 그 원인이 기동 방법에 있는지 구성된 도메인에 있는지 판단할 수 있는 기준이 되기도 한다. 웹로직은 자바로 구현된 WAS 다. 따라서 웹로직을 기동하기 위한 기동 클래스가 있는데 12.1.1 버전까지는 $WL_ HOME/server/lib/weblogic.jar의 `weblogic.Server` 클래스, 그리고 12.1.2 이상 버전은 $WL_HOME/server/lib/weblogic-classes.jar의 `weblogic.Server` 클래스를 실행함으로서 기동된다. 이렇게 웹로직 기동에 필요한 라이브러리를 CLASSPATH로 설정하고, 기타 도메인 시작에 필요한 설정을 수행하는 스크립트는 8.1 버전의 `$DOMAIN_HOME/setEnv.sh (or cmd)`와 9.0 이상 버전의 `$DOMAIN_HOME/bin/setDomainEnv.sh (or cmd)`이다.

3.1.1 기본 스크립트로 어드민 서버 시작

웹로직의 어드민 서버를 기동하는 기본 스크립트는 다음과 같다.

`$DOMAIN_HOME/startWebLogic.sh (or cmd)`

웹로직 9.0 이상 버전에서는 해당 스크립트가 다시 `$DOMAIN_HOME/bin/startWebLogic.sh (or cmd)`를 호출하는 방식으로 동작하지만, 기본적으로 $DOMAIN_HOME 위치에서 어드민 서버를 기동할 수 있도록 구성되어 있다. 운영 모드로 구성한 웹로직 도메인의 어드민 서버 기동 스크립트인 `startWebLogic.sh (or cmd)`를 실행하면 도메인 구성 시 입력한 사용자 이름과 비밀번호를 요구한다. 개발 모드로 구성했거나 wlst를 통해 구성한 경우 어드민 서버는 해당 항목을 묻지 않고 서버가 기동된다.

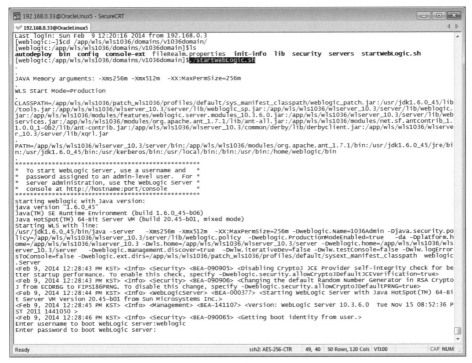

그림 3.1 웹로직 기동 시 사용자 이름과 비밀번호 입력 단계

서버가 정상적으로 기동되면 'Server started in RUNNING mode' 메시지가 출력된다.

그림 3.2 RUNNING 모드 확인

이렇게 기동된 어드민 서버는 로그상에 <Channel "Default" is now listening on Listen_Address:Listen_Port for protocols iiop, t3, ldap, snmp, http.> 형태로 나타난 Listen_Address:Listen_Port로 어드민 콘솔에 접근이 가능하다. 도메인 구성 시 All Local Addresses로 어드민 서버의 수신 주소를 지정했다면 사용 가능한 모든 IP에 대해 도메인 구성 시 설정한 어드민 서버의 수신 포트에 접근 가능하다. 웹 브라우저에 다음과 같이 입력하면 어드민 콘솔 화면을 확인할 수 있다. 로그인 화면에서 도메인 구성 시 설정한 사용자 이름과 비밀번호를 입력하면 어드민 콘솔에 관리자 권한으로 로그인된다.

http://[ADMIN_SERVER_LISTEN_ADDRESS]:[ADMIN_SERVER_LISTEN_PORT]/console

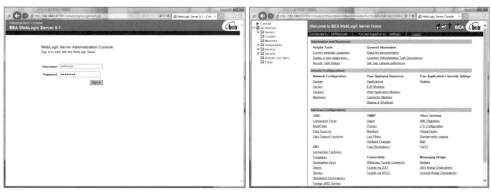

그림 3.3 웹로직 8.1 버전 어드민 콘솔 접근 시 웹로직 로그인 화면

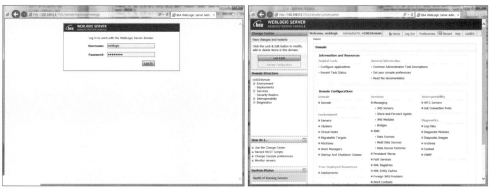

그림 3.4 웹로직 9.0~10.0 MP2 버전 어드민 콘솔

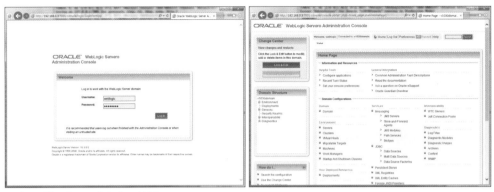

그림 3.5 웹로직 10.3 버전 어드민 콘솔

그림 3.6 웹로직 10.3.x 버전 어드민 콘솔

그림 3.7 웹로직 12.1.x 버전 어드민 콘솔

3.1.2 기본 스크립트로 매니지드 서버 시작

매니지드 서버를 기동하기 전 어드민 콘솔을 통해 매니지드 서버를 구성하자. 웹로직 8.1 버전의 매니지드 서버 생성 방법은 다음 순서와 같다.

1. 어드민 콘솔에 로그인한다.

2. 좌측 내비게이션 트리 또는 메인 화면의 Domain Configurations의 Servers를 선택한다.

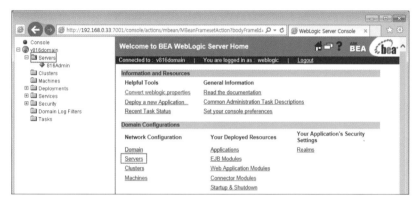

그림 3.8 Admin Console > Domain Configurations > Servers

3. Configure a new Server... 링크를 클릭한다.

그림 3.9 Servers의 'Configure a new Server...' 선택

4. Name, Listen Port와 같은 필수 구성 요소를 설정한 후, 우측 하단 Create 버튼을 클릭한다. 나는 이름을 Managed01, 포트를 8001로 했다.

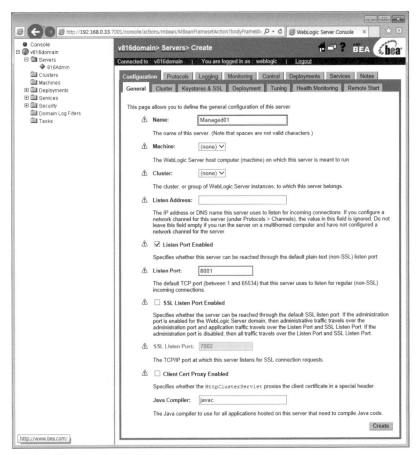

그림 3.10 매니지드 서버 이름과 포트 설정

5. Servers 항목에서 생성된 매니지드 서버를 확인할 수 있다.

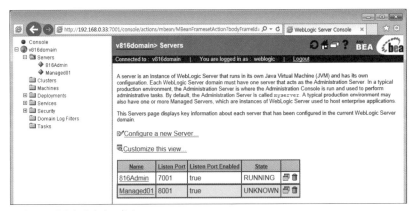

그림 3.11 생성된 매니지드 서버

6. 콘솔에서 추가한 설정은 '$DOMAIN_HOME/config.xml'에 기록된다.

그림 3.12 '$DOMAIN_HOME/config.xml'에 추가된 매니지드 서버 정보

웹로직 9.0 이상 버전의 매니지드 서버를 추가하는 방법은 다음 순서와 같다.

1. 어드민 콘솔에 로그인한다.

2. 좌측 내비게이션 트리 **환경**(Environment) 또는 메인 화면의 **도메인 구성**(Domain Configurations)의 **서버**(Servers)를 선택한다.

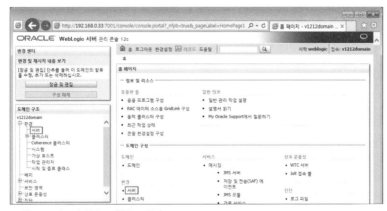

그림 3.13 어드민 콘솔 > 환경 > 서버

3. 운영 모드로 설치된 경우 좌측 상단에 **변경 센터**(Change Center)의 **잠금 및 편집**(Lock & Edit)을 클릭해 구성 변경이 가능하도록 되어 있다.

그림 3.14 '잠금 및 편집' 버튼 클릭으로 편집 상태로 변환

4. 편집 상태가 되면 메인 화면에 **새로 만들기**(New) 버튼이 활성화된다. 해당 버튼을 클릭한다.

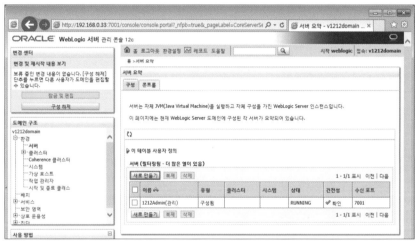

그림 3.15 서버 > 새로 만들기

5. 서버 이름, 서버 수신 포트 구성 요소를 설정한 후, 우측 하단 **완료**(Finish) 버튼을 클릭한다. 나는 이름을 Managed01, 포트를 8001로 했다.

그림 3.16 매니지드 서버 이름과 포트 설정

6. 서버 항목에서 생성한 매니지드 서버를 확인할 수 있다. 운영 모드의 경우 변경사
항이 바로 반영되지 않고 **변경 센터**의 **변경 내용 활성화**(Active Changes) 버튼을 클릭해
설정을 반영한다. 설정이 성공적으로 반영되면 상단에 변경 내용이 활성화되었다
는 메시지를 확인할 수 있다.

그림 3.17 생성된 매니지드 서버와 변경 센터 확인 후 적용된 화면

7. 콘솔에서 추가한 설정은 '$DOMAIN_HOME/config/config.xml'에 기록된다.

```
[weblogic:/app/wls/wls1212/domains/v1212domain]$cat ./config/config.xml
<?xml version='1.0' encoding='UTF-8'?>
<domain xmlns="http://xmlns.oracle.com/weblogic/domain" xmlns:sec="http://xmlns.oracle.com/weblogic/
security" xmlns:wls="http://xmlns.oracle.com/weblogic/security/wls" xmlns:xsi="http://www.w3.org/200
1/XMLSchema-instance" xsi:schemaLocation="http://xmlns.oracle.com/weblogic/security/xacml http://xml
ns.oracle.com/weblogic/security/xacml/1.0/xacml.xsd http://xmlns.oracle.com/weblogic/security/provid
ers/passwordvalidator http://xmlns.oracle.com/weblogic/security/providers/passwordvalidator/1.0/pass
wordvalidator.xsd http://xmlns.oracle.com/weblogic/domain http://xmlns.oracle.com/weblogic/1.0/domai
n.xsd http://xmlns.oracle.com/weblogic/security http://xmlns.oracle.com/weblogic/1.0/security.xsd ht
tp://xmlns.oracle.com/weblogic/security/wls http://xmlns.oracle.com/weblogic/security/wls/1.0/wls.xs
d">
  <name>v1212domain</name>
  <domain-version>12.1.2.0.0</domain-version>
  <security-configuration>
    <name>v1212domain</name>
    <default-realm>myrealm</default-realm>
    <credential-encrypted>{AES}SnDu/m1YCwttwnG6QvYHpMXC2ELoStaO1wBOB3o5hNm7DEoGX5uVfnKATeQ42Hx/adDYP
OcnSgHKEs3b93mkVPfh9KeEkfOTxk4Z3+fEHckB3rZLvtCjA39USbOKhPka</credential-encrypted>
    <node-manager-username>weblogic</node-manager-username>
    <node-manager-password-encrypted>{AES}VHiiOyMD1EgHIyUPowYLi4XkAc5axIjRtylHS4/i4Sg=</node-manager
-password-encrypted>
  </security-configuration>
  <server>
    <name>1212Admin</name>
    <listen-address></listen-address>
  </server>
  <server>
    <name>Managed01</name>
    <ssl>
      <enabled>false</enabled>
    </ssl>
    <machine xsi:nil="true"></machine>
    <listen-port>8001</listen-port>
    <cluster xsi:nil="true"></cluster>
    <web-server>
      <web-server-log>
        <number-of-files-limited>false</number-of-files-limited>
      </web-server-log>
    </web-server>
    <listen-address></listen-address>
  </server>
  <production-mode-enabled>true</production-mode-enabled>
  <embedded-ldap>
    <name>v1212domain</name>
    <credential-encrypted>{AES}Aez2W4Aj/lJMBv6ROEZ4BCLebjdiIDgmxVmsqMkTlz8ajWRui3JyQWz+1Ovqz3ll</cre
dential-encrypted>
  </embedded-ldap>
  <configuration-version>12.1.2.0.0</configuration-version>
  <admin-server-name>1212Admin</admin-server-name>
</domain>
[weblogic:/app/wls/wls1212/domains/v1212domain]$
```

그림 3.18 '$DOMAIN_HOME/config/config.xml'에 추가된 매니지드 서버

새로 구성한 매니지드 서버의 정보는 config.xml에 기록된다. config.xml을 관리하는 주체는 어드민 서버로, 웹로직 도메인 구성의 모든 구성 및 변경 사항의 적용에 관여한다. 매니지드 서버는 이런 어드민 서버가 관리하는 구성 중 하나이므로, 매니지드 서버가 기동되려면 어드민 서버에서 기동하고자 하는 매니지드 서버의 정보를 가져와야 한다. 따라서 매니지드 서버가 기동되기 위해서는 어드민 서버가 기동되어 있어야한다.

매니지드 서버를 기동하는 기본 스크립트는 startManagedWebLogic.sh (or cmd)로, 8.1 버전에서는 '$DOMAIN_HOME'에 있고, 9.0 이상 버전은 '$DOMAIN_HOME/bin'에 위치한다. 스크립트의 사용 방법은 다음과 같다.

```
# startManagedWebLogic.sh(or cmd) [Managed_Server_Name] [Admin_url]
```

기동하고자 하는 매니지드 서버의 이름으로 어드민 서버 URL에 구성 정보가 있는지 확인하고, 해당 정보를 가져와 매니지드 서버가 기동되는 원리다. 예를 들어 매니지

드 서버 이름이 Managed01이고 어드민 서버의 URL이 127.0.0.1:7001인 경우 다음
과 같이 매니지드 서버를 실행시킨다.

```
# startManagedWebLogic.sh(or cmd) Managed01 t3://127.0.0.1:7001
```

어드민 서버와 마찬가지로 사용자 이름과 비밀번호를 물어보고 정상적으로 기동하
면 로그에서 The server started in RUNNING mode.를 확인할 수 있다.

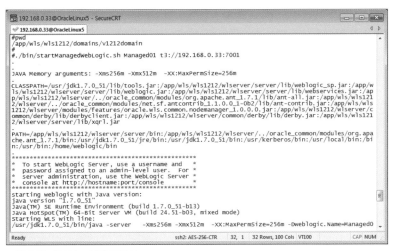

그림 3.19 매니지드 서버 기동 로그

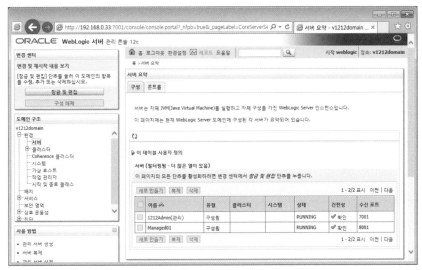

그림 3.20 서버 요약에서 'RUNNING' 상태 확인

3.2 : 시작 환경 구성

기본 스크립트를 통해 어드민 서버와 매니지드 서버를 기동하는 방법과 원리를 알아 봤다. 일반적으로는 이런 기본 스크립트를 활용해 운영 환경에 맞게 구성을 변경하 거나 기동하는 방식에 차이를 둔다. 다양한 기동 방법을 알아보기 전에 우선 웹로직 을 시작할 때 구성해야 할 설정들에 대해 알아보고자 한다. JVM과 관련한 설정의 경 우 '.profile'에 설정하는 각 계정 환경이나 JDK 환경에 설정할 수도 있지만, 이 방법은 동일 계정에 여러 서비스가 동작하게 되는 경우 모두 동일한 설정을 갖게 되는 단점이 있기 때문에 웹로직을 이용한 서비스는 각 서버 인스턴스에서 실행하는 애플리케이션 에서 요구하는 설정이 필요하다.

3.2.1 boot.properties

기본 스크립트로 웹로직 서버를 기동하면서 약간의 불편함을 주는 요인은 사용자 이 름과 비밀번호를 기동할 때마다 물어본다는 것이다. 개발 모드에서는 어드민 서버를 기동할 때는 물어보지 않았더라도 매니지드 서버를 기동하면 다시 사용자 이름과 비 밀번호를 물어본다. 이런 물음을 생략하기 위해 웹로직에서는 'boot.properties'를 사 용해 미리 사용자 이름과 비밀번호를 입력해 놓을 수 있다.

```
username=weblogic
password=welcome1
```

리스트 3.1 boot.properties의 예제

이렇게 생성한 boot.properties는 다음과 같이 기본 위치가 존재한다.

- 8.1 이하에서는 '$DOMAIN_HOME/boot.properties'가 기본 위치다.
- 9.x~10.3.1에서는 '$DOMAIN_HOME/servers/[서버이름]/security/boot. properties'가 기본 위치이지만, 8.1 버전과 같이 '$DOMAIN_HOME/boot. properties'에 위치하는 경우 해당 boot.properties를 기본 위치로 복사해준다.
- 10.3.2 이후로는 '$DOMAIN_HOME/servers/[서버이름]/security/boot. properties'가 기본 위치다.

- 자바 옵션으로 -Dweblogic.system.BootIdentityFile=[boot.properties경로]를 설정해 별도의 위치를 지정할 수 있다.

위의 내용을 참고해 각 버전이나 적용 방법에 맞춰 boot.properties를 생성하면 서버 기동 시 사용자 이름과 비밀번호를 물어보는 과정을 생략해 서버를 기동할 수 있다. 정상적으로 읽혀지면 서버가 기동되고 해당 파일은 다음과 같이 암호화되어 저장된다.

```
#Mon Nov 25 19:41:09 KST 2013
password={AES}k7YbA6SDq0IzIKv9pi0QmU+6tY1d2KnXvu+q1NN0LEs\=
username={AES}sbEjsPBEfgZdqBlymw4MdbDFjM8pryBiMasgU9UKVvM\=
```

리스트 3.2 boot.properties의 암호화

이와 같이 boot.properties를 이용해 서버 기동 시마다 물어보는 사용자 이름/비밀번호 과정을 생략할 수 있다.

3.2.2 8.1 버전 자바 옵션 설정

웹로직은 자바로 실행되는 JVM상에서 동작하기 때문에 자바 옵션을 설정할 수 있다. 그 예로 -Xms 옵션이나 -Xmx 옵션으로 메모리의 사이즈를 정할 수도 있고 -verbose:gc 옵션으로 GC^Garbage Collection를 수행하는 로그를 남길 수도 있다. 이런 JVM상의 설정을 위해 자바 옵션을 설정해야 하는데, 8.1 버전과 9.0 버전 이상에서의 설정 방법이 다르기에 별도로 설명하려 한다. 웹로직 8.1 버전의 경우 어드민 서버는 기본 기동 스크립트인 startWebLogic.sh (or cmd)에 설정한다. 매니지드 서버는 startManagedWebLogic.sh (or cmd)에 설정한다. 각 매니지드 서버의 설정을 다르게 하려면 startManagedWebLogic.sh (or cmd) 파일을 복사해 각각 다른 스크립트로 기동하도록 한다. 각 기동 스크립트 내에 설정의 위치는 MEM_ARGS 변수 이전에 해당 변수를 치환해 자바 옵션을 설정한다.

```
#생략
echo "****************************************************"
echo "*  To start WebLogic Server, use a username and   *"
echo "*  password assigned to an admin-level user.  For *"
echo "*  server administration, use the WebLogic Server *"
```

```
echo "*  console at http://[hostname]:[port]/console    *"
echo "*******************************************************"
```

MEM_ARGS="-D816Admin -Xms512m -Xmx512m -verbose:gc"

```
${JAVA_HOME}/bin/java ${JAVA_VM} ${MEM_ARGS} ${JAVA_OPTIONS} -Dweblogic.
Name=${SERVER_NAME} -Dweblogic.ProductionModeEnabled=${PRODUCTION_MODE}
-Djava.security.policy="${WL_HOME}/server/lib/weblogic.policy" weblogic.Server
```

리스트 3.3 유닉스/리눅스 플랫폼에서 'MEM_ARGS' 변수를 사용한 자바 옵션 추가

```
rem 생략
echo *******************************************************
echo *  To start WebLogic Server, use a username and   *
echo *  password assigned to an admin-level user.  For *
echo *  server administration, use the WebLogic Server *
echo *  console at http:\\[hostname]:[port]\console    *
echo *******************************************************
```

set MEM_ARGS=-D816Admin -Xms512m -Xmx512m -verbose:gc

```
%JAVA_HOME%\bin\java %JAVA_VM% %MEM_ARGS% %JAVA_OPTIONS% -Dweblogic.
Name=%SERVER_NAME% -Dweblogic.ProductionModeEnabled=%PRODUCTION_MODE% -Djava.
security.policy="%WL_HOME%\server\lib\weblogic.policy" weblogic.Server
```

리스트 3.4 윈도우 플랫폼에서 'MEM_ARGS' 변수를 사용한 자바 옵션 추가

MEM_ARGS의 기본값은 $WL_HOME/common/bin/commEnv.sh (or cmd)에서 각 플랫폼에 맞게 설정된다. 하지만, 기본값은 메모리의 사이즈에 대한 설정 정도이기 때문에 해당 값을 사용하는 환경에 맞게 수정해야 하는데, 이를 위해 weblogic.Server 클래스가 실행되는 명령줄에 MEM_ARGS가 포함되어 실행되기 전에 설정해준다. 단, commEnv.sh (or cmd)가 호출된 이후에 설정해야 한다. 그렇지 않으면 commEnv.sh (or cmd)에 설정된 기본값이 설정되기 때문이다. 메모리 설정 이외의 값은 명시된 변수인 JAVA_OPTION 값으로 설정해도 무관하지만 사용자가 설정한 값들을 하나의 변수로 관리하기 위해 MEM_ARGS를 이용한다.

3.2.3 9.0 이상 버전 자바 옵션 설정

앞서 8.1 버전에서는 기본으로 제공되는 스크립트가 변경되어 원본을 백업해두거나 변경에 대한 히스토리를 명확히 기록하지 않으면 문제가 발생할 경우 원본으로 복원할 수 없는 문제점이 있었다. 따라서 9.0 이상 버전에서는 기본 스크립트를 변경하지 않고 자바 옵션을 적용할 수 있도록 USER_MEM_ARGS 변수가 추가되었다. USER_MEM_ARGS는 다음과 같이 동작해 기존 MEM_ARGS 값을 치환한다.

```
if [ "${USER_MEM_ARGS}" != "" ] ; then
        MEM_ARGS="${USER_MEM_ARGS}"
        export MEM_ARGS
fi
```

리스트 3.5 유닉스/리눅스 플랫폼에서 'USER_MEM_ARGS' 변수가 MEM_ARGS를 치환

```
if NOT "%USER_MEM_ARGS%"=="" (
    set MEM_ARGS=%USER_MEM_ARGS%
)
```

리스트 3.6 윈도우 플랫폼에서 'USER_MEM_ARGS' 변수가 MEM_ARGS를 치환

USER_MEM_ARGS 변수 값이 비어 있지 않고 설정 값이 있다면 해당 값을 MEM_ARGS 변수에 넣어 치환된다. 이런 방식을 사용할 수 있게 변경되면서 사용자 스크립트에 해당 값을 넣음으로 기본 스크립트를 수정/삽입/변경이 발생하지 않도록 개선되었다. USER_MEM_ARGS를 사용하는 간단한 예는 다음과 같다.

```
export USER_MEM_ARGS="-D1036Admin -Xms512m -Xmx512m -XX:MaxPermSize=256m
-verbose:gc"./bin/startWebLogic.sh
```

리스트 3.7 유닉스/리눅스 플랫폼에서 '$DOMAIN_HOME/startAdmin.sh'

```
set USER_MEM_ARGS="-D1036Admin -Xms512m -Xmx512m -XX:MaxPermSize=256m
-verbose:gc"start .\bin\startWebLogic.cmd
```

리스트 3.8 윈도우 플랫폼에서 '$DOMAIN_HOME/startAdmin.cmd'

이 같은 설정은 9.0 이상 버전에서는 매니지드 서버의 경우에도 동일하게 적용되며 USER_MEM_ARGS를 사용함으로 인해 기본 제공되는 스크립트를 수정하지 않고 필요한 자바 옵션을 적용할 수 있다.

3.2.4 8.1 버전의 CLASSPATH 설정

웹로직 JVM 환경에서 애플리케이션이 요구하는 클래스나 라이브러리의 CLASSPATH 설정이 요구되는 경우가 있다. 클래스로더Class Loader에는 기본적으로 애플리케이션 내부에 'APP_HOME/WEB-INF/classes'나 'APP_HOME/WEB-INF/lib'와 같은 디렉토리에 필요한 클래스와 라이브러리를 위치시키는데, 애플리케이션에서 읽혀지는 환경은 우선순위가 가장 나중이기 때문에 클래스로더의 순서상 OS 환경이나 JDK, 웹로직의 환경에서 지정된 클래스로더의 설정이 우선하게 된다. 따라서 애플리케이션이 요구하는 클래스의 우선순위가 밀려나 원하지 않는 클래스를 읽어오는 경우가 발생한다. 이와 같은 경우 애플리케이션이 요구하는 클래스나 라이브러리를 우선하기 위해 CLASSPATH를 지정한다.

웹로직 8.1 버전의 경우 자바 옵션을 설정하듯이 기본 스크립트를 사용해 CLASSPATH를 정의할 수 있다. 어드민 서버는 기본 기동 스크립트인 startWebLogic.sh (or cmd)에 설정한다. 매니지드 서버는 startManagedWebLogic.sh (or cmd)에 설정한다. 각 매니지드 서버의 설정을 다르게 하려면 startManagedWebLogic.sh (or cmd) 파일을 복사해 각각 다른 스크립트로 기동하도록 한다. 설정하는 방법은 기동 스크립트에서 기존에 선언된 CLASSPATH 변수에 앞서 설정한다. 그 예로 mylib.jar 라이브러리를 CLASSPATH에 추가하는 방법은 다음과 같다.

```
#생략
CLASSPATH="${WEBLOGIC_CLASSPATH}:${POINTBASE_CLASSPATH}:${JAVA_HOME}/jre/lib/
rt.jar:${WLHOME}/server/lib/webservices.jar:${CLASSPATH}"
export CLASSPATH

export CLASSPATH="mylib.jar:${CLASSPATH}"

# Call WebLogic Server OR # Start WebLogic server
#생략
```

리스트 3.9 유닉스/리눅스 플랫폼에서 기본 스크립트에 CLASSPATH 설정

```
@REM 생략
set CLASSPATH=%WEBLOGIC_CLASSPATH%;%POINTBASE_CLASSPATH%;%JAVA_HOME%\jre\lib\
rt.jar;%WL_HOME%\server\lib\webservices.jar;%CLASSPATH%

set CLASSPATH=mylib.jar;%CLASSPATH%

@REM Call WebLogic Server
@REM 생략
```

리스트 3.10 윈도우 플랫폼에서 기본 스크립트에 CLASSPATH 설정

유닉스/리눅스 환경의 경우 CLASSPATH의 구분자가 콜론(:)이고, 윈도우 환경의 경우 구분자가 세미콜론(;)임에 주의한다.

3.2.5 9.0 이상 버전의 CLASSPATH 설정

CLASSPATH 관련 설정도 USER_MEM_ARGS와 같이 9.0 이상 버전에서는 기본 스크립트를 변경하지 않고 적용이 가능한 설정이 추가되었다. 기존 CLASSPATH에 우선하여 설정하는 경우 EXT_PRE_CLASSPATH 변수로, 뒤에 설정하는 경우 EXT_POST_CLASSPATH 변수로 설정한다. 이런 방식을 사용할 수 있게 변경되면서 사용자 스크립트에 해당 값을 넣음으로 기본 스크립트를 수정/삽입/변경이 발생하지 않도록 개선되었다. EXT_PRE_CLASSPATH와 EXT_POST_CLASSPATH를 사용하는 간단한 예는 다음과 같다.

```
export EXT_PRE_CLASSPATH="prelib.jar"
export EXT_POST_CLASSPATH="postlib.jar"

./bin/startWebLogic.sh
```

리스트 3.11 유닉스/리눅스 플랫폼에서 '$DOMAIN_HOME/startAdmin.sh'

```
set EXT_PRE_CLASSPATH="prelib.jar"
set EXT_POST_CLASSPATH="postlib.jar"

start .\bin\startWebLogic.cmd
```

리스트 3.12 윈도우 플랫폼에서 '$DOMAIN_HOME/startAdmin.cmd'

이렇게 설정된 값은 $DOMAIN_HOME/bin/setDomainEnv.sh (or cmd)의 CLASSPATH 설정 조건문에 따라 다음과 같은 순서로 선언된다.

EXT_PRE_CLASSPATH:PRE_CLASSPATH:WEBLOGIC_CLASSPATH:POST_CLASSPATH:**EXT_POST_CLASSPATH**:CLASSPATH

이 같은 설정은 매니지드 서버의 경우에도 동일하게 적용되며, 9.0 이상 버전에서는 기본 스크립트를 변경하지 않고 원하는 CLASSPATH를 선언할 수 있다.

3.3 : 사용자 스크립트 작성

앞서 기본 스크립트의 사용 방법과 자바 옵션, CLASSPATH를 적용하는 방법을 살펴 봤다. 개별적으로 사용하기에는 각 설정을 개별적으로 수행하고 기본 스크립트로 기동 해야 하는 불편함이 따르기에 일반적으로 한 번에 수행할 수 있는 사용자 스크립트를 별도로 사용자 스크립트를 작성해 해당 스크립트를 사용하는 방법을 권장한다. 사용자 스크립트를 작성해 웹로직 서버를 기동하는 방법은 운영 환경에서 사용되는 기동 방법 중 가장 기본적이고 일반적인 방법이다. 사용자 스크립트는 서버상에서 명령을 수행하고 스크립트의 수정으로 웹로직의 환경설정이 가능하므로 여타 기동 방법에 비해 환경설정이 용이하다.

사용자 스크립트는 웹로직에서 제공하는 기본 스크립트를 실행하며, 이때 발생하는 표준 출력Stdout, Standard Out 로그의 경로를 지정하고 자바 환경에 필요한 변수나 환경을 지정해 사용할 수 있다. 유닉스/리눅스 환경에서는 기본 스크립트 사용 시 포어그라운 드foreground로 실행되어 **Ctrl+C(Break)**나 터미널 종료로 인한 프로세스의 종료를 nohup 을 사용해 프로세스를 백그라운드background로 실행할 수 있는 장점이 있다. 윈도우 플 랫폼의 경우 프로세스 창과 로그가 출력되는 창을 별도로 띄워 리소스가 부족한 경우 로그 출력 창은 꺼둘 수도 있다.

3.3.1 유닉스/리눅스 플랫폼 사용자 스크립트

유닉스/리눅스 플랫폼에서는 웹로직의 기본 스크립트를 nohup을 사용해 실행되면 웹로직 프로세스가 백그라운드 상태로 기동한다. 백그라운드로 실행하는 기본적인 형태는 다음과 같다.

```
./startWebLogic.sh &
```

명령의 마지막에 '&'를 넣으면 해당 명령을 백그라운드로 수행하겠다고 지정하는 것이다. 하지만, 이와 같이 실행된 명령은 사용자가 로그아웃 또는 터미널 종료 시 종료된다. 따라서 이를 방지하기 위해 다음과 같이 실행하면 해당 명령은 백그라운드 + 데몬daemon 형태로 수행되어 사용자의 로그아웃이나 터미널 종료 시에도 프로세스는 계속 수행된다.

```
nohup ./startWebLogic.sh &
```

nohup을 실행하면 명령을 실행했을 때 발생하는 로그를 nohup.out 파일로 저장한다. 원하는 로그 이름으로 저장하고자 하면 nohup을 다음과 같이 수행한다.

```
nohup ./startWebLogic.sh > ./admin.out &
```

그림 3.21 자동으로 생성되는 nohup.out 파일

그림 3.22 사용자가 지정한 파일명으로 생성되는 nohup.out

이와 같은 특성을 사용해 웹로직을 백그라운드에서 기동해 지속적인 운영이 가능하도록 미리 스크립트를 만들어 사용한다.

```
SERVER_NAME=816Admin
DOMAIN_HOME=/app/wls/wls816/domains/v816domain      ❶
LOG_DIR=$DOMAIN_HOME/logs

mv $LOG_DIR/$SERVER_NAME.out $LOG_DIR/$SERVER_NAME.`date +'%m%d_%H%M%S'` ❷
nohup ./startWebLogic.sh > $LOG_DIR/$SERVER_NAME.out 2>&1 &
```

리스트 3.13 8.1 버전의 어드민 서버 스크립트 예제 '$DOMAIN_HOME/startAdmin.sh'

```
SERVER_NAME=1036Admin
DOMAIN_HOME=/app/wls/wls1036/domains/v1036domain    ❶
LOG_DIR=$DOMAIN_HOME/logs

export USER_MEM_ARGS="-D$SERVER_NAME -Xms512m -Xmx512m -XX:MaxPermSize=256m"
export EXT_PRE_CLASSPATH=""
export EXT_POST_CLASSPATH=""

mv $LOG_DIR/$SERVER_NAME.out $LOG_DIR/$SERVER_NAME.`date +'%m%d_%H%M%S'` ❷
nohup ./startWebLogic.sh > $LOG_DIR/$SERVER_NAME.out 2>&1 &
```

리스트 3.14 9.0 이상 버전의 어드민 서버 스크립트 예제 '$DOMAIN_HOME/startAdmin.sh'

웹로직 8.1의 경우 MEM_ARGS나 CLASSPATH 설정을 기본 스크립트에 지정하므로 예제에 차이가 있다. 리스트 3.13과 리스트 3.14의 ❶은 스크립트에서 사용할 변수를 지정한다. ❷는 기동 시 생성되는 nohup 로그를 기동 시점의 날짜와 시간 정보를 붙여 백업 후 새로 기록하겠다는 명령줄이며, 이때 로그 디렉토리는 미리 생성되어 있어야 한다. nohup의 2>&1은 stderr 출력을 포함하라는 표현식이다.

이와 같은 방식으로 매니지드 서버의 기동 방법은 기본 스크립트의 기동 방식을 따라 nohup으로 수행하는 명령줄에만 차이가 있다. 어드민 서버 IP와 포트가 192.168.0.33:7001인 웹로직 도메인의 Managed01 이름을 갖는 매니지드 서버 기동 예제는 다음과 같다.

```
SERVER_NAME=Managed01
DOMAIN_HOME=/app/wls/wls816/domains/v816domain
LOG_DIR=$DOMAIN_HOME/logs

mv $LOG_DIR/$SERVER_NAME.out $LOG_DIR/$SERVER_NAME.`date +'%m%d_%H%M%S'`
nohup ./startManagedWebLogic.sh $SERVER_NAME t3://192.168.0.33:7001 > $LOG_
DIR/$SERVER_NAME.out 2>&1 &
```

리스트 3.15 8.1 버전의 매니지드 서버 스크립트 예제 '$DOMAIN_HOME/startM1.sh'

```
SERVER_NAME=Managed01
DOMAIN_HOME=/app/wls/wls1036/domains/v1036domain
LOG_DIR=$DOMAIN_HOME/logs

export USER_MEM_ARGS="-D$SERVER_NAME -Xms512m -Xmx512m -XX:MaxPermSize=256m"
export EXT_PRE_CLASSPATH=""
export EXT_POST_CLASSPATH=""

mv $LOG_DIR/$SERVER_NAME.out $LOG_DIR/$SERVER_NAME.`date +'%m%d_%H%M%S'`
nohup ./bin/startManagedWebLogic.sh $SERVER_NAME t3://192.168.0.33:7001 >
$LOG_DIR/$SERVER_NAME.out 2>&1 &
```

리스트 3.16 9.0 이상 버전의 매니지드 서버 스크립트 예제 '$DOMAIN_HOME/startM1.sh'

기본 스크립트로 매니지드 서버를 기동하는 명령줄로 대체된 형태만 다르고 기본적
인 형태는 어드민 서버 기동 스크립트와 같다. 이렇게 만들어진 기동 스크립트는 실행
권한을 줘 실행한다.

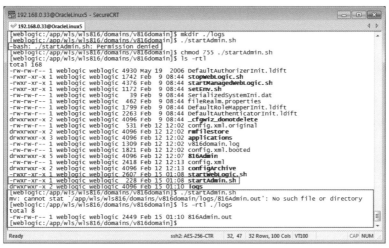

그림 3.23 'startAdmin.sh'의 권한 부여와 실행

예제 스크립트의 'mv' 동작은 첫 실행 단계에서는 옮길 로그가 없으므로 해당 로그가 없다는 메시지가 발생한다. 이렇게 생성된 로그를 열어보면 기본 스크립트로 실행시켜 확인할 수 있는 로그가 기록되어 있다. nohup으로 기동 시에는 웹로직의 사용자 이름과 비밀번호를 입력할 수 없으므로 boot.properties가 없는 경우 다음과 같은 메시지가 발생하며 인증 에러로 기동되지 않음에 유의한다.

```
<Feb 15, 2014 2:14:12 AM KST> <Critical> <Security> <BEA-090403>
<Authentication for user  denied>
```

따라서 스크립트 기동 전 boot.properties 파일의 유무를 확인해야 한다.

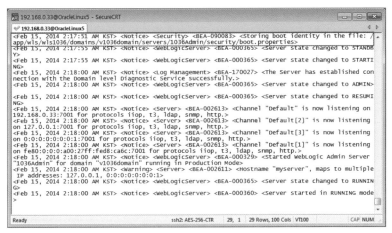

그림 3.24 'boot.properties'가 읽혀져 정상 기동된 로그

서버가 정상적으로 기동되었다면 어드민 서버의 콘솔에서 각 서버의 상태가 확인 가능하다. 또한 ps -ef | grep <SERVER_NAME>으로도 서버 기동 상태를 확인할 수 있다.

그림 3.25 웹로직 프로세스 확인

이렇게 백그라운드로 기동된 웹로직 서버를 정지하게 하려면 서버를 정지할 수 있는 스크립트가 필요하다. 기본 스크립트인 stopWebLogic.sh를 사용하는 방법도 있지만 명시적인 명령줄을 통해 정지하는 방법을 추천한다.

```
. ./setEnv.sh
java weblogic.Admin -url t3://192.168.0.33:7001 -username weblogic -password
welcome1 FORCESHUTDOWN
```

리스트 3.17 8.1 버전의 정지 스크립트 예제 '$DOMAIN_HOME/stopAdmin.sh'

```
. ./bin/setDomainEnv.sh
java weblogic.Admin -url t3://192.168.0.33:7001 -username weblogic -password
welcome1 FORCESHUTDOWN
```

리스트 3.18 9.0~12.1.2 버전의 정지 스크립트 예제 '$DOMAIN_HOME/stopAdmin.sh'

setEnv.sh와 setDomainEnv.sh는 weblogic.Admin 클래스를 실행하기 위한 CLASSPATH를 설정하기 위함이고, -url에는 정지시키려는 웹로직의 수신 주소와 포트를 넣어준다. 이러한 형태의 정지 스크립트는 매니지드 서버와 형태는 동일하나 매니지드 서버의 수신 주소와 포트를 기입하는 부분에 주의해 생성한다. 서버가 정상적으로 종료되면 정지하고자 한 서버 이름이 명시되면서 성공적으로 종료되었다는 메시지를 확인할 수 있다.

```
# ./stopAdmin.sh
Server "816Admin" was force shutdown successfully ...
```

12.1.3 버전 부터는 weblogic.Admin 클래스를 더이상 사용하지 않고 대신 어드민 서버를 정지하기 위한 'stopWeblogic' 스크립트와 매니지드 서버를 정지하기 위한 'stopManagedWeblogic' 스크립트가 추가되었다.

```
$DOMAIN_HOME/bin/stopWeblogic.sh username password admin_url
```

리스트 3.19 12.1.3 이상 버전의 어드민 서버 정지 스크립트 패턴

```
$DOMAIN_HOME/bin/stopManagedWeblogic.sh managed_server_name admin_url username
password
```

리스트 3.20 12.1.3 이상 버전의 매니지드 서버 정지 스크립트 패턴

3.3.2 윈도우 플랫폼 사용자 스크립트

윈도우 플랫폼에서 웹로직 서버를 기동하기 위한 사용자 스크립트는 start /B를 사용해 구현한다. 로그를 저장할 디렉토리는 사용자가 만들어야 함에 주의한다.

```
set SERVER_NAME=816Admin
set DOMAIN_HOME=D:\wls\wls816\domains\v816domain          ❶
set LOG_DIR=%DOMAIN_HOME%\logs

title WebLogic_%SERVER_NAME%

@rem ######### BACKUP DATE PREFIX ##########
set PREFIX=%DATE:~0,10%_%TIME:~0,2%%TIME:~3,2%%TIME:~6,2%

move %LOG_DIR%\%SERVER_NAME%.out %LOG_DIR%\%SERVER_NAME%.%PREFIX%    ❷

ECHO %SERVER_NAME% start
start /B .\startWebLogic.cmd > %LOG_DIR%\%SERVER_NAME%.out 2>&1
```

리스트 3.21 8.1 버전의 어드민 서버 스크립트 예제 '$DOMAIN_HOME/startAdmin.cmd'

```
set SERVER_NAME=1036Admin
set DOMAIN_HOME=D:\wls\wls1036\domains\v1036domain          ❶
set LOG_DIR=%DOMAIN_HOME%\logs

title WebLogic_%SERVER_NAME%

@rem ######### BACKUP DATE PREFIX ##########
set PREFIX=%DATE:~0,10%_%TIME:~0,2%%TIME:~3,2%%TIME:~6,2%

set USER_MEM_ARGS=-D%SERVER_NAME% -Xms512m -Xmx512m -XX:MaxPermSize=256m
set EXT_PRE_CLASSPATH=
set EXT_POST_CLASSPATH=

move %LOG_DIR%\%SERVER_NAME%.out %LOG_DIR%\%SERVER_NAME%.%PREFIX%    ❷

ECHO %SERVER_NAME% start

start /B .\startWebLogic.cmd > %LOG_DIR%\%SERVER_NAME%.out 2>&1
```

리스트 3.22 9.0 이상 버전의 어드민 서버 스크립트 예제 '$DOMAIN_HOME/startAdmin.cmd'

웹로직 8.1의 경우 MEM_ARGS나 CLASSPATH 설정을 기본 스크립트에 지정하므로 예제에 차이가 있다. ❶은 스크립트에서 사용할 변수를 지정한다. ❷는 기동 시 생성되는 로그를 기동 시점의 날짜와 시간 정보를 붙여 백업 후 새로 기록하겠다는 명령줄이며, 이때 로그 디렉토리는 미리 생성되어야 한다. 2>&1은 stderr를 포함하라는 표현식이다.

이와 같은 방식으로 매니지드 서버의 기동 방법은 기본 스크립트의 기동 방식을 따라 nohup으로 수행하는 명령줄에만 차이가 있다. 어드민 서버 IP와 포트가 192.168.0.33:7001인 웹로직 도메인의 Managed01 매니지드 서버 기동 예제는 다음과 같다.

```
set SERVER_NAME=Managed01
set DOMAIN_HOME=D:\wls\wls816\domains\v816domain      ❶
set LOG_DIR=%DOMAIN_HOME%\logs

title WebLogic_%SERVER_NAME%

@rem ######### BACKUP DATE PREFIX ##########
set PREFIX=%DATE:~0,10%_%TIME:~0,2%%TIME:~3,2%%TIME:~6,2%

move %LOG_DIR%\%SERVER_NAME%.out %LOG_DIR%\%SERVER_NAME%.%PREFIX%    ❷

ECHO %SERVER_NAME% start

start /B .\bin\startManagedWebLogic.cmd Managed01 t3://192.168.0.33:7001 >
%LOG_DIR%\%SERVER_NAME%.out 2>&1
```

리스트 3.23 8.1 버전의 매니지드 서버 스크립트 예제 '$DOMAIN_HOME/startM1.cmd'

```
set SERVER_NAME=Managed01
set DOMAIN_HOME=D:\wls\wls1036\domains\v1036domain      ❶
set LOG_DIR=%DOMAIN_HOME%\logs

title WebLogic_%SERVER_NAME%

@rem ######### BACKUP DATE PREFIX ##########
set PREFIX=%DATE:~0,10%_%TIME:~0,2%%TIME:~3,2%%TIME:~6,2%

set USER_MEM_ARGS=-D%SERVER_NAME% -Xms512m -Xmx512m -XX:MaxPermSize=256m
set EXT_PRE_CLASSPATH=
set EXT_POST_CLASSPATH=
```

```
move %LOG_DIR%\%SERVER_NAME%.out %LOG_DIR%\%SERVER_NAME%.%PREFIX%
```

```
ECHO %SERVER_NAME% start
```

start /B .\bin\startManagedWebLogic.cmd Managed01 t3://192.168.0.33:7001 >
%LOG_DIR%\%SERVER_NAME%.out 2>&1

리스트 3.24 9.0 이상 버전의 매니지드 서버 스크립트 예제 '$DOMAIN_HOME/startM1.cmd'

기본 스크립트로 매니지드 서버를 기동하는 명령줄로 대체된 형태만 다르고 기본적
인 형태는 어드민 서버 기동 스크립트와 같다. 만들어진 스크립트를 기동하면 새 창으
로 기동됨을 확인할 수 있다.

그림 3.26 'startAdmin.cmd'의 실행

예제 스크립트의 'move' 동작은 첫 실행 단계에서는 옮길 로그가 없으므로 '지정된
파일을 찾을수 없습니다.'는 메시지가 발생한다. 이렇게 생성된 로그를 열어보면 기본
스크립트로 실행시켜 확인할 수 있는 로그가 기록되어 있다. start /B 기동 시에는 웹
로직의 사용자 이름과 비밀번호를 입력할 수 없으므로 boot.properties가 없는 경우
기동되지 않음에 유의한다.

그림 3.27 boot.properties가 없이 start /B로 기동한 로그의 메시지

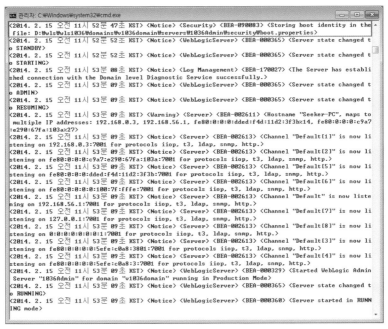

그림 3.28 boot.properties가 읽혀져 정상 기동된 로그

서버가 정상적으로 기동되었다면 어드민 서버의 콘솔에서 각 서버의 상태가 확인
가능하다. 이렇게 기동된 웹로직 서버는 정지 스크립트를 사용하는 방법도 있지만, 서
버가 정지되어도 프로세스 창이 유지됨으로 인해 해당 창을 종료하고 기동해야 하는
번거로움이 있다. 윈도우 플랫폼의 경우 웹로직이 실행된 창을 종료함으로서 웹로직을
종료하는 것을 추천한다.

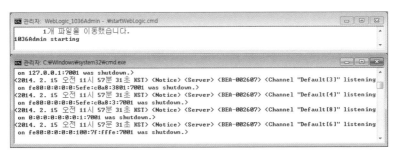

그림 3.29 스크립트로 웹로직을 정상 종료했음에도 종료되지 않는 실행 창

3.4 ： 윈도우 서비스로 등록

윈도우 플랫폼 사용자 스크립트는 사용이 간편하고 변화하는 환경에 맞춰 옵션들의 조정이 손쉬운 장점이 있는 반면 프로세스 창이 포어그라운드로 보여지기 때문에 사용자의 실수로 인해 서비스 중인 프로세스 창을 종료하는 경우와 같은 장애가 발생할 수 있다. 이런 이유로 인해 웹로직에서는 윈도우 서비스 등록을 위한 스크립트를 제공한다. 서비스 등록과 삭제을 위한 기본 스크립트는 다음과 같다.

- $WL_HOME/server/bin/installSvc.cmd
- $WL_HOME/server/bin/uninstallSvc.cmd

서비스 등록의 장점은 웹로직 프로세스가 백그라운드로 실행된다는 장점이 있지만 기동 옵션의 변경사항이 있는 경우 서비스를 삭제하고 다시 등록해야 하는 번거로움이 있다. 웹로직 서버의 윈도우 서비스 등록에 필요한 실행 파일인 $WL_HOME/server/bin/wlsvc.exe는 10.3.6까지는 beasvc.exe였다가 12.1.1 버전 이후로 wlsvc.exe로 변경되었다. 앞으로 설명할 스크립트 예제는 12.1.2 기준으로 작성되었음에 유의한다. 다음은 각 웹로직 서버를 윈도우 서비스에 등록하고 삭제하는 작업의 반복적인 상황에 대해 편의를 위한 목적으로 서비스 등록 기본 스크립트를 서비스로 등록할 서버가 실행되는 도메인 디렉토리에 복사해 사용했다.

3.4.1 어드민 서버의 서비스 등록

어드민 서버를 서비스로 등록하기 위해 기본 서비스 등록 스크립트를 복사해 사용한다. 별도의 복사본을 사용하는 이유는 각 서버마다 서비스 등록의 다른 옵션을 적용하기 위함이다.

```
@echo off
set JAVA_HOME=D:\java\jdk1.7.0
set JAVA_VM=-server
set MEM_ARGS=-Xms512m -Xmx512m -XX:MaxPermSize=256m
set CLASSPATH=%CLASSPATH%
set DOMAIN_NAME=1212domain
set USERDOMAIN_HOME=D:\wls\wls1212\domains\v1212domain
set SERVER_NAME=1212Admin
```

```
set WLS_USER=weblogic
set WLS_PW=welcome1
set PRODUCTION_MODE=true
```

리스트 3.25 서버 설정 정보 '$DOMAIN\AdminSvcEnv.cmd'의 예제

AdminSvcEnv.cmd라는 서버 설정을 지정할 스크립트를 만들어 서비스로 등록할
서버의 정보를 미리 설정했다. 이 정보를 바탕으로 서비스 등록 스크립트의 설정 정
보가 저장되어 윈도우 서비스로 등록한다. 해당 파일의 정보를 불러올 수 있도록 복
사해온 installSvc.cmd에 call %1을 추가하고 원하는 경로에 웹로직 로그 파일을 지
정한다.

```
rem =============== 생략 ===================
@echo on

call %1

set CLASSPATH=%WEBLOGIC_CLASSPATH%;%CLASSPATH%

@echo ******************************************************
@echo *  To start WebLogic Server, use the password       *
@echo *  assigned to the system user.  The system         *
@echo *  username and password must also be used to       *
@echo *  access the WebLogic Server console from a web     *
@echo *  browser.                                          *
@echo ******************************************************

rem *** Set Command Line for service to execute within created JVM

@echo off

rem =============== 생략 ===================

rem *** Install the service
"%WL_HOME%\server\bin\wlsvc" -install -svcname:"wlsvc %DOMAIN_
NAME%_%SERVER_NAME%" -javahome:"%JAVA_HOME%" -execdir:"%USERDOMAIN_HOME%"
-maxconnectretries:"%MAX_CONNECT_RETRIES%" -host:"%HOST%" -port:"%PORT%"
-extrapath:"%EXTRAPATH%" -password:"%WLS_PW%" -cmdline:%CMDLINE%
-log:"%USERDOMAIN_HOME%\logs\%SERVER_NAME%.out"

ENDLOCAL
```

리스트 3.26 복사본 '$DOMAIN\installSvc.cmd'에 'call'과 '-log'추가

수정한 installSvc.cmd를 다음과 같이 사용해 서비스로 등록할 수 있다.

```
> installSvc.cmd AdminSvcEnv.cmd
```

그림 3.30 'wlsvc 1212domain_1212Admin' 서비스 등록

그림 3.31 서비스로 등록된 'wlsvc 1212domain_1212Admin'

서비스로 등록된 웹로직 서버의 설정을 변경하거나 삭제해야 하는 경우에는 기본 서비스 삭제 스크립트를 사용한다. 등록 스크립트와 같이 웹로직 도메인에 별도로 복사해 사용하는 것이 편리하다.

```
@echo off
SETLOCAL

set WL_HOME=D:\wls\wls1212\wlserver

call %1

rem *** Uninstall the service
"%WL_HOME%\server\bin\wlsvc" -remove -svcname:"wlsvc %DOMAIN_NAME%_%SERVER_NAME%"

ENDLOCAL
```

리스트 3.27 복사본 '$DOMAIN\uninstallSvc.cmd'에 'call' 추가

등록 스크립트와 마찬가지로 삭제스크립트에서도 서버 정보를 읽어와 수행하게 되며 사용 방법은 다음과 같다.

```
> uninstallSvc.cmd AdminSvcEnv.cmd
```

그림 3.32 'wlsvc 1212domain_1212Admin' 서비스 삭제

이렇게 서버 정보 스크립트를 작성한 후 기본 스크립트에 약간의 수정으로 웹로직의 서비스 등록과 삭제를 간편하게 할 수 있다.

3.4.2 매니지드 서버의 서비스 등록

매니지드 서버의 서비스 등록 방법은 어드민 서버와 동일하고 서버 설정 스크립트에 어드민 서버의 URL이 추가된다.

```
@echo off
set JAVA_HOME=D:\java\jdk1.7.0
set JAVA_VM=-server
set MEM_ARGS=-Xms512m -Xmx512m -XX:MaxPermSize=256m
set CLASSPATH=%CLASSPATH%
set DOMAIN_NAME=1212domain
set USERDOMAIN_HOME=D:\wls\wls1212\domains\v1212domain
set SERVER_NAME=Managed01
set WLS_USER=weblogic
set WLS_PW=welcome1
set PRODUCTION_MODE=true
set ADMIN_URL=t3://192.168.0.33:7001
```

리스트 3.28 서버 설정 정보 '$DOMAIN₩M1SvcEnv.cmd'의 예제

추가된 ADMIN_URL에 값이 들어 있으면 서비스 등록 스크립트는 분기를 통해 매니지드 서버 등록 CMDLINE을 설정한다.

```
@echo off

if "%ADMIN_URL%" == "" goto runAdmin
@echo on
set CMDLINE="%JAVA_VM% %MEM_ARGS% %JAVA_OPTIONS% -classpath \"%CLASSPATH%\"
-Dweblogic.Name=%SERVER_NAME% -Dweblogic.management.username=%WLS_USER%
-Dweblogic.management.server=\"%ADMIN_URL%\" -Dweblogic.ProductionModeEnable
d=%PRODUCTION_MODE% -Djava.security.policy=\"%WL_HOME%\server\lib\weblogic.
policy\" weblogic.Server"
goto finish

:runAdmin
@echo on
set CMDLINE="%JAVA_VM% %MEM_ARGS% %JAVA_OPTIONS% -classpath \"%CLASSPATH%\"
-Dweblogic.Name=%SERVER_NAME% -Dweblogic.management.username=%WLS_
USER% -Dweblogic.ProductionModeEnabled=%PRODUCTION_MODE% -Djava.security.
policy=\"%WL_HOME%\server\lib\weblogic.policy\" weblogic.Server"
```

리스트 3.29 'installSvc.cmd'에서 'ADMIN_URL' 유무에 따른 'CMDLINE' 설정

추가한 M1SvcEnv.cmd는 어드민 서버의 서비스 등록에서 수정한 installSvc.cmd를 사용해 다음과 같이 사용해 서비스로 등록할 수 있다.

```
> installSvc.cmd M1SvcEnv.cmd
```

그림 3.33 'wlsvc 1212domain_Managed01' 서비스 등록

그림 3.34 서비스로 등록된 'wlsvc 1212domain_Managed01'

등록 스크립트와 마찬가지로 삭제 스크립트에서도 서버 정보를 읽어와 수행하게 되며 사용 방법은 다음과 같다.

```
> uninstallSvc.cmd M1SvcEnv.cmd
```

그림 3.35 'wlsvc 1212domain_Managed01' 서비스 삭제

3.4.3 서비스 스크립트

등록된 웹로직 서버의 서비스는 윈도우의 서비스 정보에서 시작과 중지가 가능하지만, 스크립트를 통해 좀 더 간편하게 시작과 중지가 가능하다. 또한 서비스 등록 스크립트에서 설정한 로그 파일의 백업을 위해서도 스크립트의 사용을 권장한다.

```
@echo off
set SERVER_NAME=1212Admin
set DOMAIN_HOME=D:\wls\wls1212\domains\v1212domain
set LOG_DIR=%DOMAIN_HOME%\logs

@rem ######### BACKUP DATE PREFIX ##########
set PREFIX=%DATE:~0,10%_%TIME:~0,2%%TIME:~3,2%%TIME:~6,2%

move %LOG_DIR%\%SERVER_NAME%.out %LOG_DIR%\%SERVER_NAME%.%PREFIX%

net start "wlsvc 1212domain_1212Admin"
```

리스트 3.30 웹로직 서비스 실행 스크립트 'startAdminSvc.cmd'의 예제

윈도우에서 사용한 사용자 스크립트를 약간 변형한 것으로 마지막에 net start 명령을 통해 서비스를 시작한다.

그림 3.36 'startAdminSvc.cmd'를 사용한 웹로직 서비스 시작

서비스 정지는 net stop 명령을 통해 서비스를 중지한다.

```
net stop "wlsvc 1212domain_1212Admin"
```

리스트 3.31 웹로직 서비스 실행 스크립트 'stopAdminSvc.cmd'의 예제

그림 3.37 'stopAdminSvc.cmd'를 사용한 웹로직 서비스 중지

스크립트를 사용해 웹로직 서비스 기동의 보조적인 기능을 수행할 수 있다.

3.5 : 노드 매니저

노드 매니저는 웹로직에서 제공하는 유틸리티 중 하나로 웹로직의 시스템과 연계되는 관리자다. 웹로직의 시스템에 포함된 서버 인스턴스는 어드민 서버와 연동해 각 서버에 명령을 전달할 수 있다. 대표적인 명령으로는 시작, 중지와 같은 서버 기동 관련 명령과 서버 상태 이상으로 중지된 경우 자동 재시작 기능을 제공한다.

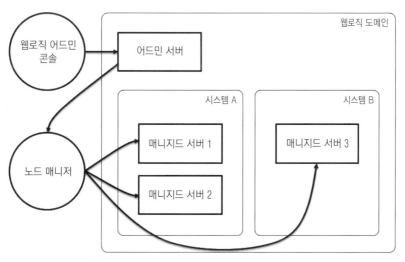

그림 3.38 노드 매니저의 명령도

노드 매니저를 구성하는 파일들과 설정 후 생성되는 파일에 대한 설명은 다음과 같다.

- $WL_HOME/common/nodemanager/nodemanager.properties
  노드 매니저의 실행과 관련한 구성 설정 파일

- $WL_HOME/common/nodemanager/nodemanager.domains
  노드 매니저가 관리하는 도메인 이름과 위치 목록

- $WL_HOME/common/nodemanager/nm_data.properties
  암호화 키

- $WL_HOME/common/nodemanager/nodemanager.log
  노드 매니저 로그 파일
  어드민 콘솔 > 환경 > 시스템 > 모니터링 > 노드 관리자 로그에서 확인 가능

- $DOMAIN_HOME/config/nodemanager/nm_password.properties
  노드 매니저의 사용자 이름과 비밀번호

- $DOMAIN_HOME/servers/[SERVER_NAME]/data/nodemanager/boot.
  properties
  노드 매니저를 통한 서버의 시작에 사용되는 사용자 이름과 비밀번호

- $DOMAIN_HOME/servers/[SERVER_NAME]/data/nodemanager/startup.
  properties
  어드민 서버를 시작하는 데 사용되는 설정으로 어드민 서버 설정 사본이 저장되며 각 매니지드 서버에도 동일하게 한쌍으로 존재

- $DOMAIN_HOME/servers/[SERVER_NAME]/data/nodemanager/[SERVER_NAME].addr
  서버가 시작되거나 변경 사항이 발생하면 IP 주소가 추가적으로 포함되는 파일

- $DOMAIN_HOME/servers/[SERVER_NAME]/data/nodemanager/[SERVER_NAME].lck
  서버 인스턴스의 내부 잠금 ID

- $DOMAIN_HOME/servers/[SERVER_NAME]/data/nodemanager/[SERVER_NAME].pid
  서버의 프로세스 ID

- $DOMAIN_HOME/servers/[SERVER_NAME]/data/nodemanager/[SERVER_NAME].state

    서버의 현재 상태

- $DOMAIN_HOME/servers/[SERVER_NAME]/logs/[SERVER_NAME].out

    어드민 콘솔 > 진단 > 로그 파일에서 확인 가능

노드 매니저의 실행 파일은 기본 위치에서 사용해도 무관하고 별도의 위치에 복사해 사용하는 것도 가능하다. 구성 파일은 처음 노드 매니저를 기동하기 전에는 도메인 리스트가 저장되는 nodemanager.domain 파일만 존재하나 실행 후에 로그와 다른 환경설정 파일이 생성된다.

```
# $WL_HOME/server/bin/startNodeManager.sh (or cmd)
```

구성 파일 위치는 실행 스크립트의 NODEMGR_HOME에서 설정하면 해당 위치를 구성 파일 위치로 사용한다. 도메인 구성 마법사를 통해 도메인을 생성하면 생성 시마다 기본 노드 매니저 구성 파일 위치의 nodemanager.domain에 도메인 항목을 추가해준다. 해당 파일에 명시된 도메인들을 관리하게 된다. 이 파일은 nodemanager.properties에 위치를 명시한다. nodemanager.properties는 노드 매니저가 기동하면서 필요한 설정 정보들을 가지고 있다. 대부분은 설치 과정에서 기본값을 설정하지만 환경 구성을 위해 주의해야 할 목록은 다음과 같다.

- ListenAddress: 호스트 이름이 기본값이나 웹로직에서 인지할 IP 주소를 지정해주는 것을 권장한다.
- SecureListener: 웹로직과의 통신 프로토콜을 일반plain으로 하는 경우 false로 설정한다.

3.5.1 노드 매니저의 구성과 실행

노드 매니저와 웹로직을 연동하기 위해 우선 노드 매니저를 실행한다. 노드 매니저의 기본 스크립트는 $WL_HOME/server/bin/startNodeManager.sh (or cmd)이다. 하지만, 12.1.2 버전의 웹로직에서는 웹로직 도메인에 노드 매니저의 실행 스크립트를 포함하기 때문에, 도메인에 기반한 설정 값이 설정된 '$DOMAIN_HOME/bin/

startNodeManager.sh'를 기준으로 사용한다. 물론 12.1.2 버전의 스크립트도 최종적으로는 WL_HOME의 스크립트를 호출하지만 이러한 변경점은 웹로직의 퓨전 미들웨어 컨트롤Fusion Middleware Control과의 연계성이나 클라우드 환경의 특성으로 노드 매니저의 역할이 이전 버전보다 중요하게 된 것으로 추측된다.

- 12.1.1 이하 노드 매니저 스크립트: `$WL_HOME/server/bin/startNodeManager.sh (or cmd)`
- 12.1.2 이상 노드 매니저 스크립트: `$DOMAIN_HOME/bin/startNodeManager.sh (or cmd)`

실행 스크립트의 위치가 변경되면서 노드 매니저의 설정의 기본 위치인 NODEMGR_HOME가 `$WL_HOME/common/nodemanager`나 12.1.2의 경우 노드 매니저가 각 도메인마다 적용됨에 따라 NODEMGR_HOME의 위치가 각 도메인 내부 디렉토리로 변경되었다.

- 12.1.1 이하 NODEMGR_HOME: `$WL_HOME/common/nodemanager`
- 12.1.2 이상 NODEMGR_HOME: `$DOMAIN_HOME/nodemanager`

비록 실행 스크립트의 위치와 설정 디렉토리가 변경되었지만 설정 내용과 실행 방법에는 차이가 없다. 노드 매니저는 기동 시 '`$NODEMGR_HOME/nodemanager.properties`' 설정을 읽어 실행된다. 웹로직 도메인과 노드 매니저를 연동하기 전 '시스템Machine'에서 설정할 부분을 수정한다.

```
[weblogic:/app/wls/wls1212/domains/v1212domain/nodemanager]$ vi ./nodemanager.
properties

#Node manager properties
#Sun Feb 09 11:35:54 KST 2014
DomainsFile=/app/wls/wls1212/domains/v1212domain/nodemanager/nodemanager.
domains
LogLimit=0
PropertiesVersion=12.1
AuthenticationEnabled=true
NodeManagerHome=/app/wls/wls1212/domains/v1212domain/nodemanager
JavaHome=/usr/jdk1.7.0_51
LogLevel=INFO
DomainsFileEnabled=true
StartScriptName=startWebLogic.sh
ListenAddress=192.168.0.33
NativeVersionEnabled=true
```

```
ListenPort=5556
LogToStderr=true
SecureListener=false
LogCount=1
StopScriptEnabled=false
QuitEnabled=false
LogAppend=true
StateCheckInterval=500
CrashRecoveryEnabled=false
StartScriptEnabled=true
LogFile=/app/wls/wls1212/domains/v1212domain/nodemanager/nodemanager.log
LogFormatter=weblogic.nodemanager.server.LogFormatter
ListenBacklog=50
```

리스트 3.32 '$NODEMGR_HOME/nodemanager.properties' 설정

ListenAddress의 기본값은 로컬호스트localhost이지만, 웹로직과 연동 시 통신에 문제가 발생하기 때문에 노드 매니저가 운영될 IP 주소로 변경한다. SecureListener는 기본값이 true로서 SSL 통신 프로토콜을 지정하나 인증서가 없는 경우 false로 변경한다. 설정한 후 startNodeManager.sh (or cmd)를 실행하면 설정한 내용이 표시되며 노드 매니저가 실행된다.

그림 3.39 노드 매니저의 실행

3.5.2 도메인과 노드 매니저 연동

노드 매니저와 웹로직 도메인의 연동을 위해서는 먼저 시스템 구성 요소를 추가해야 한다. 다음의 예제는 웹로직 12.1.2를 기준으로 했으며 각 버전마다 구성상 약간의 차이가 있을 수 있음에 유의한다.

1. 어드민 서버를 기동한다.

2. 좌측 내비게이션 트리 **환경** 또는 메인 화면의 **도메인 구성**의 **시스템**을 선택한다.

그림 3.40 어드민 콘솔 > 환경 > 시스템

3. 운영 모드로 설치된 경우 좌측 상단에 **변경 센터**의 **잠금 및 편집**을 클릭해 구성 변경이 가능하도록 한다.

그림 3.41 '잠금 및 편집' 버튼 클릭으로 편집 상태로 변환

4. 편집 상태가 되면 메인 화면에 **새로 만들기** 버튼이 활성화된다. 해당 버튼을 클릭한다.

5. **이름, 시스템 OS** 구성 요소를 설정 후 우측 하단 **완료** 버튼을 클릭한다. 나는 리눅스
환경에서 구성해 **이름**을 Machine-Linux, **시스템 OS**를 Unix로 하고 진행했다.

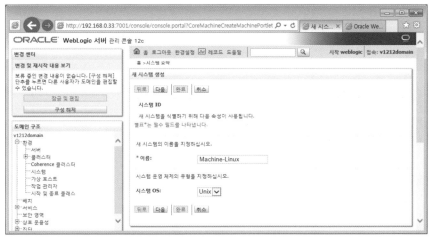

그림 3.42 시스템 이름과 OS 타입 설정

6. 통신 타입 **유형**과 **수신 주소**, **수신 포트**를 지정한다. 설정 값은 노드 매니저 설정 값인
nodemanager.properties와 동일하게 설정한다. 통신 타입 **유형**은 **일반**으로 지정해
일반 프로토콜을 사용했다. 수신 주소의 경우 'localhost'나 '127.0.0.1'을 사용하면
통신이 실패할 수 있으므로 '노드 매니저가 기동되는 서버의 IP 주소'를 기입한다.

그림 3.43 노드 매니저와의 통신 타입과 수신 주소, 포트 설정

7. 서버를 시스템에 할당하기 위해 생성된 시스템 이름을 클릭하고 **구성** 탭의 **서버** 탭을 선택, **추가** 버튼을 클릭한다.

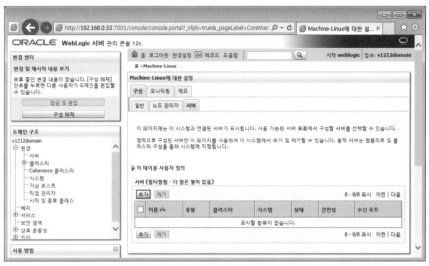

그림 3.44 '시스템'의 서버 추가 화면

8. 시스템에 추가할 서버를 선택할 수 있다. 여러 개의 서버를 추가하려면 추가 작업을 반복하면 된다.

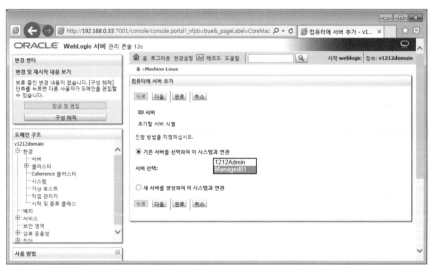

그림 3.45 추가할 서버 선택

그림 3.46 추가된 서버 리스트

9. **변경 센터**의 **변경 내용 활성화** 버튼을 클릭해 설정을 반영한다. 설정이 성공적으로 반영되면 상단에 변경 내용이 활성화되었다는 메시지를 확인할 수 있다.

10. 추가된 설정은 $DOMAIN_HOME/config/config.xml에 기록된다.

11. 앞서 실행된 노드 매니저가 있다면 **모니터링** 탭에서 연결되었는지 확인이 가능하다.

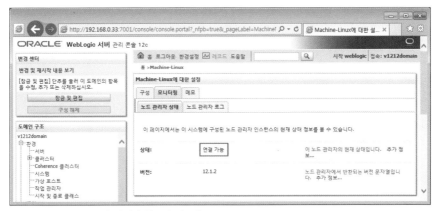

그림 3.47 노드 매니저와 연결된 웹로직 시스템

3.5.3 노드 매니저와 서버 콘트롤

구성된 노드 매니저를 통해 서버 인스턴스의 콘트롤이 가능하다. 어드민 콘솔의 **서버 요약** 화면의 **콘트롤** 탭에 서버의 상태를 변경할 수 있는 버튼이 있다. 해당 버튼은 노드 매니저를 통한 명령을 수행하는 것으로 기존 스크립트나 윈도우 서비스 기동 방식과는 다르게 어드민 콘솔에서 수행이 가능하다.

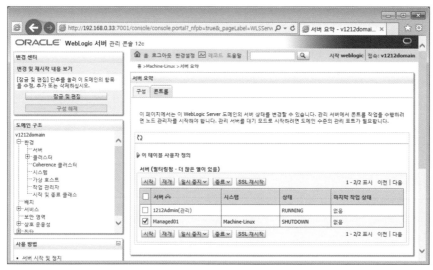

그림 3.48 '서버 요약' 화면의 '콘트롤' 탭

시스템과 연계된 서버 인스턴스의 체크박스를 체크하고 **시작** 버튼을 누르고 진행하면 노드 매니저 로그에 서버 시작을 알리는 메시지와 해당 서버의 로그 위치가 표시된다.

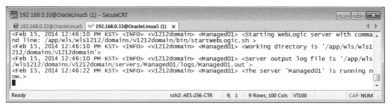

그림 3.49 웹로직 서버 인스턴스 시작 메시지와 로그 위치 메시지

콘트롤에서 수행한 명령은 **서버 요약** 서버 표의 **마지막 작업 상태**에서 서버의 작업 상태에 대한 요약 정보를 확인할 수 있으며 **로그 출력** 탭을 통해 어드민 콘솔에서 로그의 확인이 가능하다.

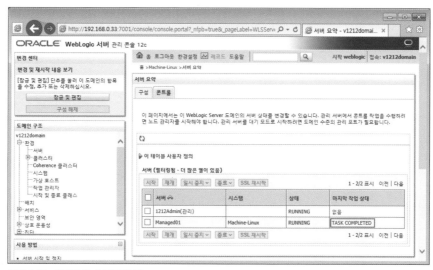

그림 3.50 서버의 상태 표시와 링크

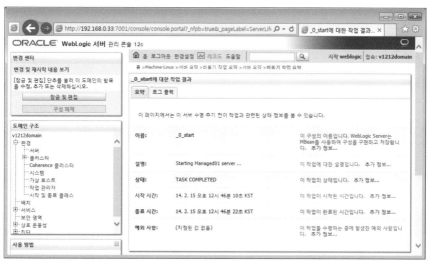

그림 3.51 서버의 상태 링크를 통한 작업 상태 요약 정보

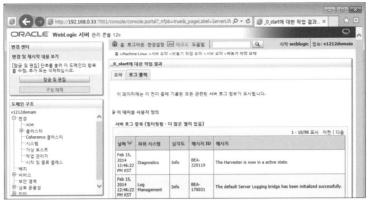

그림 3.52 어드민 콘솔에서 서버 인스턴스의 주요 로그 확인

노드 매니저를 통한 기동 방법에는 자바 옵션과 CLASSPATH 또한 어드민 콘솔에서 설정한다. 각 서버 인스턴스의 **구성** 탭의 **서버 시작** 탭에서 설정이 가능하며 값을 지정하지 않는 경우 각각의 기본값이 적용된다. **클래스 경로**(CLASSPATH) 지정 시 유의할 점은 기본값인 'WL_HOME/server/lib/weblogic_sp.jar;WL_HOME/server/lib/weblogic.jar'을 사용하고자 하는 CLASSPATH에 포함시켜야 한다는 점이다.

그림 3.53 어드민 콘솔에서 적용하는 웹로직 서버 환경

3.5.4 노드 매니저의 백그라운드 실행

노드 매니저가 웹로직 도메인과 상시로 통신하기 위해서는 프로세스를 백그라운드로 실행할 필요가 있다. 웹로직 서버가 백그라운드로 실행되기 위해 유닉스/리눅스 플랫폼에서는 nohup을 사용해 사용자 스크립트를 구성할 수 있다.

```
mv $LOG_DIR/NM.out $LOG_DIR/$NM.`date +'%m%d_%H%M%S'`
nohup ./startNodeManager.sh > $LOG_DIR/NM.out 2>&1 &
```

리스트 3.33 노드 매니저의 nohup 스크립트 예제 'startNM.sh'

윈도우 플랫폼에서는 서비스에 노드 매니저를 등록해 백그라운드로 실행할 수 있다.

```
@echo off
set JAVA_HOME=D:\java\jdk1.7.0
set JAVA_VM=-server
set MEM_ARGS=-Xms32m -Xmx200m
set NODEMGR_HOME=D:\wls\wls1212\domains\v1212domain\nodemanager
set NODEMGR_HOST=192.168.0.3
set NODEMGR_PORT=5556
set PROD_NAME=wlsNM
set BAR_WL_HOME=D_wls_wls1212_wlserver
```

리스트 3.34 노드 매니저의 환경설정 스크립트 예제 'SvcNMEnv.cmd'

```
rem =============== 생략 ===================

call SvcNMEnv.cmd

rem *** Set Command Line for service to execute within created JVM

set CMDLINE=%JAVA_VM% %MEM_ARGS% %JAVA_OPTIONS% -classpath \"%CLASSPATH%\"
-Djava.security.policy=\"%WL_HOME%\server\lib\weblogic.policy\" -Dweblogic.
nodemanager.javaHome=\"%JAVA_HOME%\"

rem =============== 생략 ===================

rem *** Install the service
"%WL_HOME%\server\bin\wlsvc" -install -svcname:"%PROD_NAME% NodeManager (%BAR_WL_
HOME%)"-javahome:"%JAVA_HOME%" -execdir:"%NODEMGR_HOME%" -extrapath:"%EXTRAPATH%"
```

```
-cmdline:"%CMDLINE%" -log:"%NODEMGR_HOME%\%PROD_NAME%.out"

:finish

ENDLOCAL
```

리스트 3.35 'installNodeMgrSvc.cmd'에 'call'과 '-log' 추가

　　서비스 등록도 웹로직 서버 인스턴스를 서비스에 등록할 때와 같이 서비스 등록 스
크립트에서 지정될 설정 값을 미리 SvcNMEnv.cmd에 정의하고 서비스로 등록하는
installNodeMgrSvc.cmd에서 설정 스크립트를 읽고 서비스에 등록하도록 일부 스크
립트를 추가했다. 수정된 installNodeMgrSvc.cmd를 실행하면 서비스 정보에 등록됨
을 확인할 수 있다.

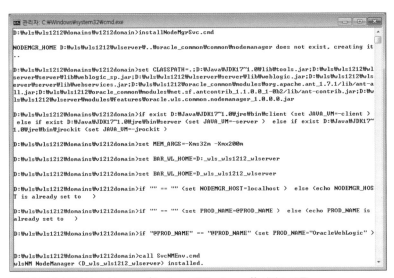

그림 3.54 'wlsNM NodeManager (D_wls_wls1212_wlserver)' 서비스 등록

그림 3.55 서비스로 등록된 'wlsNM NodeManager (D_wls_wls1212_wlserver)'

백그라운드로 실행된 노드 매니저는 원격 세션이 끊어져도 실행이 지속되고 break 명령으로 중지되지 않기 때문에 연동된 웹로직과의 통신을 유지하고 노드 매니저를 통한 콘트롤을 가능하게 한다.

3.5.5 wlst를 사용한 노드 매니저 보완

앞서 노드 매니저를 사용하는 구성 방안에는 두 가지 큰 오류가 있다. 한 가지는 어드민 서버의 기동 과정에 노드 매니저가 관여하지 않는다는 점과, 또 하나 어드민 콘솔에 접근이 불가능한 경우 서버 인스턴스의 콘트롤이 불가능하다는 점이다. 이러한 오류를 극복하고 노드 매니저 고유의 기능을 최대한 사용하기 위해 wlst를 이용하는 방안이 있다.

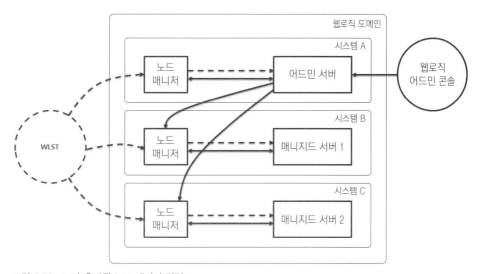

그림 3.56 wlst가 추가된 노드 매니저 명령도

wlst를 사용해 노드 매니저를 통해 서버 인스턴스를 기동하면 어드민 서버도 노드 매니저로 관리되며 매니지드 서버도 어드민 콘솔을 통하지 않고 시작과 정지가 가능하다. wlst는 환경설정 properties 파일과 수행할 명령을 미리 스크립트화한 py 파일을 사용해 각 서버 기동에 맞는 사용자 스크립트를 구성할 수 있다.

```
$WL_HOME/common/bin/wlst.sh (or cmd) -loadProperties properties_file py_file
```

리스트 3.36 환경설정 properties 파일과 py 파일 실행 폼

리스트 3.36와 같은 방식으로 wlst를 실행하면 각 도메인 환경에 맞게 wlst를 수행할 수 있고, 다른 도메인 구성에도 적용할 수 있는 장점이 있다.

```
domain_name=v1212domain
domain_home=/app/wls/wls1212/domains/v1212domain
node_manager_username=weblogic
node_manager_password=welcome1
node_manager_home=/app/wls/wls1212/domains/v1212domain/nodemanager
node_manager_listen_address=192.168.0.33
node_manager_listen_port=5556
node_manager_type=plain
admin_username=weblogic
admin_password=welcome1
admin_server_listen_address=192.168.0.33
admin_server_listen_port=7001
admin_server_name=1212Admin
managed_server_name1=Managed01
```

리스트 3.37 환경설정 파일 '$DOMAIN_HOME/wlst/env.properties'의 예제

예제의 managed_server_name# 변수는 매니지드 서버가 추가될 때마다 추가해줘야 하고, 윈도우 플랫폼의 경우 경로 설정 시 구분 기호가 연속으로 두 번 표현되어야 함에 주의한다.

```
domain_home=D:\\wls\\wls1212\\domains\\v1212domain
node_manager_home=D:\\wls\\wls1212\\domains\\v1212domain\\nodemanager
```

환경설정 파일이 준비되었으면 노드 매니저와 웹로직 서버 인스턴스의 기동 명령을 py 파일로 생성한다. 먼저 노드 매니저를 기동하는 py 스크립트의 내용은 NODEMGR_HOME을 설정해 nodemanager.properties의 설정 내용을 읽어 노드 매니저를 기동하도록 한다. 중지 py 스크립트의 내용은 환경설정 파일의 정보를 바탕으로 기동 중인 노드 매니저에 접속해 중지 명령을 수행한다.

```
startNodeManager(verbose='true', NodeManagerHome=node_manager_home)
```

리스트 3.38 노드 매니저 기동 py '$DOMAIN_HOME/wlst/startNM.py'의 예제

```
nmConnect(node_manager_username, node_manager_password, node_manager_listen_
address, node_manager_listen_port, domain_name, domain_home, node_manager_type);
stopNodeManager();
```

리스트 3.39 노드 매니저 중지 py '$DOMAIN_HOME/wlst/stopNM.py'의 예제

어드민 서버의 기동 py 스크립트는 노드 매니저에 접속해 nmStart 명령으로 어드민 서버를 기동하는 명령을 수행한다. 중지 py 스크립트는 기동 상태인 어드민 서버에 접속한 후 노드 매니저에 접근해 중지 명령을 수행하는데, 이러한 과정은 마치 어드민 콘솔에 접근해 콘트롤에서 서버를 중지하는 단계와 같다.

```
print 'CONNECT TO NODE MANAGER';
nmConnect(node_manager_username, node_manager_password, node_manager_listen_
address, node_manager_listen_port, domain_name, domain_home, node_manager_type);

print 'START ADMIN SERVER';
nmStart(admin_server_name);

print 'DISCONNECT FROM NODE MANAGER';
nmDisconnect();
```

리스트 3.40 어드민 서버 기동 py '$DOMAIN_HOME/wlst/startAdmin.py'의 예제

```
admin_server_url='t3://' + admin_server_listen_address + ':' + admin_server_
listen_port;

print 'CONNECT TO ADMIN SERVER';
connect(admin_username, admin_password, admin_server_url);

print 'CONNECT TO NODE MANAGER';
nmConnect(node_manager_username, node_manager_password, node_manager_listen_
address, node_manager_listen_port, domain_name, domain_home, node_manager_type);

print 'STOPPING ADMIN SERVER';
shutdown(admin_server_name,'Server','true',1000,'true');

print 'DISCONNECT FROM NODE MANAGER';
nmDisconnect();
```

리스트 3.41 어드민 서버 중지 py '$DOMAIN_HOME/wlst/stopAdmin.py'의 예제

매니지드 서버의 기동과 중지 py 스크립트는 어드민 콘솔에서 콘트롤을 통해 서버에 명령을 전달하듯이 어드민 서버에 접속한 후 매니지드 서버를 기동하거나 중지하는 명령을 수행한다. 어드민 서버의 기동 py와 매니지드 서버의 기동 py 스크립트의 차이가 있다면 nmStart의 대상이 다르고 disconnect() 명령이 추가되었다는 점이다.

```
admin_server_url='t3://' + admin_server_listen_address + ':' + admin_server_
listen_port;

print 'CONNECT TO ADMIN SERVER';
connect(admin_username, admin_password, admin_server_url);

print 'CONNECT TO NODE MANAGER';
nmConnect(node_manager_username, node_manager_password, node_manager_listen_
address, node_manager_listen_port, domain_name,  domain_home, node_manager_type);

print 'START MANAGED SERVER';
nmStart(managed_server_name1);

print 'DISCONNECT FROM NODE MANAGER ON ' + node_manager_listen_address + ':' +
repr(node_manager_listen_port);
nmDisconnect();

print 'DISCONNECT FROM THE ADMIN SERVER';
disconnect();
```

리스트 3.42 매니지드 서버 기동 py '$DOMAIN_HOME/wlst/startM1.py'의 예제

```
admin_server_url='t3://' + admin_server_listen_address + ':' + admin_server_
listen_port;

print 'CONNECT TO ADMIN SERVER';
connect(admin_username, admin_password, admin_server_url);

print 'CONNECT TO NODE MANAGER';
nmConnect(node_manager_username, node_manager_password, node_manager_listen_
address, node_manager_listen_port, domain_name, domain_home, node_manager_type);

print 'STOPPING ADMIN SERVER';
shutdown(managed_server_name1,'Server','true',1000,'true');
```

```
print 'DISCONNECT FROM NODE MANAGER';
nmDisconnect();
```

리스트 3.43 매니지드 서버 중지 py '$DOMAIN_HOME/wlst/stopM1.py'의 예제

　　wlst의 환경설정 파일과 명령 대상의 py 스크립트가 준비되었으면 사용자 스크립트를 생성해 명령을 수행할 수 있다. 나는 사용자 스크립트 뒤의 py 파일 이름에 따라 수행되게 했다.

 # ./startwlst.sh (or cmd) startNM.py

```
WL_HOME=/app/wls/wls1212/wlserver
DOMAIN_HOME=/app/wls/wls1212/domains/v1212domain

if [ "$1" = "" ] ; then
        echo "Script Error"
        echo "ex) ./startwlst.sh [py_file]"
        exit
fi

$WL_HOME/common/bin/wlst.sh -loadProperties $DOMAIN_HOME/wlst/env.properties
$DOMAIN_HOME/wlst/$1
```

리스트 3.44 유닉스/리눅스 플랫폼의 wlst 실행 파일 'startwlst.sh'의 예제

```
@echo off

set WL_HOME=D:\wls\wls1212\wlserver
set DOMAIN_HOME=/D:\wls\wls1212\domains\v1212domain

if "%1" == "" (
        echo "Script Error"
        echo "ex) startwlst.cmd [py_file]"
        GOTO :EOF
)

%WL_HOME%\common\bin\wlst.cmd -loadProperties %DOMAIN_HOME%\wlst\env.
properties %DOMAIN_HOME%\wlst\%1
```

리스트 3.45 윈도우 플랫폼의 wlst 실행 파일 'startwlst.cmd'의 예제

그림 3.57 'startwlst.cmd startNM.py'를 실행해 기동된 노드 매니저

wlst가 수행되면서 환경설정의 사용자 이름과 비밀번호가 일치하지 않아 노드 매니저에 접근이 거부되는 경우 $DOMAIN_HOME/config/nodemanager/nm_password.properties를 새로 생성해 username과 password를 boot.properties 형태와 같이 생성한 후 노드 매니저를 재기동한다.

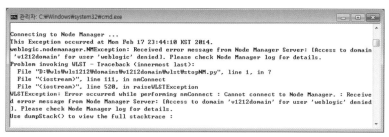

그림 3.58 노드 매니저에 계정 정보 불일치로 접근이 거부된 로그

그림 3.59 새로운 계정 정보를 입력한 후 노드 매니저를 재기동해 암호화된 'nm_password.properties'

노드 매니저가 구성된 웹로직 환경에서 wlst를 사용하면 프로세스의 백그라운드 기동과 모든 웹로직 서버 인스턴스가 노드 매니저로 관리되어 기본 스크립트를 이용하거나 서비스에 등록한 노드 매니저 환경에서의 구성상 오류를 보완해준다.

## 4장

웹로직의 로그

하드웨어든 소프트웨어든 이를 사용하는 입장에서는 로그의 존재가 매우 중요하다. 그리고 로그를 기록하는 것도 중요하지만 어떻게 관리할 것인가도 고민해봐야 할 문제다. 로그에는 각종 이벤트와 문제점들이 기록되고, 일부 애플리케이션에 의해 필요한 로그들이 출력된다. 웹로직의 경우도 이와 같은 로그들을 기록한다. 설치에 이어 웹로직을 사용해 애플리케이션을 개발하고 운영하는데 있어 필수적인 로그 관리에 대해 설명하고자 한다.

4.1 : 로그의 종류와 설정

웹로직에서 발생하는 고유 로그에는 BEA 코드가 붙는다. BEA 코드가 붙은 로그는 웹로직에서 관리되는 내용으로서 웹로직 서버상에서 발생하는 이벤트와 로그에 BEA 코드가 붙은 내용은 모두 웹로직에서 인지한다.

```
<Feb 15, 2014 7:31:28 PM KST> <Notice> <WebLogicServer> <BEA-000360> <The
server started in RUNNING mode.>
```

기록되는 로그의 형태는 콘솔로그와 서버로그로 나뉘어진다. 콘솔로그는 콘솔상에 발생하는 모든 로그를 의미하는 것으로 포어그라운드로 웹로직을 기동했을 때 발생하는 로그를 의미한다.

그림 4.1 웹로직의 콘솔로그

콘솔로그에는 자바, 웹로직 로그와 더불어 GC나 스크립트상에서 호출되는 에코 echo, 애플리케이션의 메시지도 모두 표현된다. 서버로그에는 콘솔로그와는 달리 웹로직에서 기록하고자 하는 정보만 기록되며, 따라서 GC나 에코, 애플리케이션 메시지는 남지 않는다.

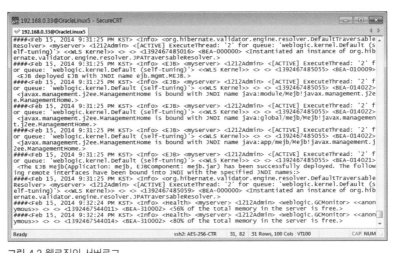

그림 4.2 웹로직의 서버로그

서버로그에는 웹로직 고유 코드가 붙은 로그들만 기록됨을 확인할 수 있는데, 이러한 차이점으로 인해 개발과 운영 환경에서 중요시되는 애플리케이션의 로그 확보를 위해 콘솔로그를 저장할 수 있는 방법을 이용한다. 서버로그는 8.1 버전에서는 $DOMAIN/[SERVER_NAME]/logs 디렉토리에 log 확장자로, 9.0 이상 버전에서는 $DOMAIN/servers/[SERVER_NAME]/logs 디렉토리에 log 확장자로 저장된다.

콘솔로그는 웹로직 서버 기동 시 출력되는 표준 출력 로그로서 별도의 저장 설정을 하지 않으면 출력중인 프로세스 창을 종료 시 출력된 로그와 향후 출력되는 로그에 대해 확인이 불가능하다. 따라서 웹로직을 기동하는 여러 가지 방법에 따라 출력되는 로그를 별도의 파일에 저장하도록 설정한다. 콘솔로그에는 서버로그와는 다르게 GC, 에코, 애플리케이션 메시지가 함께 기록되기 때문에 향후 로그를 바탕으로 상황에 대한 분석에 도움이 된다.

그림 4.3 웹로직의 콘솔로그

서버로그와 콘솔로그는 웹로직의 상태와 애플리케이션의 표준 출력(stdout) 또는
표준 에러(stderr) 로그에 대한 출력을 가능하게 하지만, 자바에서는 로그 출력을 위
한 Log4J가 존재한다. Log4J는 애플리케이션 로그에 대한 일관된 출력과 내용을 형식
화할 수 있기 때문에 애플리케이션에서 즐겨 사용되는 로깅 방법 중 하나다. 웹로직에
서는 기본 JDK의 로깅을 지원하지만 Log4J 로깅 또한 지원하며, 이를 통해 원하는 로
그를 별도로 기록할 수 있다. 웹로직에서는 9.0 이상 버전부터 웹로직에 Log4J 설정이
가능하다.

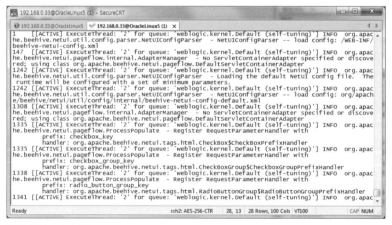

그림 4.4 Log4J 로그

4.1.1 서버로그 설정

주요 웹로직 로그 설정은 서버로그와 HTTP 로그다. 서버로그의 설정 값은 웹로직 고유 서버로그의 기록 방식에 영향을 주고 콘솔로그에 기록되는 방식에도 영향을 준다. 서버로그의 레벨이 상세하게 변경될수록 웹로직의 상태가 어떻게 변화하고 어떤 작업이 수행되는지 파악할 수 있다. 웹로직 8.1 버전과 9.0 이상 버전에 설정 값 배치가 다를 뿐 내용은 동일하다. 8.1 버전의 대표적인 설정 값에 대한 설명은 다음과 같다.

그림 4.5 Admin Console > Servers > [SERVER_NAME] > Logging > Server

- Server File Name: 서버로그의 경로와 파일명을 설정
- Log to Stdout: WLS 로그를 기록할 것인가에 대한 여부. 기본값은 true다.
- Stdout Severity Threshold: 로그 레벨 선택. Info로 설정을 권장한다. 정보 레벨 Information level 로그에서 WLS의 동작을 로그에 기록해주므로 장애조치나 WLS의 상태 확인에 용이하다.
- Rotation Type: 서버로그의 순환주기 기준으로 크기와 시간을 선택할 수 있으며 기준에 따라 아래 순환주기 크기와 시간의 설정란이 활성화된다.

- Limit Number of Retained Log Files: 순환하는 서버로그를 제한할 것인지 여부로 기본 false이며 true로 설정해 디스크 공간을 절약할 수 있다. Log Files To Retaine 에 명시된 개수만큼 파일 개수를 유지한다.
- Log File To Retain: 순환로그의 최대 개수다.

9.0~10.0 버전의 로그 설정은 8.1에서 별도의 탭으로 분리되어 있던 Server와 Domain 탭 부분이 General 탭에 포함되었다. 대부분의 서버 관련 로그는 General 탭에서 설정하고 일부 옵션이 Advanced(고급) 옵션 구역으로 위치하게 되었다. 9.0~10.0 버전의 대표적인 설정 값에 대한 설명은 다음과 같다.

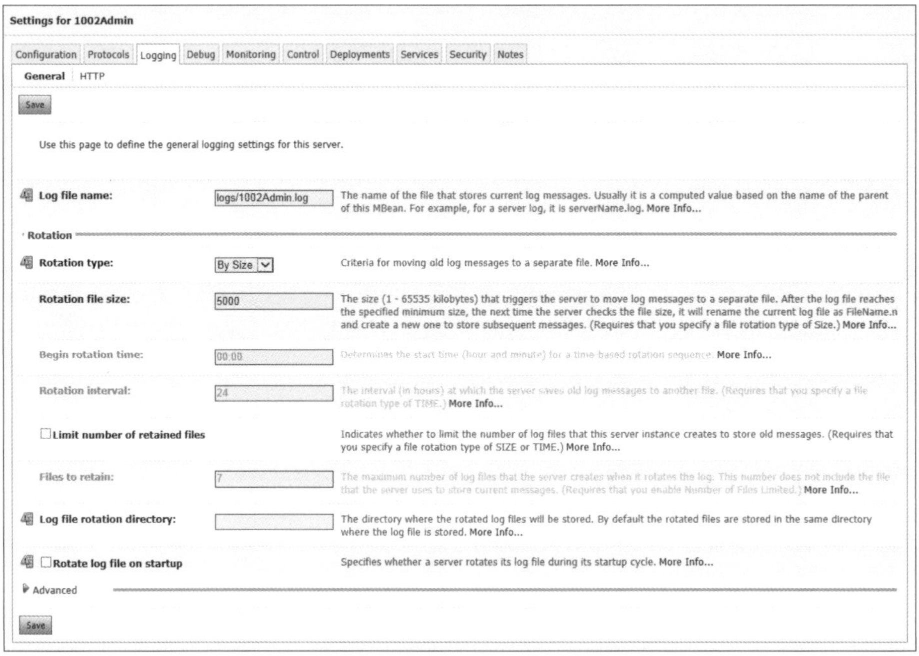

그림 4.6 Admin Console > Servers > [SERVER_NAME] > Logging > General

- Log File name: 서버로그의 경로와 파일명을 설정
- Rotation type: 서버로그의 순환주기 기준으로 크기와 시간을 선택할 수 있으며 기준에 따라 아래 순환주기 크기와 시간의 설정란이 활성화된다.
- Limit number of retained Log files: 순환하는 서버로그를 제한할 것인지 여부로 기본 false이며, true로 설정해 디스크 공간을 절약할 수 있다. Files to retain에 명시된 개수만큼 파일 개수를 유지한다.

- **Log file rotation directory**: 로그 순환 시 백업되는 로그의 저장 위치를 별도로 지정할 수 있다.
- **Rotate log file on startup**: 서버를 시작할 때마다 로그를 새로 기록할지의 여부다.

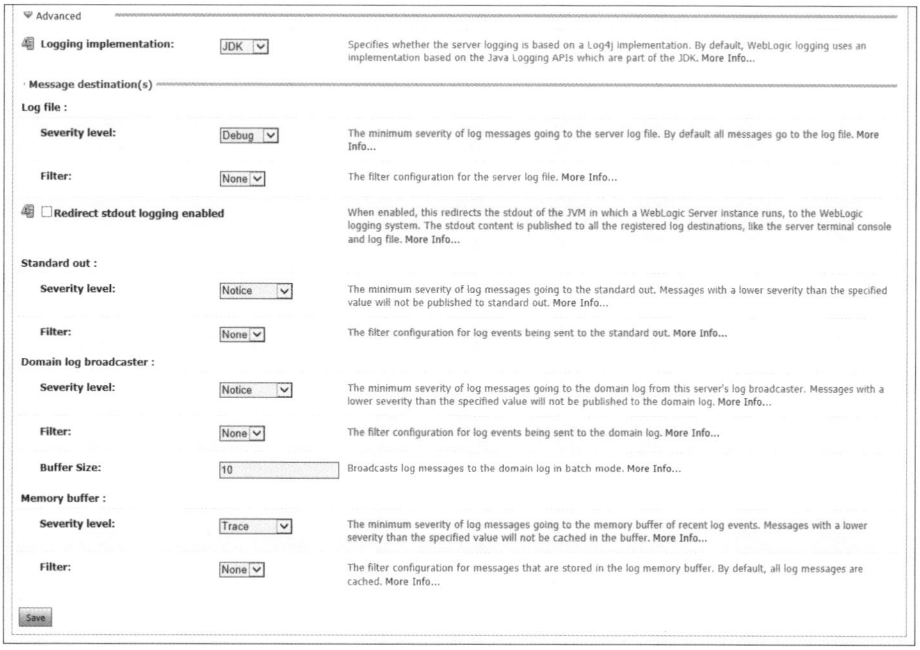

그림 4.7 Admin Console > Servers > [SERVER_NAME] > Logging > General – Advanced

- **Logging implementation**: 기본 JDK의 로그 형식을 따른다.
- **Log file**: 로그 레벨 선택. Info로 설정을 권장한다. 정보 레벨 로그에서 WLS의 동작을 로그에 기록해주므로 장애조치나 WLS의 상태 확인에 용이하다.
- **Redirect stdout logging enabled**: 해당 옵션을 사용하면 표준 출력을 웹로직으로 리다이렉트^{redirect}하며, 표준 출력을 웹로직 콘솔의 **diagnostic > log file**에서 확인이 가능해진다. 서버로그에서 표준 출력 로그를 확인할 수 있지만 실제 로그 파일상에서는 웹로직 로깅 방식으로 변경되어 로그를 알아보기 힘들다는 단점이 있다.
  - **미설정 시 콘솔로그**: Redirect stdout logging Test!!!
  - **설정 시 콘솔로그**: <Feb 16, 2014 2:19:43 AM KST> <Notice> <Stdout> <BEA-000000> <Redirect stdout logging Test!!!>

- **설정 시 서버로그**: `####<Feb 16, 2014 2:19:43 AM KST> <Notice> <Stdout> <myserver> <1002Admin> <[ACTIVE] ExecuteThread: '2' for queue: 'weblogic.kernel.Default (self-tuning)'> <<WLS Kernel>> <> <> <1392484783663> <BEA-000000> <Redirect stdout logging Test!!!>`

- **Standard out**: 자바에서 표현되는 표준 출력에 대한 기록으로 보안 레벨을 Info로 설정하는 것이 일반적이다. 해당 로그 레벨을 off로 하면 서버, 보안, 소켓, J2EE, 콘솔로그가 생략된다.
- **Domain log broadcaster**: 해당 항목은 도메인의 변경사항에 대한 기록 로그로서 일반적으로 확인하지 않으므로 보안 레벨을 Off로 변경한다.
- **Memory buffer**: 해당 항목을 설정하는 경우 메모리에서 이벤트되는 내용을 출력한다.

웹로직 10.3.x 이후로 로깅 옵션이 몇 가지 더 추가/변경되었는데 이 중 Redirect stdout logging enabled 옵션이 Redirect stdout logging enabled/stdout 로깅 재지정과 Redirect stdout logging enabled/stderr 로깅 재지정 옵션으로 변경되었다.

그림 4.8 Admin Console > Servers > [SERVER_NAME] > Logging > General – Advanced

앞서 살펴본 로그 구성 설정은 일반적으로 웹로직의 상태와 상태 변경사항을 장애 발생 시나 특정 이벤트 발생 시 상황과 비교하는 중요한 정보를 얻기 위해 최소한으로 요구되는 구성이다. 설정된 내용은 콘솔 로그에도 웹로직의 메시지 레벨이 반영되어 출력된다.

4.1.2 콘솔로그 설정

콘솔로그를 저장하기 위해 웹로직 기동 방식에 따라 다음과 같은 설정을 이용한다.

- 스크립트: >를 사용해 스크립트 수행 시 발생하는 콘솔로그를 대상 파일에 저장한다.
- 윈도우 서비스: 서비스 등록 시 -log 명령줄을 추가해 대상 파일에 저장한다.
- 노드 매니저: 노드 매니저에서는 기본 웹로직 로그 경로에 'out' 확장자로 콘솔로그가 저장된다.

콘솔로그는 출력되는 표준 출력 로그가 그대로 기록되기 때문에 웹로직 서버에서의 로그 레벨이나 애플리케이션에서 System.out으로 출력하는 메시지가 기록된다. 또한 GC로그나 Log4J를 사용한 경우에 대한 로그 형태도 기록되므로 기록되는 각 로그에 따른 설정이 콘솔로그의 내용과 크기를 결정한다. 동시에 여러 요인으로 기록되는 콘솔로그는 로그 순환 설정을 하지 않으면 특정 시점에 대한 로그 내용을 찾기가 힘들고 로그 파일 크기가 너무 커질 수 있다.

4.1.3 Log4J 설정

Log4J^{Log for Java}는 자바 환경을 위한 로그 프로젝트 중의 하나로, 애플리케이션 개발자가 로그를 남겨 유지보수의 편의를 더하고 로그를 통한 감시 역할을 하도록 도와준다. Log4J의 몇 가지 특징은 다음과 같다.

- 빠르다.
- 사용 방법이 간단하다.
- 출력되는 로그를 기록하고 알리는 방법이 다양하다.
- 5단계의 로그 레벨로 구분한다.
- 출력 형식의 변경이 가능하다.
- 로그 형식을 지정한 'Logger'는 다수의 출력 설정 'Appender'에서 호출할 수 있다.

Log4J를 구성하는 세 가지 요소는 다음과 같다.

- Logger: 로그 형태와 구성 설정을 하고 메시지를 Appender에 전달한다.
- Layout: Appender가 출력할 형식을 설정한다.
- Appender: 로거Logger로부터 전달받은 메시지를 출력하는 역할을 수행한다.

Log4J의 로그 레벨에 대한 설명은 다음과 같다.

- FATAL: 치명적인 에러와 관련한 로그 레벨
- ERROR: 일반적인 에러와 관련한 로그 레벨
- WARN: 에러는 아니지만 알아야 할 내용과 관련한 로그 레벨
- INFO: 일반적인 정보를 포함하는 로그 레벨
- DEBUG: 상세한 정보를 포함하는 로그 레벨

Log4J를 웹로직에서 사용하면 서버로그나 콘솔로그와는 별개로 Log4J가 지정한 위치에 로그를 기록하게 되므로, 효율적인 애플리케이션 로그 관리가 가능하다. 설정을 위해 Log4J 라이브러리를 준비하고 웹로직의 Log4J를 위한 'wlLog4J.jar'과 함께 사용할 서버 인스턴스의 CLASSPATH에 지정한다.

- Log4J의 다운로드 url: http://logging.apache.org/Log4J/1.2/download.html
- wlLog4J.jar 위치: $WL_HOME/server/lib/wllog4j.jar
- CLASSPATH 설정의 예

  ```
  export EXT_PRE_CLASSPATH="/app/applications/lib/Log4J-1.2.17.jar:/app/
  wls/wls1212/wlserver/server/lib/wllog4j.jar"
  ```

Log4J의 설정은 'log4j.xml'로 정의한다. 자바 옵션에 -Dlog4j.configuration=<파일 위치> 형태로 추가해야 하지만, $DOMAIN_HOME에 생성하면 자바 옵션에 추가하지 않아도 해당 파일을 읽어 설정을 적용한다.

```
<?xml version="1.0" encoding="UTF-8"?>
<!DOCTYPE log4j:configuration SYSTEM
"http://logging.apache.org/log4j/1.2/apidocs/org/apache/log4j/xml/doc-files/
log4j.dtd">

<log4j:configuration xmlns:log4j=http://jakarta.apache.org/log4j/ debug="false">
```

```
<appender name="log4jexample" class="org.apache.log4j.DailyRollingFileAppender">
    <param name="File" value="servers/${weblogic.Name}/logs/${weblogic.Name}_
    log4j.log" />
    <param name="Append" value="true" />
    <param name="target" value="System.out"/>
    <param name="ImmediateFlush" value="true" />
    <param name="DatePattern" value="'.'yyyyMMdd"/>
    <param name="MaxBackupIndex" value="10" />
    <layout class="org.apache.log4j.PatternLayout">
        <param name="ConversionPattern" value="%-4r [%t] %-5p %c %x - %m%n" />
    </layout>
</appender>

<root>
    <level value="INFO" />
    <appender-ref ref="log4jexample" />
</root>

</log4j:configuration>
```

리스트 4.1 '$DOMAIN_HOME/log4j.xml'의 Log4J 설정 정보의 예

어드민 콘솔에서 적용되는 서버 인스턴스의 로그 설정에서 **로깅 구현**(Logging implementation)의 기본 설정인 **JDK**를 **Log4J**로 변경하고 서버를 재기동한다.

그림 4.9 Log4j로 변경하는 서버 로깅 기반 설정

재기동한 서버 인스턴스에서는 Log4J에 기반한 로그를 지정한 로그 파일에 기록하며 애플리케이션에서도 Log4J로 출력하는 항목에 대해 해당 로그 파일에 출력한다.

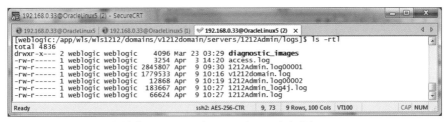

그림 4.10 Log4J에서 설정한 '${weblogic.Name}_log4j.log' 로그 파일 생성

Log4J와 관련한 자세한 사항은 http://logging.apache.org/log4j/1.2를 참고한다.

4.2 : 로그 순환

원하는 로그를 기록하는 것에 못지않게 로그의 백업과 히스토리 관리도 중요하다. 로그 파일을 열기 힘들 정도로 많은 양의 로그가 기록되거나 원하는 시점의 로그를 찾을 수 없다면 로그를 기록하는 행위가 무의미해질 수 있다.

4.2.1 서버로그 순환

앞서 콘솔상에서 설명했듯이 서버로그는 시간과 용량을 기준으로 순환이 가능하다. 시간 기준으로 순환하는 것이 관리하는 방법 중 일반적이기는 하지만, 필요에 따라 순환 기준을 선택한다.

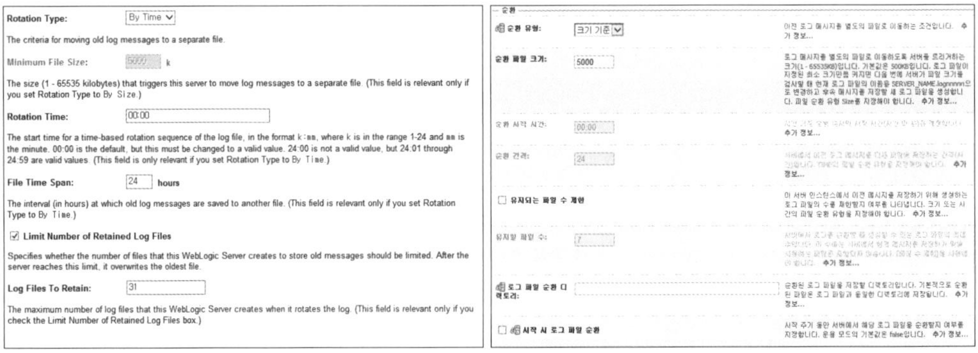

그림 4.11 서버로그 설정 UI

순환하는 유형의 **크기**와 **시간**을 설정할 수 있다. 선택한 유형에 따라 아래 상세 설정 항목의 활성화가 다르게 표시된다.

- 크기를 기준으로 하는 경우 파일의 크기를 설정할 수 있으며 킬로바이트(k) 단위로 설정된다. 일반적으로는 시간을 기준으로 해 날짜별 로그를 남기지만 로그의 양이 많거나 너무 적은 경우에는 크기를 기준으로 로그 순환을 고려한다.
- 시간을 기준으로 하는 경우 언제 로그순환을 시작할 것이며 시간 간격은 몇 시간 단위로 할지 설정할 수 있다. 시작 시간을 기준으로 순환 간격을 더해 각 간격마다 로그를 순환한다.
- **유지되는 파일 수 제한**(Limit Number of Retained Log Files) 설정을 활성화하면 순환되는 로그의 파일 개수를 설정할 수 있다. 일부 버전에서는 순환 시 백업되는 경로를 지정하거나 서버를 시작 할 때마다 새롭게 로그를 기록하도록 하는 옵션도 추가되어 있다.

4.2.2 콘솔로그 순환

서버로그의 순환과 무관하게 콘솔로그는 각 스크립트의 명령줄에 포함되어 있다. 따라서 콘솔로그를 순환하는 가장 간단한 방법은 서버를 기동하기 전에 기존 로그를 백업하고 다시 로그를 기록하는 것이다.

```
mv $LOG_DIR/admin.out $LOG_DIR/admin.out.`date +'%m%d_%H%M%S'`
nohup ./startWebLogic.sh > $LOG_DIR/admin.out 2>&1 &
```

리스트 4.2 웹로직 스크립트 실행 전 로그의 백업

```
move %LOG_DIR%\%SERVER_NAME%.out %LOG_DIR%\%SERVER_NAME%.%PREFIX%
net start "wlsvc 1212domain_1212Admin"
```

리스트 4.3 웹로직 서비스 실행 전 로그의 백업

하지만, 이러한 방법은 서버를 재기동하기 전에 로그 파일의 순환이 안 되고 로그를 별도로 가공하거나 백업이 힘들다는 단점이 있다. 서버로그의 시간 기준 순환처럼 콘솔로그를 순환하기 위해 유닉스/리눅스 환경인 경우 null copy를 이용할 수 있다. 기존 로그를 복사해 백업하고 현재 기록되는 로그에 '/dev/null'을 복사해 현재 기록되고 있는 로그를 빈 상태로 만든다.

```sh
#!/bin/sh
SERVER_NAME=1212admin
LOG_DIR=/app/wls/wls1212/domains/v1212domain/logs

cp -f $LOG_DIR/$SERVER_NAME.out $LOG_DIR/$SERVER_NAME.out.`date +'%m%d_%H%M%S'`
cp /dev/null $LOG_DIR/$SERVER_NAME.out
```

리스트 4.4 null copy를 사용한 어드민 서버로그 순환 스크립트 'rotatelogAdmin.sh'

```
[root@myserver ~]# crontab -l
no crontab for root
[root@myserver ~]# crontab -e
# WebLogic Server 12.1.2 1212Admin logrotation
00 0 * * * /app/wls/wls1212/domains/v1212domain/rotatelogAdmin.sh
[root@myserver ~]# crontab -l
# WebLogic Server 12.1.2 1212Admin logrotation
00 0 * * * /app/wls/wls1212/domains/v1212domain/rotatelogAdmin.sh
```

리스트 4.5 콘솔로그 순환 스크립트의 crontab 등록

null copy를 활용한 순환 방법은 로그 순환 셸 스크립트를 작성해 크론탭crontab에 등록해 사용한다. crontab -e를 하면 vi 에디터가 나오는데 '분 시 일 월 요일 명령어' 순으로 명령어를 작성하고 저장하면 크론탭에 등록된다. null copy를 사용하면 기존에 기록되던 로그의 크기는 유지되고 내용만 null이 된다는 점을 유의해야 한다. 즉 기존 기록되던 로그의 사이즈가 100MB라면 백업된 로그도 100MB이고 남아 있는 로그도 100MB다. null copy가 수행되면 기존 로그 파일의 첫 줄부터 다시 기록한다.

콘솔로그를 순환하는 또 하나의 방법은 펄perl 스크립트의 활용이다. 웹로직을 기동하는 플랫폼에 펄이 설치되어 있다면 펄 스크립트를 사용해 로그를 순환할 수 있다.

```perl
#!/usr/bin/perl

$TRUE=1;
$FALSE=0;
$DEBUG=$FALSE;

$DEFAULT_LOG_PFX="/app/wls/wls1212/domains/v1212domain/logs/admin1212.";

$logPfx=$DEFAULT_LOG_PFX;
$ignoreConsole=$FALSE;

while($aLine = <STDIN> ){
        ($sec,$min,$hour,$mday,$mon,$year,$wday,$yday,$isdst) = localtime(time());
        $logFile=$logPfx.sprintf("%04d%02d%02d",($year+1900),($mon+1),$mday,
        $hour,$min,$sec);

        open(logH,">> $logFile");

        #Auto flush ON
        select((select(logH),$|=1)[0]);

        #use IO::Handle;

        #logH->autoflush($TRUE);

        print logH $aLine;

        if($ignoreConsole){
                print $aLine;
        }

        close(logH);
}
```

리스트 4.6 로그 순환 펄 스크립트의 예 'ROTATELOG.pl'

```
nohup ./startWebLogic.sh | ./ROTATELOG.pl &
```

리스트 4.7 시작 스크립트에서 펄 스크립트 호출의 예

4.2.3 Log4J 순환

Log4J에서도 로그 파일 순환 방법이 몇 가지 있다. 대표적인 방식이 로그 파일 사이즈 기준 순환 방식과 시간 단위 순환 방식이다. 파일 사이즈 기준으로 순환하기 위해서는 appender 클래스로 org.apache.log4j.RollingFileAppender를 지정하고 MaxFileSize로 기준 크기를 지정한다. 시간 기준으로 순환하기 위해서는 appender 클래스로 org.apache.log4j.DailyRollingFileAppender를 지정하고 DatePattern으로 기준 시간을 지정한다. 두 순환 방식 모두 MaxBackupIndex로 로그 파일 개수를 제한할 수 있다.

```xml
<?xml version="1.0" encoding="UTF-8"?>
<!DOCTYPE log4j:configuration SYSTEM
"http://logging.apache.org/log4j/1.2/apidocs/org/apache/log4j/xml/doc-files/
log4j.dtd">

<log4j:configuration xmlns:log4j=http://jakarta.apache.org/log4j/
debug="false">
    <appender name="log4jexample" class="org.apache.log4j.RollingFileAppender">
        <param name="File"
        value="servers/${weblogic.Name}/logs/${weblogic.Name}_log4j.log" />
        <param name="Append" value="true" />
        <param name="target" value="System.out"/>
        <param name="ImmediateFlush" value="true" />
        <param name="MaxFileSize" value="10MB"/>
        <param name="MaxBackupIndex" value="10" />
        <layout class="org.apache.log4j.PatternLayout">
            <param name="ConversionPattern" value="%-4r [%t] %-5p %c %x - %m%n" />
        </layout>
    </appender>

    <root>
        <level value="INFO" />
        <appender-ref ref="log4jexample" />
    </root>

</log4j:configuration>
```

리스트 4.8 Log4J 크기 기준 순환 설정의 예

시간 기준 순환 방식을 사용하는 경우 DatePattern의 형식으로 순환 기준을 정의할 수 있다.

형식	순환 기준 설명
'.'yyyy-MM	매달 첫 번째 날을 기준으로 순환
'.'yyyy-ww	매주 첫 번째 날을 기준으로 순환
'.'yyyy-MM-dd	매일 자정을 기준으로 순환
'.'yyyy-MM-dd-a	매일 자정과 정오를 기준으로 순환
'.'yyyy-MM-dd-HH	매 시간을 기준으로 순환
'.'yyyy-MM-dd-HH-mm	매 분을 기준으로 순환

표 4.1 DatePattern의 형식과 순환 기준 설명

```xml
<?xml version="1.0" encoding="UTF-8"?>
<!DOCTYPE log4j:configuration SYSTEM "http://logging.apache.org/log4j/1.2/
apidocs/org/apache/log4j/xml/doc-files/log4j.dtd">

<log4j:configuration xmlns:log4j=http://jakarta.apache.org/log4j/
debug="false">
    <appender name="log4jexample" class="org.apache.log4j.DailyRollingFileAppender">
        <param name="File"
        value="servers/${weblogic.Name}/logs/${weblogic.Name}_log4j.log" />
        <param name="Append" value="true" />
        <param name="target" value="System.out"/>
        <param name="ImmediateFlush" value="true" />
        <param name="DatePattern" value="'.'yyyyMMdd"/>
        <param name="MaxBackupIndex" value="10" />
        <layout class="org.apache.log4j.PatternLayout">
            <param name="ConversionPattern" value="%-4r [%t] %-5p %c %x - %m%n" />
        </layout>
    </appender>

    <root>
        <level value="INFO" />
        <appender-ref ref="log4jexample" />
    </root>

</log4j:configuration>
```

리스트 4.9 Log4J 시간 기준 순환 설정의 예

4.2.4 윈도우 서비스로 등록된 웹로직의 로그 순환

윈도우에 서비스로 등록된 웹로직의 로그를 남기기 위해서 앞서 스크립트상의 -log 옵션을 추가하여 서비스 등록을 하였다. 해당 옵션으로 발생하는 웹로직 표준 출력 로그는 기본적으로 24시간을 기준으로 순환하며 로그를 기록한다.

```
[Tue May 16 14:43:14 2017] [I] [initLog] initializing logger
[Tue May 16 14:43:14 2017] [E] [initLog] No 'ROTATION_TYPE' header found. 'TIME' based rotation will
be used by default.
[Tue May 16 14:43:14 2017] [E] [initLog] No 'TIME_START_DATE' header found or value is invalid.
Rotation will take place every 24 hours beginning today at 23:59:59
[Tue May 16 14:43:14 2017] [E] [initLog] No 'TIME_INTERVAL_MINS' header found. Using the default
value of 24 hours.
[Tue May 16 14:43:14 2017] [I] [initLog] TIME based log rotation is ON
[Tue May 16 14:43:14 2017] [I] [trigger] First rotation due in 33405 secs
[Tue May 16 14:43:14 2017] [I] [ServiceStart] console allocation successful. THREAD_DUMP redirection
enabled
[Tue May 16 14:43:14 2017] [I] [ServiceStart] About to execute CreateThread()
[Tue May 16 14:43:14 2017] [I] [ServiceStart] logsCmdLine = -server -Xms256m -Xmx256m
```

그림 4.12 서비스 등록시 나타나는 기본 로그 순환 메시지

윈도우 서비스상에서 로그를 기록하는 경우 로그 파일에 주석으로 옵션을 설정하여 이를 읽어 로그를 기록하게 되어있는데 기본 값은 앞서 그림 4.11에 나타나 있듯 별도의 설정이 없으면 리스트4.10과 같이 설정된다. 설정할 수 있는 순환 종류(ROTATION_TYPE)는 TIME(시간 기준)과 SIZE(크기)가 있다.

순환 종류가 TIME(시간)인 경우의 로그 옵션은 다음과 같다.

- TIME_START_DATE : 로그의 기록 시작 시간
- TIME_INTERVAL_MINS : 로그 기록 시작 시간으로 부터의 순환 간격

순환 종류가 SIZE(크기)인 경우의 로그 옵션은 다음과 같다.

- SIZE_KB : 로그 순환 기준 파일 크기
- SIZE_TRIGGER_INTERVAL_MINS = 로그 파일 크기 확인 주기

```
# ROTATION_TYPE = TIME
# TIME_START_DATE = May 16 2017 23:59:59
# TIME_INTERVAL_MINS = 1440
```

리스트 4.10 서비스 등록시 기본 로그 옵션

윈도우 서비스 등록시 로그 순환 타입으로 SIZE(크기)로 변경하고자 하는 경우 -log 옵션에서 지정한 파일을 미리 생성하고 리스트 4.11의 옵션을 기입한다. 로그 파

일 크기를 옵션에서 설정한 간격으로 체크하여 지정한 크기보다 큰 경우

%로그경로와이름%-yyyy_mm_dd-hh_ss

으로 기존 로그가 변경되고 새로운 파일에 로그를 기록한다.

```
# ROTATION_TYPE = SIZE
# SIZE_KB = 10240
# SIZE_TRIGGER_INTERVAL_MINS = 5
```

리스트 4.11 서비스 등록시 파일 크기를 기준으로 순환하는 옵션의 예

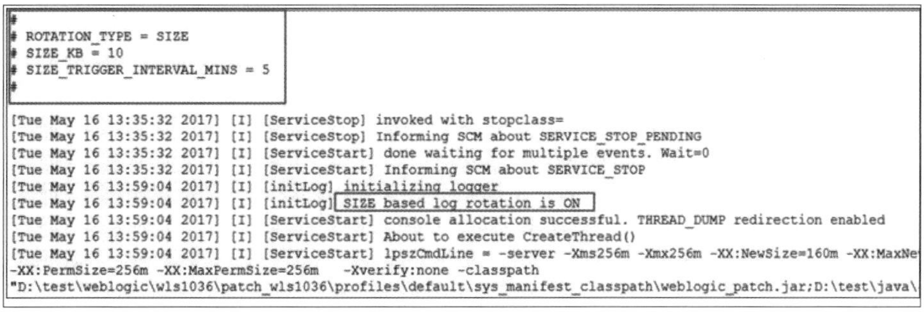

그림 4.13 파일 크기로 순환하는 옵션을 설정한 로그 순환 메시지

이름	수정한 날짜
1036Admin.out	2017-05-16 오후 2:39
1036Admin.out-2017_05_16-14_04_04	2017-05-16 오후 2:04

그림 4.14 파일 크기를 기준으로 순환되는 로그 파일

5장

데이터베이스 연동

웹로직의 도메인과 서버가 구성되면 애플리케이션을 배포할 수 있다. 일부 애플리케이션에서는 데이터베이스와 연계된 서비스를 수행하는데, 웹로직에서는 데이터베이스DB, DataBase와의 연동과 관련해 커넥션 풀Connection Pool의 생성과 관리, JNDI를 지원한다. 애플리케이션 각각에서 별도의 DB 커넥션Connection을 생성하는 경우 DB 커넥션에 대한 신뢰성이 감소하므로 웹로직을 사용하는 경우에는 해당 설정을 적극 권장한다. 웹로직 8.x와 9.x 이상의 버전의 설정하는 방법이 조금 다르나 동작의 원리는 동일하다. DB 드라이버Driver의 경우 오라클과 DB2는 CLASSPATH에 설정되어 있으나 타 DB 드라이버는 해당 도메인의 CLASSPATH에 드라이버를 로딩할 수 있도록 구성해 진행해야 한다.

5.1 : 데이터 소스 구성

애플리케이션에서 사용할 데이터 소스Data Source를 생성하는 방법은 버전에 따라 약간의 UI 측면의 차이가 있지만 사용할 DB의 정보를 기반으로 커넥션 풀을 설정하고 JNDI로 명시되는 데이터 소스를 생성하는 단계는 같다.

5.1.1 8.1 버전 데이터 소스 구성

8.1 버전은 커넥션 풀을 먼저 생성하고 해당 커넥션 풀을 지정해 데이터 소스를 구성한다.

1. 어드민 콘솔에 로그인한다.

2. 좌측 내비게이션 트리 또는 메인 화면의 Services ➤ JDBC의 Connection Pools를 선택한다.

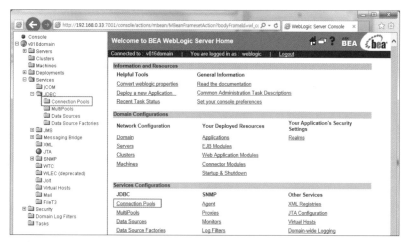

그림 5.1 Admin Console > Services > JDBC > Connection Pools

3. Configure a new JDBC Connection Pool... 링크를 클릭한다.

그림 5.2 JDBC Connection Pools의 'Configure a new JDBC Connection Pool...'

4. 연동하고자 하는 DB의 타입과 드라이버를 선택한다.

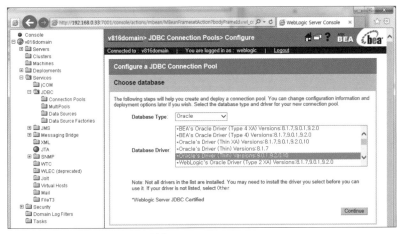

그림 5.3 DataBase Type & Driver 선택

5. 커넥션 풀의 이름을 정하고 Connection Properties의 각 항목에 DB 정보를 입력한다.

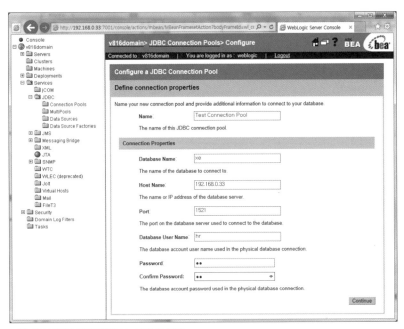

그림 5.4 이름과 데이터베이스 설정 값 입력

6. 앞서 입력한 Connection Properties를 사용해 JDBC 커넥션 풀의 구성들이 생성되고 아래 Test Driver Configuration 버튼을 누르면 해당 커넥션 풀이 유효한지 테스트할 수 있다. Test Driver Configuration 버튼을 선택해 진행한다.

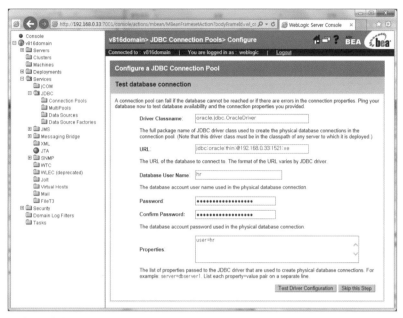

그림 5.5 생성된 JDBC 커넥션 풀 정보

7. 커넥션 풀의 설정에 이상이 없으면 Connection successful 메시지가 나오고 해당 커넥션 풀을 사용할 서버에 타겟팅을 해준다.

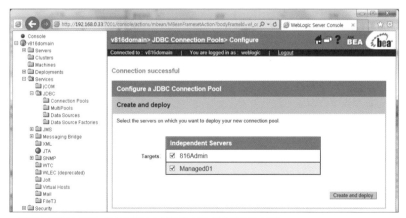

그림 5.6 테스트 성공 메시지 확인과 사용할 서버 인스턴스를 선택

8. 생성된 JDBC 커넥션 풀은 어드민 콘솔의 **JDBC Connection Pools** 항목에 나타나고
로그에도 커넥션 풀이 생성된 메시지를 확인된다.

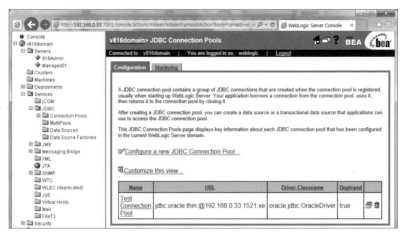

그림 5.7 생성된 JDBC 커넥션 풀

그림 5.8 info level 로그에 표시된 JDBC 커넥션 풀 생성 정보

생성된 커넥션 풀을 JNDI로 활용하기 위해서는 데이터 소스를 생성해 기존 서버 인
스턴스에 타겟팅된 JDBC 커넥션 풀을 선택한다.

1. 좌측 내비게이션 트리 또는 메인 화면의 **Services > JDBC**의 **Data Sources**를 선택
한다.

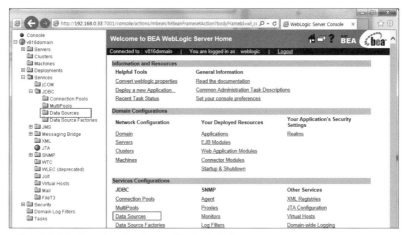

그림 5.9 Admin Console > Services > JDBC > Data Sources

2. Configure a new JDBC Data Source 링크를 클릭한다.

그림 5.10 JDBC Connection Pools의 'Configure a new JDBC Data Sources'

3. 데이터 소스의 이름을 정하고 애플리케이션에서 호출할 JNDI Name을 설정한다.

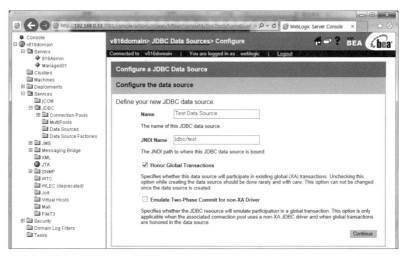

그림 5.11 이름과 JNDI Name 값 입력

4. 해당 데이터 소스 정보로 연계할 JDBC 커넥션 풀을 선택한다.

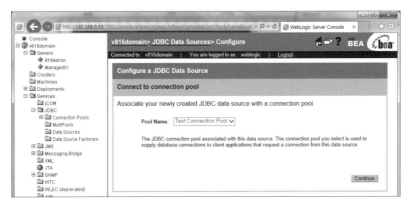

그림 5.12 데이터 소스에서 사용할 JDBC 커넥션 풀 선택

5. 해당 데이터 소스를 사용할 서버에 타겟팅을 해준다.

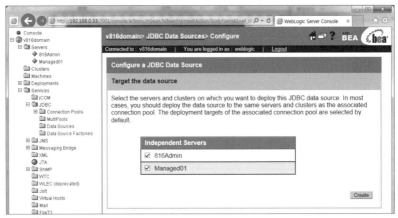

그림 5.13 사용할 서버 인스턴스를 선택

6. 생성된 데이터 소스는 어드민 콘솔의 **JDBC Data Sources** 항목에 나타나고 로그에
도 JNDI가 생성된 메시지를 확인된다.

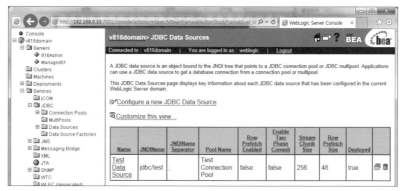

그림 5.14 생성된 데이터 소스

그림 5.15 info level 로그에 표시된 데이터 소스 생성 정보

5.1.2 9.0 이상 버전 데이터 소스 구성

9.0 이상 버전에서는 데이터 소스 생성 시 8.1 버전과 다르게 JDBC 커넥션 풀과 JNDI 이름을 같이 설정한다.

1. 어드민 콘솔에 로그인한다.

2. 좌측 내비게이션 트리 또는 메인 화면의 **서비스**의 **데이터 소스**를 선택한다.

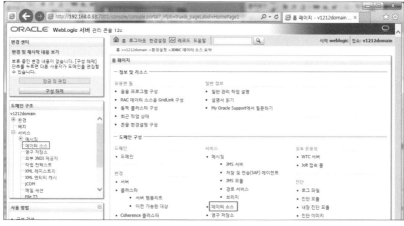

그림 5.16 어드민 콘솔 > 서비스 > 데이터 소스

3. JDBC 데이터 소스 요약 화면의 **새로 만들기** 버튼을 클릭하고 **일반 데이터 소스**를 선택한다.

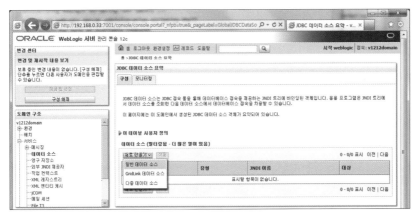

그림 5.17 10.3.6 이상의 '새로 만들기' 버튼 드롭 다운

9.0 ~ 10.0 버전은 데이터 소스의 각 항목 설정이 별도로 분리되어 있는 차이가 있다.

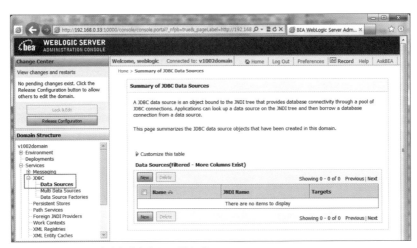

그림 5.18 9.0~10.0 버전의 데이터 소스 생성 메뉴

4. 데이터 소스의 **이름**과 JNDI **이름**을 설정하고, 연동할 **데이터베이스 유형**을 선택한다.

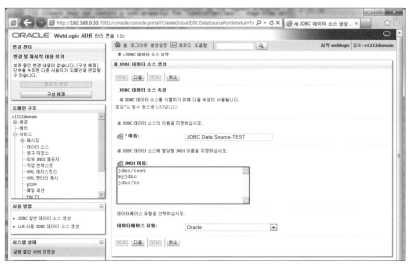

그림 5.19 데이터 소스의 이름과 JNDI 이름, 데이터베이스 유형 선택

JNDI 이름의 경우 줄바꿈을 활용해 여러 개의 JNDI 이름을 설정할 수 있다. 연동하는 DB의 형태와 설정 타입에 따라 **데이터베이스 드라이버**를 선택한다. 9.0~10.0 버전에서는 이 단계가 하나의 페이지에 표시된다.

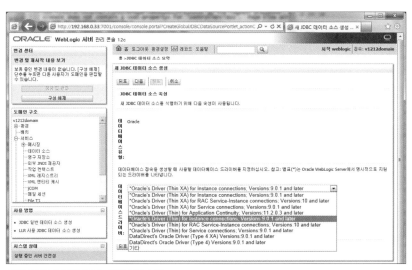

그림 5.20 데이터베이스 드라이버 선택

5. 데이터 소스 트랜잭션 지원 여부와 트랜잭션 옵션을 선택한다. 기본적으로 선택되어 있는 **전역 트랜잭션 지원**은 해당 데이터 소스가 전역 트랜잭션 범위에서 동작하게 한다.

그림 5.21 트랜잭션 옵션 선택

XA 드라이버를 사용하지 않고 트랜잭션 기능을 사용하는 **마지막 리소스 로깅**과 **2단계 커밋 에뮬레이트**는 필요에 따라 설정한다. 설정하는 데이터 소스가 트랜잭션의 기능을 사용하지 않는 경우 성능 향상을 위해 옵션을 체크하지 않는 것을 권장한다.

6. 데이터 소스의 속성을 정의한다.

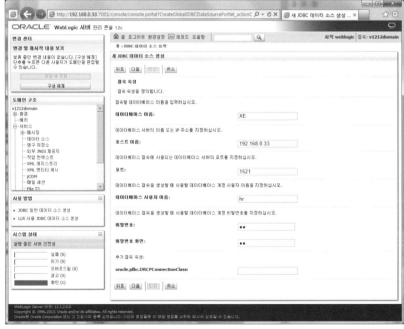

그림 5.22 데이터 소스의 정보 입력

DB 유형에 따라 생성할 DB의 정보를 입력한다. 12.1.2 이상인 버전의 경우 버전의 경우 오라클 DB 11g부터 지원하는 기능인 DRCP^{Database Resident Connection} Pooling를 사용하기 위해 oracle.jdbc.DRCPConnectionClass를 설정할 수 있다.

7. 앞서 입력한 데이터 소스의 속성을 사용해 데이터 소스의 구성들이 생성되고 아래 **구성 테스트** 버튼을 누르면 해당 커넥션 풀이 유효한지 테스트할 수 있다. 테스트를 수행하면 테스트 성공 메시지가 나온다. 이 단계에서 **완료**를 선택하면 연계할 서버를 선택하지 않고 설정이 완료된다. 연계 서버를 선택하기 위해 **다음**으로 진행한다.

그림 5.23 생성된 데이터 소스 정보

8. 데이터 소스를 사용할 **서버**를 선택한다. 개발 모드인 경우 바로 반영되고 운영 모드인 경우 생성할 데이터 소스의 내용을 확인한 후 활성화한다.

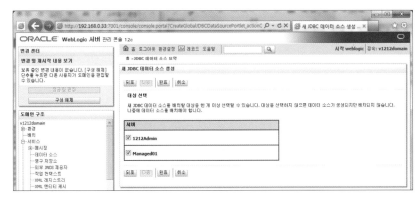

그림 5.24 사용할 서버 인스턴스를 선택

9. 생성된 JDBC 커넥션 풀은 어드민 콘솔의 **데이터 소스** 항목에 나타나고 로그에도 커넥션 풀이 생성된 메시지를 확인된다.

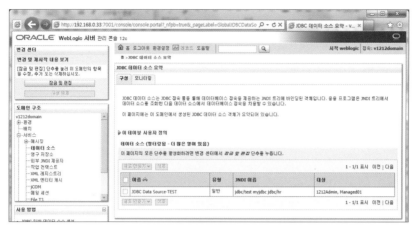

그림 5.25 생성된 데이터 소스

그림 5.26 info level 로그에 표시된 데이터 소스 생성 정보

5.2 : 웹로직의 데이터 소스

데이터 소스를 설정하는 것은 웹로직 이외의 WAS나 애플리케이션에서도 제공하지만, 웹로직에서 설정한 데이터 소스를 사용하면 웹로직이 제공하는 기능을 활용할 수 있다.

5.2.1 JNDI 이름 사용 옵션

웹로직의 JNDI 이름은 구조적으로 JNDI 루트^{root}에서부터 설정된다. 톰캣^{tomcat}의 경우 java:/comp/env가 선행되어야 하고 JBoss의 경우 java:가 선행되는 구문과 다르게 웹로직은 설정한 JNDI 이름 그대로를 사용한다. 'jdbc/test'로 설정한 JNDI 이름은 각 WAS에서 다음과 같은 형태로 룩업^{lookup}할 수 있다.

- 웹로직: jdbc/test
- 톰캣: java:/comp/env/jdbc/test
- JBoss: java:jdbc/test

따라서 웹로직에서 데이터 소스를 룩업하는 경우 JNDI 이름을 바로 사용한다.

```
String   DSName = "jdbc/test";
Connection conn = null;

try
{
  // WebLogic DataSource
  InitialContext  ic  = new InitialContext();
  DataSource   ds  = (javax.sql.DataSource) ic.lookup(DSName);
  conn = ds.getConnection();

  DatabaseMetaData meta = conn.getMetaData ();
  // get driver info:
  System.out.println("JDBC driver version is " + meta.getDriverVersion());
  out.println("JDBC driver version is " + meta.getDriverVersion());
}
catch (Exception e)
{
  System.out.println("Error: " + e);
}
finally
{
  try
```

```
  {
    conn.close();
  }
  catch(Exception se)
  {
    System.out.println("conn close error");
  }
}
```

리스트 5.1 웹로직 JNDI 이름의 룩업과 getConnection()

룩업한 JNDI 이름의 규칙에 WAS별로 차이가 있으므로 다른 WAS에서 적용된 애플리케이션의 경우 룩업하는 JNDI 이름에 차이가 있음을 알아야 한다.

5.2.2 용량 옵션

커넥션 풀은 DB와의 연결을 위한 객체다. 객체를 사용할 때마다 생성하면 이런 작업이 반복될 때마다 초기화와 생성을 반복하게 된다. 이런 이유로 커넥션 풀에서 객체를 생성한 후 관리하는 방법을 사용하면 시스템 자원소모가 줄어든다. 커넥션 풀은 빈번하게 사용되는 커넥션 문제를 해결하고 효율적인 자원 관리를 가능하게 한다. 이러한 커넥션 풀 생성 기능은 대부분의 WAS에서 제공하지만, 그 용량Capacity은 사용자가 정의해야 한다. 자동으로 설정되지 않는 이유는 커넥션 풀은 WAS 내에서 생성되는 자원이 아니라, DB와의 연계된 자원이기 때문이다. DB의 자원을 고려하지 않고 WAS에서 독단적으로 자원을 관리할 수는 없기에 사용자가 개입하여 자원양을 조절해야 한다. 하지만, 설정 초기 단계에서는 얼마나 동시적으로 사용하게 될지 알 수 없기 때문에 부하테스트를 거치거나 얼마간의 운영기간이 지나고 나오는 실제 사용량을 기준으로 조절하는 것을 권장한다.

웹로직의 커넥션 풀 용량은 초기 웹로직 기동 시 생성할 개수Initial Capacity와 최소 개수Minimum Capacity, 최대 개수Maximum Capacity가 있다. 최대 개수는 초기 설정 수치보다 요청이 많은 경우 설정한 증가 용량Capacity Increment에 따라 늘어날 수 있는 최댓값이고, 최소 개수는 설정한 시간이 지나고 더 이상 사용하지 않는 커넥션 풀의 자원을 반납한 후의 최소 유지 개수다. 각 수치는 Admin Console ➤ 서비스(Services) ➤ 데이터 소스(Data sources(8.1버전 Connection Pools)) ➤ 구성(Configuration) ➤ 커넥션 풀(Connection Pool(8.1버전 Connections))에서 확인할 수 있고 동적으로 수정이 가능하다.

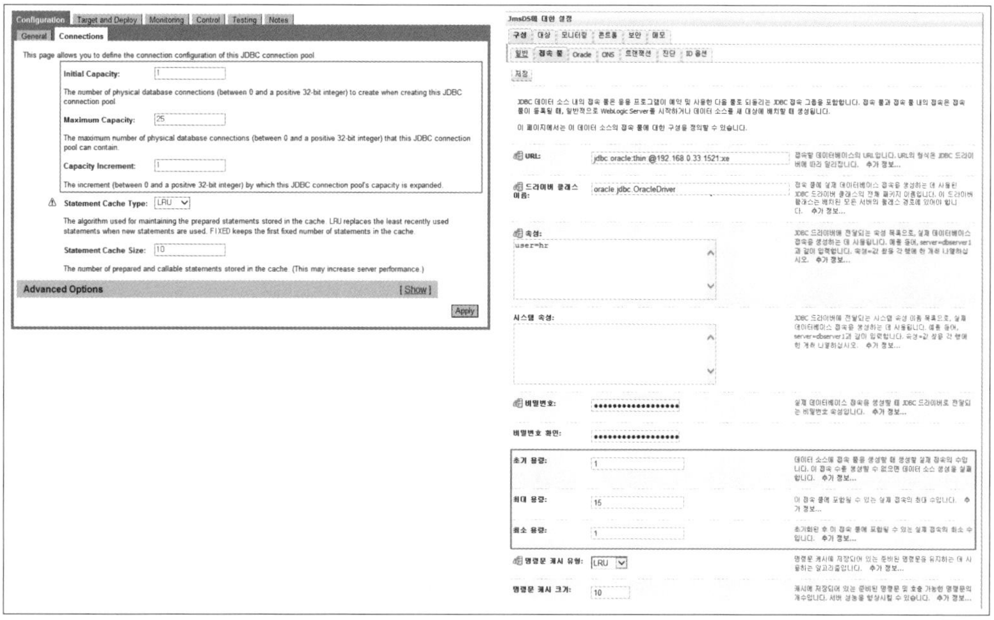

그림 5.27 데이터 소스의 커넥션 풀 개수 설정

5.2.3 예약 시 접속 테스트 옵션

예약 시 접속 테스트(Test Reserved Connection) 옵션은 실제 쿼리를 DB에 전달하기 전에 미리 DB의 응답이 있는지 확인하는 동작으로, 연결의 유효성을 확인하는 작업을 수행한다. 해당 옵션은 Admin Console ➤ 서비스(Services) ➤ 데이터 소스(Data sources(8.1버전 Connection Pools)) ➤ 구성(Configuration) ➤ 커넥션 풀(Connection Pool(8.1버전 Connections))의 하단에 있는 고급 (Advanced)에서 확인할 수 있다. 옵션을 활성화하면 고급의 테스트 테이블 이름(Test Table Name)의 테스트 쿼리를 이용해 연결 상태를 점검한다. DB 유형에 따라 차이가 있으므로 알맞은 쿼리를 등록해 사용해야 한다.

DBMS	기본 테스트 테이블 이름(쿼리)
Adabas for z/OS	SQL call shadow_adabas('select * from employees')
Cloudscape	SQL SELECT 1
DB2	SQL SELECT COUNT(*) FROM SYSIBM.SYSTABLES
FirstSQL	SQL SELECT 1
IMS/TM for z/OS	SQL call shadow_ims('otm','/dis','cctl')
인포믹스(Informix)	SQL SELECT COUNT(*) FROM SYSTABLES

표 5.1 DB 유형에 따른 테스트 쿼리 (이어짐)

DBMS	기본 테스트 테이블 이름(쿼리)
마이크로소프트 SQL 서버	SQL SELECT 1
MySQL	SQL SELECT 1
오라클	SQL SELECT 1 FROM DUAL
PostgreSQL	SQL SELECT 1
프로그레스(Progress)	SQL SELECT COUNT(*) FROM SYSTABLES
사이베이스	SQL SELECT 1

표 5.1 DB 유형에 따른 테스트 쿼리

옵션이 활성화되면 DB와의 커넥션 풀의 상태를 우선적으로 점검하는 효과를 볼 수 있으며 상태가 이상할 경우 실제 쿼리 수행 전에 예외Exception를 확인할 수 있다.

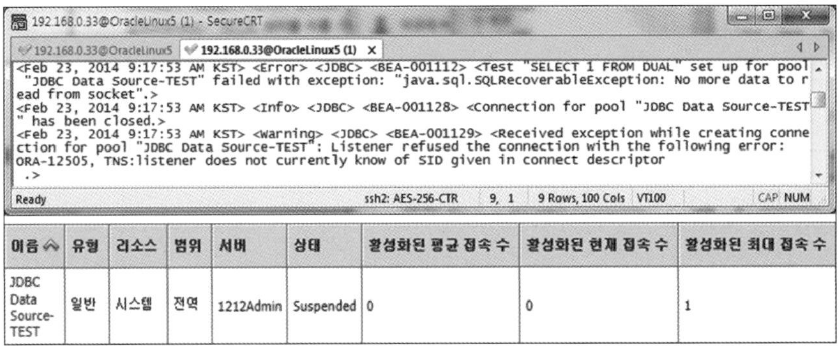

그림 5.28 테스트 쿼리의 우선 실행으로 인한 실패와 데이터 소스 상태 변경

5.2.4 접속 설정 재시도 빈도 옵션

접속 설정 재시도 빈도(Connection Retry Secs) 옵션은 커넥션 풀의 상태가 불량한 경우 재접속을 시도하는 간격의 설정으로 기본값은 0(false)이다. 간격 초를 설정하면 해당 시간 간격으로 커넥션 풀의 불량 상태 시 지속적인 재접속을 시도해 커넥션 풀이 재생성 가능한 경우 다시금 복구하는 동작을 수행한다. 해당 옵션은 **Admin Console** ➤ **서비스**(Services) ➤ **데이터 소스**(Data sources(8.1버전 Connection Pools)) ➤ **구성**(Configuration) ➤ **커넥션 풀**(Connection Pool(8.1버전 Connections))의 하단에 있는 **고급**에서 확인할 수 있다. DB가 **Active/Standby** 형태로 구성되어 있거나 장애복구, 네트워크 장애복구 시점에 웹로직을 재기동할 필요 없이 커넥션 풀이 복구되는 효과를 볼 수 있다.

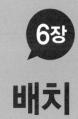

6장

배치

웹로직의 구성과 애플리케이션에서 사용할 데이터 소스의 설정이 완료되면 WAS의 주목적인 애플리케이션의 배치를 수행하게 된다. Deploy, Deployment, 배포 등의 용어로 동일한 의미다.

6.1 ⋮ 배치 형태

웹로직에서는 배치와 관련해 몇 가지 기능을 제공하는데 애플리케이션의 빠른 배포와 수정을 가능하게 하는 개발 모드의 'Autodeploy' 기능과 웹로직 내부적인 애플리케이션 관리 기능인 'Stage Mode' 기능이 있다.

6.1.1 자동 배치

8.1 이하 버전에서는 'applications', 9.x 이상에서는 'autodeploy'라는 디렉토리가 도메인에 생성되어 있는데 개발 모드인 경우 해당 디렉토리에 애플리케이션을 옮겨두면 자동으로 해당 도메인의 어드민 서버에 배포한다. 이 기능을 사용함에 있어서 주의해야 할 것은 해당 디렉토리는 오직 어드민 서버에게만 해당되며, 해당 위치에 있는 애플리케이션은 매니지드 서버에는 배포될 수 없다.

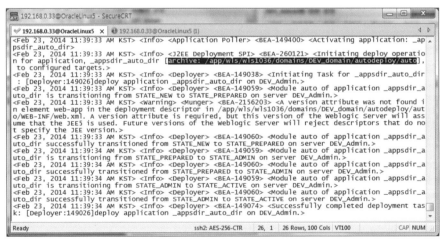

그림 6.1 자동으로 어드민 서버에 배포되어 ACTIVE 상태로 전환되는 자동 배치

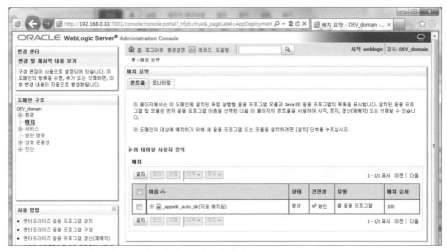

그림 6.2 어드민 콘솔에서 자동 배치된 애플리케이션 확인

간혹 유용하게 사용할 수 있는 경우가 있는데, 예를 들면 배포해야 할 애플리케이션이 너무 많은 경우 일일이 콘솔상에서 하기에는 시간이 많이 소요되기 때문에 개발 모드에서 자동으로 배포한 직후 config.xml의 해당 배포 설정만 별도로 복사/수정해 운영될 서버를 변경해주는 방법이 있다.

```
<app-deployment>
    <name>_appsdir_example_dir</name>
    <target>AdminServer</target>
    <module-type>war</module-type>
    <source-path>autodeploy\example</source-path>
    <security-dd-model>DDOnly</security-dd-model>
</app-deployment>
```

```
<app-deployment>
    <name>example</name>
    <target>M1</target>
    <module-type>war</module-type>
    <source-path>d:\example</source-path>
    <security-dd-model>DDOnly</security-dd-model>
    <staging-mode>nostage</staging-mode>
</app-deployment>
```

리스트 6.1 자동 배치된 애플리케이션의 이름과 대상 수정하기의 예(config.xml)

6.1.2 Stage Mode와 NoStage Mode

애플리케이션을 배치할 때 적용되는 Stage Mode와 Nostage Mode에 대한 차이점을 설명하고자 한다. Stage라는 단어의 뜻은 단계 또는 무대라 해석되는데, 웹로직상에 애플리케이션을 올려놓는다고 이해할 수 있겠다. Stage Mode의 특징은 다음과 같다.

- stage 디렉토리를 생성, 애플리케이션을 해당 디렉토리에 복사해 사용한다.
- 물리적으로 다른 서버에서 기동되는 매니지드 서버에 대해 어드민 서버가 애플리케이션을 복제, 전달한다.
- '갱신Update'을 통해 복제된 애플리케이션에 변경사항을 적용한다.
- 8.1 버전은 '$DOMAIN/[SERVER_NAME]/stage' 디렉토리에 애플리케이션을 복사하고, 9.0 이상 버전은 '$DOMAIN/servers/[SERVER_NAME]/stage' 디렉토리에 애플리케이션을 복사한다.

Stage Mode의 특징은 안정성 측면에 있다. 이미 개발이 완료되고 서비스 중인 애플리케이션의 직접적인 반영을 막고 배포는 어드민 서버에서 관리하는 형식이다. 하지만, 애플리케이션은 서비스 중이더라도 변경해야 하는 상황이 발생하고 사용자가 모르게 적용하고자 하는 요구가 있다. 따라서 이런 경우 NoStage Mode를 적용하며 특징은 다음과 같다.

- 실제 애플리케이션의 절대 경로를 참조한다.
- 물리적으로 다른 서버에는 동일한 경로의 애플리케이션이 필요하다.
- '갱신' 이외에 서버의 재기동이나 웹로직 설정을 통한 반영도 가능하다.

웹로직이 운영되는 각 장비마다 애플리케이션을 업로드하는 불편함이 있지만 설정을 통해 JSP, 서블릿, 클래스의 변경사항이 바로 반영되고 각 운영 장비에 배포된다는 특징을 이용해 페이지 타이틀에 장비 번호를 넣는 등의 활용이 가능하다. 이러한 Stage Mode와 NoStage Mode의 선택은 애플리케이션 배치 단계에서 선택한다.

6.2 ː 애플리케이션 배치

웹로직의 애플리케이션 배치는 일반적으로 어드민 콘솔을 통해 진행하고 명령어를 통한 배치도 가능하다. 배치를 진행하면서 서비스 대상 서버를 선택할 수 있고, 배치 후 애플리케이션의 배치 상태를 확인할 수 있다. 웹로직은 애플리케이션의 특정 위치에 한정되지 않고 대상 위치를 지정하고 애플리케이션 형태에 따라 배치된다. 8.1 버전과 9.0 이상 버전에 약간의 차이가 있지만 기본적인 순서는 애플리케이션을 선택하고 Stage Mode나 NoStage Mode의 선택과 서비스 대상 서버를 선택하는 과정으로 진행된다.

웹로직은 애플리케이션이 디렉토리 형태여도 내부적인 구조가 애플리케이션인 경우 디렉토리를 애플리케이션 아카이브^{Archive}로 인지하는 특징이 있다. 또한 특정 위치에 존재하는 애플리케이션을 배치하는 형태가 아니라 애플리케이션의 위치를 직접 지정해 배치하므로 애플리케이션 디렉토리 관리가 수월하다. 배치를 테스트하기 위한 애플리케이션은 웹 애플리케이션이며 유닉스/리눅스의 경우 '/tmp/testapp' 경로에 생성하고 윈도우의 경우 'C:\temp\testapp' 디렉토리를 생성해 디렉토리 내부에 WEB-INF/web.xml을 생성했다. 배치된 애플리케이션이 정상적으로 호출되는지 확인을 위해 index.jsp를 생성한다.

그림 6.3 testapp 구조

```
<web-app/>
```

리스트 6.2 'testapp/WEB-INF'의 web.xml

```
Welcome!
```

리스트 6.3 'testapp'의 index.jsp

생성한 'testapp'는 웹 애플리케이션의 최소한의 조건을 충족하기 때문에 웹로직에서 웹 애플리케이션으로 인지한다.

6.2.1 8.1 버전 배치

8.1 버전에서는 애플리케이션 형태에 따른 배치 링크가 별도로 나뉘어 있다. 각 형태에 맞는 배치를 선택해 진행한다.

1. 어드민 콘솔에 로그인한다.

2. 좌측 내비게이션 트리 또는 메인 화면의 Deployments 항목의 Web Application Modules를 선택한다.

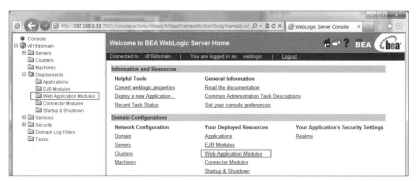

그림 6.4 웹 애플리케이션 배치를 위한 'Web Application Modules'

3. Deploy a new Web Application Module... 링크를 클릭한다.

그림 6.5 웹 애플리케이션의 'Deploy a new Web Application Module...'

4. Location의 링크를 선택해 배치할 애플리케이션 위치로 이동한다. 웹 애플리케이션 형태를 충족하는 애플리케이션 디렉토리 또는 아카이브 파일에는 왼쪽에 라디오 버튼이 활성화된다. 배포하고자 하는 웹 애플리케이션을 선택한 후 진행한다.

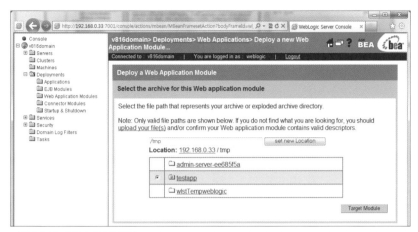

그림 6.6 웹 애플리케이션 선택

5. 웹 애플리케이션을 서비스할 대상을 선택한다. 어드민 서버만 구성되어 있으면 대
상 서버가 하나이므로 해당 과정이 생략되나 매니지드 서버가 추가로 구성되어 있
는 경우 대상을 선택한다.

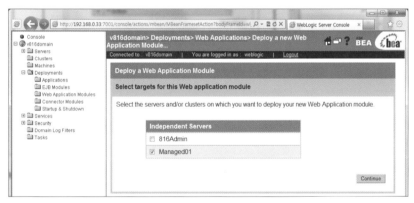

그림 6.7 배치 대상 선택

6. Source Accessibility와 Identity를 지정한다. Source Accessibility는 Stage Mode
와 NoStage Mode를 선택하는 것으로 Copy this Web Application module onto
every target for me.를 선택하면 대상 서버에 복사해 사용하겠다는 의미로 Stage
Mode로 배치하게 되고, I will make the Web Application module accessible from
the following location:을 선택하면 해당 경로의 대상을 직접 사용하겠다는 의미로

NoStage Mode로 배치된다. Identity는 웹로직에서 인지할 고유 이름으로 기본 이름은 애플리케이션 디렉토리다.

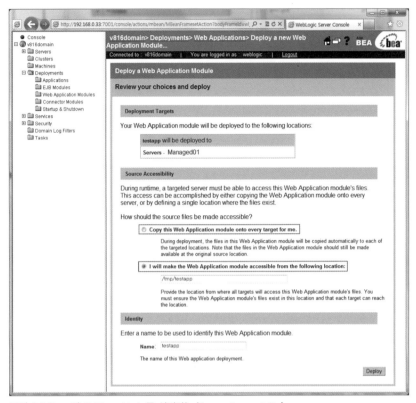

그림 6.8 Stage와 NoStage Mode를 설정하는 'Server Accessibility'

7. 배치가 완료되면 배치 상태와 왼쪽 내비게이션 트리에 추가된 애플리케이션을 확인할 수 있다. 또한 Testing 탭의 링크로 index.jsp 페이지를 확인할 수 있다.

그림 6.9 배치된 웹 애플리케이션 확인

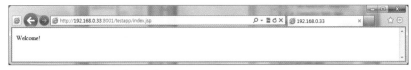

그림 6.10 배치 대상 서버의 [IP:Port]로 호출한 index.jsp 화면

6.2.2 9.0 이상 버전 배치

9.0 이상 버전에서는 애플리케이션 형태에 따른 분류가 없고 하나의 배치 작업에서 각
형태를 자동으로 인지해 배포 형태를 지정한다.

1. 어드민 콘솔에 로그인한다.

2. 좌측 내비게이션 트리 또는 메인 화면의 **배치**(Deployments)를 선택한다.

그림 6.11 어드민 콘솔 > 배치

3. **설치** 버튼을 클릭한다.

4. 위치 찾기 링크를 선택해 배치할 애플리케이션 위치로 이동한다. 웹 애플리케이션
   형태를 충족하는 애플리케이션 디렉토리 또는 아카이브 파일에는 왼쪽에 라디오
   버튼이 활성화된다. 배포하고자 하는 웹 애플리케이션을 선택한 후 진행한다.

그림 6.12 웹 애플리케이션 선택

5. 대상이 애플리케이션인지 다른 배치 참조할 라이브러리인지 형태를 지정한다.

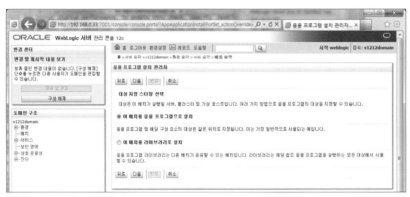

그림 6.13 대상의 스타일 선택

6. 웹 애플리케이션을 서비스할 대상을 선택한다. 어드민 서버만 구성되어 있으면 대상 서버가 하나이므로 해당 과정이 생략되나 매니지드 서버가 추가로 구성되어 있는 경우 대상을 선택한다.

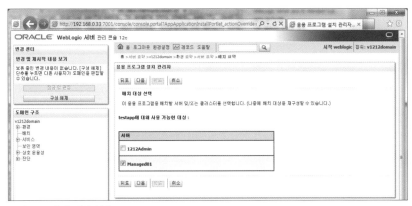

그림 6.14 배치 대상 선택

7. 웹로직에서 인지할 고유 **이름**과 **소스 접근성**을 선택하며 이름은 애플리케이션의 디
   렉토리가 기본값이다. 8.1 버전과 다르게 기본값이 추가되었는데, 어드민 서버
   는 NoStage Mode가 기본값이고 매니지드 서버는 Stage Mode가 기본값이다.
   기본값은 각 서버 설정에서 변경이 가능하고 각 서버의 기본값에 따라 Stage나
   NoStage Mode로 배치한다는 의미다.

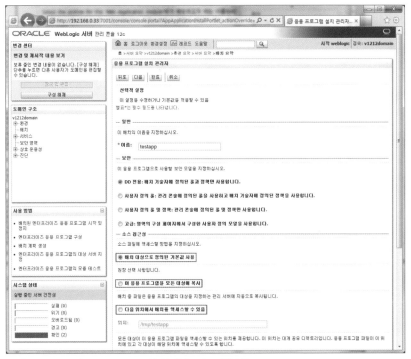

그림 6.15 Stage와 NoStage Mode를 설정하는 소스 접근성

8. **다음** 또는 **완료** 버튼으로 진행하면 배치 작업이 완료된다. 다시 배치 화면으로 돌아가면 배치된 애플리케이션이 확인되고 운영 모드의 경우 설정을 확인하고 활성화한다.

9. 배치된 애플리케이션은 형태에 따라 **유형**이 자동으로 설정되어 있는 것을 확인할 수 있다.

	이름 ⌃	상태	건전성	유형	대상	배치 순서
☐	⊞ 🗎 testapp	준비됨	✔ 확인	웹 응용 프로그램	Managed01	100

그림 6.16 자동으로 정의된 애플리케이션 유형

10. 개발 모드인 경우 배치된 애플리케이션은 자동으로 활성화되지만 운영 모드인 경우에는 **상태**가 **준비됨**으로 배치 작업이 완료된다. 운영 모드에서 배치된 애플리케이션을 활성화하기 위해서는 **배치** 화면의 **시작** 버튼의 **모든 요청 서비스**를 선택해 애플리케이션을 활성화한다. 정상적으로 애플리케이션이 대상 서버에 배치 활성화되면 **상태**가 **활성** 상태로 변경된다.

그림 6.17 애플리케이션 활성화

그림 6.18 활성화된 애플리케이션 상태

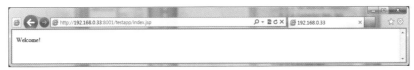

그림 6.19 배치 대상 서버의 [IP:Port]로 호출한 index.jsp 화면

9.0 이상 버전의 운영 모드에서는 배치 후 활성화하는 단계를 수행해야 함에 주의해야 한다. **준비됨** 상태의 애플리케이션을 호출하는 경우 Error 503–Service Unavailable 에러 페이지가 호출된다.

그림 6.20 활성화되지 않은 애플리케이션을 호출하는 경우 보이는 503 에러 페이지

6.2.3 명령어를 사용한 배치

웹로직에서는 어드민 콘솔을 통한 애플리케이션 배포가 일반적이지만 콘솔에 접근하지 않고 빠른 애플리케이션 배포를 위해 명령어Command를 사용하는 방법으로 배포가 가능하다. 명령어로 배포하기 위해 `weblogic.Deployer` 클래스를 갖는 weblogic.jar을 CLASSPATH에 설정해야 할 필요가 있다. 웹로직을 스크립트로 정지하기 위해 'weblogic.Admin'을 사용했는데, 이 때 8.1 버전에서는 `setEnv.sh(cmd)`, 9.1 이상 버전에서는 `setDomainEnv.sh(cmd)`를 읽어들여 사용했듯이 사용하면 환경설정을 별도로 하지 않고도 사용할 수 있다. 각 환경 스크립트는 유닉스/리눅스 플랫폼에서는 '.'을 사용해 호출하고 윈도우 플랫폼에서는 환경 스크립트를 실행한다.

```
# cd $DOMAIN_HOME
# . ./setEnv.sh
```

리스트 6.4 유닉스/리눅스 플랫폼의 웹로직 8.1 버전에서 웹로직 환경 스크립트 호출

```
> cd $DOMAIN_HOME/bin
> setDomainEnv.cmd
```

리스트 6.5 윈도우 플랫폼의 웹로직 9.0 이상 버전에서 웹로직 환경 스크립트 호출

웹로직 환경 스크립트의 호출로 weblogic.jar이 CLASSPATH에 포함되면 weblogic.Deployer 클래스의 사용이 가능하다.

```
# java weblogic.Deployer -adminurl t3://192.168.0.33:7001 -user weblogic
-password welcome1 -name testapp -targets Managed01 -nostage -deploy /tmp/
testapp -debug
```

리스트 6.6 weblogic.Deployer를 사용한 애플리케이션 배치

weblogic.Deployer에 대한 설명은 다음과 같다.

- weblogic.Deployer: 배포를 지원하는 웹로직 클래스다.
- -adminurl: 배포하고자 하는 도메인의 어드민 서버의 URL 값을 넣는다.
- -user: 도메인의 사용자 이름을 넣는다.
- -password: 도메인의 비밀번호를 넣는다.
- -name: 배포되는 애플리케이션이 웹로직에서 표시될 이름을 넣는다.
- -target: 배포될 대상을 ','로 구분해 넣는다. 예로 Managed01, Managed02와 같다.
- -nostage: NoStage Mode인 경우 -nostage로 명시하고 이외에 -stage가 있다.
- -deploy: 배포할 애플리케이션의 경로를 넣어준다.
- -debug: 수행되는 과정을 확인할 수 있다.

애플리케이션이 업데이트된 상태에서 재배치(redeploy)하고자 하면 다음과 같이 사용할 수 있다.

```
# java weblogic.Deployer -adminurl t3://192.168.0.33:7001 -user weblogic
-password welcome1 -name testapp -redeploy -debug
```

리스트 6.7 weblogic.Deployer를 사용한 애플리케이션 재배치

-redeploy를 사용하면 애플리케이션이 배포될 대상과 애플리케이션 위치를 지정하지 않아도 기존 설정대로 애플리케이션만 다시 배포하는 과정을 수행한다.

6.3 : 웹로직의 배치 유형과 구성

WAS에 배치되는 애플리케이션의 유형을 알아보고 각 유형마다 웹로직이 제공하는 배치 디스크립터를 생성하는 유틸리티와 대표적으로 웹 애플리케이션의 배치 디스크립터를 알아본다. 또한 배치 순서를 설정하는 방법을 알아본다.

6.3.1 애플리케이션 유형

WLS에서는 기본적으로 WAR(Web Archive), JAR(Java Archive), EAR(Enterprise Archive) 형태의 애플리케이션을 배포할 수 있다. WAR은 웹 애플리케이션을 지원하기 위한 압축 형태로 war 확장자를 갖는다. 최근 일부 WAS에서는 압축하지 않고 형태만 갖추어도 인식해주는 경우가 많다.

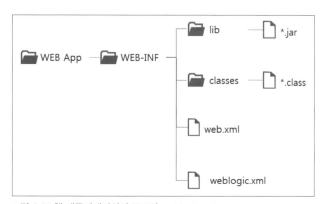

그림 6.21 웹 애플리케이션의 구조와 weblogic.xml

'web.xml'과 웹로직에서 사용되는 'weblogic.xml'은 12.2.1 을 기준으로 다음 URL을 참고하면 각 디스크립터의 설정을 확인할 수 있다.

- web.xml: https://docs.oracle.com/middleware/1221/wls/WBAPP/web_xml.htm#WBAPP502
- weblogic.xml: https://docs.oracle.com/middleware/1221/wls/WBAPP/weblogic_xml.htm#WBAPP571

JAR은 하나의 애플리케이션 기능을 갖는 압축 형태로 jar 확장자를 갖는다. 클래스들을 포함한 라이브러리 용도와 EJB를 사용하기 위한 용도가 있다.

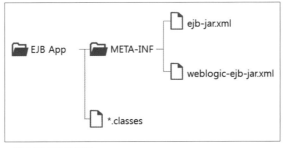

그림 6.22 EJB의 구조

웹로직에서 사용되는 weblogic-ejb-jar.xml은 다음 URL을 참고하면 각 디스크립터의 설정을 확인할 수 있다.

- weblogic-ejb-jar.xml: https://docs.oracle.com/middleware/1221/wls/ EJBPG/ejb_jar_ref.htm#EJBPG488

EAR은 복수의 애플리케이션의 집합으로 WAR과 JAR을 하나의 애플리케이션으로 묶어준다.

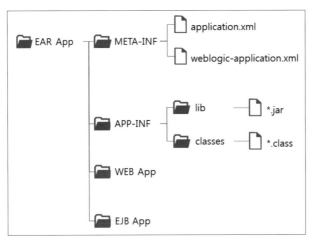

그림 6.23 EAR의 구조

이러한 구조는 weblogic-application.xml의 디스크립터를 사용해 EAR 내부의 애플리케이션 간에 세션Session을 공유할 수도 있다.

```
<sharing-enabled>true</sharing-enabled>
```

웹로직에서 사용되는 weblogic-application.xml은 다음 URL을 참고하면 각 디스크립터의 설정을 확인할 수 있다.

- weblogic-application.xml: https://docs.oracle.com/middleware/1221/wls/WLPRG/app_xml.htm#WLPRG389

6.3.2 DDInit

DDInit은 웹로직에 배치하는 애플리케이션에 웹로직 배치 디스크립터를 생성하는 유틸리티다. WAR과 EAR을 지원하지만 일부 버전에는 EJB도 지원한다. 사용 방법은 웹로직 환경 스크립트를 호출하고 웹 애플리케이션 디렉토리나 엔터프라이즈 애플리케이션 디렉토리를 생성한 후 실행하면 애플리케이션에서 사용할 배치 디스크립터를 생성해준다. WebInit은 웹 애플리케이션의 배치 디스크립터를 생성한다.

```
# cd /tmp
# mkdir -p ./webapp/WEB-INF
# java weblogic.marathon.ddinit.WebInit ./webapp
Found Web components. Initializing descriptors
filters=0 servlets=0 tags=0

# ls ./webapp/WEB-INF
weblogic.xml  web.xml
```

EarInit은 EAR의 META-INF에 애플리케이션 내부에 위치한 웹 애플리케이션이나 EJB를 인지해 배치 디스크립터를 생성한다.

```
# mkdir -p ./earapp/META-INF
# mv ./webapp ./earapp
# java weblogic.marathon.ddinit.EarInit ./earapp

Search for EJB components in ./earapp
App was not specifically an EJB app. Will try to create an ear.
```

```
Search for Web components in ./earapp

searching for possible EAR modules
Try to open a module at path: webapp/
Found webapp module
Found 1 EAR modules
/tmp/earapp: created weblogic-application.xml descriptor
Created new descriptor for application ./earapp
```

 # ls ./earapp/META-INF
```
application.xml  weblogic-application.xml
```

 # more ./earapp/META-INF/application.xml
```
<!DOCTYPE application PUBLIC '-//Sun Microsystems, Inc.//DTD J2EE Application
1.3//EN' 'http://java.sun.com/dtd/application_1_3.dtd'>
<application>
  <display-name></display-name>
  <module>
    <web>
      <web-uri>webapp</web-uri>
      <context-root>webapp</context-root>
    </web>
  </module>
</application>
```

웹로직의 각 버전별로 디스크립터 정의에 차이가 있으므로 DDInit 유틸리티를 사용하면 버전에 맞는 디스크립터를 생성할 수 있다.

6.3.3 weblogic.xml

웹 애플리케이션의 web.xml은 J2EE에서 WAR에 요구하는 기본적인 설정 파일이지만, 여러 WAS에서 각 WAS에 특화된 별도의 설정을 제공한다. 웹로직에서는 weblogic.xml을 사용해 웹로직에 특화된 웹 애플리케이션을 설정하는 역할을 한다.

```
<?xml version='1.0' encoding='UTF-8'?>
<weblogic-web-app>

  <!--내용-->

</weblogic-web-app>
```

리스트 6.8 'weblogic.xml'의 기본 형태

weblogic.xml은 web.xml의 위치와 동일하게 WEB-INF 하위에 위치한다. weblogic.xml에 사용되는 구문은 그 종류가 많지만 자주 사용되는 구문을 아래에 소개한다. 각 설정은 `<weblogic-web-app>` 태그 하위에 위치한다. 9.0 이상을 기준으로 했다.

- `context-root`: 해당 애플리케이션의 `context-root`를 지정하며, WLS에서는 배치 시 기본적으로 해당 애플리케이션 이름이 `context-root`로 지정된다. root로 지정하는 방법의 예는 아래와 같다.

  ```
  <context-root>/</context-root>
  ```

- `session-descriptor`
  - `timeout-secs`: 세션 타임아웃 초를 지정하는 형식이며, web.xml의 설정이 우선함에 주의한다. web.xml에서는 분단위로 설정하지만 weblogic.xml에서의 설정은 초 단위다.
  - `sharing-enabled`: WLS에서 사용하는 세션의 사용을 타 애플리케이션에 전달해 처리 후 다시 전달받는 형태의 경우에 허용할 것인지 여부를 설정한다. 9.0 이상에서는 해당 설정의 기본값이 `false`다.
  - `cookie-name`: 세션의 이름을 지정하는 것으로, 같은 `cookie-name`을 갖는 애플리케이션의 경우 각각을 접속 시 세션이 끊어진다. 이 때문에 애플리케이션마다 별도의 이름을 지정할 수 있으며, 웹 서버와 연동 시 이름이 같아야 연동되어 처리 중인 WLS로 요청을 지속적으로 전달할 수 있다. 기본값은 JSESSIONID다.

  ```
  <session-descriptor>
    <timeout-secs>3600</timeout-secs>
    <sharing-enabled>true</sharing-enabled>
    <cookie-name>JSESSIONID</cookie-name>
  </session-descriptor>
  ```

- `jsp-descriptor`
  - `page-check-seconds`: JSP 페이지에 수정이 발생하거나 타임 스탬프time stamp가 갱신되는 경우 변경을 확인해 리로드하는 옵션이다. 초단위로 주기적인 확인을 하며 -1의 경우 `false`, 0의 경우 항상, 1 이상은 해당 초 단위로 확인한

다. 애플리케이션의 규모가 큰 경우 부하가 발생할 수 있으므로 적당한 시간의 책정이 필요하다. 기본값은 -1이다.

- keepgenerated: JSP 페이지는 자바로 변경 후 컴파일하는 클래스 형태가 만들어지는데 이 중간 과정인 자바 파일을 유지할 것인지에 대한 설정이며 기본값은 false다.

- working-dir: JSP를 컴파일하는 임시 디렉토리의 위치를 설정하는 것으로 기본적으로는 '$DOMAIN_HOME/servers/[SERVER_NAME]/tmp/_WL_user/'로 설정되어 있다.

```
<jsp-descriptor>
  <page-check-seconds>1</page-check-seconds>
  <keepgenerated>true</keepgenerated>
  <working-dir>c:\tmp\jsppages</working-dir>
</jsp-descriptor>
```

- Container-descriptor

- servlet-reload-check-secs: WEB-INF/classes를 대상으로 수정이 발생하거나 타임 스탬프가 갱신되는 경우 변경을 확인해 리로드하는 옵션이다. 초 단위로 주기적인 확인을 하며 -1의 경우 false, 0의 경우 항상, 1 이상은 해당 초 단위로 확인한다. 애플리케이션의 규모가 큰 경우 부하가 발생할 수 있으므로 적당한 시간의 책정이 필요하다. 기본값은 -1이다. 클래스는 특성상 참조가 빈번하거나 항상 로딩되어 있어야 하는 경우 갱신 시 문제가 발생하는 경우가 종종 있으므로 반드시 테스트 후 적용하는 것을 권장한다.

- prefer-web-inf-classes: CLASSPATH가 읽히는 순서는 OS → JVM → WLS → APP의 순으로 WEB-INF의 lib나 classes의 순위는 가장 낮다. 따라서 이를 WLS보다 우선하도록 OS → JVM → APP → WLS의 설정을 하는 역할을 한다. WLS에도 수많은 라이브러리와 클래스들을 포함하는데, 이와 겹치면 애플리케이션의 라이브러리와 클래스들은 순위가 밀리기 때문에 개발 시 의도했던 클래스가 아닌 WLS의 클래스가 읽히면서 오류가 발생할 수 있다. 기본값은 false다.

```
<container-descriptor>
  <servlet-reload-check-secs>1</servlet-reload-check-secs>
  <prefer-web-inf-classes>true</prefer-web-inf-classes>
</container-descriptor>
```

6.3.4 배치 순서

애플리케이션들끼리 우선적으로 배치되어야 하는 특성을 갖는 구성이 있을 수 있다. 예를 들어 A 애플리케이션이 먼저 배치된 후 B 애플리케이션이 배치되어야만 하는 경우 이들 배치 순서를 정할 수 있다. 웹로직 배치 순서는 기본 '100'의 값을 갖고, 값이 낮을수록 배치 우선순위가 높다. 8.1 버전의 배치 순서를 확인하고 지정하는 방법은 다음과 같다.

1. 어드민 콘솔에 로그인한다.

2. 좌측 내비게이션 트리 또는 메인 화면의 **Deployments** 항목에서 배치된 애플리케이션이 있는 항목을 선택한다.

3. 해당 애플리케이션의 **Deployment Order** 값을 확인하고 애플리케이션 이름을 클릭한다.

그림 6.24 웹 애플리케이션의 'Deployment Order'

4. Configuration > General 탭에서 Load Order 항목의 값을 수정한 후 서버를 재기동
하면 우선순위가 변경된다.

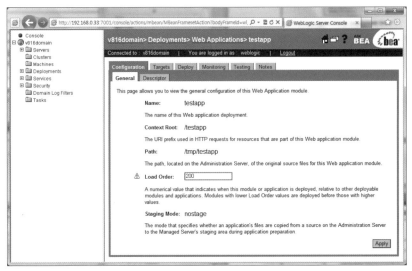

그림 6.25 'Load Order' 값 설정 화면

5. 재기동 후 해당 애플리케이션의 Deployment Order 값을 확인한다.

그림 6.26 변경된 웹 애플리케이션의 'Deployment Order'

9.0 이상 버전의 배치 순서를 확인하고 지정하는 방법은 다음과 같다.

1. 어드민 콘솔에 로그인한다.

2. 좌측 내비게이션 트리 또는 메인 화면의 **배치**를 선택한다.

3. 해당 애플리케이션의 **배치 순서**를 확인하고 애플리케이션 이름을 클릭한다.

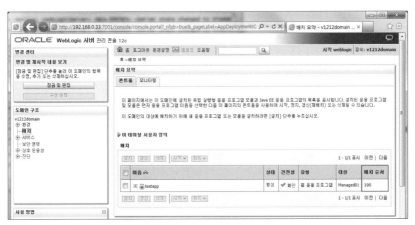

그림 6.27 웹 애플리케이션의 '배치 순서'

4. **개요**(Overview) 탭에서 **배치 순서**(Load Order) 항목의 값을 수정 후 서버를 재기동하면 우선순위가 변경된다.

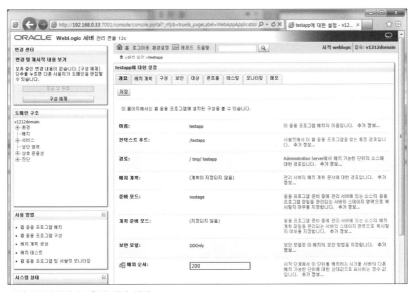

그림 6.28 '배치 순서' 값 설정 화면

5. 재기동 후 해당 애플리케이션의 **배치 순서** 값을 확인한다.

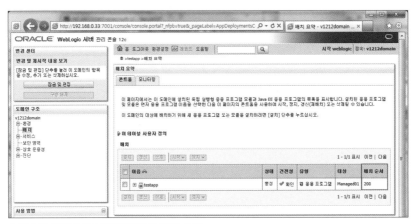

그림 6.29 변경된 웹 애플리케이션의 '배치 순서'

## 7장

웹 서버 연동

웹 서버와 웹로직의 연동에 관해 설명하고자 한다. 웹로직에서 제공하는 플러그인의 대상 웹 서버로는 아파치^{Apache HTTP Server}, IIS^{Microsoft Internet Information Server}, iPlanet^{Oracle iPlanet Web Server}, OHS^{Oracle HTTP Server}를 지원한다. 플러그인 모듈(플러그인)은 1.0, 11g(1.1), 12c(12.1.2) 버전이 있다. 1.0 버전은 웹로직에 기본 포함된 모듈로 웹로직 10.3.6 버전까지 제공되며 웹로직 8.1 버전은 '$WL_HOME/server/lib/', 웹로직 9.0 이상 버전은 '$WL_HOME/server/lib/plugin'에 각 플랫폼 이름의 디렉토리에 존재한다.

11g와 12c 버전은 오라클 홈페이지에서 다운로드할 수 있고 1.0 버전의 연동 방법과 약간의 차이가 있다. 플러그인을 다운로드하는 방법은 다음과 같다.

1. 오라클 홈페이지(http://www.oracle.com)에 접속해 상단 탭에 있는 **메뉴(Menu)** 〉 Downloads(Trials and Downloads) 〉 Middleware를 클릭한다.

2. 오라클 다운로드 페이지에서 Middleware 항목 중 Web Tier를 선택한다.

3. 웹 티어^{Web Tier} 제품군 링크 중 Oracle WebLogic Server Web Server Plugins에서 웹로직 버전에 맞는 프록시 버전을 확인 한다.

> ⊟ **Oracle WebLogic Server Web Server Plugins**
> Oracle WebLogic Server Web Server Plugins provide load balancing across WebLogic Server Clusters by acting as front-end proxies. These plugins deliver enhanced functionality and improved security compared to the older plugins which ship with WebLogic Server 11g. Web Server Plugins are available for Apache 2.2, iPlanet Web Server 7.0 and Microsoft IIS 6/7.

그림 7.1 플러그인 다운로드 페이지

4. 다운로드하려면 Accept License Agreement 라디오 버튼을 선택해야 한다.

5. 11g 플러그인 Oracle WebLogic Web Server Plugins 11g와 12c 플러그인 중 사용하려는 플러그인을 다운로드 한다.

11g, 12c 플러그인은 플러그인의 'lib' 디렉토리를 'Shared Libary PATH'로 설정해야 한다. 플랫폼별 설정 값은 다음과 같다.

OS	Shared Libary PATH
윈도우 NT/95	PATH
솔라리스	LD_LIBRARY_PATH
HP/UX	SHLIB_PATH
AIX	LIBPATH, LD_LIBRARY_PATH
리눅스	LD_LIBRARY_PATH
OS/2	LIBPATH

표 7.1 각 플랫폼의 Shared Library PATH

웹로직 버전마다 플러그인 버전과 웹 서버의 버전, 웹 서버가 설치된 OS에 상이함이 있으니 지원 정보를 확인한 후 연동하는 것을 권장한다. 플러그인의 상세 설정 값은 후반부에 정리했다. 설정 방법은 각 플러그인의 압축 파일의 'README.txt'를 참고하면 설정 방법이 상세히 정리되어 있다.

7.1 : 아파치 연동

아파치 HTTP 서버는 아파치Apache 재단에서 관리하는 웹 서버로서 전 세계적으로 가장 많이 사용되고 있다. 유닉스/리눅스 플랫폼의 아파치에서 웹로직을 연동하기 위해서는 웹로직 플러그인 모듈을 읽을 수 있도록 설치 시 컴파일 설정 값에 --enable-module=so가 설정되어야 한다.

```
# ./configure --prefix=/app/web/apache2.2.26 --enable-modules=so --with-mpm=worker
--enable-mods-shared=all --enable-so --enable-proxy --enable-proxy-ajp
```

모듈을 읽을 수 있도록 컴파일되어 설치된 아파치는 기본 설정 파일인 '$APACHE_HOME/conf/httpd.conf'에서 LoadModule로 시작되는 모듈을 읽어들이는 설정들이 되어 있다. 윈도우 플랫폼에 설치되는 아파치에는 기본적으로 모듈을 읽을 수 있도록 설정되어 있다. 아파치 HTTP 서버 2.2.26을 기준으로 진행했다.

7.1.1 아파치에 플러그인 1.0 설정

8.1 이상 10.3.6 이하 버전에서 제공된 웹로직 플러그인을 아파치의 'modules' 디렉토리에 복사한다. 아파치 버전에 따라 모듈의 이름이 다름에 유의한다. 128비트 암호화와 파일이 구분되며 선택해 적용한다.

아파치 버전	기본 암호화 플러그인 모듈	128비트 암호화 플러그인 모듈
Standard Apache Version 1.3.x	mod_wl.so	
Standard Apache Version 2.0.x	mod_wl_20.so	mod_wl128_20.so
Standard Apache Version 2.2.x	mod_wl_22.so	mod_wl128_22.so

표 7.2 웹로직 플러그인 1.0의 모듈명과 대응되는 아파치

modules 디렉토리에 위치한 플러그인을 기존 'httpd.conf'에 설정한다.

```
LoadModule weblogic_module modules/mod_wl_22.so
```

그림 7.2 'httpd.conf'에 설정한 웹로직 플러그인

1.0 플러그인은 아파치에 'LoadModule'로 선언하면 모듈이 동작한다.

7.1.2 아파치에 플러그인 11g, 12c 설정

11g, 12c 플러그인은 다운로드한 파일 내부에 있는 웹 서버와 플랫폼별 파일을 업로드해 압축을 풀어준다. 12c의 경우 아파치 2.4를 지원하면서 버전에 따라 모듈의 이름이 다름에 유의한다. 128비트 암호화가 기본값으로 변경되었다.

아파치 버전	플러그인(Plug-In) 버전	플러그인 모듈
Standard Apache Version 2.2.x	11g, 12c	mod_wl.so
Standard Apache Version 2.4.4+	12c	mod_wl_24.so

표 7.3 웹로직 플러그인 11g와 12c의 모듈명과 대응되는 아파치

11g와 12c 플러그인은 별도로 다운로드한 압축 파일을 풀어 사용하며 모듈들이 들어 있는 'lib' 디렉토리를 LD_LIBRARY_PATH로 설정해야 한다. 서버 접속 시 환경 변수로 export하거나 아파치의 'apachctl' 파일 내부에 설정할 수 있다.

그림 7.3 'apachctl'에 설정한 'LD_LIBRARY_PATH'

'LD_LIBRARY_PATH' 설정 후 1.0 플러그인과 마찬가지로 'httpd.conf'에 웹로직 모듈을 읽도록 설정한다.

```
LoadModule weblogic_module $PLUGIN_HOME/lib/mod_wl.so
```

그림 7.4 'httpd.conf'에 설정한 웹로직 플러그인

7.1.3 아파치에 웹로직 연동 설정

플러그인 설정이 완료되면 아파치와 웹로직 연동을 위한 구문을 설정한다. 웹로직과의 연동은 MIME 타입으로 구분하는 방식과 URL 경로로 구분하는 두 가지 방식으로 나뉜다. IfModule 선언과 Location이 이에 해당된다. 각 선언은 httpd.conf 파일에서 LoadModule로 웹로직 플러그인의 선언 이후 라인에 연동 설정을 추가한다.

```
# weblogic-handler를 생성하고
# 요청하는 MIME type이 jsp, xyz인 경우 웹로직으로 요청 전달
<IfModule mod_weblogic.c>
  WebLogicHost [SERVER_IP]
  WebLogicPort [SERVER_PORT]
  MatchExpression *.jsp
  MatchExpression *.xyz
</IfModule>

# url이 /weblogic인 경우 weblogic-handler가 동작
<Location /weblogic>
  SetHandler weblogic-handler
</Location>
```

리스트 7.1 'httpd.conf'에 선언된 웹로직 연동 설정

단일 웹로직이 아니라 여러 웹로직 서버로의 요청이 필요한 경우 기존 WebLogicHost와 WebLogicPort를 대신해 WebLogicCluster에 콤마(,)로 구분해 설정할 수 있다.

```
# weblogic-handler를 생성하고
# 요청하는 MIME type이 jsp, xyz인 경우 웹로직으로 요청 전달
<IfModule mod_weblogic.c>
  WebLogicCluster [A_SERVER_IP]:[A_SERVER_PORT],[B_SERVER_IP]:[B_SERVER_PORT]
  MatchExpression *.jsp
  MatchExpression *.xyz
</IfModule>

# url이 /weblogic인 경우 weblogic-handler가 동작
<Location /weblogic>
  SetHandler weblogic-handler
</Location>
```

리스트 7.2 'WebLogicCluster' 설정을 통한 두 개 이상의 웹로직 서버 연동

설정이 완료되면 정의한 요청 규칙에 따라 웹 서버에 요청한다.

그림 7.5 아파치 80포트에 요청한 JSP 페이지

7.2 : iPlanet 연동

iPlanet[Oracle iPlanet Web Server]는 썬 마이크로시스템즈가 오라클에 인수되면서 명칭이 약간 수정되었으나 기존 네스케이프[Netscape], 썬 원[Sun One], 썬 자바 시스템 웹 서버[Sun Java System Web Server] 모두 동일한 웹 서버다. iPlanet에 플러그인 연동을 위해 수정되는 설정 파일은 각 IPLANET_INSTANCE_HOME의 config 디렉토리에 위치한 magnus.conf, mime.types, obj.conf다. magnus.conf 파일은 모듈을 선언하는 파일이고 mime.types에서는 요청에 대한 확장자의 유형을 지정한다. obj.conf에서는 mime.types에 선언된 확장자의 형태나 URL 경로에 따라 웹로직 플러그인을 통해 웹로직 서버가 요청을 처리하도록 설정한다. Oracle iPlanet Web Server 7.0.19를 기준으로 진행했다.

7.2.1 iPlanet에 플러그인 1.0 설정

8.1 이상 10.3.6 이하 버전에서 제공된 웹로직 플러그인을 iPlanet의 'plugins' 디렉토리에 복사한다. 모듈의 이름은 6.1과 7.0 모두 같다. 128비트 암호화와 파일이 구분되며 선택해 적용한다.

iPlanet 버전	기본 암호화 플러그인 모듈	128비트 암호화 플러그인 모듈
Sun Java System Web Server 6.1+	libproxy_61.so	libproxy128_61.so
Oracle iPlanet Web Server 7.0+	libproxy_61.so	libproxy128_61.so

표 7.4 웹로직 플러그인 1.0의 모듈명과 대응되는 iPlanet

plugins 디렉토리에 위치한 플러그인은 magnus.conf에 설정한다.

```
Init fn="load-modules" funcs="wl_proxy,wl_init" \
shlib="$IPLANET_HOME/plugins/libproxy_61.so"
Init fn="wl_init"
```

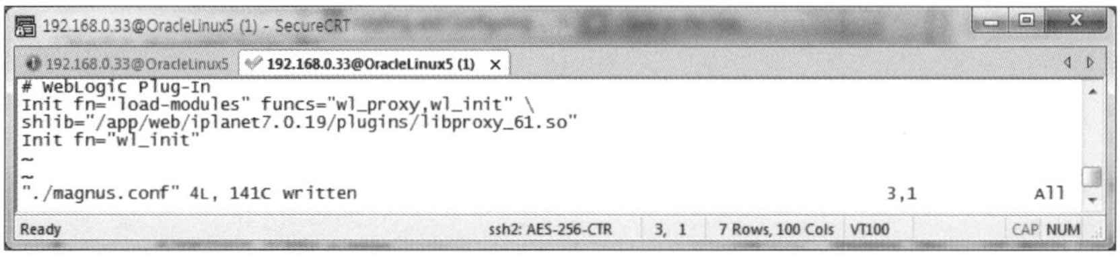

그림 7.6 'magnus.conf'에 설정한 웹로직 플러그인

1.0 플러그인은 iPlanet에 `Init fn` 값으로 선언하면 모듈이 동작한다.

7.2.2 iPlanet에 플러그인 11g, 12c 설정

11g, 12c 플러그인은 다운로드한 파일 내부에 있는 웹 서버와 플랫폼별 파일을 업로
드해 압축을 풀어준다. 128비트 암호화가 기본값으로 변경되었다. 기본 모듈의 이름은
'mod_wl.so'이다. 11g와 12c 플러그인은 별도로 다운로드한 압축 파일을 풀어 사용
하며 모듈들이 들어 있는 'lib' 디렉토리를 `LD_LIBRARY_PATH`로 설정해야 한다. 설정
방법은 서버 접속 시 환경 변수로 export하거나 iPlanet이 설치된 디렉토리의 lib에 플
러그인의 lib 디렉토리 내용을 모두 복사하는 방법, '$IPLANET_INSTANCE_HOME/
bin/startserv' 파일 내부에 설정하는 방법이 있다.

그림 7.7 'startserv'에 설정한 'LD_LIBRARY_PATH'

LD_LIBRARY_PATH 설정 후 1.0 플러그인과 마찬가지로 magnus.conf에 웹로직 모듈을 읽도록 설정한다. 1.0의 방식과 약간의 차이점이 있다.

```
Init fn="load-modules" shlib="${PLUGIN_HOME}/lib/mod_wl.so"
```

그림 7.8 'magnus.conf'에 설정한 웹로직 플러그인

7.2.3 iPlanet에 웹로직 연동 설정

플러그인 설정이 완료되면 iPlanet과 웹로직 연동을 위한 구문을 설정한다. 웹로직과의 연동은 MIME 타입으로 구분하는 방식과 URL 경로로 구분하는 두 가지 방식으로 나뉜다. MIME 타입으로 구분하기 위해 웹로직에서 처리할 요청의 확장자는 'mime. types'에 설정한다. 한 가지 예로 JSP 파일의 유형은 'text/jsp'이다.

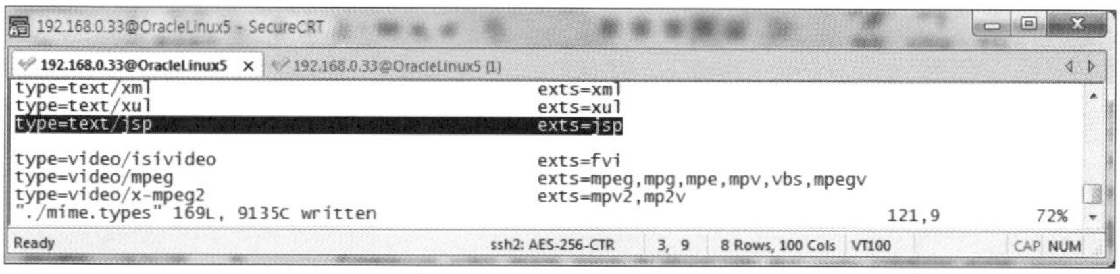

그림 7.9 'mime.types'에 설정한 JSP 페이지 유형

웹로직과의 연동 관련 설정은 'obj.conf'에 설정한다. ObjectType 선언 뒤의 Service 선언에 MIME 타입으로 구분하기 위한 설정을 한다.

```
<Object name="default">
AuthTrans fn="match-browser" browser="*MSIE*" ssl-unclean-shutdown="true"
NameTrans fn="pfx2dir" from="/mc-icons" dir="/export/home/ws/lib/icons"
name="es-internal"
PathCheck fn="uri-clean"
PathCheck fn="check-acl" acl="default"
PathCheck fn="find-pathinfo"
PathCheck fn="find-index" index-names="index.html,home.html"
ObjectType fn="type-by-extension"
```

```
ObjectType fn="force-type" type="text/plain"
```
 # 요청하는 MIME type이 jsp인 경우 웹로직으로 요청 전달
Service method="(GET|HEAD|POST|PUT)" type="text/jsp" fn="wl-proxy"
WebLogicHost="[SERVER_IP]" WebLogicPort="[SERVER_PORT]"
```
Service method="(GET|HEAD)" type="magnus-internal/directory" fn="index-common"
Service method="(GET|HEAD|POST)" type="*~magnus-internal/*" fn="send-file"
Service method="TRACE" fn="service-trace"
AddLog fn="flex-log"
</Object>
```

 # url이 /servlet인 경우 weblogic-handler가 동작
```
<Object name="weblogic" ppath="*/servlet/*">
```
Service fn="wl-proxy" WebLogicHost="[SERVER_IP]" WebLogicPort="[SERVER_PORT]"
```
</Object>
```

 # url이 do로 끝나는 경우 weblogic-handler가 동작
```
<Object name="weblogic" ppath="*.do">
```
Service fn="wl-proxy" WebLogicHost="[SERVER_IP]" WebLogicPort="[SERVER_PORT]"
```
</Object>
```

리스트 7.3 'obj.conf'에 선언된 웹로직 연동 설정

단일 웹로직이 아니라 여러 웹로직 서버로의 요청이 필요한 경우 기존 WebLogicHost와 WebLogicPort를 대신해 WebLogicCluster에 콤마(,)로 구분해 설정할 수 있다.

```
<Object name="weblogic" ppath="*.do">
```
Service fn="wl-proxy" WebLogicCluster="[A_SERVER_IP]:[A_SERVER_PORT],
[B_SERVER_IP]:[B_SERVER_PORT]"
```
</Object>
```

리스트 7.4 'WebLogicCluster' 설정을 통한 두 개 이상의 웹로직 서버 연동

설정이 완료되면 정의한 요청 규칙에 따라 웹 서버에 요청한다.

그림 7.10 iPlanet 80포트에 요청한 JSP 페이지

7.3 : IIS 연동

윈도우 플랫폼에서 사용하는 IIS^{Microsoft Internet Information Server}는 마이크로소프트에서 제공하는 ASP나 닷넷^{.NET} 언어를 사용한 애플리케이션을 수행하는 일종의 WAS라고도 볼 수 있다. WEB 서버로도 활용 가능한 IIS를 통해 웹로직과 연동할 수 있으며 연동 관련 설정은 'iisproxy.ini' 파일에 저장한다. 플러그인 1.0 버전의 경우 IIS의 'ISAPI 필터' 항목을 사용하게 됨으로 IIS 7.0+에 연동하는 경우 해당 항목을 추가해 설치한다. Microsoft Internet Information Server 7.0을 기준으로 진행했다.

7.3.1 IIS에 플러그인 1.0 설정

8.1 이상 10.3.6 이하 버전에서 제공된 웹로직 플러그인을 IIS의 설정을 저장할 디렉토리에 복사한다. 모듈의 이름은 6.0과 7.0+ 모두 같다. 128비트 암호화와 파일이 구분되며 선택해 적용한다. 추가적으로 'ISAPI 필터'에 등록할 'iisforward.dll'이 제공된다.

IIS 버전	기본 암호화 플러그인 모듈	128비트 암호화 플러그인 모듈
Microsoft IIS 6.0	iisproxy.dll, iisforward.dll	iisproxy128.dll, iisforward.dll
Microsoft IIS 7.0+	iisproxy.dll, iisforward.dll	iisproxy128.dll, iisforward.dll

표 7.5 웹로직 플러그인 1.0의 모듈명과 대응되는 IIS

ISAPI 필터에 'iisforward.dll'을 설정한다.

1. IIS(인터넷 정보 서비스) **관리자** 창을 열고 해당 사이트의 ISAPI 필터를 선택한다.

그림 7.11 IIS의 ISAPI 필터

2. ISAPI 필터에서 우측 **작업**의 **추가...**를 선택하거나 ISAPI 필터 설정 화면 영역에서
우클릭 후 **추가...** 항목을 선택한다.

그림 7.12 ISAPI 필터 추가 항목

3. 필터 이름을 wlforward로 설정하고 실행 파일 경로를 준비한 iisforward.dll 파일로
지정한다.

그림 7.13 'iisforward.dll'의 ISAPI 필터 추가

　IIS에서 1.0 플러그인은 ISAPI 필터를 등록하고 사용할 경로나 MIME 타입을
'iisproxy.dll'로 지정하게 된다.

7.3.2 IIS에 플러그인 11g, 12c 설정

플러그인 1.0에서는 ISAPI 필터에 'iisforward.dll'을 등록해 사용했으나 11g, 12c 플러그인은 플러그인의 'lib' 디렉토리를 환경변수의 PATH에 지정해 사용한다. ISAPI 필터 등록은 필요 없다.

1. **내 컴퓨터**를 우클릭해 **속성**을 선택하거나 제어판에서 **시스템**을 선택한다.

2. 좌측 **제어판 홈** 선택지에서 **고급 시스템 설정**을 선택한다.

그림 7.14 '고급 시스템 설정' 선택

3. **시스템 속성** 창에서 **고급** 탭의 하단에 **환경 변수**를 선택한다.

그림 7.15 '환경 변수' 선택

4. IIS를 사용하는 계정의 **사용자 변수**나 **시스템 변수**의 PATH 또는 Path 항목에 플러그인의 'lib' 디렉토리 경로를 추가한다. 윈도우 플랫폼에서의 변수 구분자는 세미콜론(:)임에 주의한다.

그림 7.16 플러그인을 PATH에 추가

11g, 12c 플러그인은 'lib' 디렉토리를 PATH로 지정하고 사용할 경로나 MIME 타입을 'iisproxy.dll'로 지정한다.

7.3.3 IIS에 웹로직 연동 설정

플러그인을 사용할 준비가 끝나면 웹로직에서 처리하게 하려는 MIME 타입이나 경로를 연동할 IIS 인스턴스의 **처리기 매핑**에 추가할 수 있다. 추가되는 항목의 실행 파일로 'iisproxy.dll'을 지정하게 되면 해당 항목들을 웹로직에서 처리하게 동작한다. 연동되는 웹로직의 정보는 'iisproxy.dll'과 같은 디렉토리에 'iisproxy.ini' 파일을 생성해 설정한다.

1. IIS(인터넷 정보 서비스) **관리자** 창을 열고 해당 사이트의 **처리기 매핑**을 선택한다.

그림 7.17 IIS의 처리기 매핑

2. 처리기 매핑의 우측 **작업**에서 **스크립트 매핑 추가...**를 선택하거나 처리기 매핑 설정
화면 영역에서 우클릭 후 **스크립트 매핑 추가...**를 선택한다.

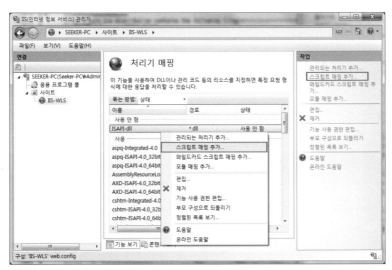

그림 7.18 처리기 매핑의 스크립트 매핑 추가 항목

3. 플러그인에서 처리하려는 MIME 타입의 형태나 경로를 지정하고 실행 파일로 플
러그인의 'iisproxy.dll'을 선택한다.

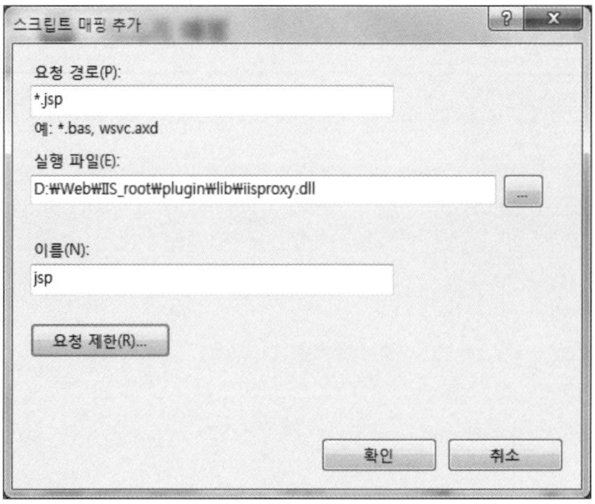

그림 7.19 스크립트 매핑 추가와 실행 파일 선택

연동하고자 하는 MIME 타입이나 경로를 추가했다면 해당 실행 파일이 연동 할 웹로직의 정보를 'iisproxy.ini' 파일로 작성한다.

```
WebLogicHost=[SERVER_IP]
WebLogicPort=[SERVER_PORT]
```

리스트 7.5 'iisproxy.ini'에 선언된 웹로직 연동 설정

단일 웹로직이 아니라 여러 웹로직 서버로의 요청이 필요한 경우 기존 WebLogicHost와 WebLogicPort를 대신해 WebLogicCluster에 콤마(,)로 구분해 설정할 수 있다.

```
WebLogicCluster=[A_SERVER_IP]:[A_SERVER_PORT],[B_SERVER_IP]:[B_SERVER_PORT]
```

리스트 7.6 'WebLogicCluster' 설정을 통한 두 개 이상의 웹로직 서버 연동

설정이 완료되면 정의한 요청 규칙에 따라 웹 서버에 요청한다.

그림 7.20 IIS 80포트에 요청한 JSP 페이지

7.4 : OHS 연동

OHS^{Oracle HTTP Server}는 오라클 퓨전 미들웨어 제품군의 웹 서버로서의 역할을 맡고 있다. 아파치 2.2를 기반으로 제작된 웹 서버로 기존 썬 사에서 관리되던 iPlanet와는 다르게 OHS는 기본적으로 오라클의 WAS인 웹로직과의 연동 설정이 완료된 상태로 설치된다. Oracle HTTP Serve 12.2.1.2로 진행했다.

7.4.1 OHS의 플러그인 연동

OHS에서는 웹로직 플러그인이 httpd.conf 파일과 같은 디렉토리에 위치한 'mod_wl_ohs.conf'에 설정되어 있다.

```
# NOTE: This is a template to configure mod_weblogic.

LoadModule weblogic_module    "${PRODUCT_HOME}/modules/mod_wl_ohs.so"

# This empty block is needed to save mod_wl related configuration from EM to
this file when changes are made at the Base Virtual Host Level
<IfModule weblogic_module>
#       WebLogicHost <WEBLOGIC_HOST>
#       WebLogicPort <WEBLOGIC_PORT>
#       MatchExpression *.jsp
</IfModule>

# <Location /weblogic>
#       SetHandler weblogic-handler
#       PathTrim /weblogic
#       ErrorPage  http:/WEBLOGIC_HOME:WEBLOGIC_PORT/
#  </Location>
```

리스트 7.7 'mod_wl_ohs.conf'에 설정되어 있는 웹로직 플러그인과 설정 예제

OHS에 포함된 웹로직 플러그인 모듈 mod_wl_ohs.so는 OHS의 버전과 같으나 상세 플러그인 버전을 확인하고자 하면 다음과 같이 확인할 수 있다.

```
$ strings ./mod_wl_ohs.so | grep WLSPLUGINS
WLSPLUGINS_12.1.2.0.0_LINUX.X64_130509.1730
WebLogic Server Plugin version 12.1.2 <WLSPLUGINS_12.1.2.0.0_LINUX.
X64_130509.1730>
```

7.4.2 OHS에 웹로직 연동 설정

OHS에 구성되어 있는 'mod_wl_ohs.conf'에 웹로직 연동 설정을 추가한다. 기존의 예제 형식이 있으므로 쉽게 연동할 수 있다. 연동은 MIME 타입으로 구분하는 방식과 URL 경로로 구분하는 두 가지 방식으로 나뉘며 설정 방법은 아파치에 설정하는 방법과 동일하다.

```
# NOTE: This is a template to configure mod_weblogic.

LoadModule weblogic_module    "${PRODUCT_HOME}/modules/mod_wl_ohs.so"

# This empty block is needed to save mod_wl related configuration from EM to
this file when changes are made at the Base Virtual Host Level
# 요청하는 MIME type이 jsp, xyz인 경우 웹로직으로 요청 전달
<IfModule mod_weblogic.c>
  WebLogicHost [SERVER_IP]
  WebLogicPort [SERVER_PORT]
  MatchExpression *.jsp
  MatchExpression *.xyz
</IfModule>

# url이 /weblogic인 경우 weblogic-handler가 동작
<Location /weblogic>
  SetHandler weblogic-handler
</Location>
```

리스트 7.8 'mod_wl_ohs.conf'에 웹로직 연동 설정의 예

단일 웹로직이 아니라 여러 웹로직 서버로의 요청이 필요한 경우 기존 WebLogicHost와 WebLogicPort를 대신해 WebLogicCluster에 콤마(,)로 구분해 설정할 수 있다.

```
# weblogic-handler를 생성하고
# 요청하는 MIME type이 jsp, xyz인 경우 웹로직으로 요청 전달
<IfModule mod_weblogic.c>
  WebLogicCluster [A_SERVER_IP]:[A_SERVER_PORT],[B_SERVER_IP]:[B_SERVER_PORT]
  MatchExpression *.jsp
  MatchExpression *.xyz
</IfModule>
```

```
# url이 /weblogic인 경우 weblogic-handler가 동작
<Location /weblogic>
  SetHandler weblogic-handler
</Location>
```

리스트 7.9 'WebLogicCluster' 설정을 통한 두 개 이상의 웹로직 서버 연동

설정이 완료되면 정의한 요청 규칙에 따라 웹 서버에 요청한다.

그림 7.21 OHS 7777포트에 요청한 JSP 페이지

7.4.3 퓨전 미들웨어 컨트롤 12c

OHS 12c에서는 이전에 오라클 애플리케이션 서버Oracle Application Server로부터 이어 온 opmn 명령어가 없어지고 독립적인 제품으로 바뀌었다. 웹로직에서 연동할 주요 웹 티어 제품으로서의 구성 변화가 있었고 특징적으로는 도메인 구조와 명령체계가 웹로 직과 같게 변경되었다.

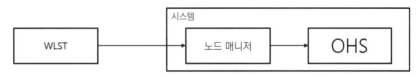

그림 7.22 OHS 독립적인 도메인 구성의 명령도

이러한 변화는 웹로직과의 연계성을 강화함과 동시에 퓨전 미들웨어 11g 환경에서 의 별개의 구성으로 관리되는 구조에서 웹로직 내부에서 관리되는 형태로 변경되었다. 웹로직의 서버 인스턴스가 노드 매니저의 관리를 받아 수행되는 것과 같이 OHS 12c 의 동작도 노드 매니저에 의해 컨트롤된다.

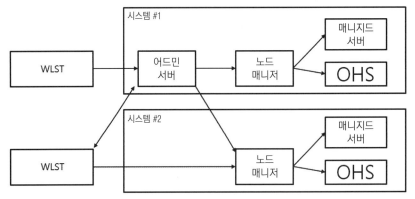

그림 7.23 웹로직 도메인에 연계된 OHS 구성의 명령도

웹로직과의 연동을 위해 OHS를 설치하는 과정에 웹로직과 연동해 설치되는 옵션이 있다. 설명은 웹로직 서버를 통해 관리된다고 해 쉽게 웹로직과 연동되는 것으로 보여지나 막상 웹로직과의 연동을 위한 설치 옵션으로 진행하려고 하면 웹로직이 설치된 'ORACLE_HOME' 경로가 다르다고 하며, 다시 OHS를 설치할 경로를 웹로직과 같은 경로로 설정하면 'em_fmc'가 없다는 메시지가 보인다.

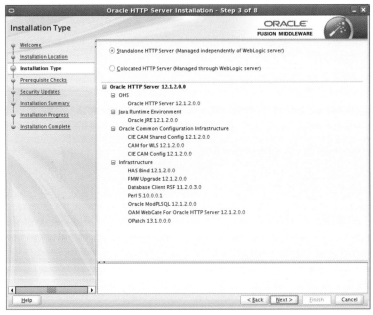

그림 7.24 OHS 설치 유형의 웹로직 연동 옵션

웹로직과 OHS의 연동은 Oracle Enterprise Manager FMC(퓨전 미들웨어 컨트롤)의 구성을 위한 설정으로 11g 환경에서부터 제공되는 웹 브라우저 기반의 미들웨어 환경의 관리 인터페이스다. 웹로직 도메인에서 구성되는 서버, 클러스터, 모니터링과 추가로 웹 티어 제품군의 OHS를 관리하고 모니터링할 수 있다. 이 같은 환경의 구성은 클라우드 환경을 고려한 것으로 기존의 웹로직 도메인의 역할의 범위가 더 넓어진다.

기존 웹로직 도메인을 생성하는 기준이 특정 서비스 단위나 기업 내의 특정 파트를 위한 개념이였다면 FMC가 구성된 도메인은 기업 내 전체 업무를 위한 WEB-WAS 환경을 총괄하고 원격으로 서버를 생성하고 구성 환경을 구축하는 역할을 담당한다. 이런 역할의 변화는 가상화, 또는 클라우드 환경에서 웹을 기반으로 하는 서비스 구성 환경에 대한 동적인 구성을 가능하게 한다. 웹로직 12c 환경을 기준으로 퓨전 미들웨어 컨트롤을 위한 요구조건은 다음과 같다.

- Oracle WebLogic Server 12.1.2 이상
- 데이터베이스
  : Oracle Database 11.1.0.7+, 11.2.0.3+, 12.1.0.1+
  : IBM DB2 9.7, 10.1
  : MS SQL 2008 R2
- Oracle Application Developer Framework(ADF) 12.1.2 이상의 웹로직 동일 버전
- Oracle HTTP Server 12.1.2 이상의 웹로직 동일 버전

웹로직 12.1.2 이상 버전과 FMC 요구조건에 맞는 DB가 설치되어 있다는 가정하에 FMC를 위한 설치는 ADF 설치 후 RCU^Repository Creation Utility를 사용해 FMC에서 사용하는 Repository(저장소)를 DB에 생성하고 OHS를 웹로직에 기반하여 설치한다. 먼저 ADF 설치 파일을 받고 웹로직에 설치하는 방법은 다음과 같다. 그래픽 모드로 진행한다.

1. 오라클 홈페이지(http://www.oracle.com)에 접속해 상단 탭에 있는 **메뉴(Menu)** 〉 **Downloads(Trials and Downloads)** 〉 **Developer Tools**를 선택한다.

2. 오라클 다운로드 페이지에서 중간 탭에 있는 **Developer Tools** 항목 중 **ADF Faces**를 선택한다.

3. **Downloads** 탭을 선택하고, 다운로드하기 위해 **Accept License Agreement** 라디오 버튼을 선택한다.

4. Oracle ADF Downloads에서 12.1.2 이상의 웹로직과 동일한 버전을 선택한 후 Download File 버튼으로 다운로드한다.

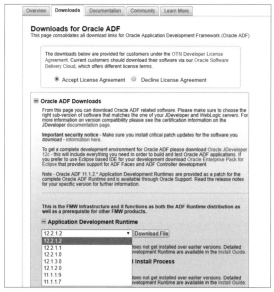

그림 7.25 ADF 다운로드 페이지와 버전 선택

5. 다운로드한 zip 형태의 설치 파일의 압축을 해제하면 설치를 진행할 jar 파일이 나오는데, 해당 파일을 웹로직이 설치된 플랫폼에 업로드하고 실행한다. 웹로직 12.1.2 이상 버전과 마찬가지로 Oracle Universial Installer로 진행된다.

6. Installation Inventory Setup: Unix/Linux 환경의 경우 Inventory Directory의 위치를 지정하고 Operating System Group(계정 그룹)을 설정한다.

그림 7.26 Inventory 디렉토리와 계정 그룹 설정

7. Welcome: 환영 메시지를 확인하고 진행한다.

8. Install Location: ADF를 설치할 ORACLE_HOME을 설정한다. 해당 위치는 기존 웹로직 12.1.2 이상 버전 설치 위치와 동일하게 지정하며 설치 위치가 맞으면 아래 View 버튼을 클릭해 설치 대상 웹로직 정보를 확인할 수 있다.

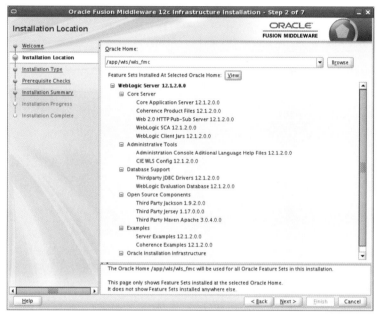

그림 7.27 웹로직이 설치된 위치로 ORACLE_HOME 지정

9. Installation Type: 애플리케이션 예제와 함께 설치할지 여부를 선택하는 것으로 필요에 따라 함께 설치할지 선택한다.

10. Prerequisite Checks: 설치 요구조건을 만족하는지 확인하는 작업을 거친다. 요구조건이 충분하지 못한 경우 아래 확인란에서 문제점을 확인할 수 있다.

11. Installation Summary: 설치가 수행될 정보를 확인한다. 정보 확인 창의 Save Response file 버튼으로 사일런트 모드로 설치하는 경우 필요한 Response File을 저장할 수 있다. 계속 진행하면 설치가 진행되고 완료 후 설치 완료 메시지를 확인할 수 있다.

```
[ENGINE]
#DO NOT CHANGE THIS.
Response File Version=1.0.0.0.0

[GENERIC]
#The oracle home location. This can be an existing Oracle Home or a new Oracle Home
ORACLE_HOME=/app/wls/wls_fmc

#Set this variable value to the Installation Type selected. e.g. Fusion
Middleware Infrastructure, Fusion Middleware Infrastructure With Examples.
INSTALL_TYPE=Fusion Middleware Infrastructure
```

리스트 7.10 사일런트 모드 설치에 필요한 Response 정보

설치된 ADF에는 FMC에 필요한 DB Repository를 구성하는 RCU가 있다. RCU로 Repository를 구성하기 위해 'sysdba' 권한을 갖는 계정이 필요하다. 예제는 sys 계정으로 진행했다. RCU 실행을 위해 JAVA_HOME과 웹로직과 ADF가 설치된 ORACLE_HOME 변수를 설정하고 '$WL_HOME/oracle_common/bin/rcu'를 실행한다.

```
# export JAVA_HOME="/usr/jdk1.7.0_51"
# export ORACLE_HOME="/app/wls/wls_fmc"
# cd /app/wls/wls_fmc/oracle_common/bin
# ./rcu
```

1. Welcome: 환영 메시지를 확인하고 진행한다.

2. Create Repository: Repository 생성을 위해 Create Repository를 선택하고 별도 스크립트는 준비되지 않았기 때문에 System Load and Product Load를 선택한 후 진행한다.

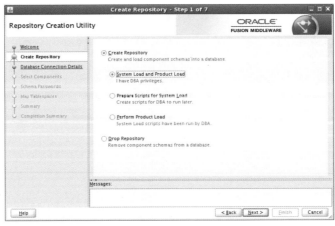

그림 7.28 Repository 생성 형태 선택

3. Database Connection Details: Repository를 생성할 DB 정보를 입력해 진행한다. 사용할 DB의 정보와 계정 권한이 조건에 충족되는지 검사가 진행된다.

그림 7.29 DB 정보 입력

4. Select Components: FMC에서 사용할 구성 요소를 선택한다. Oracle AS Repository Components에 체크해 모든 구성 요소를 대상으로 한다. Create new prefix는 생성될 스키마에 대한 prefix 이름을 설정한다. 진행하면 각 요소에 대한 조건 충족 검사를 수행한다.

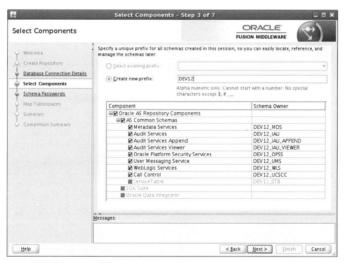

그림 7.30 Repository 구성 요소 선택

5. **Schema Password**: 스키마Schema 구성 요소에 대한 비밀번호를 설정한다. 모두 같은 비밀번호를 사용하거나 각각 다른 비밀번호를 지정할 수 있다. 모두 같은 비밀번호를 사용하기 위해 **Use same password for all schemas**를 선택하고 비밀번호를 입력했다.

6. **Map Tablespaces**: 생성되는 Tablespace 정보를 표시한다. 진행하면 Tablespace 에 대한 충족 조건 검사를 진행하고 생성한다.

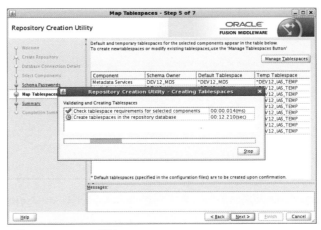

그림 7.31 Tablespace 생성

7. **Summary**: 구성될 Repository에 대한 요약을 확인하고 진행하면 Repository 생성이 시작된다. 생성 완료 후 생성 정보를 확인하고 RCU를 종료한다.

그림 7.32 Repository 생성

ADF 구성 요소가 설치된 웹로직과 FMC가 사용할 Repository가 준비되었으면 OHS를 웹로직이 관리하도록 설치할 수 있다. 먼저 OHS 설치 파일을 받고 웹로직에 설치하는 방법은 다음과 같다.

1. 오라클 홈페이지(http://www.oracle.com)에 접속해 상단 탭에 있는 Downloads를 선택한다.

2. 오라클 다운로드 페이지에서 중간 탭에 있는 Middleware를 선택 후 Web Tier를 선택한다. Oracle HTTP Server 링크를 선택하면 다운로드 페이지로 이동한다.

3. Downloads 탭을 선택하고, 다운로드하기 위해 Accept License Agreement 라디오 버튼을 선택한다.

4. Oracle WebTier Utilities 12c Installations에서 설치 플랫폼을 선택한 후 Download 버튼으로 다운로드한다.

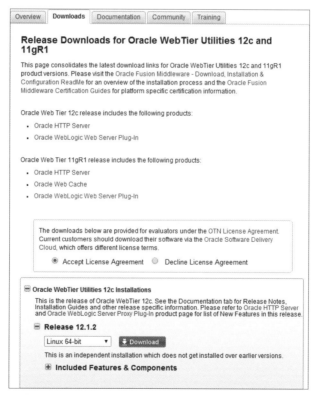

그림 7.33 OHS 다운로드 페이지에서 릴리스 버전과 플랫폼 선택

5. 다운로드한 zip 형태의 설치 파일의 압축을 해제하면 설치를 진행할 파일이 나오는데, 해당 파일을 웹로직이 설치된 플랫폼에 업로드하고 실행한다. 12.1.2 이상인 버전과 마찬가지로 Oracle Installer로 진행된다.

6. Installation Inventory Setup: 설치된 웹로직과 동일한 Inventory 디렉토리 위치를 지정하고 계정 그룹을 설정한다.

7. Welcome: 환영 메시지를 확인하고 진행한다.

8. Installation Location: OHS가 설치될 디렉토리를 지정한다. OHS 단독으로 설치되는 경우 임의의 디렉토리를 선택하지만 웹로직과의 연동 설치를 위해 웹로직이 설치된 디렉토리를 선택해 진행한다. 기존 웹로직 설치 위치와 동일하게 지정하며 설치 위치가 맞으면 아래 View 버튼을 클릭해 설치 대상 웹로직 정보를 확인할 수 있다.

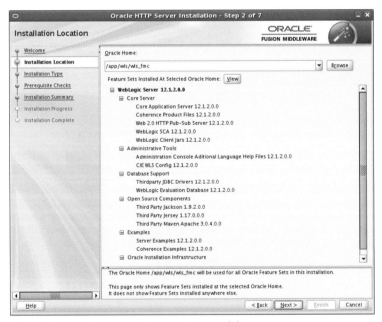

그림 7.34 웹로직이 설치된 위치로 ORACLE_HOME 지정

9. Install Type: OHS가 웹로직과 연동되는 조건을 갖춘 ORACLE_HOME이 지정되면 자동으로 Colocated HTTP Server (Managed Through WebLogic server) 항목이 선택된다.

10. Prerequisite Checks: 설치 요구조건을 만족하는지 확인하는 작업을 거친다. 요구조건이 충분하지 못한 경우 아래 확인란에서 문제점을 확인할 수 있다.

11. Installation Summary: 설치가 수행될 정보를 확인한다. 정보 확인 창의 Save Response file 버튼으로 사일런트 모드로 설치하는 경우 필요한 Response File을 저장할 수 있다. 계속 진행하면 설치가 진행되고 완료 후 설치 완료 메시지를 확인할 수 있다.

```
[ENGINE]
#DO NOT CHANGE THIS.
Response File Version=1.0.0.0.0

[GENERIC]
#The oracle home location. This can be an existing Oracle Home or a new Oracle Home
ORACLE_HOME=/app/wls/wls_fmc

#Set this variable value to the Installation Type selected as either
Standalone HTTP Server (Managed independently of WebLogic server) OR Colocated
HTTP Server (Managed through WebLogic server)
INSTALL_TYPE=Colocated HTTP Server (Managed through WebLogic server)
```

리스트 7.11 웹로직과 연동되는 OHS의 사일런트 모드 설치에 필요한 Response 정보

웹로직에 추가로 설치된 ADF와 OHS는 웹로직 도메인을 생성하는 과정에 구성 요소로 포함된다. 웹로직 도메인 구성을 위한 구성 마법사를 진행하면 템플릿이 추가된 것이 확인된다. 웹로직에서 관리하는 OHS를 구성하기 위해 Oracle HTTP Server (Collocated) – 12.1.2.0 [ohs]를 선택하면 추가 요소가 자동으로 선택된다.

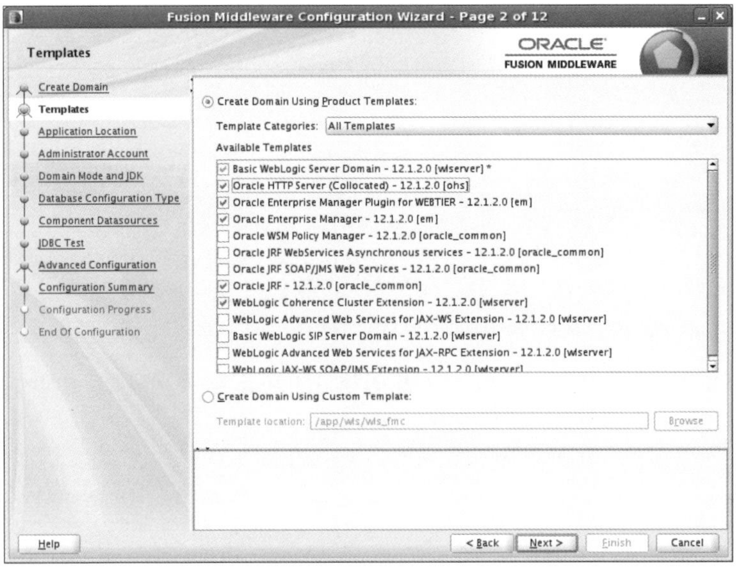

![그림 7.35 웹로직 도메인 구성 템플릿 요소의 OHS](Fusion Middleware Configuration Wizard - Page 2 of 12)

그림 7.35 웹로직 도메인 구성 템플릿 요소의 OHS

OHS로 인해 추가되는 구성 요소에서 앞서 RCU로 생성한 Repository를 필요로 하기 때문에 도메인 구성 과정에 Database Configuration Type 설정 과정이 추가된 다. RCU 생성 시 설정한 Repository 정보에 맞게 Vendor, Driver, DBMS/Service, Host Name, Port, Schema Owner, Schema Password를 입력한다. 설정 정보를 확인하고 Get RCU Configuration 버튼을 누르면 기입한 설정 값으로 DB에서 Repository 정보를 확 인한다. 다음 단계에서는 DB에서 가져온 Repository 정보가 표시되며 각 스키마 구 성에 따른 정보 테이블이 나타난다. 입력된 정보에 이상이 없으면 Next 버튼으로 진 행한다.

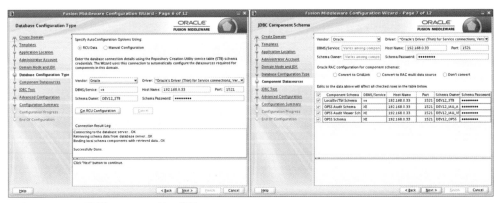

그림 7.36 RCU로 생성한 Repository 정보 확인

JDBC 테스트를 통해 설정한 Repository 정보가 맞는지 확인 과정을 지나면 기존 웹로직 도메인 구성과 같은 고급 구성 옵션이 나온다. 기본 웹로직 도메인과 다른 점은 OHS를 미리 구성할 수 있는 System Components 항목과 ADF의 프레임워크와 구성 서비스를 배치하는 Deployments and Services 항목이 추가되었다는 점이다. 이들 항목은 차후 FMC에서 구성과 변경이 가능하다.

그림 7.37 고급 구성에 추가된 System Components와 Deployments and Services

이렇게 구성된 도메인은 어드민 서버 기동 시 어드민 콘솔과 함께 FMC가 배치되며 노드 매니저를 통해 OHS를 컨트롤하고 OHS에 웹로직과의 연동 설정 및 모니터링이 가능하다. 도메인의 파일 구성에서도 '$DOMAIN_HOME/bin' 디렉토리에 OHS에서 사용되는 startComponent.sh, stopComponent.sh 스크립트가 추가되어 있고 '$DOMAIN_HOME/config' 디렉토리에 'fmwconfig' 디렉토리가 생성되어 있다.

그림 7.38 웹로직 도메인에 추가된 OHS 구성 요소

어드민 서버를 기동하면 기존 어드민 콘솔 URL의 `context-root`인 `/console` 대신 `/em`을 통해 FMC에 접속할 수 있다.

http://ADMIN_SERVER_IP:PORT/em

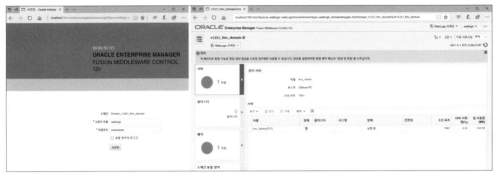

그림 7.39 Enterprise Manager 형태의 FMC 웹 콘솔

FMC의 여러 가지 기능에 대해서는 다음 URL에서 알아볼 수 있다.

http://docs.oracle.com/middleware/1221/core/ASADM/getstart.htm#ASADM111

FMC가 제공하는 기능 중 하나인 OHS를 생성, 관리하고 웹로직과의 연동 설정을 하는 방법은 12.2.1 기준으로 다음과 같다.

1. FMC 콘솔에 로그인한다.

2. 운영 모드인 경우 우측 상단 자물쇠 모양의 **변경 센터**에서 **잠금 및 편집**을 선택해 구성 변경이 가능하도록 한다. 기본적으로는 편집가능한 상태로 시작하여 자물쇠 모양이 풀어져 있다.

3. 메인 화면 좌측 상단의 **WebLogic 도메인**을 선택해 **관리** 항목에 있는 **OHS 인스턴스**를 선택한다.

그림 7.40 'OHS 인스턴스' 메뉴 선택

4. OHS 인스턴스 화면에서 플러스 기호가 붙은 **생성** 버튼을 클릭한다.

5. OHS 인스턴스의 이름을 입력하고 노드 매니저와 연계될 수 있도록 시스템^{Machine}을 선택 후 확인을 클릭한다. 변경사항 반영을 위해 **변경 센터**에서 **변경사항 활성화**를 최종적으로 클릭한다.

그림 7.41 OHS 인스턴스 이름과 시스템 선택

6. OHS 인스턴스 화면에서 생성된 OHS 인스턴스 이름을 선택한다.

7. 메인 화면 상단의 Oracle HTTP Server를 선택해 관리 항목에 있는 mod_wl_ohs 구성을 선택한다.

그림 7.42 웹로직 연동을 위한 'mod_wl_ohs 구성' 선택

8. **mod_wl_ohs 구성** 화면의 **일반 사항**에서 연동할 웹로직 서버 정보를 기입한다. 클
러스터 구성인 경우 WebLogic **클러스터** 우측의 돋보기를 선택하면 연동할 클러
스터 항목을 선택할 수 있다. 클러스터가 아닌 서버 인스턴스의 경우 WebLogic
Server **호스트 및 포트 세부정보 제공 항목**을 선택하고 우측의 돋보기를 선택하면 연
동 대상 서버의 호스트 이름과 포트를 선택할 수 있다.

그림 7.43 OHS의 연동 대상 선택

9. 웹로직 플러그인 설정에 필요한 일부 설정은 mod_wl_ohs **구성**에서 추가할 수 있다.

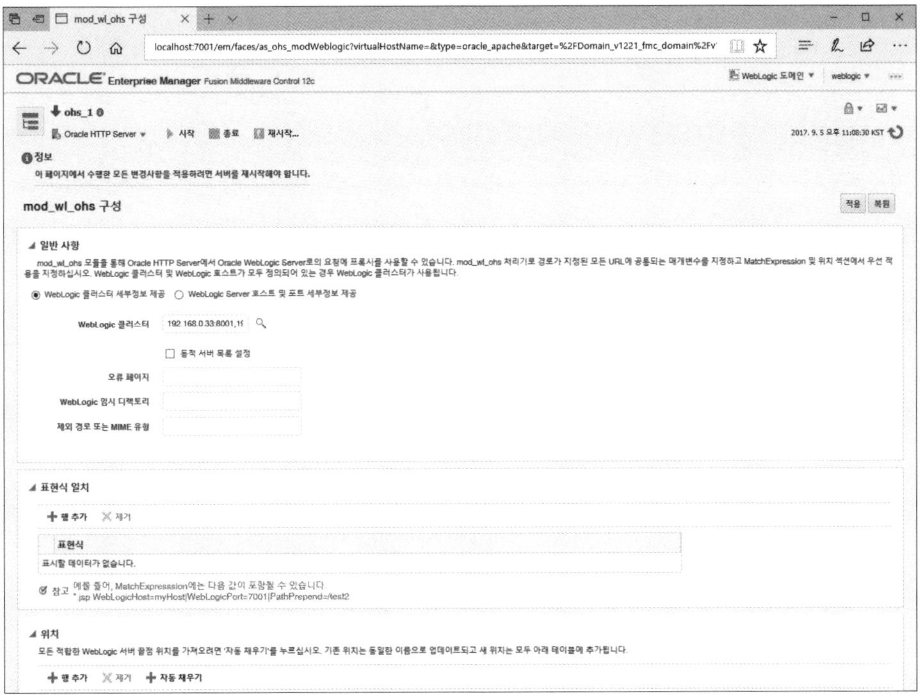

그림 7.44 FMC 콘솔에서 플러그인 옵션 설정과 위치 설정의 추가

10. 변경 센터에서 **변경 내용 활성화**를 선택하고 메시지에 따라 인스턴스를 재기동한다.

FMC 콘솔상에서 수정된 정보는 OHS에 적용된다. OHS의 상세 설정을 변경하거나 일부 conf 파일을 변경해야 하는 경우 메인 화면 상단의 Oracle HTTP Server를 선택해 **관리** 항목에 **고급 구성**을 선택하면 OHS에서 관리하는 conf 파일을 선택해 수정이 가능하다.

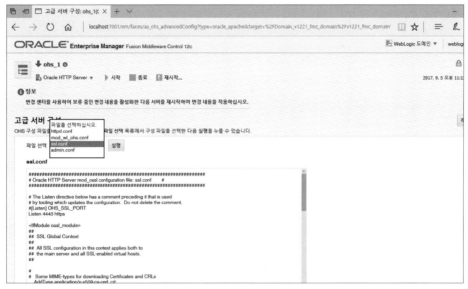

그림 7.45 OHS의 고급 구성을 통한 conf 파일 수정

OHS를 웹로직 도메인에서 관리하도록 구성하는 FMC에 대해 알아봤다. FMC를 사용하는 웹로직 도메인을 여러 개 구성하는 것은 앞서 구성한 과정을 봐도 비효율적이다. 하지만, 앞서 설명한 FMC가 운영될 환경, 즉 가상화된 환경이나 클라우드 환경에서 실행된 웹로직의 경우 해당 플랫폼상의 웹로직 환경은 서비스를 추가할 때 OHS나 웹로직을 별도로 설치할 필요 없이 FMC를 통해 구성되고 애플리케이션의 배치나 자원 관리 및 모니터링이 가능하다는 점에서 단지 OHS를 웹로직 내에서 컨트롤한다는 의미 이상의 가치를 갖는다.

7.5 : 웹로직의 웹 서버 역할 구성

웹 서버를 사용한 연동 외에 웹로직 자체를 웹 서버 대용으로 사용 가능하다. 이러한 기능은 웹로직 내부적으로도 HTTP 프록시Proxy를 지원하는 클래스를 사용할 수 있기 때문이다. 웹 서버에서 지원하는 가상 호스트VirtualHost나 캐시Cache 기능을 수행할 수 있기 때문에 별도의 웹 서버가 없다면 웹로직을 웹 서버 대용으로 사용할 수 있겠다.

7.5.1 웹 서버 역할 설정

웹로직 서버 인스턴스 자체에 웹 서버의 역할을 지정하는 설정은 별도로 존재하지 않는다. 하지만, 웹 서버로 사용하고자 하는 웹로직 서버 인스턴스에 웹 서버로서 역할을 수행하도록 애플리케이션을 배치하여 웹 서버 기능을 수행하도록 한다. 웹로직에 배포할 애플리케이션에서 web.xml의 내용에 다음과 같은 내용을 예로 설정하면 된다.

```xml
<?xml version='1.0' encoding='UTF-8'?>
<web-app>

  <servlet>
    <servlet-name>ProxyServlet</servlet-name>
    <servlet-class>weblogic.servlet.proxy.HttpProxyServlet</servlet-class>
    <init-param>
      <param-name>WebLogicHost</param-name>
      <param-value>192.168.0.33</param-value>
    </init-param>
    <init-param>
      <param-name>WebLogicPort</param-name>
      <param-value>8001</param-value>
    </init-param>
  </servlet>

  <servlet-mapping>
    <servlet-name>ProxyServlet</servlet-name>
    <url-pattern>*.jsp</url-pattern>
  </servlet-mapping>

</web-app>
```

리스트 7.12 'weblogic.servlet.proxy.HttpProxyServlet' 클래스를 사용한 웹로직의 프록시

servlet-class를 weblogic.servlet.proxy.HttpProxyServlet으로 설정하면 해당 서블릿은 단일 웹로직 연동 프록시의 역할을 하게 된다. 연동하게 될 웹로직의 정보는 서블릿 설정의 init-param의 각 값들을 통해 설정한다. 이렇게 설정된 서블릿은 servlet-mapping을 통해 어떤 패턴의 URL이 해당 서블릿을 사용할지 정하게 되는데 예제와 같이 url-pattern으로 결정할 수 있다. URL 패턴은 디렉토리 경로도 포함된다.

redirect 형태의 프록시 서블릿을 구현하고자 하면 servlet-class와 웹로직 연동 관련 정보를 다음과 같이 설정할 수 있다.

```
<?xml version='1.0' encoding='UTF-8'?>
<web-app>

<servlet>
  <servlet-name>ProxyServlet</servlet-name>
  <servlet-class>weblogic.t3.srvr.HttpProxyServlet</servlet-class>
  <init-param>
    <param-name>redirectURL</param-name>
    <param-value>http://192.168.0.33:8001</param-value>
  </init-param>
</servlet>

<!--생략-->
```

리스트 7.13 'redirectURL'을 통해 Redirect 형태의 프록시 서블릿 구현

복수 개의 웹로직과 연동하고자 하면 servlet-class와 웹로직 연동 관련 정보를 다음과 같이 설정할 수 있다.

```
<?xml version='1.0' encoding='UTF-8'?>
<web-app>

<servlet>
  <servlet-name>ProxyServlet</servlet-name>
  <servlet-class>weblogic.servlet.proxy.HttpClusterServlet</servle t-class>
  <init-param>
    <param-name>WebLogicCluster</param-name>
    <param-value>192.168.0.33:8001|192.168.0.35:8001</param-value>
  </init-param>
</servlet>

<!--생략-->
```

리스트 7.14 'weblogic.servlet.proxy.HttpClusterServlet' 클래스를 사용한 웹로직의 프록시

weblogic.servlet.proxy.HttpClusterServlet을 사용하면 WebLogicCluster 를 사용해 파이프(|)로 구분, 복수개의 웹로직과 연동이 가능하다. 이렇게 설정된 애플리케이션을 웹로직에 배치하면 해당 애플리케이션 배치의 context-root를 통해 지정한 URL 경로에 따라 연동한 웹로직으로의 요청이 가능하다. 일반적인 웹 서버의

DOC_HOME으로 지정된 디렉토리가 웹에서 요청 시 context-root가 root(/)인 것을 감안하면 배치되는 웹 서버 설정 애플리케이션의 context-root 또한 root로 설정되어야 함에 주의한다.

그림 7.46 웹로직 10080포트에 요청한 JSP 페이지

웹로직을 웹 서버 대용으로 사용할 수 있는 이러한 방법은 동일 서버 내에서 웹 서버와 웹로직을 연동해 사용하는 경우 웹로직으로만 구성하면 관리에 유리한 점이 있는가 하는 의문이 들 수 있다. 하지만, 웹 서버로 설정한 웹로직은 기능에 있어서는 일반적인 웹 서버의 대부분의 기능을 수행할 수 있으나 성능적 측면에서 차이가 발생한다. 차이의 원인은 크게 두 가지로서, 네이티브로 구현된 웹로직 플러그인에 비해 자바 클래스로 구현된 연동 모듈의 차이와 정적 소스의 처리 속도다. 이해를 돕기 위해 비즈니스 로직이 없는 JSP 페이지의 호출과 웹 서버, 웹 서버 역할의 애플리케이션에 약 4MB의 이미지를 호출한 결과를 첨부했다.

- Utility: JMeter 2.11
- Users: 20
- Loop count: 500
- Clear cookies each iteration?: true
- Clear cache each iteration?: true
- Samples
  - Apache → WLS(jsp)
  - WLS → WLS(jsp),
  - Apache DOC_HOME/Image
  - WLS DOC_HOME/Image

Label	# Samples	Average	Median	90% Line	Min	Max	Error %	Through...	KB/sec
Apache-jsp	10000	10	1	29	0	909	0.00%	8.5/sec	3.0
WebLogic-jsp	10000	68	6	181	0	1281	0.00%	8.5/sec	1.7
Apache-image	10000	104	81	205	21	1119	0.00%	8.5/sec	35825.7
WebLogic-image	10000	2155	2257	2549	105	2963	0.00%	8.5/sec	35823.2
TOTAL	40000	584	47	2353	0	2963	0.00%	34.0/sec	71647.0

그림 7.48 JMeter로 비교해본 응답속도 차이

JSP 페이지의 요청에 대해 아파치와의 연동을 사용하는 경우가 웹로직 프록시를 사용하는 것에 비해 좀 더 나은 결과를 보여주는데, 이것은 모듈의 차이로 보여진다. 가장 큰 차이는 정적 소스의 처리다. 대부분의 WAS는 정적 소스, 특히 이미지 처리에 성능적으로 웹 서버와 비교해 낮은 응답속도를 보이기 때문에 웹로직에서 처리하는 이미지 처리가 웹 서버의 처리에 비해 상당 시간이 소요됨을 알 수 있다.

7.5.2 웹 서버로서의 웹로직 설정

배치된 애플리케이션은 웹 서버와 같은 역할을 하는 모듈의 역할을 하므로 다음의 설정을 추가해 WAS가 아닌 웹 서버 기능으로서만 수행될 수 있도록 환경설정을 할 수 있다.

- 캐시 필터 사용(web.xml)
- 웹 세션 비활성화(weblogic.xml)
- JSP/서블릿 갱신 비활성화(weblogic.xml)

캐시 필터를 사용하면 정적 소스에 대해 좀더 나은 성능을 기대할 수 있기 때문에 웹 서버로서 역할을 수행하는 웹로직에는 캐시 기능을 사용할 정적 소스를 지정해 주는 것을 권장한다. filter에서 웹로직의 캐시 필터를 활성화하고 filter-mapping를 통해 어떤 패턴의 URL이 해당 필터를 사용할지 설정한다.

```
<web-app>

<filter>
    <filter-name>CACHE</filter-name>
    <filter-class>weblogic.cache.filter.CacheFilter</filter-class>
  </filter>

  <filter-mapping>
    <filter-name>CACHE</filter-name>
    <url-pattern>*.html</url-pattern>
  </filter-mapping>

</web-app>
```

리스트 7.15 'weblogic.cache.filter.CacheFilter' 클래스를 사용한 캐시 필터

웹 세션의 경우 WAS의 역할을 하는 웹로직만 관리하도록 설정해야 WAS에 배치된 애플리케이션에서 세션을 관리하게 된다. 또한 DOC_HOME으로 지정된 애플리케이션은 별도의 동적 반영이 불필요하기 때문에 동적 반영 체크 옵션을 비활성화하는 것을 권장한다. 해당 기능들은 weblogic.xml에서 설정한다.

```xml
<weblogic-web-app>

  <session-descriptor>
    <session-param>
      <param-name>TrackingEnabled</param-name>
      <param-value>false</param-value>
    </session-param>
  </session-descriptor>

  <jsp-descriptor>
    <jsp-param>
      <param-name>pageCheckSeconds</param-name>
      <param-value>-1</param-value>
    </jsp-param>
  </jsp-descriptor>

  <container-descriptor>
    <servlet-reload-check-secs>-1</servlet-reload-check-secs>
  </container-descriptor>

</weblogic-web-app>
```

리스트 7.16 웹로직 8.1 버전에 배포되는 $APP_HOME/WEB-INF/weblogic.xml

```xml
<weblogic-web-app>

  <session-descriptor>
    <tracking-enabled>false</tracking-enabled>
  </session-descriptor>

  <jsp-descriptor>
    <page-check-seconds>-1</page-check-seconds>
  </jsp-descriptor>

  <container-descriptor>
    <servlet-reload-check-secs>-1</servlet-reload-check-secs>
  </container-descriptor></weblogic-web-app>

</weblogic-web-app>
```

리스트 7.17 웹로직 9.0 버전 이상에 배포되는 $APP_HOME/WEB-INF/weblogic.xml

- session-descriptor의 TracnkingEnabled(9.x 이상 tracking-enabled)의 false 설정으로 웹세션을 비활성화한다.
- jsp-descriptor의 pageCheckSeconds(9.x 이상 page-check-seconds)의 -1 설정으로 JSP 페이지의 변경사항을 동적으로 반영하지 않는다.
- container-descriptor의 servlet-reload-check-secs의 -1 설정으로 서블릿에 대한 변경사항을 동적으로 반영하지 않는다.

7.6 : 플러그인 옵션

웹로직이 제공하는 플러그인과 프록시 클래스에는 웹로직과의 연동과 관련해 여러 기능을 제공한다. 각 웹 서버에 플러그인 옵션의 설정 방법에 약간의 차이가 있을 뿐 이름과 기능은 동일하다. 앞서 각 웹 서버와의 연동 설정에 사용된 WebLogicHost나 WebLogicCluster 매개변수 또한 플러그인의 옵션 중 하나다.

7.6.1 플러그인 옵션 적용 방법

아파치 HTTP 서버와 오라클 HTTP 서버에 적용은 줄바꿈으로 구분하고 옵션의 설정 값은 빈칸으로 구분한다.

```
<IfModule mod_weblogic.c>
  WebLogicCluster 192.168.0.33:8001
  [PARAMETER] [VALUE]
</IfModule>

<Location /weblogic>
  SetHandler weblogic-handler
  [PARAMETER] [VALUE]
</Location>
```

리스트 7.18 아파치와 OHS의 각 'conf' 파일에 웹로직 플러그인 매개변수 선언

오라클 iPlanet 웹 서버는 한 줄로 표기하고 설정 값은 '='을 사용해 기입한다.

```
<Object name="default">
#생략
Service method="(GET|HEAD|POST|PUT)" type="text/jsp" fn="wl-proxy" WebLogicClu
ster="192.168.0.33:8001" [PARAMETER]="[VALUE]"
#생략
</Object>

<Object name="weblogic" ppath="*/servlet/*">
Service fn="wl-proxy" WebLogicCluster="192.168.0.33:8001"
[PARAMETER]="[VALUE]"
</Object>
```

리스트 7.19 iPlanet의 'obj.conf'에 웹로직 플러그인 매개변수 선언

IIS는 줄바꿈으로 구분하고 옵션의 설정 값은 '='을 사용해 기입한다.

```
WebLogicCluster=192.168.0.33:8001
[PARAMETER]=[VALUE]
```

리스트 7.20 IIS의 'iisproxy.ini'에 선언된 웹로직 연동 설정

웹로직에 배치된 웹 서버 애플리케이션에는 ProxyServlet로 선언된 <servlet> 디스크립터 안에 <init-param>을 이용해 매개변수를 설정하며, 매개변수 이름은 <param-name>에 기입하고 설정 값은 <param-value>에 기입한다.

```
<servlet>
  <servlet-name>ProxyServlet</servlet-name>
  <servlet-class>weblogic.servlet.proxy.HttpClusterServlet</servle t-class>
  <init-param>
    <param-name>WebLogicCluster</param-name>
    <param-value>192.168.0.33:8001</param-value>
  </init-param>
  <init-param>
    <param-name>[PARAMETER]</param-name>
    <param-value>[VALUE]</param-value>
  </init-param>

</servlet>
```

리스트 7.21 프록시로 사용하는 애플리케이션의 'web.xml'

적용된 웹로직 플러그인 옵션은 DebugConfigInfo를 ON으로 활성화한 경우 웹로직으로 전달하는 요청 패턴 URL에 ?__WebLogicBridgeConfig를 추가해 활성화된 웹로직과 설정된 플러그인 옵션을 확인할 수 있다(밑줄이 두 개임에 주의한다).

그림 7.48 플러그인의 상태와 설정된 옵션 확인

7.6.2 플러그인의 종류와 기능

웹로직 플러그인 값으로 적용되는 매개변수의 종류와 기본값, 설명을 확인해 적용하도록 한다.

매개변수	기본값	값
WebLogicHost		웹로직 Listen Address
WebLogicPort		웹로직 Listen Port
WebLogicCluster		웹로직 서버가 다중 구성인 경우 로드 밸런싱(Load balancing)을 할 때 사용하며 콤마(,)로 구분해 사용한다. ex) WebLogicCluster=172.16.0.1:7001,172.16.0.2:7001
PathTrim		URL에 설정한 값을 제거하고 찾는다. 예를 들어 PathTrim 값을 /aaa로 설정하면 다음과 같다. • WLS로 접근 가능한 URL : http://localhost:7001/aaa/test/index.jsp • 웹 서버로 접근 가능한 URL : http://localhost:7001/test/index.jsp
PathPrepend		URL에 설정한 값을 추가해 찾는다. 예를 들어 PathPrepend 값을 /aaa로 설정하면 다음과 같다. • WLS로 접근 가능한 URL : http://localhost:7001/test/index.jsp • 웹 서버로 접근 가능한 URL : http://localhost:7001/aaa/test/index.jsp
ConnectionTimeoutSecs	10	웹로직에 접속을 시도하는 시간으로 ConnectRetrySecs보다 큰 값을 설정해야 한다. • Timeout시 503 Error
ConnectRetrySecs	2	웹로직과 연결이 실패했을 때 연결을 재시도하기 전에 대기하는 시간
WLSocketTimeoutSecs	2	웹로직 서버 하나에 대해 연결을 시도하는 timeout 값으로 0보다 커야 한다.
WLIOTimeoutSecs (HungServerRecoverSecs)	300	한 번의 읽기/쓰기 동작에 대한 타임아웃 시간 • Minimum =〉 10 & Maximum =〉 Unlimited • WLS로 요청을 보내고 응답을 받기 위해 대기하는 시간 • post 방식으로 대량의 데이터를 WLS로 보낼 때 timeout이 발생하면 플러그인에 "POST_TIMEOUT" 에러가 발생 • Transaction time 〈 JTA 타임아웃 〈 WLIOTimeoutSecs 로 설정 필요
Idempotent	ON	웹로직으로부터 WLIOTimeoutSecs 시간동안 응답이 없는 경우 다른 웹로직 서버에 요청을 보낼 것인지 결정한다. 특별한 경우가 없는 경우 OFF로 설정할 것을 권장한다.

표 7.6 플러그인의 종류와 기능 (이어짐)

매개변수	기본값	값
KeepAliveEnabled	true (ON)	플러그인과 WLS의 연결을 지속할 것인지 여부를 결정 • 클라이언트 요청을 처리한 후 WLS와의 연결을 닫아버릴 것인지 연결된 상태로 두었다가 다음 요청이 들어왔을 때 재사용할 것인지 설정 • 이 기능을 true로 설정했을 경우 WLS의 KeepAlive 설정도 활성화시켜줘야 하며 플러그인에서 지정한 시간보다 같거나 조금 길게 주도록 한다. • Default =〉 true(iPlanet, IIS) & ON (Apache) • 아파치 1.3.x에서는 지원이 되지 않는다.
MaxSkipTime	10	웹로직과의 연결이 실패하였다가 MaxSkipTime 시간이 지난 후 다시 연결을 시도하게 된다.
WLDNSRefreshInterval	0	지정한 시간이 지나면 플러그인이 알고 있던 IP 주소를 지워버리고 새로 IP주소를 찾는다. WebLogicCluster에 IP가 아닌 형식으로 지정하는 경우 사용된다.

Debug	OFF	디버깅에 대한 처리
		
		• ON: 플러그인 정보와 에러 메시지를 기록한다.
		
		  : WLLogFile를 따로 설정하지 않는다면 다음과 같은 위치에 파일이 생성되어 로그가 쌓인다.
		
		  UNIX =〉 /tmp/wlproxy.log
		
		  NT =〉 C:₩TEMP₩wlproxy.log
		
		• OFF: 디버깅 정보를 기록하지 않는다.
		
		• HFC: 플러그인 정보와 에러 메시지, 클라이언트에서 받은 헤더 정보를 기록한다.
		
		• HTC: 클러그인 정보와 에러 메시지, 클라이언트로 보내는 헤더 정보를 기록한다.
		
		• HFW: 플러그인 정보와 에러 메시지, WLS에서 받은 헤더 정보를 기록한다.
		
		• HTW: 플러그인 정보와 에러 메시지, WLS로 보내는 헤더 정보를 기록한다.
		
		• ERR: 플러그인 에러 메시지를 기록한다.
		
		• ALL: 플러그인 정보와 에러 메시지, 모든 헤더 정보를 기록한다.
		
		• HFC, HTC, HFW, HTW는 동시 적용이 가능하다.
		
		  예) Debug HFC, HTC

표 7.6 플러그인의 종류와 기능   (이어짐)

매개변수	기본값	값
DebugConfigInfo	OFF	플러그인 매개변수 정보에 대해 자세하게 보여준다. http://localhost/?__WebLogicBridgeConfig
WLLogFile (WLTempDir)		Debug 값을 ON으로 설정했을 때 설정한 위치의 파일로 로그가 쌓이게 된다.
ErrorPage	none	503 에러가 발생했을 때 리디렉션(redirection)할 페이지를 지정한다. 예) ErrorPage http://localhost/error.html
CookieName	JSESSIONID	웹애플리케이션의 CookieName을 지정해주었다면 플러그인에서도 설정해 클라이언트의 요청에 대한 전달을 해줄 수 있도록 해야 한다.
DefaultFileName		웹로직으로 클라이언트의 요청을 보내는 welcome page를 정의한다.
MaxPostSize	−1	POST 데이터 값을 결정하며 −1인 경우 체크하지 않는다.
MatchExpression		설정한 특정 값에 대해 WLS로 포워딩(forwarding)하도록 한다(아파치만 해당). 예) MatchExpression *.jsp
FileCaching	ON	FileCaching을 사용할 것인지 여부를 결정한다.
WLExclude PathOrMimeType		특정 확장자에 대해는 웹로직으로 포워딩하지 않도록 한다. 성능적인 이슈로 인해 '1.1'에서는 지원하지 않는다.
WLForwardPath		플러그인 구성에서 특정 URL 패턴을 갖는 요청을 WLS로 포워딩한다(IIS만 해당).
DynamicServerList	ON	클러스터 환경에서 사용한다. • 기본 값은 ON으로 설정됨 • ON일 경우 다운타임(DownTime) 없이 서버 추가가 가능하다. 즉, 웹 서버를 재구동하지 않아도 된다. 웹 서버가 한 대만 있을 경우 ON으로 설정한다. • 클러스터 환경이 아니거나 웹 서버가 여러 대 있을 경우, 또는 클러스터 환경에서 다운타임을 감수할 수 있을 경우 OFF로 설정해 사용한다. • OFF로 설정하고 사용할 경우 모든 서버에 대해 연결을 체크하므로 리스트상에 죽어 있는 서버가 많은 만큼 체크 시간에 낭비가 발생하여 성능 저하의 원인이 될 수 있다. • BMT를 수행하거나 운영 환경에서 부하 분산이 제대로 되지 않는 경우가 발생할 수 있는데 이는 서버가 살아있음에도 죽어 있다고 인지할 수 있는 경우가 있기 때문이다. 따라서 이럴 경우는 DynamicServerList를 OFF로 설정해 사용한다.

표 7.6 플러그인의 종류와 기능   (이어짐)

매개변수	기본값	값
WLProxySSL	OFF	플러그인과 WLS가 SSL을 사용할 때 설정한다.
ErrorPage	none	연동된 서버에 응답이 없거나 503 에러가 발생하는 경우 표시할 에러 페이지를 지정한다.

표 7.6 플러그인의 종류와 기능

## 8장

모니터링과 자원 설정

웹로직에서 사용되는 자원의 기본 모니터링 방법과 그 결과에 따른 관리 방법을 알아보고자 한다. 웹로직에서는 자원이 할당되는 대부분의 구성 요소에는 모두 모니터링 탭이 존재한다. 웹로직을 서비스하려는 환경에 맞게 구성하는 것도 중요하지만 해당 서비스가 얼마나 자원을 소모하는지를 파악하고 이를 바탕으로 자원을 최적화시키는 것도 중요하다.

8.1 : 스레드

스레드[Thread]는 JVM으로 이루어진 WAS 내에 요청된 작업을 동시에 처리하기 위한 작은 CPU라고 볼 수 있다. 웹로직에 서비스 처리를 요청하는 경우 해당 요청은 큐[Queue]에 쌓여 FIFO로 스레드에 전달된다. 스레드에 여유가 있는 경우 큐에 드러온 요청은 바로 스레드로 전달되어 Queue Length는 0을 유지하지만 스레드가 모두 사용 중이어서 더 이상의 요청을 처리하지 못하는 경우 새로 발생한 요청은 큐에 쌓이면서 지연이 발생한다. 스레드가 많을수록 동시에 많은 요청을 처리하기 때문에 작은 스레드 수는 서비스를 지연시킨다. 이에 반해 스레드도 자원을 소모하므로 필요 이상의 큰 값은 불필요한 JVM의 자원을 소모하게 된다. 또한 하나의 JVM에서 동시 처리할 수 있는 스레드의 값은 대략 50~150개 내이므로 더 많은 양의 스레드 처리가 요구되면 웹로직 서버 인스턴스를 추가하는 것을 권장한다.

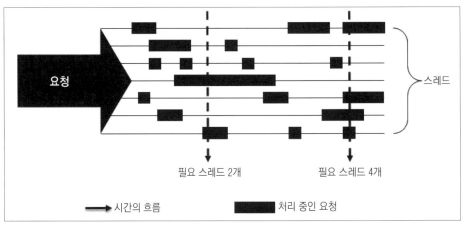

그림 8.1 스레드와 동시 처리 중인 요청

웹로직 온라인 문서 중 오라클에서 작성한 'Performance and Tuning for Oracle WebLogic Server' 문서에서 기본 스레드 개수 변경 시나리오의 내용을 참조하자면 '적정 수'의 스레드보다 낮으면 CPU가 낮은 가용성을 갖고, 많으면 상태교환^{Context Switch}에 오버헤드가 발생한다고 명시한다.

조건	상황	판단
스레드 개수 〈 CPU 개수	CPU 활용도는 낮지만 동작은 정상적이다.	스레드 개수를 늘린다.
스레드 개수 = CPU 개수	CPU 활용도는 낮지만 동작은 정상적이다.	스레드 개수를 늘린다.
스레드 개수 〉 CPU 개수 (스레드가 약간 더 많은 경우)	CPU 활용도가 높고 상태교환의 정도가 적정하다.	스레드의 개수와 성능을 비교하여 개수를 설정한다.
스레드 개수 〉 CPU 개수 (스레드가 매우 많은 경우)	상태교환의 빈도가 높다.	스레드의 개수를 줄인다.

표 8.1 기본 스레드 수를 산정하기 위한 시나리오

하지만, 사용자나 요청량이 항상 일정한 것이 아니고 애플리케이션의 처리 속도에 따라서도 차이가 발생하기 때문에 적정 스레드 개수를 산정하기란 쉽지 않다. 따라서 웹로직 9.0 이상 버전에서는 작업 관리자^{Work Manager}가 스레드를 관리하며 스레드 개수를 조절하는 자체 튜닝 스레드 풀^{Self Tuning Thread Pool}을 제공한다.

8.1.1 8.1 버전 스레드

8.1 버전의 웹로직에서는 스레드 값을 지정해야 한다. 웹로직에서 사용할 자원을 사용자가 수동으로 설정한다는 의미는 모니터링을 통해 스레드 수를 적정 수치로 맞춰야 한다는 의미를 갖는다. 모니터링은 어드민 콘솔에서 서버 인스턴스의 모니터링 탭의 성능 관련 탭에서 할 수 있다.

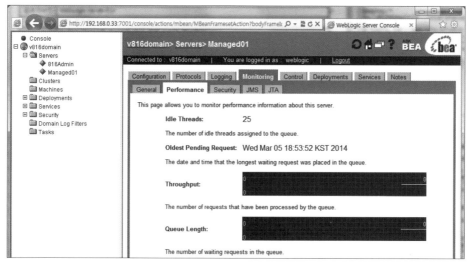

그림 8.2 Admin Console > Servers > [SERVER_NAME] > Monitoring > Perfomance

서버의 모니터링 탭에서 나타내는 Idle Threads 개수는 현재 사용하지 않는 스레드, 즉, 현재 사용 가능한 개수를 나타낸다. 해당 값이 0에 가까울수록 가용한 스레드가 줄어든다는 의미다. 스레드에 여유가 있는 경우 큐에 들어온 요청은 바로 스레드로 전달되어 Queue Length는 0을 유지하지만, 스레드가 바쁜 상태여서 스레드가 요청을 받지 못하면 Queue Length 값이 증가한다.

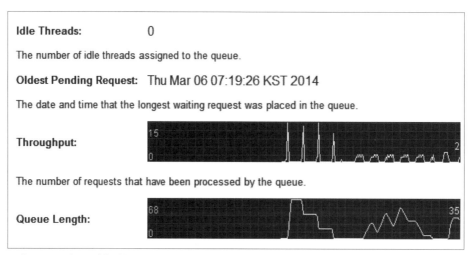

그림 8.3 Sleep(60000)을 갖는 JSP를 연속으로 요청한 경우 Queue Length의 증가

모니터링을 통해 대략의 스레드 사용량을 파악했다면 다음과 같이 웹로직의 기본
스레드값을 설정할 수 있다.

1. 어드민 콘솔에 로그인한다.

2. Admin Console > [Domain Name] > Servers > [SERVER_NAME] > Monitoring >
   General > Monitor all Active Queues > Configuration을 선택한다. 또는 Admin
   Console > [Domain Name] > Servers > [SERVER_NAME] > 우클릭 > View Execute
   Queues를 선택한다.

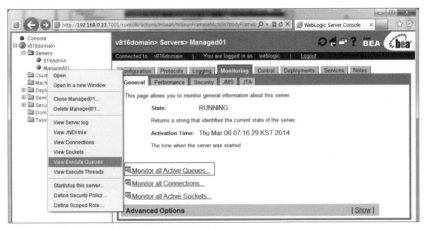

그림 8.4 스레드를 설정하기 위한 어드민 콘솔 항목

3. 수정할 대상은 weblogic.kernel.Default이다. 대상을 클릭하면 설정 화면으로 넘어
   간다.

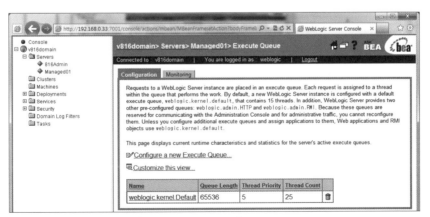

그림 8.5 웹로직의 기본 스레드 'weblogic.kernel.Default'

4. Thread Count 값이 스레드의 개수를 설정하는 값이다. 기타 옵션들을 수정하는 경우 Queue Length 범위나 스레드를 최소, 최댓값$^{Min-Max}$으로 유동적으로 관리할 수 있으나 스레드는 일반적으로 고정 값으로 운영한다. Thread Count 값은 설정 후 재기동이 필요하다.

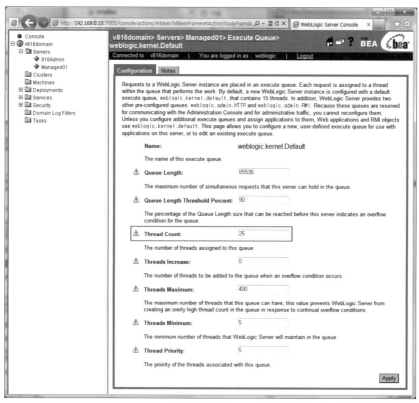

그림 8.6 'Thread Count' 설정

5. 조절한 스레드 개수는 서버의 모니터링 탭에서 Idle Threads 개수로 바로 확인 가능하다.

8.1.2 9.0 이상 버전 스레드

9.0 이상 버전의 웹로직에서는 스레드 값이 자체 튜닝$^{Self\ Tuning}$으로 동작한다. 요청 정도에 따라 동적으로 변화하는 스레드 조절 방식을 따르는 자체 튜닝 방식은 이전 버전

에서 사용자가 수동으로 설정함으로 인한 자원 낭비를 막을 수 있고 가장 효율적인 처리 개수를 설정한다는 장점이 있다. 이렇게 생성된 기본 스레드는 웹로직 이전 버전과 같이 weblogic.kernel.default이지만 모니터링을 통해 확인하면 Self-Tuning 표기를 확인할 수 있다. 해당 스레드는 작업 관리자가 관리하여 서비스 부하 정도에 따라 자동으로 조절된다.

그림 8.7 어드민 콘솔 > 서버 > [서버 이름] > 모니터링 > 스레드

8.1 버전에서는 그래프로 나타내지던 값들이 표 형식으로 변경되고 페이지를 새로 고침해야 하는 수고가 있지만 스레드의 상태와 **현재 요청** 항목을 통해 어떤 요청을 수행 중인지 알 수 있다는 장점이 있다. 하지만, 이러한 장점에도 불구하고 하나의 웹로직에서 처리할 수 있는 한계를 벗어나면 자체 튜닝 스레드 풀Self Tuning Thread Pool로 인해 스레드 개수가 늘어나도 성능적 저하나 거의 정지한 것으로 보이는 현상을 겪을 수 있다. 따라서 이러한 경우에는 스레드 값을 제한할 수 있는데 자체 튜닝 스레드 풀 의 개수를 제한하거나 웹로직 8.1 버전의 스레드 관리 방식을 다시 사용할 수도 있다. 우선 자체 튜닝 스레드 풀 값을 설정하는 방법은 다음과 같다.

1. 어드민 콘솔에 로그인한다.

2. **어드민 콘솔 > 환경 > 서버 > [서버 이름] > 구성 > 튜닝**을 선택한다.

그림 8.8 서버 인스턴스의 튜닝 항목

3. 고급 항목 선택 후 **자체 튜닝 스레드 최소 툴 크기**와 **최대 툴 크기**를 정의한다.

그림 8.9 자체 튜닝의 범위를 지정할 수 있는 고급 옵션

4. 서버를 재시작한다.

자체 튜닝 스레드 풀의 최솟값을 기본값 1에서 증가시키면 준비하는 활성화된 스레드의 최솟값이 증가하여 미리 준비할 수 있고 최댓값을 기본값 400에서 감소시키면 최대로 증가하는 스레드의 개수를 적게 제한해 하나의 웹로직 서버 인스턴스의 스레드 풀에서 감당할 수 있는 값을 지정하게 된다. 9.0 버전 이상의 자체 튜닝 스레드 풀을 설정하는 방법도 있지만 웹로직 스레드를 기존 8.1 버전처럼 사용하는 것도 가능하며 config.xml에 `use81-style-execute-queues` 옵션을 `true`로 설정해 웹로직 서버를 기동하면 적용된다. xml상의 앞뒤 순서에 따라 서버 기동 시 문제가 있을 수 있으니 순서에 주의한다.

```
<server>
    <name>Managed02</name>
    <ssl>
        <enabled>false</enabled>
    </ssl>
    <use81-style-execute-queues>true</use81-style-execute-queues>
    <machine>Machine-Linux</machine>
    <listen-port>8002</listen-port>
<!--생략-->
```

리스트 8.1 '$DOMAIN_HOME/config/config.xml'의 적용할 서버에 옵션 추가

이렇게 수정된 스레드 관리 방식은 어드민 콘솔에도 **대기열**(Queue)로 표시되며 다음과
같이 관리할 수 있다.

1. 어드민 콘솔에 로그인한다.

2. **어드민 콘솔 > 환경 > 서버 > [서버 이름] > 구성 > 대기열**을 선택한다.

그림 8.10 생성된 '대기열' 항목

3. 편집 상태에서 **새로 만들기** 버튼을 클릭한다.

4. 기본적인 요청을 처리하는 대기열 **이름**은 default이므로 생성하는 대기열의 이름을
   동일하게 생성하면 기본값을 겹쳐^{overwrite} 쓴다.

그림 8.11 웹로직 서버 인스턴스의 기본 대기열을 겹쳐 쓰기 위한 'default' 대기열

5. 생성된 대기열을 선택한다.

6. 웹로직 8.1의 스레드 설정과 같이 **스레드 수**와 기타 설정을 정의할 수 있다. 설정 후 서버를 재시작하면 반영된 스레드 개수를 확인할 수 있다.

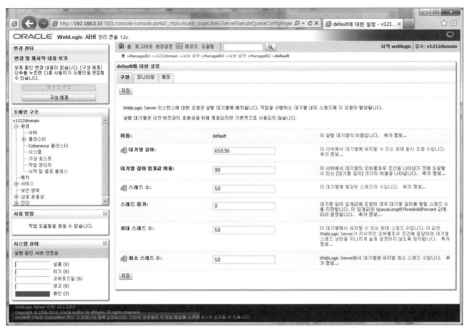

그림 8.12 대기열의 스레드 값 설정

일반적으로 9.0 이상 자체 튜닝 스레드 풀로 인해 적어도 스레드 개수에 대한 고민을 덜 수 있겠다. 다만 몇몇 스레드 수로 인한 이슈 사항이 있다면 자체 튜닝 스레드 풀 내에서 설정되는 풀 개수를 조절하는 것을 권장한다.

8.1.3 작업 관리자 오버라이드

웹로직에 작업 관리자Work Manager가 사용되면서 스레드에 대한 설정의 부담은 줄어들었지만 서비스에 대한 영향도나 플랫폼 성능에 따라 기본적인 작업 관리자에 대한 튜닝이 필요한 경우도 있다. 8.1 방식의 스레드 모델을 사용하거나 최소, 최댓값을 조절하는 방법도 있겠지만 그보다 좀 더 상세한 설정을 위해서는 기본적으로 사용되고 있는 작업 관리자를 수정해야 한다. 설정상이나 구성 요소상에는 명시되어 있지 않지만 웹로직은 default 작업 관리자가 기본으로 생성되어 있다. 따라서 8.1 방식의 스레드 설

정에서 기본 작업 스레드인 default를 생성해 값을 변경하듯 작업 관리자 또한 default
이름을 갖는 구성을 추가해 기본 작업 관리자를 대체할 수 있다.

이름 ⌃	총 요청 수	현재 요청	트랜잭션	사용자	유휴	막힘	호강	대기
[ACTIVE] ExecuteThread: '0' for queue: 'weblogic.kernel.Default (self-tuning)'	732	Workmanager: default, Version: 0, Scheduled=true, Started=true, Started time: 8214 ms		\<anonymous\>	false	false	true	false

그림 8.13 웹로직의 요청을 처리하는 작업 관리자 'default'

default 작업 관리자를 구성하는 방법은 다음과 같다.

1. 어드민 콘솔에 로그인한다.

2. **어드민 콘솔 > 환경 > 작업 관리자**(Work Manager) 위치에서 **새로 만들기**로 새 작업 관리자
   를 구성한다.

3. **작업 관리자** 유형을 선택하고 **이름**을 default로 정의한다.

그림 8.14 작업 관리자 유형 선택과 이름의 정의

4. 작업 관리자를 설정할 대상 **서버**를 선택한다. 대상 서버의 기본 작업 관리자의 설정이 변경된다.

5. 생성된 작업 관리자를 확인하고 설정을 위해 새 작업 관리자를 선택한다.

□ 이름 ▲	유형	대상
□ default	작업 관리자	Cluster-1

그림 8.15 생성된 'default' 작업 관리자

6. 설정이 변경되었는지 확인하기 위해 **최대 스레드 제약 조건**(Max Thread Constraint)을 생성한다.

그림 8.16 최대 스레드 제약 조건 새로 만들기

7. **최대 스레드 제약 조건 이름**과 Count를 정의한다. 최대로 처리힐 수 있는 동시 요청의 개수다.

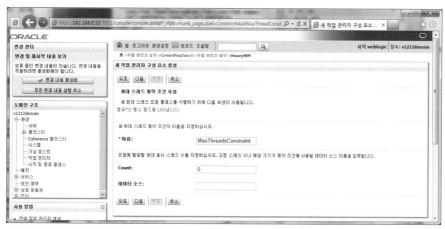

그림 8.17 이름과 최댓값 정의

8. 최대 스레드 제약 조건을 수행될 대상 **서버**를 선택한다.

9. 작업 관리자 설정 화면에서 **용량 제약 조건**(Capacity Constraint)을 생성하기 위해 해당 항
   목의 **새로 만들기**를 선택한다.

그림 8.18 용량 계약 조건 새로 만들기

10. 용량 계약 조건의 **이름**과 Count를 정의한다. 최대 처리 용량과 대기열 개수를 합한 값으로 해당 값을 넘는 요청이 들어오면 거부되어 503 에러가 발생한다.

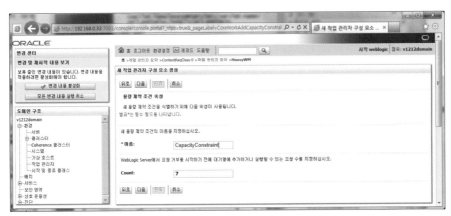

그림 8.19 이름과 제한 값 정의

11. 용량 제약 조건을 수행할 대상 **서버**를 선택한다.

12. 작업 관리자의 설정을 확인하고 저장한다.

설정된 작업 관리자를 테스트하기 위해 대상 웹로직 서버 인스턴스에 10초간 멈추는(sleep) JSP 페이지를 만든다.

```
<% Thread.sleep(10000); %>
Heavy Request!!!
```

이후 웹 브라우저에서 해당 페이지를 호출하고 서버 모니터링 탭의 스레드를 확인하면 기존과 같이 default 작업 관리자가 요청을 처리 중인지 확인된다.

그림 8.20 스레드 모니터링에서 요청을 처리 중인 'default' 스레드

수정한 작업 관리자가 맞는지 확인을 위해 추가한 제약 조건을 수행해본다. **최대 스레드 제약 조건** 개수를 4로 하고 **용량 제약 조건** 개수를 5로 했다면 총 5건의 요청을 받을 수 있고 그 중 4건의 요청을 동시에 처리하고 1건은 대기한다. 이후 6번째 요청이 들어오면 503 에러를 발생시키며 해당 요청은 거부된다.

이름 ⌃	총 요청 수	현재 요청	트랜잭션	사용자	유휴	막힘	호걸	대기
[ACTIVE] ExecuteThread: '0' for queue: 'weblogic.kernel.Default (self-tuning)'	931			<WLS Kernel>	true	false	false	false
[ACTIVE] ExecuteThread: '1' for queue: 'weblogic.kernel.Default (self-tuning)'	495			<WLS Kernel>	true	false	false	false
[ACTIVE] ExecuteThread: '2' for queue: 'weblogic.kernel.Default (self-tuning)'	579	Workmanager: default, Version: 0, Scheduled=true, Started=true, Started time: 4785 ms		<anonymous>	false	false	true	false
[ACTIVE] ExecuteThread: '3' for queue: 'weblogic.kernel.Default (self-tuning)'	624	Workmanager: default, Version: 1, Scheduled=true, Started=true, Started time: 3371 ms		<anonymous>	false	false	false	false
[ACTIVE] ExecuteThread: '4' for queue: 'weblogic.kernel.Default (self-tuning)'	492	Workmanager: default, Version: 0, Scheduled=true, Started=true, Started time: 5287 ms		<anonymous>	false	false	true	false
[ACTIVE] ExecuteThread: '5' for queue: 'weblogic.kernel.Default (self-tuning)'	561	javax.management.remote.rmi.RMIConnectionImpl		weblogic	false	false	false	false
[ACTIVE] ExecuteThread: '6' for queue: 'weblogic.kernel.Default (self-tuning)'	468			<WLS Kernel>	true	false	false	false
[ACTIVE] ExecuteThread: '7' for queue: 'weblogic.kernel.Default (self-tuning)'	460			<WLS Kernel>	true	false	false	false
[ACTIVE] ExecuteThread: '8' for queue: 'weblogic.kernel.Default (self-tuning)'	441			<WLS Kernel>	true	false	false	false
[ACTIVE] ExecuteThread: '9' for queue: 'weblogic.kernel.Default (self-tuning)'	437	Workmanager: default, Version: 0, Scheduled=true, Started=true, Started time: 4210 ms		<anonymous>	false	false	false	false

1 - 10/10 표시 이전 | 다음

그림 8.21 전체 스레드 중 4건의 요청이 처리되고 있는 모니터링 화면

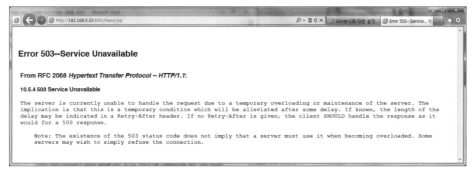

그림 8.22 6번째 요청에 대해 거부되어 보여지는 503 에러 페이지

　이와 같은 설정 방법으로 기존 **default** 작업 관리자에 대한 설정 변경이 가능하며 웹로직 서버의 상태나 플랫폼의 성능에 따라 적절한 작업 관리자 값을 수동으로 설정이 가능하다.

8.2 : JDBC 커넥션 풀

JDBC 커넥션 풀은 DB와 연동해주는 다리 역할을 하는 객체다. 스레드 개수를 웹로직에 들어오는 요청의 처리 단위라 하면 JDBC 커넥션 풀은 그 요청 중에 DB와의 작업을 수행하는 요청에 커넥션 풀 객체를 할당한다. 일반적으로 예측이 불가하여 실제 서비스하는 환경에서 사용량을 보고 최소, 최댓값을 도출하게 된다. 웹로직에서 제공하는 커넥션 풀도 개수를 정할 수 있는데, 최소 용량 값이 작으면 평균적으로 사용하는 커넥션 풀 양에 미치지 못하여 지속적으로 생성하는 데 따르는 오버헤드가 발생하고 최대 용량 값이 작으면 DB와의 연계 작업에 지연이 발생한다. 작게 설정되면 문제가 되지만 그렇다고 DB의 세션 수가 무한정인 것은 아니기 때문에 무작정 크게 설정할 수도 없기 때문에 각 서비스의 사용 패턴을 모니터링하여 적정 값을 찾을 수 있어야 한다.

8.2.1 8.1 버전 커넥션 풀 모니터링

커넥션 풀 모니터링은 생성한 JDBC Connection Pool에서 확인 가능하다. 기본적인 Mornitoring창에는 기본적인 정보만 표시되기 때문에 Customize this view를 선택해 추가적인 모니터링 항목을 추가한다.

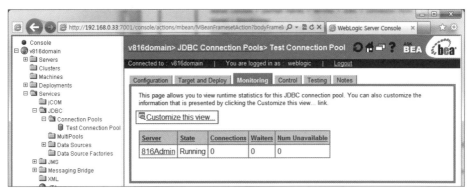

그림 8.23 Admin Console > [DOMAIN_NAME] > Services > JDBC > Connection Pools > [POOL_NAME] > Monitoring > Customize this view

Customize this view의 모니터링 항목을 오른쪽으로 이동시킨다. 서버가 여러 개인 경우 서버도 선택해야 각 서버별 사용량을 쉽게 알아볼 수 있다. 정렬을 원하는 경우 Sort Rows By에서 기준이 될 항목을 오른쪽으로 이동시킨다. 한 번 설정한 뷰를 유지하고자 하는 경우 Use these settings by default에 체크한다.

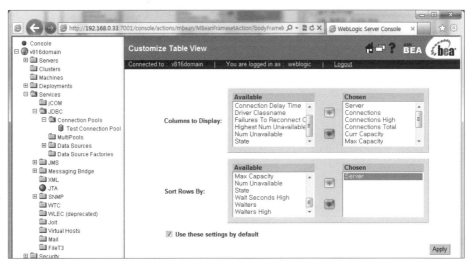

그림 8.24 'Customize this view' 설정

Customize this view에서 선택된 모니터링 항목의 주요 설명은 다음과 같다.

- Connections: 현재 사용되고 있는 연결 개수
- Connections High: 해당 웹로직 서버가 기동된 이후 가장 많이 사용하는 경우의 개수
- Curr Capacity: 현재 DB와 연동된 커넥션 풀 개수
- Max Capacity: 해당 커넥션 풀에 설정된 최대 연동 가능 커넥션 풀 개수
- Wait Seconds High: 커넥션 풀을 얻기까지 최대로 소요된 시간으로 시간이 늘어 날수록 가용한 커넥션 풀이 없는 경우 대기하는 시간
- Waiters High: 커넥션 풀을 얻기 위해 대기하는 요청의 최대 개수

8.2.2 9.0 이상 버전 커넥션 풀 모니터링

커넥션 풀 모니터링은 생성한 **데이터 소스**에서 확인 가능하다. 기본적인 **모니터링** 뷰에 는 기본적인 정보만 표시되기 때문에 **이 테이블 사용자 정의**(Customize this table)를 선택해 추 가적인 모니터링 항목을 추가한다.

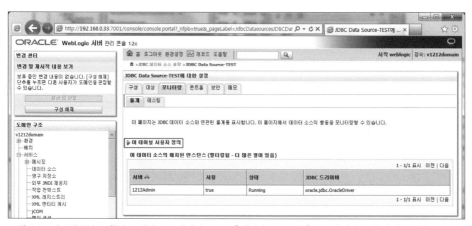

그림 8.25 어드민 콘솔 > 환경 > 서비스 > 데이터 소스 > [데이터 소스 이름] > 모니터링 > 이 테이블 사용자 정의

사용 가능한 항목에서 원하는 항목을 선택해 **선택한 항목**으로 옮긴다. 페이지당 표시되는 행 수가 기본적으로 10개이므로 10개 이상의 행이 필요한 경우 **페이지당 표시되는 행수** 값을 늘려준다.

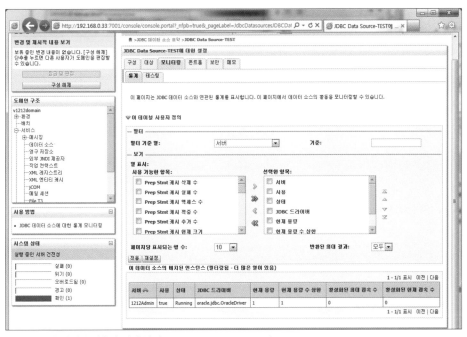

그림 8.26 이 테이블 사용자 정의 설정

이 테이블 사용자 정의에서 선택된 모니터링 항목의 주요 설명은 다음과 같다.

- **활성화된 현재 접속 수**: 현재 사용되고 있는 연결 개수
- **활성화된 평균 접속 수**: 웹로직 서버가 기동된 이후 평균적으로 사용된 연결 개수
- **활성화된 최대 접속 수**: 웹로직 서버가 기동된 이후 가장 많이 사용하는 경우의 개수
- **현재 용량**: 현재 시점의 커넥션 풀 개수
- **현재 용량 수 상한**: 현재 시점에서 가장 많이 사용할 수 있는 커넥션 풀 개수
- **접속 지연 시간**: 커넥션 풀을 생성하기까지 소요되는 시간
- **접속 대기 수 상한**: 커넥션 풀을 얻기 위해 대기하는 요청의 최대 개수

8.2.3 커넥션 풀 튜닝

커넥션 풀의 최솟값과 최댓값을 설정하기 위해 모니터링된 결과를 참고한다. **현재 용량**
값은 축소^{Shrink}되기 전까지 당시 사용된 최대치를 유지함으로, 평소 사용되는 양을 유
추할 수 있다. 최솟값을 1로 설정해 놓은 경우 어느 정도 서비스 사용 시간이 지난 후
증가한 수치만큼이 최소한으로 요구되는 최솟값이라고 볼 수 있다. 또는 9.0 이상 버
전에서 보여지는 평균 값을 가지고 최소한으로 요구되는 최솟값이라고도 볼 수 있다.
최댓값의 경우 해당 커넥션 풀을 사용하는 서비스의 최대 요청 시간 이후 **활성화된 최대**
접속 수(Connection High) 값을 기준으로 +10% 정도의 값을 설정하면 최대 부하 상황에서
측정된 용량을 상한선으로 둘 수 있다. 이와 같은 방식 외에도 여러 기준으로 커넥션
풀의 최솟값과 최댓값을 설정할 수 있지만 알아두어야 할 점은 커넥션 풀의 개수는 사
용자가 설정하는 값이니 만큼 충분한 모니터링 데이터를 가지고 설정해야 할 값임을
유의해야 한다.

1부의 주요 내용은 원하는 자바 EE 환경에서 사용되는 WAS인 웹로직을 구성하는 여러 방법과 애플리케이션을 서비스하기 위한 환경설정을 알아봤다. 구성은 동일해도 사용자의 의도나 사용환경에 따라 사용할 수 있는 방법들이 있었고 이러한 방법의 장단점을 구분하여 웹로직을 '잘' 구성하기를 바라는 목적이 있었다.

이미 서비스가 시작되면 추가적인 구성상의 변경이나 운영 환경의 재구성이 어렵기 때문에 웹로직을 도입하는 단계에서 어떤 방법으로 구성하고 운영할지 많은 고민이 필요하다.

하지만, 이러한 고민 이후 구성된 웹로직을 포함한 WAS의 구성은 향후 장애를 예방하고 좀 더 빠른 서비스와 효율적인 자원 관리가 가능하다.

2부

웹로직, 관리의 정석

## 9장

관리 전 고민할 사항

웹로직으로 서비스를 시작하면 구성 단계에서는 파악되지 않았던 이벤트가 발생되고, 따라서 이벤트를 관리하고 서비스를 유지 또는 개선하기 위해서는 유지보수 작업이 요구된다. 웹로직을 관리함에 있어서는 웹로직 자체의 기능에 대한 파악과 웹로직이 실행되는 환경과 연관된 사항에 대한 파악이 필수적이다. 이 장에서는 웹로직으로 서비스를 운영하고 관리함에 있어서 생각해봐야 할 사항을 정리한다.

9.1 : 웹로직의 선택적 기능

웹로직은 WAS의 기능을 제공하고 추가적으로 웹로직으로서의 선택적 기능을 제공한다. 스레드의 관리와 JDBC 커넥션 풀을 제공하는 기본적인 구성 요소를 제공함은 물론 무중단 서비스를 위한 클러스터 기능과 멀티풀, JMS 기능의 제공, 메일 서비스 등 편의적인 기능들과 서비스 종류, 형태에 따라 수많은 옵션과 설정이 존재한다. 서비스의 규모와 형태에 따라 웹로직을 사용한 포괄적 대응이 가능한 이유라 할 수 있다.

하지만, 편리하고 유용한 웹로직의 선택적 기능을 무조건적으로 활용하는 것은 권장하지 않는다. 최근 애플리케이션의 개발 트랜드는 특정 WAS에 대한 의존적인 개발 및 프로젝트 진행을 지양한다. 시시각각 변하는 애플리케이션 환경과 다양한 API들이 제공되고 WAS도 그에 따라 버전업이 빠르게 진행되고 있다. 이런 환경에서 WAS에 의존적으로 애플리케이션이 개발되면 향후 버전의 업그레이드나 타 WAS로의 마이그레이션 작업에 큰 영향을 줄 수 있기 때문이다. 웹로직의 기능을 이해하고 각 기능을 적정한 서비스 환경에서 이용해야 최상의 결과와 적은 유지보수 비용이 발생한다.

9.2 : JVM

자바를 이용한 WAS 환경은 기본적으로 JVM^{Java Virtual Machine} 환경에서 운영된다. 따라서 WAS를 이해하기 위해서도 JVM의 이해가 필요하다. 자바는 가장 큰 장점으로 플랫폼에 의존적이지 않다는 점이다. 자바로 개발되는 애플리케이션은 한 번 개발되면 모든 플랫폼에 자바는 동일하게 동작하는 장점이 있다. 이는 JVM이 모든 플랫폼에서 동일하게 동작하도록 되어 있기 때문이다. WAS를 운영한다는 것은 애플리케이션이 동작하는 서비스도 중요하지만 그 애플리케이션이 정상적으로 동작하기 위한 환경, 즉

JVM 환경을 이해하고 다룰 줄 알아야 한다.

자바 개발서를 시작하면 첫 메시지인 'Hello World'를 화면에 나타나게 하기 위한 'helloworld.java'를 컴파일하여 실행시켰을 때, 그 순간 JVM에서 클래스가 수행되고 종료된다. 찰나의 순간이지만 자바를 사용한 동작은 JVM을 생성하게 된다. 웹로직은 이러한 JVM에 WAS의 역할을 할 수 있도록 수많은 자바 클래스가 엮여 있는 집합체다. 이러한 JVM에 애플리케이션이 배치되면 웹로직을 관리하고 운영하는 입장에서는 JVM 개념을 이해해야 한다.

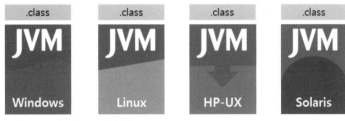

그림 9.1 플랫폼에 종속되지 않는 .class

각 플랫폼에 맞게 애플리케이션을 개발하는 수고를 덜어주는 장점이 있지만, JVM도 결국 가상의 플랫폼을 제공하는 것이기 때문에 각 플랫폼의 자원을 일부 할당받아 수행됨으로 네이티브 코드Native Code로 구현된 애플리케이션에 비해 느리고 자원에 제한이 있음에 유의해야 한다.

9.3 : 32비트와 64비트

JDK 5가 릴리스된 시기에는 웹 애플리케이션 운영 환경인 OS 플랫폼의 CPU가 64비트 아키텍처로 변화하는 시기였다. 아키텍처가 제공하는 메모리 주소의 크기는 CPU의 비트 크기로 설정되는데 32비트는 2^{32}로 4,294,968,296비트(= 4GB) 메모리를 할당할 수 있고, 64비트는 2^{64}로 18,446,744,073,709,551,616비트(= 17,179,869,184GB) 메모리를 할당할 수 있다. 이러한 메모리 주소 크기는 32비트와 64비트 JVM의 메모리 할당에도 영향을 준다. JVM의 프로세스 하나에서 할당받을 수 있는 최대 메모리 크기인 4GB를 할당받았다고 가정하여 힙 메모리Heap Memory가 차지하는 부분은 2GB에서 약간 부족하다. OS 플랫폼마다 차이가 있겠지만 OS 커널과 JVM, 네이티브 힙Native Heap

이 차지하는 부분도 발생하기 때문에 전체 4GB 중에 사용할 수 있는 메모리 사이즈에는 한계가 있다.

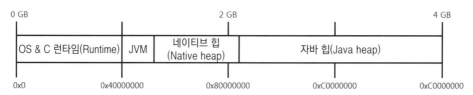

그림 9.2 32비트 4GB에 할당된 JVM 프로세스

64비트 플랫폼 환경에서는 이런 32비트의 메모리 제약을 극복하고 더 큰 메모리를 할당받을 수 있다는 장점이 있지만 내부적으로 객체의 메타데이터나 데이터 필드에 대한 크기가 64비트에 맞게 크기가 증가되어야 하기 때문에 배열과 같은 유형의 객체는 기존 32비트와 차이가 발생한다.

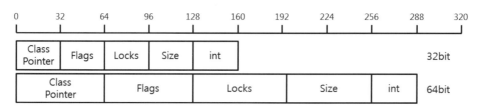

그림 9.3 32비트와 64비트의 int 배열에 대한 메모리 배치의 예

| 필드 유형 | 파일 크기(비트) | | | |
| | 객체 | | 배열 | |
	32비트	64비트	32비트	64비트
boolen, byte	32	32	8	8
char, short	32	32	16	16
int, float	32	32	32	32
long, double	64	64	64	64
Object fileds, Object metadata	32	64(or 32)	32	64(or 32)

표 9.1 32비트와 64비트의 필드 크기 비교

이런 메모리상의 크기 차이는 32비트 플랫폼에서 64비트 환경으로 마이그레이션하는 경우 더 많은 메모리를 사용하게 되므로 주의할 사항이다.

9.4 : 클래스로더

클래스로더ClassLoader는 자바 클래스의 로딩 기능을 담당하는 클래스로서, 모든 클래스는 클래스로더를 통해 JVM에 로딩된다. 클래스로더는 JVM상에 설정된 클래스 경로, 즉 CLASSPATH를 통해 클래스를 찾는다. 자바가 인식하는 CLASSPATH는 JVM이 실행되면서 Bootstrap, Extensions, System Class Loader가 올라가게 된다.

- Bootstrap Class Loader: JVM이 실행될때 맨 처음 실행되는 클래스로더로, 가장 기본적인 자바 실행에 필요한 기본 클래스들을(rt.jar, i18n.jar과 같은 기본적인 아카이브Archieve) 로딩한다. JVM이 초기화되면서 필요한 클래스들로 이루어져 있는데 System.getProperty("sun.boot.class.path") 와 같은 형태로 확인이 가능하다.

- Extensions Class Loader: BootStrap 이후 읽혀지는 클래스로 '$JAVA_HOME/lib/ext'에 있는 클래스들이 로딩된다. 이 클래스들은 별도로 CLASSPATH로 지정하지 않아도 추가된다.

- System Class Loader: CLASSPATH 변수에 정의되거나 자바 옵션으로 -cp나 -classpath, 또는 MANIFEST.MF 파일에서 클래스 경로로 설정하며 System.getProperty("java.class.path") 로 확인 가능하다.

Hello.class를 실행하는 myapp.jar이 있다고 가정하고 Hello.class를 실행하기 위한 방법은 다음과 같다.

- Bootclass에 등록해 실행: -Xbootclasspath를 이용해 등록하며 /p를 붙이면 앞에 /a는 뒤에 추가하는 설정이다. 등록된 라이브러리나 클래스를 BOOT LOADER로 로딩된다.

  ```
  # java -Xbootclasspath/p:myapp.jar Hello
  ```

- $JAVA_HOME/jre/lib/ext 디렉토리에 myapp.jar를 복사해 실행: myapp.jar를 $JAVA_HOME/jre/lib/ext 위치에 복사하면 해당 위치의 라이브러리는 ExtClassLoader로 로딩된다.

```
# cp myapp.jar $JAVA_HOME/jre/lib/ext
# java Hello
```

- CLASSPATH 변수에 등록해 실행: CLASSPATH 변수에 등록한 라이브러리는 AppClassLoader로 로딩된다.

```
# export CLASSPATH=myapp.jar (Unix/Linux)
> set CLASSPATH=myapp.jar (Windows)
# java Hello
```

- 실행 시 -cp 또는 -classpath에 myapp.jar를 설정해 실행: 자바에 -cp 또는 -classpath에 등록된 라이브러리는 AppClassLoader로 로딩된다.

```
# java -cp myapp.jar Hello
```

- -jar을 이용해 실행: jar 아카이브에 META-INF/MANIFEST.MF 파일을 추가하고 Main-Class에 실행 클래스를 추가한다. -jar로 실행하는 경우 CLASSPATH를 추가하려면 Class-Path에 설정하고 AppClassLoader로 로딩된다.

```
<META-INF/MANIFEST.MF>
Manifest-Version: 1.0
Main-Class: Hello
Class-Path: myapp1.jar myapp2.jar
```

MANIFEST.MF 파일에 내용을 추가하면 -jar을 이용해 실행한다.

```
# java -jar myapp.jar
```

웹로직에서 호출^{Invoke}되는 클래스로더는 애플리케이션의 형태인 EJB, WAR, EAR에 따라 별도의 클래스로더를 생성한다.

- EJB: 각 EJB는 배치되면 별도의 클래스로더를 생성해 다른 EJB의 클래스는 참조하지 못하고 부모 클래스로더인 JVM에 설정된 CLASSPATH 변수에 설정한 클래스를 참조하게 된다. 따라서 EJB를 사용하기 위해서 해당 EJB의 원격 인터페이

스^{Remote Interface}나 홈 인터페이스^{Home Interface}를 사용해 해당 EJB에 요청을 전달한다.

- WAR: JSP나 서블릿과 같은 웹 애플리케이션 또한 EJB와 같은 특성을 갖지만 'WEB-INF/weblogic.xml'에서 'WEB-INF/classes'와 'WEB-INF/lib'가 부모 클래스로더보다 우선할 수 있도록 PreferWebInfClasses 옵션을 true로 지정할 수 있다.
- EAR: EAR은 내부 구조상 EJB 클래스로더와 WAR 클래스로더가 동시에 존재하는데 관계적으로는 EJB 클래스로더가 WAR 클래스로더의 부모 클래스로더가 되어 웹 애플리케이션은 EJB 클래스를 참조할 수 있게 된다.

별도의 클래스로더를 사용하면서 자바 EE 구성에서는 Isolation, Singleton, Hotdeploy, Deploy, Namespace와 같은 특징을 갖는다.

- Isolation: 애플리케이션 간의 클래스로더가 다름으로 배치되는 애플리케이션 간의 영향을 받지 않는다.
- Singleton: 클래스로더를 별도로 사용하면서 Singleton Pattern 또한 별도로 적용된다.
- Hotdeploy: WAS가 실행되고 있는 상황에서도 기존 클래스로더를 업로드하고 새로운 클래스로더를 다시 로딩하여 클래스를 리로딩한다.
- Deploy: 애플리케이션 배치는 각 애플리케이션 단위로 별도의 클래스로더를 사용해서 개별적인 배치가 가능하다.
- Namespace: Namespace가 클래스로더 + 파일 이름으로 적용되어 동일한 파일이 존재해도 별도의 개체로 인지한다.

웹로직 또한 자바 EE의 클래스로더 방식을 따르기 때문에 클래스로더에 클래스를 로딩하기 위한 다양한 방법 중에 지역^{Local} 클래스와 범용^{Global} 클래스를 구분하거나 애플리케이션 단위로 공통된 클래스를 구분하여 특징에 맞게 클래스로더에 로딩하는 방법에 대해 고민할 필요가 있다.

서비스의 흐름을 알아야 웹로직의 관리와 운영, 장애발생 시 유연한 대처가 가능하다. 특히 서비스 장애가 발생하면 WAS에 한정되는 현상도 있을 수 있지만 다른 서비스 환경 요소와의 관계도 확인해야 하며, 이 경우 특정 시점에 얽매이지 않고 다양한 시각으로 서비스의 흐름을 파악하면 각각의 흐름에 따른 관계와 구성 간의 설정에서 수정하고 개선해야 할 사항을 찾을 수 있다.

그림 9.4 WEB/WAS 서비스 흐름의 예

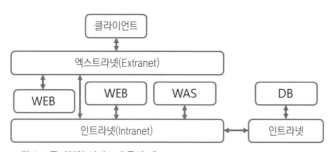

그림 9.5 물리적인 서비스 흐름의 예

방화벽이나 DNS 등을 생략하더라도 바라보는 관점에 따라서 서비스 흐름을 이해하는 방식도 다를 수 있지만 흐름을 구성하는 구성 요소나 연결 요소, 실행 환경 모두 WEB/WAS 서비스의 성능, 관리, 장애 처리에 영향을 준다. 웹로직의 스레드나 커넥션 풀과 같은 자원이나 애플리케이션에 기인하지 않은 문제 해결을 위해 서비스의 흐름을 읽는 능력은 관리에 큰 도움을 준다.

## 10장

웹로직 도메인 환경

웹로직의 기본적인 구성 외에 웹로직의 편의 기능을 사용하는 방법과 추가적인 기능의 구성 방법을 살펴보고자 한다.

10.1 : 서버 인스턴스

웹로직 서버는 복제를 통해 추가적인 서버 인스턴스를 쉽게 확장할 수 있고 어드민 서버가 실행 중이지 않더라고 매니지드 서버가 독립적으로 실행하는 기능을 제공한다. 또한 동일 서버로 도메인에 따라 서비스의 요청을 분리하는 가상 호스트를 제공한다.

10.1.1 서버 인스턴스 복제

웹로직 도메인을 새로 구성하거나 서비스 중인 도메인에서 동일한 조건의 동일 서버 인스턴스를 추가하고자 하는 상황이 있다. 기존 서버 인스턴스의 수평적 확장을 위한 경우 거의 모든 설정이 동일하고 IP나 포트 정도만 변경되는데, 이 외에 이미 설정되어 있는 로그 설정이나 추가적인 기능들을 다시 설정하는 불편함이 있다. 이런 상황은 그 수가 많아질수록 부담이 생기는데 이를 위해 **복제** 기능이 제공된다.

Name	Listen Port	Listen Port Enabled	State	
816Admin	7001	true	RUNNING	
Managed01	8001	true	UNKNOWN	

그림 10.1 8.1 버전의 서버 인스턴스 복제 버튼

새로 만들기 | 복제 | 삭제 1 - 2/2 표시 이전 | 다음

	이름	유형	클러스터	시스템	상태	건전성	수신 포트
	1212Admin(관리)	구성됨		Machine-Linux	RUNNING	확인	7001
☑	Managed01	구성됨		Machine-Linux	SHUTDOWN		8001

새로 만들기 | 복제 | 삭제 1 - 2/2 표시 이전 | 다음

그림 10.2 9.0 이상 버전의 서버 인스턴스 복제 버튼

서버의 **복제** 버튼을 이용하면 이름과 IP, 포트를 다시 설정해 기존 설정을 복제한 서버 인스턴스가 생성된다. 웹로직 9.0~10.0 MP2 버전까지는 로그 이름도 동일하게 복제되므로 주의한다. 기존에 클러스터와 시스템이 설정되어 있으면 해당 구성도 동일

한 클러스터와 시스템으로 설정되며, 이때 애플리케이션이나 데이터 소스가 클러스터를 대상으로 한다면 동일 클러스터에 새로 생성되는 서버 인스턴스이기 때문에 복제된 서버 인스턴스는 자동으로 대상에 포함된다.

10.1.2 MSI 모드

MSI^Managed Server Independence는 직역을 한다면 '매니지드 서버 독립' 정도로 해석할 수 있다. 무엇으로부터 독립을 한다는 건지 의아하다면 매니지드 서버의 기동 절차를 다시 떠올려보자. 매니지드 서버는 자체 설정이 모두 어드민 서버가 관리하는 config.xml에 있다. 따라서 매니지드 서버 기동 시 어드민 서버의 URL이 필요한 것이고, 해당 URL에 접속해 자신의 정보를 받아온다. 이 때문에 어드민 서버 없이는 매니지드 서버의 기동이 불가능한데 msi-mode로 인해 해결 가능하다. 웹로직 9.x 이후로는 MSI 모드의 적용이 기본적인 설정이지만 8.1의 경우 별도로 설정해야 함에 유의한다.

어드민 서버가 셧다운^Shutdown인 상태에서 매니지드 서버를 기동하면 다음과 같은 로그 메시지와 함께 기동에 실패함이 확인된다.

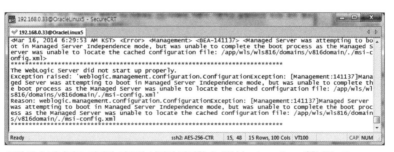

그림 10.3 매니지드 서버가 어드민 서버에 연결할 수 없어 'msi-config.xml'을 찾는 로그

어드민 서버를 찾을 수 없는 상태에서 자신의 정보를 찾을 수 없어 msi-config.xml을 찾는 것이다. 이와 같이 매니지드 서버가 어드민 서버와 연결될 수 없는 상황에서도 기동하기 위해 MSI 모드를 설정한다. **Managed Server Independence Enabled**가 활성화되어 있다면 'config.xml'을 'msi-config.xml'로 해당 매니지드 서버의 $DOMAIN_HOME 디렉토리에 복제하여 어드민 서버와 연결이 되지 않는 상황에서 해당 xml 파일을 읽어 기동된다. **MSI File Replication Enabled** 옵션을 활성화하면 매니지드 서버가 어드민 서버와 연결되면 어드민 서버에서 사용 중인 'config.xml'의 최신 버전을 확인해 'msi-config.xml'로 복제해 항상 최신 상태를 유지한다.

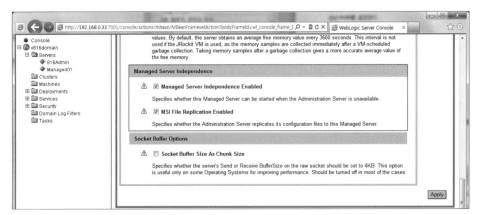

그림 10.4 8.1 Admin Console > [Domain Name] > Servers > [SERVER_NAME] > Tuninng > Advanced Options

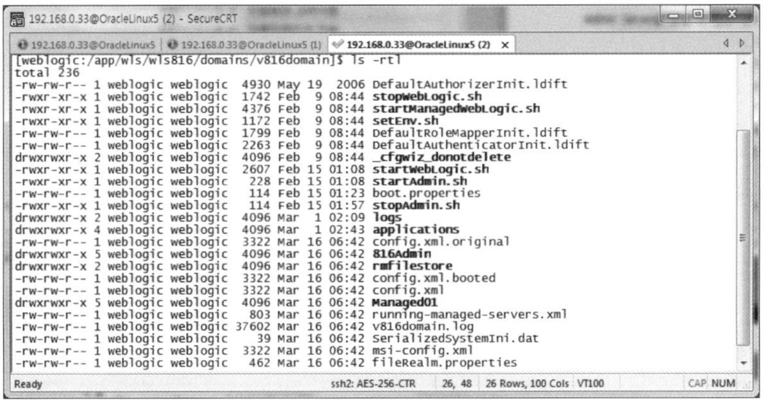

그림 10.5 'MSI File Replication Enabled' 옵션을 활성화해 생성된 'msi-config.xml'

수동으로 복제하거나 옵션을 통해 생성된 'msi-config.xml'이 있다면 어드민 서버가 셧다운되어 있는 경우 매니지드 서버를 기동하면 다음과 같은 로그가 확인되고 서버는 정상적으로 기동된다.

```
<Mar 16, 2014 6:46:10 AM KST> <Notice> <WebLogicServer> <BEA-000356> <Starting
WebLogic Independent Managed Server "Managed01" for domain "v816domain">
```

웹로직 9.0 이상 버전에서는 8.1 버전에서의 MSI 모드 관련 옵션이 기본적으로 모두 활성화된 상태이며 8.1 버전과 동일하게 어드민 콘솔에서 서버 인스턴스의 튜닝 항목에서 확인 가능하다.

10.1.3 채널

웹로직 서버 인스턴스에는 Listen Address를 할당하며 네트워크 환경에 따라 IP나 호스트 이름을 설정한다. 물론 설정하지 않는 경우 All Local Addresses로 설정되어 웹로직이 기동하는 플랫폼에 설정된 모든 주소로 Listen 상태가 되지만 정확한 서비스의 응답을 위해서는 각각 수신 주소를 지정하는 것을 권장한다. 하지만, 간혹 하나의 서버에서 하나 이상의 주소를 필요로 하는 경우가 있는데, 예를 들면 내부 주소와 외부 주소가 다르다거나 IPv4와 IPv6 주소 형태 모두 사용해야 하는 경우가 그것이다. 따라서 웹로직에서는 Channel 설정을 통해 여러 개의 주소를 설정해 서비스할 수 있다. 웹로직은 채널Channel에서 다양한 프로토콜을 제공하며 종류로는 t3(s), iiop(s), com, http(s), admin 등을 제공한다. 채널을 설정하는 방법은 다음과 같다.

1. 어드민 콘솔에 로그인한다.

2. Servers 항목에서 채널을 추가하고자 하는 [SERVER_NAME]을 선택한다.

3. Protocols 탭을 선택한 후 Channels 하위 탭을 선택한다.

4. 8.1 버전에서는 Configure a new Network Channel...을 선택해 새 채널을 생성한다. 9.0 이상 버전에서는 **새로 만들기** 버튼을 선택해 새 채널을 생성한다.

5. 버전에서는 채널의 Name과 사용할 Protocol, Listen Address, Listen Port를 한 번에 설정한다.

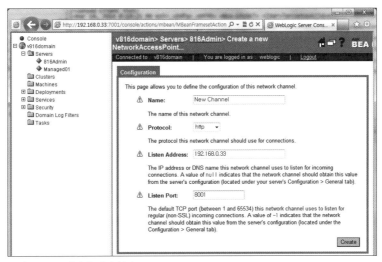

그림 10.6 8.1 버전의 채널 설정

9.0 이상 버전에서는 먼저 Name과 Protocol을 선택하고 Listen Address, Listen Port, External Listen Address, External Listen Port를 설정하고 추가적인 옵션을 선택한다. 추가 옵션은 기본값으로 진행했다.

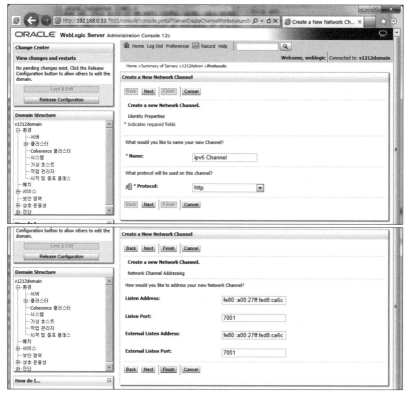

그림 10.7 9.0 이상 버전의 채널 설정

6. 다시 Channels 탭에 돌아가면 새로 생성된 채널을 확인할 수 있다.

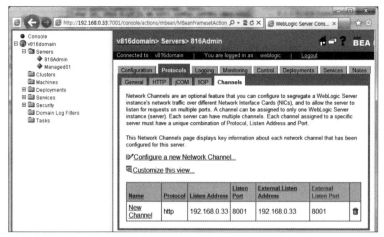

그림 10.8 8.1 버전에 생성된 채널

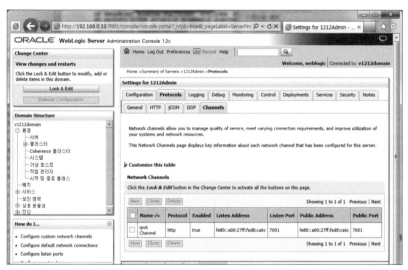

그림 10.9 9.0 이상 버전에 생성된 채널

채널 생성 후 서버를 재기동하면 로그에 새로 추가된 채널을 확인할 수 있다.

```
<Mar 16, 2014 6:17:41 PM KST> <Info> <RJVM> <BEA-000570> <Network Configuration
for Channel "New Channel"
  Listen Address          http://192.168.0.33:8001
  Public Address          http://192.168.0.33:8001
  Http Enabled            true
  Tunneling Enabled       false
```

```
Outbound Enabled          false
Admin Traffic Enabled     true>
```

리스트 10.1 포트를 추가한 채널 설정 확인 로그

```
<Mar 16, 2014 6:32:13 PM KST> <Info> <RJVM> <BEA-000570> <Network Configuration
for Channel "ipv6 Channel"
  Listen Address          http://fe80::a00:27ff:fed8:ca6c:7001
  Public Address          http://fe80::a00:27ff:fed8:ca6c:7001
  Http Enabled            true
  Tunneling Enabled       false
  Outbound Enabled        false
  Admin Traffic Enabled   true>
```

리스트 10.2 ipv6 주소를 추가한 채널 설정 확인 로그

생성된 채널로 요청 시 응답을 확인한다. 리스트 10.1처럼 어드민 서버에 8001 포트를 추가하면 'http://192.168.0.33:8001/console'로 어드민 콘솔에 접근되고, ipv6 주소를 추가하는 경우 'http://[fe80::a00:27ff:fed8:ca6c]:7001/console'로 어드민 콘솔에 접근 가능하다.

10.1.4 가상 호스트

채널과 같이 웹로직 서버가 운영되는 플랫폼에서 가용한 주소나 포트를 추가해 서비스를 분리할 수도 있지만 가상 호스트를 이용해 분기하는 것도 가능하다. 가상 호스트는 동일한 주소와 포트를 사용하는 서버에 여러 개의 가상의 도메인을 구성하는 것인데, 이러한 기능은 대부분의 웹 서버에서도 지원한다. 가상 호스트를 설정하면 웹로직에 배치되는 애플리케이션의 대상으로 삼을 수 있어서 동일한 context-root인 둘 이상의 애플리케이션을 동일 웹로직 서버 인스턴스에 배치하는 것이 가능하다. 가상 호스트의 구성과 테스트를 위한 환경설정은 다음과 같다.

1. 어드민 콘솔에 로그인한다.

2. 8.1 버전은 Services에서 Virtual Hosts를 선택한다. 9.0 이상 버전은 **환경**에서 **가상 호스트**를 선택한다.

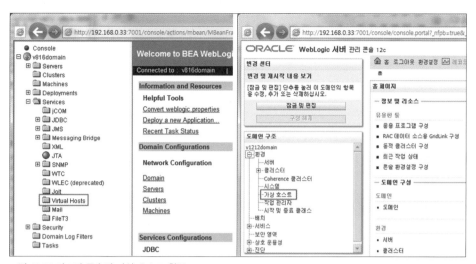

그림 10.10 어드민 콘솔의 가상 호스트 항목

3. 8.1 버전에서는 Configure a new Virtual Host...를 선택해 새 가상 호스트를 생성한다. 9.0 이상 버전에서는 **새로 만들기** 버튼을 선택해 새 가상 호스트를 생성한다.

4. 8.1 버전에서는 가상 호스트의 Name과 Virtual Host Name을 입력한다.

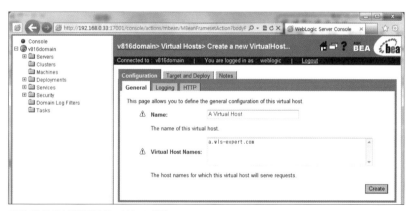

그림 10.11 8.1 버전의 Virtual Host 설정

9.0 이상 버전에서는 먼저 이름을 설정해 생성하고 나서 만들어진 가상 호스트를 선택해 **이름**을 추가한다. 내부와 외부 주소와 포트를 설정하고 추가적인 옵션을 선택한다. 추가 옵션은 기본값으로 진행했다.

그림 10.12 9.0 이상 버전의 가상 호스트 설정

5. 생성된 가상 호스트를 선택해 서버 인스턴스를 대상으로 지정한다.

그림 10.13 가상 호스트를 사용할 서버 인스턴스 대상 지정

6. 서버를 재기동한다.

가상 호스트가 생성되면 어드민 콘솔에서 해당 가상 호스트가 생성되고 설정한 호스트 이름이 확인된다. 나는 테스트를 위해 a.wls-expert.com과 b.wls-expert.com 호스트 이름을 갖는 가상 호스트를 각각 구성했다. 이렇게 생성된 가상 호스트는 동일한 context-root를 갖는 애플리케이션을 각 가상 호스트에 배치 가능하다. 테스트를 위해 context-root를 '/'를 갖는 애플리케이션 Atestapp와 Btestapp를 생성해 Atestapp는 대상 서버 인스턴스의 A Virtual Host에, Btestapp는 대상 서버 인스턴스의 B Virtual Host에 배치했다.

그림 10.14 애플리케이션 배치 대상으로 가상 호스트 설정

배치의 대상이 서버 인스턴스가 아닌 가상 호스트이므로 동일 context-root를 갖는 애플리케이션이라도 배치 과정에서 에러가 발생하지 않는다. 동작의 확인을 위해 나는 hosts 파일에 IP와 호스트 이름을 설정했다.

192.168.0.33   a.wls-expert.com   b.wls-expert.com

리스트 10.3 'hosts' 파일에 추가한 IP와 호스트 이름 맵핑 설정

브라우저에서 가상 호스트로 설정된 호스트 이름으로 호출하면 하나의 서버 인스턴스에서 동일 context-root인 애플리케이션이 동작한다.

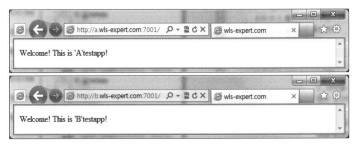

그림 10.15 호스트 이름에 따라 분기되는 애플리케이션

10.2 : SSL

SSL^{Secure Sockets Layer}은 클라이언트 호스트 간의 통신 정보를 암호화해서 통신 도중에 정보가 유출되어도 내용을 보호할 수 있게 해주는 기능이다. 일반적으로는 요청을 처음 받아들이는 구성 요소에 SSL을 적용하는데, WEB/WAS 구성에서는 웹 서버에 SSL을 적용한다. 하지만, 웹 서버와 웹로직 간의 통신에도 암호화된 통신을 요구하거나 웹 서버 없이 웹로직으로만 서비스를 하는 경우 SSL을 적용하려는 요구사항이 생긴다.

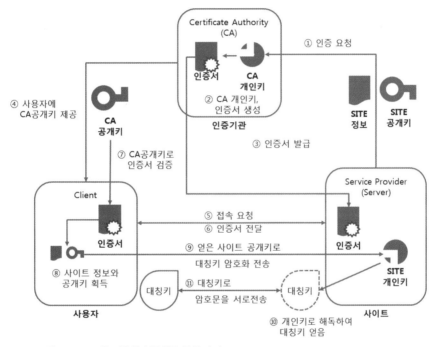

그림 10.16 SSL을 이용한 암호화된 통신 과정

10.2.1 CertGen

일반적으로 SSL을 사용할 때는 웹 서버 운영 기관의 디지털 인증서가 필요한데, 이것은 공인된 인증기관에서 발급받을 수 있고 개발 및 테스트 과정에서는 테스트용 사설 인증서를 종종 사용한다. 웹로직 7.0 이후로 'CertGen' 유틸리티를 제공하여 테스트용 인증서를 발급할 수 있다. 나는 '$DOMAIN_HOME/ssl'에서 명령을 수행했으며 사용 방법은 다음과 같다.

```
# java utils.CertGen <개인키 비밀번호> <인증서 파일명> <개인키 파일명> [export | domestic]
[호스트명] [genca]
```

인증서를 생성하는 사용 방법을 통해 welcome1 개인키 비밀번호와 testcert 인증
서 이름, testkey 개인키 이름을 갖는 www.wls-export.com 호스트에 대한 인증서를
생성하는 예는 다음과 같다.

```
# java utils.CertGen welcome1 testcert testkey domestic www.wls-export.com
```

명령이 수행되면 수행한 디렉토리에 4개의 파일이 생성된다.

- testcert.der: 바이너리 형식의 인증서
- testcert.pem: PEM 형식의 인증서
- tetskey.der: 바이너리 형식의 개인키
- testkey.pem: PEM 형식의 개인키

생성된 인증서와 개인키는 domestic strength로 각각 1024비트, 128비트 암호화
형식으로 생성된다. export strength를 지정하면 512비트, 40비트 인증서가 생성된
다. 생성된 인증서의 Root CA 정보는 기본적으로 다음의 두 파일이 사용된다.

- $WLS_HOME/server/lib/CertGenCA.der
- $WLS_HOME/server/lib/CertGenCAKey.der

다른 Root CA 정보를 사용하고 싶다면 CertGen을 사용해 실행하는 디렉토리 위치
에 새로운 CA 정보를 생성할 수 있다. Root CA 인증기관은 www.rootCA.com으로 임
의 지정했다.

```
# java utils.CertGen welcome1 CertGenCA CertGenCAKey domestic www.rootCA.com
GENCA
```

생성된 Root CA를 이용해 인증서를 생성하고자 한다면 utils.CertGen의 사용 방
법에 따라 다음과 같이 인증서를 생성할 수 있다. 인증 대상은 www.wls-expert.com
으로 했다.

```
# java utils.CertGen -certfile testcert -keyfile testkey -keyfilepass welcome1
-cakeypass welcome1 -cn www.wls-expert.com
```

이렇게 생성된 인증서는 다른 버전의 웹로직이나 다른 웹 서버에도 사용 가능하다. 생성하거나 인증기관에서 받은 인증서는 utils.ImportPrivateKey 유틸리티를 통해 개인키를 생성한다. utils.CertGen을 사용해 만든 테스트용 인증서를 이용해 생성한 예는 다음과 같다.

```
# java utils.ImportPrivateKey -keystore ServerIdentity.jks -storepass welcome1
-keypass welcome1 -alias wls -certfile testcert.pem -keyfile testkey.pem
-keyfilepass welcome1
```

keytool 유틸리티를 통해 보안키를 생성한다. alias root에 Root CA 인증서를 추가하고 alias identity에 인증서 회신을 한다. utils.CertGen을 사용해 만든 테스트용 인증서를 이용해 생성한 예는 다음과 같다.

```
# keytool -import -v -trustcacerts -alias root -file CertGenCA.pem -keystore
ServerTrust.jks -storepass welcome1
# keytool -import -v -trustcacerts -alias identity -file testcert.pem -keystore
ServerTrust.jks -storepass welcome1
```

keytool을 실행하면 보안키 생성에 대한 확인 여부를 yes로 진행하면 보안키가 생성된다.

```
Owner: CN=www.rootCA.com, OU=FOR TESTING ONLY, O=MyOrganization, L=MyTown,
ST=MyState, C=US
Issuer: CN=www.rootCA.com, OU=FOR TESTING ONLY, O=MyOrganization, L=MyTown,
ST=MyState, C=US
Serial number: 3703c057531cf98f7f358a38db385cd0
Valid from: Sat Mar 15 12:44:48 KST 2014 until: Thu Mar 16 12:44:48 KST 2034
...생략...
Trust this certificate? [no]:  yes
Certificate was added to keystore
[Storing ServerTrust.jks]
```

이렇게 생성된 'jks' 파일을 사용해 웹로직에 설정, SSL을 사용한다. 사설인증서를 이용하는 경우 생성한 Root CA 인증서의 인증기관이 등록되지 않아 별도로 사용자의 PC에 등록해야 하는데, 앞서 생성한 CertGenCA.der를 로컬에 다운로드해 인증서를 설치해야 한다.

1. 'CertGenCA.der' Root CA 인증서를 연다.

그림 10.17 인증서 정보

2. 인증서 설치...로 진행해 인증서 가져오기 마법사를 실행한다.

3. 신뢰할 수 있는 루트 인증 기관으로 인증서 저장소를 선택한다.

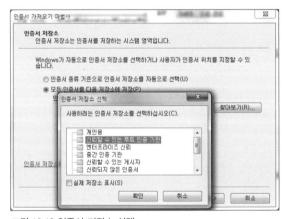

그림 10.18 인증서 저장소 선택

이렇게 등록된 Root CA 인증서는 신뢰할 수 있는 루트 인증 기관으로 동작하게 된다. 인증 대상 이름을 호스트 파일에 맵핑했다.

```
127.0.0.1               localhost
192.168.0.33            www.wls-expert.com
```

10.2.2 8.1 버전에 SSL 적용

8.1 버전에서 SSL을 설정하는 방법은 다음과 같다. 앞서 만든 사설 인증서를 사용했다.

1. 어드민 콘솔에 로그인한다.

2. SSL을 적용하려는 서버 인스턴스의 SSL 포트를 활성화한다. 설정 위치는 Admin Console > [DOMAIN NAME] > Servers > [SERVER_NAME] > Configration > General 탭이다.

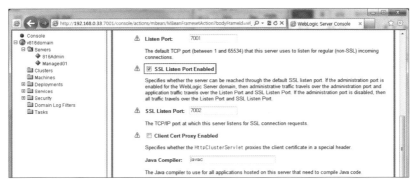

그림 10.19 'SSL Listen Port Enabled' 옵션 활성화

3. SSL Listen Port를 사용하려는 포트로 설정한다.

4. 키 저장소와 SSL을 설정하기 위해 Admin Console > [DOMAIN NAME] > Servers > [SERVER_NAME] > Configration > Keystores & SSL 탭으로 이동해 Keystore Configuration의 Change 링크를 클릭한다.

5. 키 저장소 유형을 Custom Identity And Custom Trust로 변경한다.

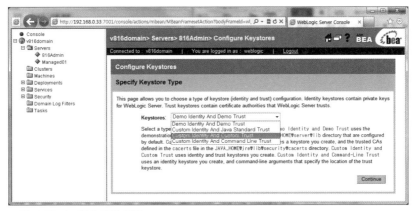

그림 10.20 키 저장소 유형 선택

6. Custom Identity의 파일 이름은 개인키를 넣고 Custom Trust에는 보안키를 넣는다. 키 저장소 유형은 모두 JKS이며 각각 설정한 비밀번호를 넣어준다.

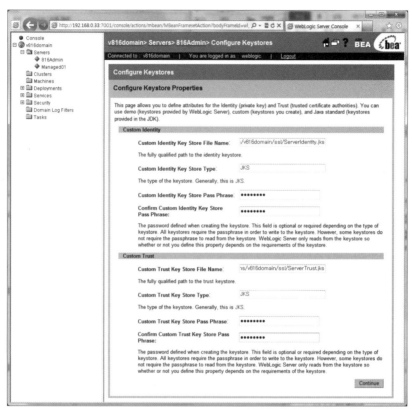

그림 10.21 키 저장소 속성 설정

7. SSL 개인 키 설정에서는 앞서 인증서 생성시 등록한 Alias 이름을 넣고 설정한 비밀번호를 넣는다.

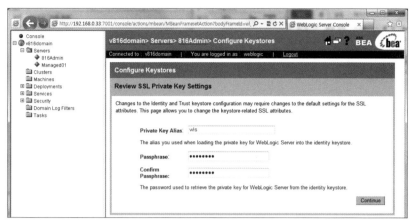

그림 10.22 SSL 개인키 설정

8. 설정이 완료되면 서버를 재기동한다.

10.2.3 9.0 이상 버전에 SSL 적용

8.1 버전과는 키 저장소와 SSL 설정 탭이 나뉘었다는 것을 제외하고는 설정 방법이 같
다. 인증서는 앞서 만든 사설 인증서를 사용했다.

1. 어드민 콘솔에 로그인한다.
2. SSL을 적용하려는 서버 인스턴스의 SSL 포트를 활성화한다. 설정 위치는 **어드민 콘
   솔 > 도메인 이름 > 환경 > 서버 > 서버 이름 > 구성 > 일반** 탭이다.

그림 10.23 SSL 수신 포트 사용 옵션 활성화

3. SSL **수신 포트**를 사용하려는 포트로 설정한다.

4. 키 저장소를 설정하기 위해 **어드민 콘솔 > 도메인 이름 > 환경 > 서버 > 서버 이름 > 구성 > 키 저장소** 탭으로 이동한다.

5. 키 저장소 **변경** 버튼을 클릭해 유형을 **사용자 정의 ID 및 사용자 정의 보안**(Custom Identity And Custom Trust)으로 변경한다.

그림 10.24 키 저장소 속성 '변경' 버튼

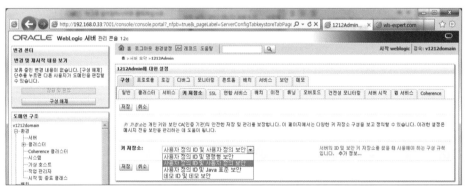

그림 10.25 키 저장소 유형 선택

6. **사용자 정의 ID 키 저장소**(Custom Identity Keystore)에는 개인키를 넣고 **사용자 정의 보안 키 저장소**(Custom Trust Keystore)에는 보안키를 넣는다. 키 저장소 유형은 모두 JKS이며 각 설정한 비밀번호를 넣어준다.

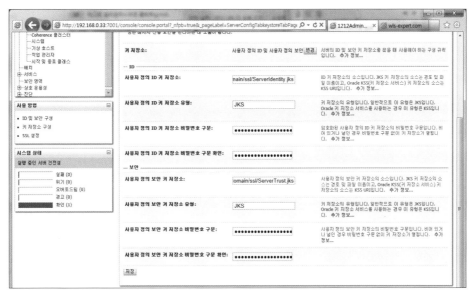

그림 10.26 키 저장소 설정

7. SSL 개인 키 설정을 위해 **어드민 콘솔 ➤ 도메인 이름 ➤ 환경 ➤ 서버 ➤ 서버 이름 ➤ 구성 ➤ SSL** 탭으로 이동한다.

8. SSL 개인 키 설정에서는 앞서 인증서 생성 시 등록한 **별칭** 이름을 넣고 설정한 비밀번호를 넣는다.

그림 10.27 SSL 개인키 설정

9. 설정이 완료되면 서버를 재기동한다.

적용된 웹로직 SSL 설정은 서버 재기동 후 인증서 인증 대상 주소로 요청하면 정상적으로 요청됨을 확인할 수 있다.

그림 10.28 인증 대상 주소와 SSL 포트로 요청한 응답의 SSL 적용

10.3 ː 클러스터

웹로직 클러스터는 확장성과 신뢰성을 제공하는 웹로직의 주요 기능이다. 일반적인 이중화 환경에서의 페일오버Failover와는 달리 웹로직 클러스터에서는 페일오버 상황에서도 진행되던 서비스가 중단되지 않는 기술을 제공한다. 예를 들면, 웹 애플리케이션의 'http 세션'을 웹로직 서버 간에 복제하여 장애 상황에서 복제된 세션을 사용할 수 있게 해준다. 페일오버를 전제로 하기 때문에 클러스터 구성에는 웹로직 서버는 둘 이상이 필요하다. 클러스터를 구성하는 서버 인스턴스는 동일한 버전의 웹로직이 요구된다.

10.3.1 클러스터의 개념

클러스터를 이해하기 좋은 방법은 클러스터를 마치 웹로직의 서버 인스턴스로 바라보는 것이다. 클러스터는 동일 서비스를 하는 여러 서버 인스턴스를 묶은 그룹이기도 하지만 각 서비스를 위한 자원과 구성 요소의 관점에서는 서버 인스턴스 대신의 대상이된다. 이 같은 구조적 관점은 애플리케이션과 구성 요소의 대상을 지정할 때 드러난다.

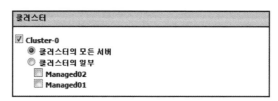

그림 10.29 대상으로 지정되는 웹로직 클러스터 클러스터

클러스터를 보는 시각을 단일 대상으로 바라보면 클러스터에 속한 다수의 웹로직 서버 인스턴스는 단일 서버 인스턴스와 같이 동작해야 한다. 따라서 클러스터로 구성된 서버 인스턴스는 구성된 서버 인스턴스 간에 장애 조치 기능과 부하 분산 기능을 제공하고 이를 통해 두 가지 큰 이점을 갖는다. 클러스터에 배치된 애플리케이션의 서비스 용량이 부하가 증가함에 따라 구성된 서버 인스턴스를 증가시킴으로 추가적인 구성 설정이나 서비스 중단 없이 자원의 확장이 가능한 확장성과 구성된 서버 인스턴스에 장애가 발생한 경우 다른 서버 인스턴스에서 서비스를 지속할 수 있는 고가용성을 제공한다. 클러스터의 주요 특징을 구현하기 위해 클러스터에는 애플리케이션 페일오버, 마이그레이션, 로드 밸런싱 기능이 구현된다. 다음과 같은 유형의 애플리케이션 서비스는 클러스터링의 기능이 사용될 수 있다. 클러스터의 페일오버 기능은 메모리와 DB를 사용하기 때문에 파일 형태의 서비스나 공유는 기능 사용이 불가능하다.

- Servlets
- JSPs
- EJBs
- RMI[Remote Method Invocation]
- JMS[Java Messaging Service] destinations
- Coherence cluster and managed Coherence servers
- Timer services

클러스터는 구성된 서버 인스턴스 간에 Primary 세션을 복제해와 Secondary 세션을 클러스터 구성원에 저장하는 방식이다. 이와 같은 방법은 Primary 세션이 생성된 서버에 상대적으로 먼 서버에 Secondary 세션을 보관하는 것이 안전하다. 하지만, '먼'이라는 상대적인 개념을 웹로직이 자체적으로 인지하지는 못하기 때문에 사용자가 복제 대상으로 지정한 그룹이나 시스템 구성이 다른 서버를 우선순위로 한다.

서버 순위	서버가 상대적으로 다른 시스템 (Machine)에 존재하는가?	서버가 복제그룹(Replication Group)에 속하는가?
1	Yes	Yes
2	No	Yes
3	Yes	No
4	No	No

표 10.1 세션 복제 우선순위 조건

생성된 각각의 상태^{Status}는 서버 인스턴스 ID를 '!'로 구분하여 세션 값에서 Primary 세션과 Secondary 세션을 구분한다. Primary 세션이 저장된 서버 인스턴스에 장애가 발생하면 해당 요청은 Secondary 세션이 존재하는 서버 인스턴스에서 요청을 처리한다.

```
JSESSIONID :
_VfaHu--zk6jFbCcRkTNZ7Id5q9tToUDLNRGNgXuBcfSMUoMRXla !-2028465567 !2131569563
```

10.3.2 클러스터 통신 방식

클러스터고 구성된 서버 인스턴스 간의 통신 방식으로 웹로직은 유니캐스트^{Unicast}와 멀티캐스트^{Multicast}를 제공한다. 유니캐스트는 1대1 방식의 메시지 전달 방법으로, 구성에서 지정한 서버에게만 메시지가 전달된다. 클러스터 구성 단계의 클러스터 주소로 지정된 IP를 사용하고 지정한 서버에만 메시지를 전달해서 네트워크 부하가 줄어든다. 유니캐스트는 9.0 이상 버전부터 적용된다. 클러스터의 유니캐스트 채널을 수동으로 지정하지 않으면 기본 채널이 지정되며 별도의 IP:Port나 네트워크 카드가 둘 이상인 경우 다른 IP 대역을 사용하려면 서버 인스턴스에 채널을 추가해 사용한다. 멀티캐스트는 1대N 방식의 메시지 전달 방법으로, 동일한 멀티캐스트 대역으로 지정된 서버들 간에 통신을 주고받는다. 224.0.0.0~239.255.255.255의 대역을 사용하며 메시지 전송이 동일 라우터에 존재하는 서버들 간에 모두 전달되는 이유로 네트워크 부하가 유니캐스트 방식에 비해 높다.

10.3.3 8.1 버전 클러스터 구성

클러스터를 구성하기에 앞서 클러스터에 구성될 서버 인스턴스를 둘 이상 구성하고 진행하도록 한다. 8.1 버전과 9.0 이상 버전의 구성 방식에 약간의 차이가 있지만 구성 요소는 거의 동일하다. 먼저 8.1 버전의 클러스터 생성과 구성은 다음과 같다.

1. 어드민 콘솔에 로그인한다.

2. [DOMAIN_NAME]에서 Clusters를 선택한다.

3. Configure a new Cluster...를 선택해 새 클러스터를 생성한다.

4. 클러스터의 Name을 정의하고 Create 버튼을 눌러 클러스터를 생성한다.

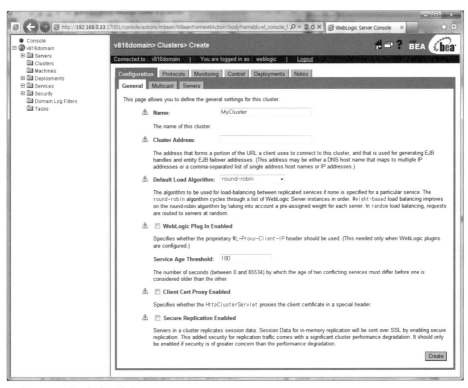

그림 10.30 클러스터 이름 설정

5. 클러스터 통신 방식 설정을 위해 생성된 클러스터를 선택한다.

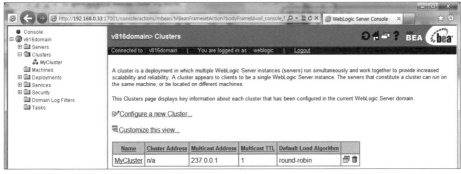

그림 10.31 생성된 클러스터

6. Configuration ➤ Multicast에서 멀티캐스트 통신을 위한 설정을 한다. 서로 다른 클러스터 간에 멀티캐스트 설정이 동일한 경우 메시지 유실이 발생할 수 있으므로 유의한다.

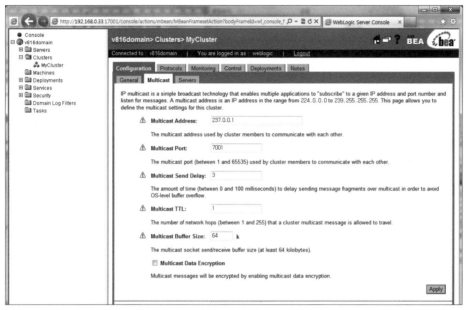

그림 10.32 멀티캐스트 설정

7. 클러스터에 포함될 서버를 선택하기 위해 Configuration ➤ Servers에서 원하는 서버를 선택한 후 Chosen으로 이동시킨다.

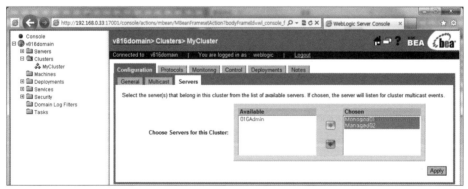

그림 10.33 클러스터에 포함된 서버 인스턴스

10.3.4 9.0 이상 버전 클러스터 구성

9.0 이상 버전의 클러스터 생성은 메시지 방식을 먼저 선택하는 과정과 클러스터로 구성할 서버를 추가하는 방법에 차이가 있다. 9.0 이상 버전의 클러스터 구성은 다음과 같다.

1. 어드민 콘솔에 로그인한다.

2. **환경**에서 **클러스터**를 선택한다.

3. **새로 만들기**를 선택해 클러스터를 생성한다. 12.1.2 이상인 버전의 경우 동적 클러스터가 아닌 **클러스터**를 선택한다.

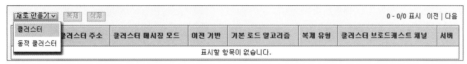

그림 10.34 클러스터 선택

4. 클러스터의 **이름**을 정의하고, 클러스터 간 메시지 방식을 **메시징 모드**에서 설정한다. 진행의 예시로 **멀티캐스트** 방식을 선택했다.

그림 10.35 클러스터 이름 설정과 메시지 방식 선택

5. 클러스터 설정을 위해 생성된 클러스터를 선택한다.

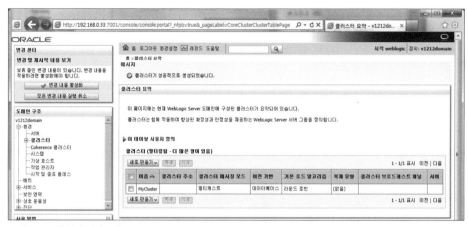

그림 10.36 생성된 클러스터

6. 클러스터에 포함될 서버를 선택하기 위해 **구성 > 서버**의 서버 테이블에서 **추가** 버튼
으로 서버를 선택한다. 클러스터에 포함할 서버를 모두 등록할 때까지 반복한다.

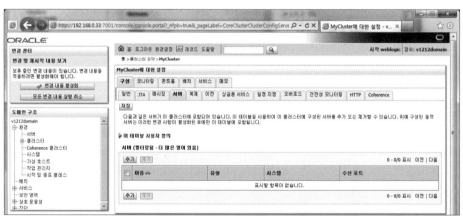

그림 10.37 서버 추가 테이블

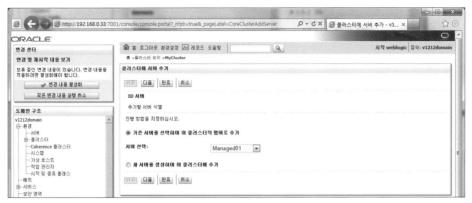

그림 10.38 클러스터에 추가할 서버 선택 후 '다음' 또는 '완료'

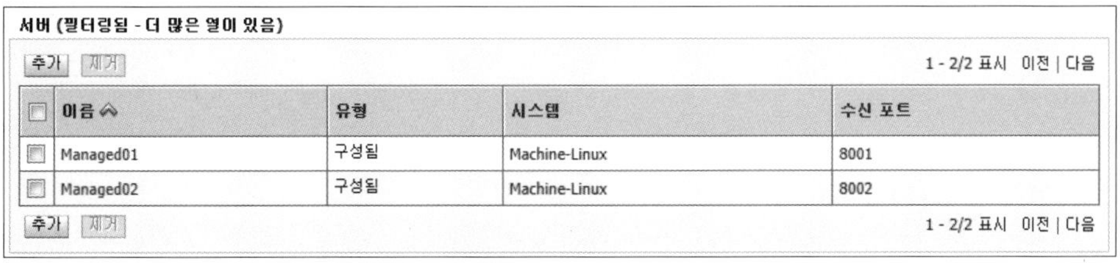

서버 (필터링됨 - 더 많은 열이 있음)

추가 제거 1 - 2/2 표시 이전 | 다음

이름	유형	시스템	수신 포트
Managed01	구성됨	Machine-Linux	8001
Managed02	구성됨	Machine-Linux	8002

추가 제거 1 - 2/2 표시 이전 | 다음

그림 10.39 클러스터의 서버 테이블에 포함된 서버 리스트

10.3.5 클러스터 테스트와 모니터링

클러스터로 구성된 서버 인스턴스는 기동 시 클러스터 맴버 간의 동기화 과정을 거쳐 서버가 기동된다.

```
<Mar 19, 2014 7:53:23 PM KST> <Notice> <Cluster> <BEA-000138> <Listening for
announcements from cluster MyCluster on 239.192.0.0:7001.>
<Mar 19, 2014 7:53:23 PM KST> <Notice> <Cluster> <BEA-000133> <Waiting to
synchronize with other running members of MyCluster.>
<Mar 19, 2014 7:53:52 PM KST> <Notice> <Cluster> <BEA-000142> <Trying to
download cluster JNDI tree from server Managed02.>
<Mar 19, 2014 7:53:52 PM KST> <Notice> <Cluster> <BEA-000164> <Synchronized
cluster JNDI tree from server Managed02.>
```

클러스터의 기본적인 테스트를 위해 기본 웹 애플리케이션의 'weblogic.xml'에 내용을 추가하고 세션의 유지 및 페일오버를 테스트할 수 있는 JSP 페이지를 준비한다.

```
<weblogic-web-app>

  <context-root>/</context-root>

  <session-descriptor>
    <session-param>
      <param-name>PersistentStoreType</param-name>
      <param-value>replicated_if_clustered</param-value>
    </session-param>
  </session-descriptor>

</weblogic-web-app>
```

리스트 10.4 8.1 버전의 웹 애플리케이션의 'weblogic.xml' 파일 수정

```
<weblogic-web-app>

  <context-root>/</context-root>

  <session-descriptor>
    <persistent-store-type>replicated_if_clustered</persistent-store-type>
  </session-descriptor>

</weblogic-web-app>
```

리스트 10.5 9.0 이상 버전의 웹 애플리케이션의 'weblogic.xml' 파일 수정

```
WebLogic Server Name: <%= System.getProperty("weblogic.Name") %>

<%
  session = request.getSession(true);
  Integer ival = (Integer)session.getAttribute("simplesession.counter");
  if (ival == null)
    ival = new Integer(1);
  else
    ival = new Integer(ival.intValue() + 1);
  session.setAttribute("simplesession.counter", ival);
  System.out.println("[SessionTest] count = " + ival );
%>

<br>
<h3>
In Session Count int <font color=red> <%= ival %></font> time<%=(ival.
intValue() == 1) ? "": "s" %>, before the session times out.
</h3>
```

리스트 10.6 세션 페일오버 테스트를 위한 'FailoverTest.jsp' 페이지의 예

FailoverTest.jsp는 세션에 Integer 형태의 숫자를 호출 시마다 증가시켜 페일오버 시 세션이 지속되면 증가되던 숫자가 초기화되지 않는 것을 확인한다. 웹 애플리케이션이 준비되면 클러스터로 구성된 서버 인스턴스에 요청을 전달할 로드 밸런서를 설정하고 테스트 페이지를 호출한다. 반복하여 페이지를 호출하면 세션에 저장된 카운트가 증가하는 것을 확인할 수 있다. 현재 요청을 받는 서버 인스턴스 이름을 확인하고 해당 서버를 정지하여도 카운트가 끊기지 않고 유지되는 것을 확인한다.

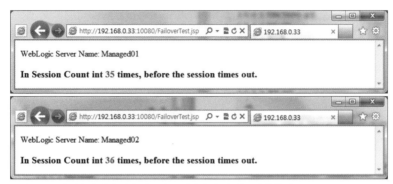

그림 10.40 세션이 생성된 서버 인스턴스 정지 후 유지되는 세션 확인

생성되는 클러스터의 세션은 모니터링 탭에서 확인이 가능하다. 서버가 가용하지 않는 상태에서는 해당 서버 인스턴스의 Secondary 세션 개수만큼 Primary 세션으로 옮겨가는 현상이 확인 가능하다.

Server	Type	State	Backup Server	Primary Sessions	Session Replicas	Remote Reachable
Managed01	Sync	RUNNING	-4091605061094291013S:192.168.0.33:[8002,8002,-1,-1,-1,-1,-1]:v1212domain:Managed02	0	2	
Managed01	Async	RUNNING	-4091605061094291013S:192.168.0.33:[8002,8002,-1,-1,-1,-1,-1]:v1212domain:Managed02	0	0	
Managed02	Sync	RUNNING	3075324522226643009S:192.168.0.33:[8001,8001,-1,-1,-1,-1,-1]:v1212domain:Managed01	2	0	
Managed02	Async	RUNNING	3075324522226643009S:192.168.0.33:[8001,8001,-1,-1,-1,-1,-1]:v1212domain:Managed01	0	0	

Server	Type	State	Backup Server	Primary Sessions	Session Replicas	Remote Reachable
Managed02	Sync	RUNNING		2	0	
Managed02	Async	RUNNING		0	0	

그림 10.41 세션 페일오버 모니터링

10.3.6 동적 클러스터

동적 클러스터Dynamic Cluster는 12.1.2 이상 버전에 추가된 기능으로 서버 인스턴스의 템플릿을 설정해 서버를 미리 구성하는 것이 아닌 클러스터에 설정한 서버 인스턴스 개수만큼 미리 설정한 템플릿을 이용해 동적으로 클러스터 구성 서버를 확장하고 축소하는 기능을 갖는다. 생성되는 서버 인스턴스의 기동은 스크립트, 노드 매니저, wlst 모두 가능하지만 동적으로 그 수가 조절되는 만큼 노드 매니저로 서버의 기동과 정지를 관리하는 것을 권장한다.

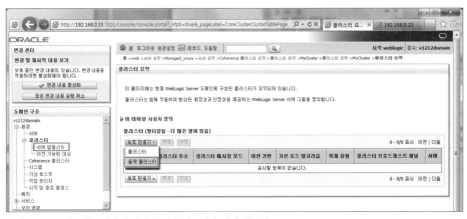

그림 10.42 클러스터 구성에 추가된 동적 클러스터와 서버 템플릿

동적 클러스터로 생성되는 서버 인스턴스는 자체적으로 설정하는 항목이 없다. 이는 템플릿을 이용해 동일한 설정이 적용되는 클러스터 구성을 위함이며, 클러스터에서 수행하는 서비스가 동일한 환경을 갖는 서버들로 구성되기 위함이다. 수동으로 서버를 구성할 필요 없이 클러스터의 주 목적인 확장성과 고가용성을 충족시킨다. 동적 클러스터 설정을 위해 우선 서버 템플릿을 생성한다. 템플릿의 구성은 일반적인 서버 인스턴트의 추가 설정과 거의 동일하며 설정되는 값들이 동적으로 생성되는 서버 인스턴스에 적용된다. 서버 템플릿을 생성하는 방법은 다음과 같다.

1. 어드민 콘솔에 로그인한다.

2. **환경 > 클러스터 > 서버 템플리트**의 **새로 만들기**를 통해 새 템플릿을 생성한다.

3. **서버 템플릿 이름**을 지정한다.

그림 10.43 서버 템플릿 이름 지정

4. 생성된 서버 템플릿을 선택한다.

5. 템플릿에 대한 설정 후 저장한다.

　템플릿은 앞서 서버를 구성하는 것과 마찬가지로 로그의 설정이나 노드 매니저로 기동할 때 설정될 옵션들을 지정한다. 서버 템플릿의 구성이 완료되면 다음과 같이 동적 클러스터를 생성한다.

1. 어드민 콘솔에 로그인한다.

2. **환경 > 클러스터**의 **새로 만들기**를 선택해 **동적 클러스터**를 선택한다.

3. 일반 클러스터와 같이 클러스터 이름과 메시지 통신 방식을 설정한다.

4. **동적 서버 수**는 동적 클러스터의 구성 서버 개수를 의미하며 향후 동적으로 변경 가능하다. **서버 이름 접두어**는 동적으로 생성되는 서버 이름 앞에 붙는 이름으로 접두어 뒤에 1부터 시작되는 숫자가 붙는다. 템플릿이 없는 경우 새로 생성해야 하며, 앞서 템플릿을 구성한 경우 해당 템플릿을 선택해 동적 서버가 템플릿의 설정을 복제하도록 설정한다.

그림 10.44 동적 클러스터의 서버 수와 이름 템플릿 설정

5. 동적 서버를 관리할 대상 시스템을 지정한다. 노드 매니저는 시스템 단위로 구성
   되기 때문에 다른 서버에 동적 클러스터의 서버를 기동하기 위해 필요하다. 해당
   도메인에 구성된 모든 시스템에서 동적 서버를 생성하고 기동하려면 **이 도메인에
   구성된 시스템 사용**을 선택하고 특정 시스템을 대상으로 하는 경우 **선택된 시스템**에
   서 해당 시스템을 선택한다. 복수의 특정 시스템을 대상으로 하는 경우 **시스템 이름
   일치 표현식**에 ','로 구분하여 나열한다.

그림 10.45 동적 클러스터 대상 시스템 선택

6. 각 동적 서버는 서버가 증가할 때마다 포트도 1씩 증가할 수 있고 고정된 포트를 지정할 수도 있다. 고유한 수신 포트를 지정하는 경우 **첫 번째 서버의 수신포트** 설정에 1을 더한 포트부터 구성된다. 예를 들어 8000번 포트를 사용하는 경우 8001 포트부터 생성된다.

그림 10.46 동적 서버의 포트 설정

7. 구성된 동적 클러스터 정보를 확인하고 구성을 완료한다.

동적 클러스터의 구성이 완료되면 서버 항목에서 지정한 동적 서버 수만큼 동적 서버가 생성됨을 확인할 수 있다. 복수의 시스템을 지정한 경우 해당 서버들은 각각 분산되어 시스템에 생성된다. 어떤 시스템에 생성되는지는 표 10.2를 따른다.

도메인에 구성된 시스템	시스템 이름 일치 표현식	시스템에 할당되는 동적 서버
M1, M2	Not set	dyn-server-1: M1
		dyn-server-2: M2
		dyn-server-3: M1
		...
Ma1, Ma2, Mb1, Mb2	Ma1, Mb*	dyn-server-1: Ma1
		dyn-server-2: Mb1
		dyn-server-3: Mb2
		dyn-server-4: Ma1

표 10.2 시스템 배정 표

이름 ⌃	유형	클러스터	시스템	상태	건전성	수신 포트
1212Admin(관리)	구성됨		Machine-Linux	RUNNING	✔ 확인	7001
Managed01	구성됨		Machine-Linux	SHUTDOWN		8001
Managed02	구성됨		Machine-Linux	SHUTDOWN		8002
Managed_proxy	구성됨		Machine-Linux	RUNNING	✔ 확인	10080
MyCluster-1	동적	MyCluster	Machine-Linux	SHUTDOWN		8001
MyCluster-2	동적	MyCluster	Machine-Windows	SHUTDOWN		8002

그림 10.47 복수의 시스템에 지정된 동적 클러스터의 서버 인스턴스

설정된 클러스터는 일반적인 클러스터와 동일하며 차이점은 동적 서버가 멤버에 포함되어 있다는 것이다. 이미 구성된 매니지드 서버를 추가하거나 동적 서버의 개수를 늘리려면 클러스터 **구성**의 **서버** 탭에서 구성 가능하다.

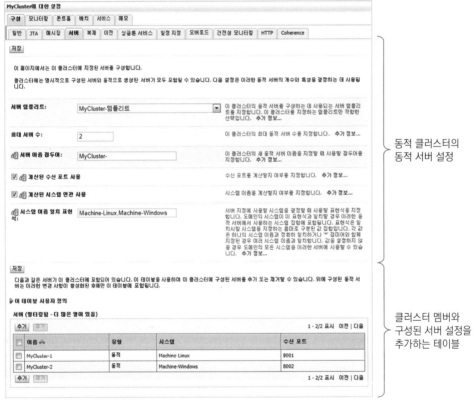

그림 10.48 클러스터의 서버 구성 설정

10.4 : 데이터 소스

웹로직에서 데이터 소스를 생성하는 과정은 지원하는 DB에 따라 선택지가 나오고 JDBC 드라이버 유형을 선택하고 구성 정보를 입력하면 자동으로 커넥션 풀의 URL과 JDBC 드라이버 클래스, 환경설정을 채워준다. 이렇게 자동으로 구성되는 데이터 소스 내용 외에 수동으로 설정해야 하는 URL의 대표적인 예인 오라클 DB의 CTF 방식 설정을 알아보고 웹로직에서 제공하는 데이터 소스 페일오버 기능인 멀티풀에 대해 살펴본다.

10.4.1 오라클 DB RAC – CTF

JDBC 커넥션 풀에서 요구하는 URL은 형식이 정해져 있다. 일부 JDBC 드라이버에서는 각 DB에서 지원하는 기능에 맞춰 고유의 URL 패턴을 지원하는데, 대표적인 예가 오라클 DB의 RAC 구성을 위한 CTF 방식의 URL이다. RAC로 구성된 URL의 경우 DB의 RAC가 요구하는 리스너Listener를 다중으로 지정해야 하는데 이를 위해 DESCRIPTION으로 정의되는 패턴을 제공한다.

```
(DESCRIPTION =
  (ADDRESS_LIST=
    (ADDRESS=(PROTOCOL=TCP)(HOST=192.168.0.10))
    (ADDRESS=(PROTOCOL=TCP)(HOST=192.168.0.12))
    (FAILOVER=on)
    (LOAD_BALANCE=off)
  )
  (CONNECT_DATA=
    (SID=orcl)
  )
)
```

이 같은 형태는 'tnsnames.ora' 파일에 있는 형태와 같다. 이 같은 형태를 한줄로 이어 커넥션 풀 URL을 정의할 수 있다.

```
jdbc:oracle:thin:@(DESCRIPTION=(ADDRESS=(PROTOCOL=TCPS)(HOST=<host>)
(PORT=<port>))(CONNECT_DATA=(SERVICE_NAME=<service>)))
```

리스트 10.7 9.0 CTF 방식의 JDBC 커넥션 풀 URL의 예

CTF 방식으로의 정의는 웹로직의 기본 데이터 소스 구성 시에는 별도의 선택사항이 없기 때문에 생성 과정에서 다음과 같이 수행한다.

1. 어드민 콘솔에 로그인한다.

2. 웹로직 8.1의 JDBC 커넥션 풀 또는 웹로직 9.0 이상의 데이터 소스에서 새로운 구성을 시작한다.

3. 기존 구성하던 방식과 같이 새로운 구성의 이름과 DB, 드라이버 등을 선택한 후 진행한다.

4. 속성 설정에서 사용자 이름과 비밀번호만 맞는 값을 넣고 **데이터베이스 이름**, **호스트 이름**, **포트**는 아무 값이나 입력한 후 진행한다.

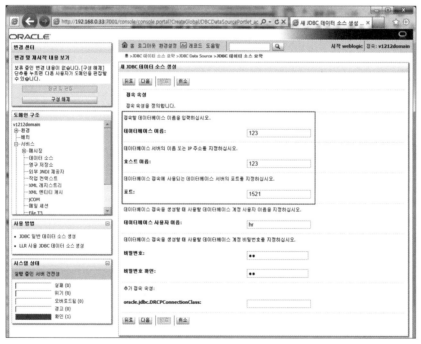

그림 10.49 데이터베이스 이름, 호스트 이름, 포트는 임의의 값을 입력

5. 임의로 지정된 설정으로 생성된 URL의 내용을 CTF 방식에 맞게 수정한다.

```
[수정의 예]
jdbc:oracle:thin:@(DESCRIPTION= (ADDRESS_LIST=(ADDRESS=(PROTOCOL=TCP)
HOST=lcqsol24)(PORT=1521))(ADDRESS=(PROTOCOL=TCP) (HOST=lcqsol25)
(PORT=152))(FAILOVER=on) (LOAD_BALANCE=off))(CONNECT_
DATA=(SERVER=DEDICATED) (SERVICE_NAME=snrac)))
```

6. URL 수정 후 테스트해서 설정한 URL이 정상적으로 오라클 DB와 연동되는지 확인한 후 진행한다.

CTF 방식의 URL이 미리 확인된다면 이와 같은 설정 방식이 가장 빠른 설정 방식이 되며 데이터 소스를 '기타' 형태로 지정하지 않아도 기본적인 드라이버 클래스 이름이나 기타 속성을 정의해준다. LOAD_BALANCE 옵션이 OFF인 경우 ADDRESS_LIST에서 먼저 명시된 DB 정보가 우선적으로 연결이 맺어지며 해당 DB가 페일오버되는 상황이 되어야 이후 명시된 DB에 연결이 맺어진다. CTF에서는 LOAD_BALANCE 옵션을 비활성화하는 것을 권장하는데, 그 이유는 DB의 상태가 바쁜 상태에서도 리스너가 정상적이고 DB 프로세스가 살아 있는 상태라면 계속 해당 DB에 요청을 하는데, 이때 바쁜 상태의 DB에 접근한 사용자는 서비스 장애 상황을 접하게 된다. 따라서 이와 같은 현상을 방지하기 위해 단일 서버로 요청을 우선하고 DB에 장애 발생이나 지속적인 응답 지연의 경우 페일오버할 수 있도록 하는 설정이 일반적이다.

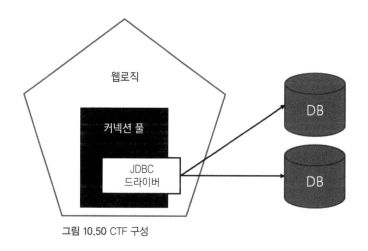

그림 10.50 CTF 구성

10.4.2 멀티 데이터 소스

CTF 방식의 RAC 사용이 오라클 DB에서 제공되는 JDBC 드라이버에서 컨트롤한다면 멀티 데이터 소스Multi Data Source는 웹로직 서버에서 컨트롤하고, 때문에 멀티 데이터 소스에서는 페일백FailBack 기능을 가능하게 한다. 명칭에서도 알 수 있듯이 기존 다중으로 구성된 데이터 소스의 커넥션 풀을 하나의 커넥션 풀처럼 사용하게 하는 기능으로 웹로직 서버의 클러스터의 의도와 비슷하다. 동작이나 성능은 CTF와 별반 다른 부분이 없으나 CTF의 경우 페일오버된 DB가 다시 복구된다 하더라도 웹로직 서버를 재기동해야 다시금 Primary 세션으로 설정된 DB에 커넥션 풀이 생성된다. 또한 LOAD_BALANCE=ON으로 인한 문제점도 각각의 풀이 해당 DB와의 연결을 관리함으로써 문제가 해결되어 멀티 데이터 소스의 로드 밸런스 옵션을 활성화해 DB 자원을 균등하게 사용할 수 있다는 장점이 있다.

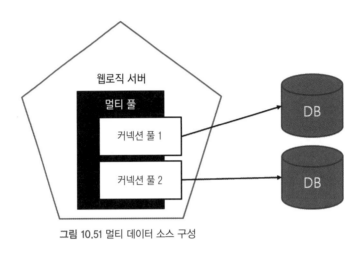

그림 10.51 멀티 데이터 소스 구성

멀티 데이터 소스를 구성하기 위해서는 우선 RAC 각 노드에 단일로 연결되는 데이터 소스를 생성한다. 미리 생성한 데이터 소스를 멀티 데이터 소스로 구성하는 데 주의할 점이 있다.

- 서비스에서 사용하는 JNDI 이름은 멀티 데이터 소스에만 설정되어야 한다.
- 단일 데이터 소스와 멀티 데이터 소스 모두 대상 서버 인스턴스를 대상으로 지정해야 한다.

주의사항을 파악하고 멀티 데이터 소스를 구성한다. 웹로직 버전에 따라 설정 위치에 차이가 있음에 주의한다.

1. 어드민 콘솔에 로그인한다.
2. 각 버전에 맞게 멀티 데이터 소스를 생성한다. 10.3.x 버전의 경우 기존 **데이터 소스** 설정 항목의 **새로 만들기** 항목을 선택하면 멀티 데이터 소스를 생성하는 항목이 나온다.

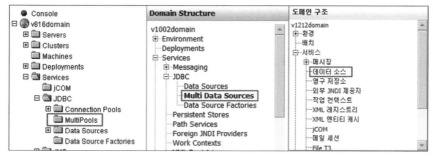

그림 10.52 웹로직 8.1, 9.0~10.0, 10.3.x 이상 버전의 멀티 데이터 소스 설정 항목

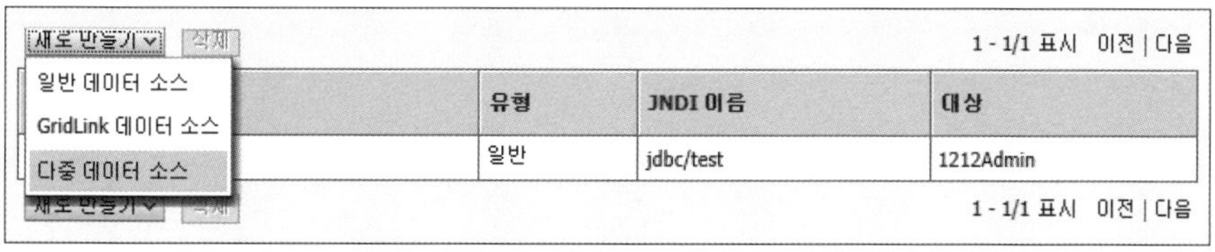

새로 만들기 ▼	삭제			1 - 1/1 표시　이전 | 다음
일반 데이터 소스		유형	JNDI 이름	대상
GridLink 데이터 소스				
다중 데이터 소스		일반	jdbc/test	1212Admin
새로 만들기 ▼	삭제			1 - 1/1 표시　이전 | 다음

그림 10.53 10.3.x 이상의 멀티 데이터 소스 생성 항목

3. 멀티 데이터 소스의 이름과 동작 유형을 선택한다. 페일 오버로 구성하거나 로드 밸런스로 구성 가능하다.

4. 진행 시 기존 구성된 데이터 소스를 포함시킬 수 있다. 8.1의 경우 생성한 뒤 **Pools** 항목에서 구성된 커넥션 풀을 멀티 풀에 포함시키고 데이터 소스 항목에서 JNDI 를 추가한다.

버전에 따라 약간의 차이는 있지만 구성 방법은 기존 단일 데이터 소스를 멀티 데이터 소스에 추가해 사용하는 것으로 동일하다. 생성된 멀티 데이터 소스는 CTF와 동일한 동작이 가능하며 추가로 페일백을 제공하기 때문에 운영상의 DB에 대한 패치나 PM 작업을 진행하는 경우 각각의 DB를 작업 후 재기동해 페일오버와 페일백이 가능하다. 설정된 멀티 데이터 소스는 JNDI를 통해 애플리케이션에서 사용한다.

10.4.3 RAC용 Active GridLink

웹로직에 오라클 DB의 RAC로 구성된 DB를 데이터 소스로 연동하는 방법으로, 일반적인 CTF 방식과 웹로직의 구성 방법 중 하나인 멀티 데이터 소스를 사용하는 방식이 있었다. 멀티 데이터 소스가 CTF 방식에 비해 장점이 있지만, 구성의 단점으로는 RAC

노드 개수만큼 데이터 소스를 생성하고 추가적으로 하나 더 멀티 데이터 소스의 구성이 필요하고, 구성에 변경이 발생하는 경우 데이터 소스의 추가나 제거의 작업이 필요하다는 단점이 있다. 또한 장애 발생 시 RAC 노드에서 인지하는 시간에 비해 데이터 소스의 장애 감지가 덜 민감한 단점이 있다. 멀티 데이터 소스에서 처리하는 균형 조정 방식은 라운드 로빈Round Robin으로 DB의 상태와는 상관없이 균등하게 분배되는 점도 아쉬운 점이다.

웹로직 10.3.4 버전부터 단일 데이터 소스의 구성으로 RAC 구성의 오라클 DB 연동을 지원하기 위해 AGLActive GridLink이 추가되었다. AGL은 오라클 DB의 FANFast Application Notification 기능을 통해 FCFFastConnection Failover, RCLBRuntime Connection Load Balancing의 수행이 가능하고, XA Affinity는 RAC에서 수행되는 트랜잭션을 동일 RAC 노드로 수행하도록 돕는다. 따라서 웹로직에 Active GridLink 데이터 소스를 구성을 위해서는 오라클 DB의 RAC와 ONS 구성이 필요하다.

- FAN: ONSOracle Notification Service로 DB의 페일오버나 로드 밸런싱 이벤트 메시지를 빠르게 전달받을 수 있는 기능이다. FAN 이벤트가 발생하는 상황의 예는 다음과 같다.
  - DB의 시작과 정지
  - DB 인스턴스의 시작과 정지
  - DB 서비스의 시작과 정지
  - 클러스터 노드의 감지

- ONS: 클라이언트가 DB로 접속을 시도하면 DB에 바로 접속하지 않고 미들티어Middle tier 서버를 통해 접속한다. 미들티어에서는 DB 상태를 전달받고 있기 때문에 부하에 따른 요청 분배와 장애 상황을 알린다.

- FCF: Active GridLink 데이터 소스에 대해 좀 더 빠른 장애조치를 수행한다. FCF의 특징은 다음과 같다.
  - 빠른 장애 감지
  - 유효하지 않은 커넥션 풀을 중지하거나 제거
  - 계획되거나 계획되지 않은 RAC 노드 중지에 대한 안정적인 셧다운
  - 추가나 삭제되는 노드에 대한 토폴로지 수정
  - 추가로 구성되는 노드를 포함한 모든 활성 RAC 노드에 요청을 분배

- RCLB: DB에 대한 요청 처리를 현재 DB의 작업 부하에 따라 분배한다. RCLB의 특징은 다음과 같다.
  - CPU 사용률이나 요청 처리시간 등에 의해 분배를 조절
  - RAC 토폴로지 변화에 대한 즉각적 반응
  - 고성능과 확장성을 위한 커넥션 풀 관리

ONS 상태는 onsctl 명령을 통해 확인 가능하며 구성된 ONS 데몬의 주소와 포트, 상태 등에 정보를 확인할 수 있다.

```
== orcl1:6200 4966 14/04/19 00:05:42 ==
Home: /grid/product/11.2.0.4

#생략


Connection Topology: (2)


                        IP                  PORT  VERS  TIME
-------------------------------------- ----- ----- --------
                  192.168.56.121  6200      4 53512f50
                        **                           192.168.56.120 6200
                  192.168.56.120  6200      4 53512f50=
                        **                           192.168.56.121 6200
#생략
```

리스트 10.8 'onsctl' 명령어를 통해 확인한 ONS의 토폴로지 정보

RAC와 ONS가 구성된 오라클 DB를 웹로직 Active GridLink 데이터 소스로 구성하는 방법은 기존 데이터 소스의 생성에 비해 어렵지 않다. AGL을 테스트하기 위해 다음의 URL에서 Active GridLink HA 테스트를 위한 애플리케이션을 다운로드할 수 있다. 해당 애플리케이션에서 사용할 Active GridLink 데이터 소스는 JNDI 이름으로 'jdbc/gridlinkDS'를 설정하면 테스트가 가능하다.

http://www.oracle.com/technetwork/articles/gridlink-rac-488352.zip

웹로직 12.1.2 버전부터의 Active GridLink 데이터 소스 생성 방법은 다음과 같다.

1. 어드민 콘솔에 로그인한다.

2. 좌측 내비게이션 트리 또는 메인 화면의 **서비스**의 **데이터 소스**를 선택한다.

3. JDBC 데이터 소스 요약 화면의 **새로 만들기** 버튼 링크를 클릭하고 GridLink **데이터 소스**를 선택한다.

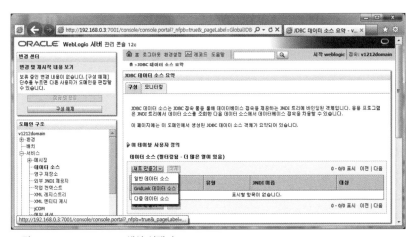

그림 10.54 Active GridLink 생성 선택지

4. 데이터 소스 이름과 JNDI 이름을 입력하고 데이터 소스 생성 시 사용할 드라이버를 선택한다.

  - **이름**: GridLinkDS
  - **JNDI 이름**: jdbc/gridlinkDS
  - **DB 드라이버**: Oracle's Driver (Thin) for GridLink Connections; Versions: 11 and Later

그림 10.55 데이터 소스 속성 정의

웹로직 12.1.2 버전부터는 Application Continuity Connection Driver가 추가되어 선택지가 10.3.x에 비해 하나 더 많다.

5. 데이터 소스 트랜잭션 지원여부와 트랜잭션 옵션을 기본값으로 진행한다.

6. GridLink 데이터 소스의 접속 정보 유형을 선택할 수 있다. **개별 리스너 정보 입력**(Enter individual listener information)은 RAC의 개별 리스너 정보를 넣으면 자동으로 URL을 생성해주고 **전체 JDBC URL 입력**(Enter complete JDBC URL)은 이미 알고 있는 전체 URL 정보를 넣는다. **개별 리스너 정보 입력**으로 진행한다.

7. **접속 속성**을 정의한다. RAC **서비스 이름**과 **호스트 및 포트**, 데이터베이스 사용자 이름, **비밀번호**를 입력한다.

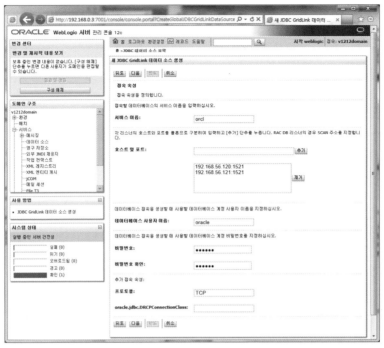

그림 10.56 접속 속성 정의

8. 접속 속성에 입력한 값으로 JDBC URL이 자동으로 생성된다. 리스너에 대한 테스트를 수행하여 접속 속성이 정상적인지 확인한다.

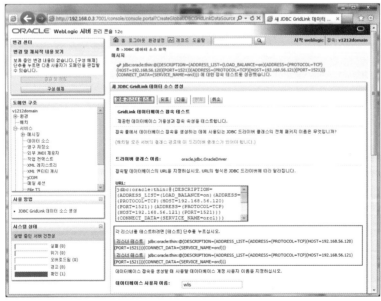

그림 10.57 생성된 접속 JDBC URL과 리스너 테스트

9. ONS 클라이언트 구성 정보를 입력한다. FAN 이벤트 처리를 위해 기본적으로 FAN이 활성화되어 있다. ONS 접속 주소와 포트를 추가한다.

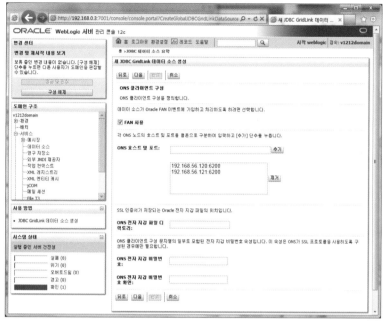

그림 10.58 ONS 구성 정보 입력

10. ONS 클라이언트 정보로 접속 테스트를 수행하여 정상적인 설정인지 확인한다.

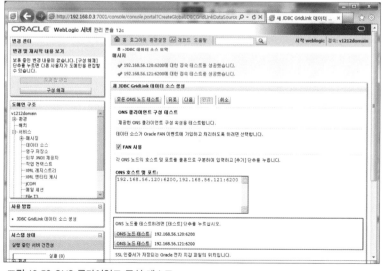

그림 10.59 ONS 클라이언트 구성 테스트

11. 해당 데이터 소스를 사용할 웹로직 서버 인스턴스 대상을 선택한다.

12. 생성된 Active GridLink 데이터 소스는 유형이 **GridLink**로 정의되어 데이터 소스 테이블에 나타난다.

	이름 ⩘	유형	JNDI 이름	대상
☐	GridLinkDS	GridLink	jdbc/gridlinkDS	1212Admin

그림 10.60 GridLink 유형의 데이터 소스

구성이 완료되면 앞서 다운로드한 애플리케이션으로 테스트를 수행해본다. 테스트 애플리케이션은 지정한 JNDI 이름을 갖는 데이터 소스에 지정한 개수만큼 쿼리를 실행하고 인스턴스 이름Intance Name, 서버 호스트Server Host, 서비스 이름Service Name을 가져오는 테스트를 수행한다. FAN의 역할을 테스트하기 위해 RAC의 노드 중 하나의 노드에만 별도의 부하를 발생시켜 노드 상태에 다른 분배를 하는지 확인한다.

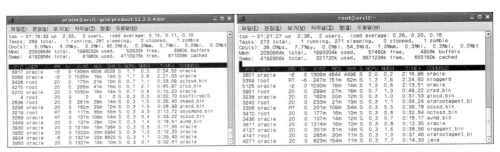

그림 10.61 'orcl2' 노드에 부하 발생

Oracle WebLogic 11g Release 1 (10.3.4) Active GridLink for RAC Testing

Managed Server Name	1212Admin
Data Source Location	jdbc/gridlinkDS
Number of Connections to Retrieve	10

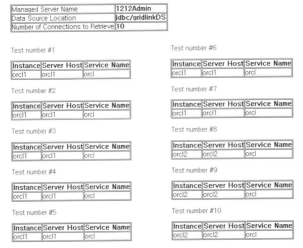

Test number #1

Instance	Server Host	Service Name
orcl1	orcl1	orcl

Test number #2

Instance	Server Host	Service Name
orcl1	orcl1	orcl

Test number #3

Instance	Server Host	Service Name
orcl1	orcl1	orcl

Test number #4

Instance	Server Host	Service Name
orcl1	orcl1	orcl

Test number #5

Instance	Server Host	Service Name
orcl1	orcl1	orcl

Test number #6

Instance	Server Host	Service Name
orcl1	orcl1	orcl

Test number #7

Instance	Server Host	Service Name
orcl1	orcl1	orcl

Test number #8

Instance	Server Host	Service Name
orcl2	orcl2	orcl

Test number #9

Instance	Server Host	Service Name
orcl2	orcl2	orcl

Test number #10

Instance	Server Host	Service Name
orcl2	orcl2	orcl

그림 10.62 상대적으로 부하가 적은 'orcl1' 노드가 더 많은 요청을 처리한 결과

또한 기존 CTF 방식의 RAC 데이터 소스의 경우 불가능했던 페일백 기능도 ONS가 서비스를 관리하여 추가되는 RAC 노드를 감지하고 서비스에 추가함으로 인해 페일백도 가능하게 되었다.

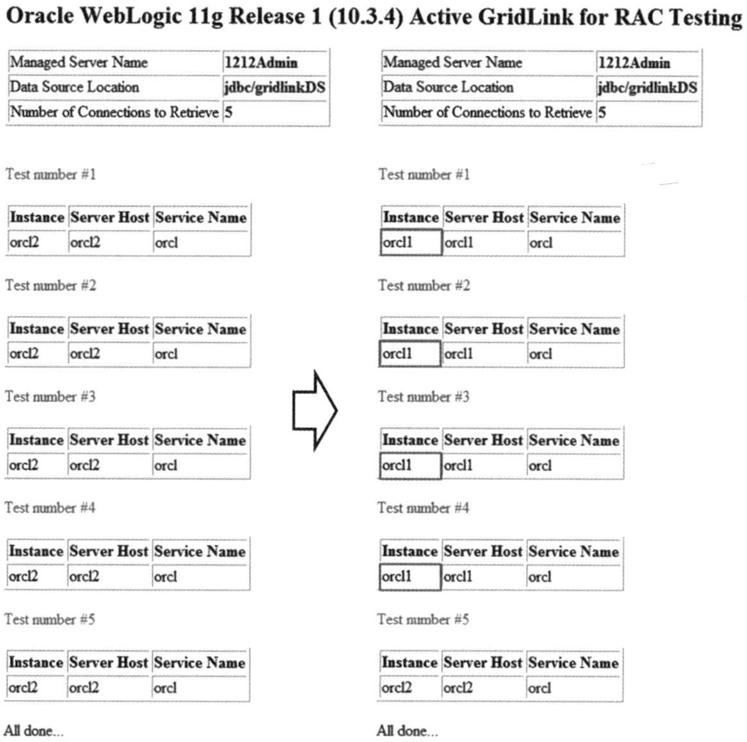

Oracle WebLogic 11g Release 1 (10.3.4) Active GridLink for RAC Testing

Managed Server Name	1212Admin
Data Source Location	jdbc/gridlinkDS
Number of Connections to Retrieve	5

Managed Server Name	1212Admin
Data Source Location	jdbc/gridlinkDS
Number of Connections to Retrieve	5

Test number #1

Instance	Server Host	Service Name
orcl2	orcl2	orcl

Test number #1

Instance	Server Host	Service Name
orcl1	orcl1	orcl

Test number #2

Instance	Server Host	Service Name
orcl2	orcl2	orcl

Test number #2

Instance	Server Host	Service Name
orcl1	orcl1	orcl

Test number #3

Instance	Server Host	Service Name
orcl2	orcl2	orcl

Test number #3

Instance	Server Host	Service Name
orcl1	orcl1	orcl

Test number #4

Instance	Server Host	Service Name
orcl2	orcl2	orcl

Test number #4

Instance	Server Host	Service Name
orcl1	orcl1	orcl

Test number #5

Instance	Server Host	Service Name
orcl2	orcl2	orcl

Test number #5

Instance	Server Host	Service Name
orcl2	orcl2	orcl

All done...

All done...

그림 10.63 'orcl1' 노드의 재기동 후 동적으로 ONS에 의해 페일백이 수행된 요청

이러한 웹로직의 Active GridLink 기능은 오라클 DB의 RAC 기능과 연동해 기존 RAC를 사용하는 방식들의 장점만을 취합하여 간단한 구성으로 다양한 기능을 이용한 확장성과 성능에 기여한다.

10.5 : 도메인 관리

웹로직에서 서비스의 전체적 구성과 환경을 논리적으로 관리하는 도메인은 애플리케이션을 관리와 웹로직 내부적인 환경 관리를 위한 기능을 제공한다.

10.5.1 config.xml

'config.xml' 파일은 웹로직의 구성 정보가 저장되는 파일로서 도메인마다 하나씩 생성된다. 웹로직 콘솔에서 구성 정보를 추가, 변경, 삭제하는 모든 설정 정보는 해당 파일에 저장되며 어드민 서버에서 관리한다. 어드민 서버에서 읽은 config.xml의 설정 정보를 바탕으로 어드민 서버는 도메인을 구성하며 어드민 서버 외에 모든 구성 요소는 어드민 서버를 통해 설정된다.

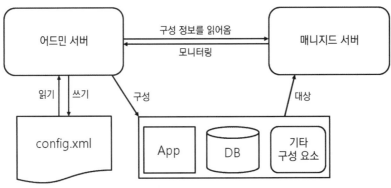

그림 10.64 웹로직 도메인의 config.xml 적용 구조도

어드민 콘솔을 통해 구성된 설정은 새로 구성되거나 웹로직 서버 인스턴스가 실행 중인 상태에서도 치환 가능한 변경값이 있으나 JVM의 특성상 일부 구성의 변경이나 추가는 서버를 재기동해야하는 경우가 있다. 특히 config.xml 파일을 직접 수정하는 경우 어드민 서버까지도 재기동해 파일의 구성 정보를 어드민 서버가 다시 읽어오도록 하는 과정이 요구된다. 또한 config.xml의 특정 설정은 어드민 콘솔을 통해 설정하는 것이 불가능한 경우가 있는데 대표적인 예로는 9.0 이상 버전의 웹로직에서 8.1 버전의 스레드 풀 방식을 사용하는 옵션을 추가하는 경우가 있다.

```
<!-- 웹로직 8.1 형태의 스레드 풀 사용 옵션 -->
<use81-style-execute-queues>true</use81-style-execute-queues>
```

일반적으로 config.xml 파일을 직접 수정하는 경우는 드물지만, 일부 서버에 대한 설정의 반복적 작업이나 많은 애플리케이션의 등록과 설정의 변경 작업은 웹 UI 환경의 어드민 콘솔보다 텍스트Text 환경의 config.xml을 수정하는 편이 더 효율적일 수 있다. config.xml 파일을 직접 수정하는 경우 반드시 기존 파일을 백업 후 작업하는 것을 권장하며, 되도록이면 웹로직 서버 인스턴스 모두 중지된 상태에서 작업하는 것을 권장한다.

10.5.2 둘 이상의 플랫폼에서 도메인 운영

서비스의 장애조치와 고가용성을 위해 많은 서비스들이 이중화된 구성에서 실행되고 있다. 웹로직 서버도 여러 플랫폼에서 기동해 단일 플랫폼에서 발생할 수 있는 네트워크, OS, 디스크, 전원장애와 같은 상황을 극복하기 위해 다중 플랫폼에서 실행 가능한 구성이 가능하다. 이중화된 구성을 위해 다음의 사항을 고려한다.

- 어드민 서버는 어떤 플랫폼에서 기동할 것인가?

  도메인 구성에서 어드민 서버는 하나만 존재하기 때문에 다중 플랫폼에서 구성하는 경우 어떤 서버에서 어드민 서버를 기동할지 선택해야 한다. 어드민 서버가 없는 환경에 비해 추가적인 CPU나 메모리를 점유하기 때문에 되도록 자원에 여유가 있는 플랫폼에 구성하는 것을 권장한다.

- 플랫폼의 종류가 동일한가?

  웹로직의 이중화 구성에 있어서 이중화되는 매니지드 서버의 기동은 플랫폼 간의 종류에 크게 상관은 없지만 가장 큰 제한은 애플리케이션 배치다. 어드민 콘솔을 통한 배치 대상은 어드민 서버가 기동된 플랫폼을 기준으로 경로를 지정한다. 특히 유닉스/리눅스 계열과 윈도우 계열은 경로 표기가 다르기 때문에 배치는 스테이지 방식으로 제한된다. 또한 JVM의 자바 옵션이나 CLASSPATH 등의 환경설정에도 약간의 차이가 있으므로 가급적 동일 플랫폼에 구성하는 것을 권장한다.

- 플랫폼 간에 통신이 가능한가?

  여러 플랫폼에 걸쳐 매니지드 서버를 운영하려면 어드민 서버와의 네트워크 연결이 필요하다 또한 클러스터를 구성하는 경우 멀티캐스트 메시지 방식을 사용한다면 동일 네트워크상에 존재해야 하기 때문에 플랫폼 간 통신이 가능한지 확인이 필요하다.

이중화할 구성에 대한 고려사항이 결정되면 웹로직 도메인 구성 요소가 필요하다. 관리의 편의를 위해 동일한 경로에 동일한 도메인 이름으로 생성하는 것이 일반적이나 앞서 어드민 서버가 config.xml을 읽어 매니지드 서버에서 자신의 구성 설정을 읽어오는 특징처럼 반드시 같은 경로에 같은 도메인 이름이 아니더라도 구성은 가능하다. 경로가 다른 이중화 도메인의 구성은 각 플랫폼에서 도메인 구성 마법사를 실행해 웹로직의 실행 스크립트의 내용이 해당 플랫폼과 설정한 경로에 맞도록 구성되어야 매니지드 서버 기동에 있어 오류가 발생하지 않는다.

이중화된 환경을 위해 도메인을 구성하는 경우 동일 플랫폼과 동일한 구성 환경이라는 가정하에 두 가지의 선택사항은 다음과 같다.

- 하나의 플랫폼에서 도메인 구성 후 복사
  동일 경로에 구성되기 때문에 이미 구성된 도메인을 다른 플랫폼에 복사하는 방법으로 플랫폼이 많을수록 복사하는 방법은 효율적이다. 하지만, 노드 매니저를 사용하는 경우 각 설정 파일에 도메인을 설정해야 하는 단점이 있다.

- 도메인 구성이 모든 플랫폼에 동일하게 구성
  도메인 구성부터 동일하게 설정하는 방법은 웹로직에서 구성된 도메인이 등록되는 파일에 추가된다. 'MIDDLEWARE_HOME/domain-registry.xml' 파일이나 노드 매니저에서 도메인 이름과 경로를 설정하는 'nodemanager.domains' 파일이 그것인데, 이러한 등록 파일에 도메인 정보가 등록되는 장점이 있는 반면 구성해야 할 플랫폼이 많아지면 반복적인 작업이 되는 단점이 있다.

구성 환경에 맞게 둘 이상의 플랫폼에 동일 도메인을 복사하거나 생성하면 어드민 서버의 수신 주소와 수신 포트는 모두 같은 환경이기 때문에 각 플랫폼에서 기동하는 매니지드 서버는 기동 방식에 맞게 어드민 서버를 호출하면 된다.

```
# startManagedWebLogic.sh Managed01 t3://192.168.0.33:7001
```

리스트 10.9 어드민 서버가 '192.168.0.33:7001'로 리슨하고 있는 Managed01 서버 기동

10.5.3 도메인 pack

웹로직 도메인의 보관과 플랫폼 간의 전달을 위해 pack과 unpack 유틸리티를 제공한다. 웹로직 9.0 버전 이상부터 적용되며 현재 구성된 도메인의 구성을 다른 이름의 도메인으로 구성하거나 매니지드 서버 운영을 위한 도메인을 구성한다. 실행 위치는 다음과 같다.

- $WL_HOME/common/bin/pack.sh
- $WL_HOME/common/bin/unpack.sh

도메인을 pack하려면 몇가지 옵션이 추가되어야 한다. 실행의 예와 옵션 설명은 다음과 같다.

```
# pack.sh -domain=/app/wls/wls1212/domains/v1212domain \-template=/app/v1212.
jar -template_name=v1212_template -managed=false
<< read domain from "/app/wls/wls1212/domains/v1212domain"
>>  succeed: read domain from "/app/wls/wls1212/domains/v1212domain"
<< write template to "/app/wls/wls1212/wlserver/common/bin/a1212.jar"
...........................................
>>  succeed: write template to "/app/v1212.jar"
<< close template
>>  succeed: close template
```

- -domain=<pack 대상 도메인(필수)>
- -template=<pack 수행 결과의 jar 파일 경로와 이름(필수)>
- -template_name=<생성된 pack의 설명(필수)>
- -managed=<'true' 지정 시 매니지드 서버를 실행하기 위한 환경으로 생성, 기본 'false'

pack으로 생성된 template jar 파일은 unpack으로 다시 도메인 구성을 할 수 있다. 실행의 예와 옵션 설명은 다음과 같다.

```
# ./unpack.sh -domain=/app/wls/wls1212/domains/t1212domain \-template=/app/
v1212.jar -user_name=weblogic -password=welcome1 \-server_start_mode=prod
<< read template from "/app/v1212.jar"
>>  succeed: read template from "/app/v1212.jar"
<< set config option ServerStartMode to "prod"
>>  succeed: set config option ServerStartMode to "prod"
<< find User "weblogic" as u1_CREATE_IF_NOT_EXIST
>>  succeed: find User "weblogic" as u1_CREATE_IF_NOT_EXIST
```

```
<< set u1_CREATE_IF_NOT_EXIST attribute Password to "********"
>>  succeed: set u1_CREATE_IF_NOT_EXIST attribute Password to "********"
<< write Domain to "/app/wls/wls1212/domains/t1212domain"
........................................................................
>>  succeed: write Domain to "/app/wls/wls1212/domains/t1212domain"
<< close template
>>  succeed: close template
```

- -domain=<unpack 대상 도메인(필수)>

- -template=<unpack을 수행할 template jar 파일 경로와 이름(필수)>

- -user_name=<unpack되는 도메인의 사용자 이름 재설정>

- -password=<unpack되는 도메인의 비밀번호 재설정>

- -app_dir=<unpack되는 도메인의 애플리케이션 경로>

- -nodemanager_home=<unpack되는 도메인의 노드 매니저 홈 경로>

- -java_home=<unpack되는 도메인의 JDK 경로>

- -server_start_mode=<unpack되는 도메인의 개발 또는 운영 모드 선택>

- -overwrite_domain=<기존 도메인을 지정해 unpack 도메인 구성으로 변경>

unpack으로 생성된 도메인은 unpack 실행 환경에 따라 WLS_HOME과 도메인 이름이 해당 환경에 맞게 변경된다. pack으로 template 생성 시 -managed= 옵션 값이 true였다면 어드민 서버와 관련된 설정과 config.xml 파일은 존재하지 않는다.

10.5.4 어드민 콘솔

어드민 콘솔은 웹로직 도메인의 구성 요소를 추가, 수정, 삭제하고 자원을 콘트롤하는 웹 UI 환경이다. 어드민 서버에 기본으로 배치되는 애플리케이션으로 도메인 구성 시 가장 처음 접하는 웹 애플리케이션이기도 하다.

- **홈**(Home): 어드민 콘솔에 로그인하면 처음 보이는 화면은 홈 화면이다. 메인 화면에서는 웹로직의 도메인 구성 요소로의 링크를 보여주며 좌측에 내비게이션 창으로 메인 화면이 변경되더라도 구성 요소 페이지로 옮겨갈 수 있도록 구성되어 있다.

그림 10.65 어드민 콘솔 홈

- **구성** 페이지: **구성**을 선택하면 해당 구성 요소의 항목이 상단에 탭으로 나열된다. 나열된 탭은 하위 탭이 존재하기도 한다. 수정이 가능한 구성 페이지의 경우 하단에 고급 링크가 존재하는 경우가 있다. 해당 링크를 선택하면 추가적인 구성 요소에 대한 설정이 가능하다.

그림 10.66 구성 요소의 설정 화면

- **변경 센터**: 웹로직 9.0 이상 버전에서는 운영 모드에서 **변경 센터**를 제공한다. 적용한 설정을 저장하더라도 운영 환경에서의 실수를 방지하고 다시 복구할 수 있는 기능을 제공한다.

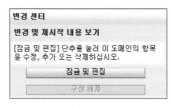

그림 10.67 변경 센터

- **모니터링** 탭: 자원과 관계되는 대부분의 구성 설정에는 **모니터링** 탭이 있다. MBean 값으로 계측되는 것으로 실시간 정보를 보여주며 별도의 DB가 없기 때문에 서버가 중지되면 데이터는 보관되지 않는다.

그림 10.68 서버의 모니터링 탭에서 성능 요소 확인

- **콘트롤** 탭: 일부 구성 요소의 경우 자원의 시작과 정지와 같은 **콘트롤** 항목을 제공한다. 서버 인스턴스, 배치된 애플리케이션, 데이터 소스가 대표적인 예로 각 자원에 대한 콘트롤 요소를 제공한다.

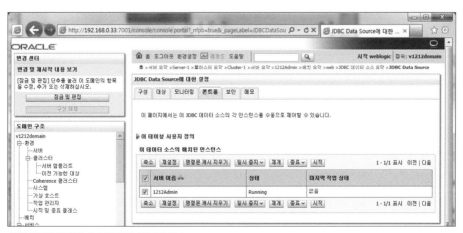

그림 10.69 데이터 소스에 대한 콘트롤 요소

어드민 콘솔에서는 웹로직 도메인에 대한 구성과 변경, 모니터링, 관리가 가능하기 때문에 웹로직을 운영하는 데 필수적으로 익숙해져야 하는 항목이기도 하다. 웹로직의 어드민 콘솔은 매우 직관적이고 항목에 대한 설정과 구성 요소 찾기가 쉽다는 장점이 있다.

10.5.5 계정 관리

도메인 구성 단계에서 설정하는 웹로직 계정은 어드민 콘솔에서 쉽게 변경과 추가가 가능하다. 비밀번호를 변경하는 방법은 다음과 같다.

- 웹로직 8.1 버전의 비밀번호 변경(내비게이션 창 구조 기준)

  Admin Console > [DOMAIN_NAME] > Security > Realms > myrealm > Users > [USERNAME] 선택 > General 탭의 Password: Change... 링크를 선택한 후 변경한다.

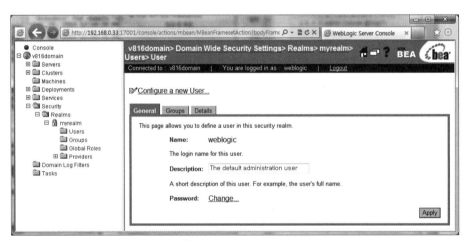

그림 10.70 8.1 버전의 비밀번호 변경을 위한 설정 페이지

- 웹로직 9.0 이상 버전의 비밀번호 변경(내비게이션 창 구조 기준)

  어드민 콘솔 > 도메인 이름 > 보안 영역 > myrealm 선택 > 사용자 및 그룹 탭 > 사용자 탭 > 계정 이름 선택 > 비밀번호 탭을 선택한다.

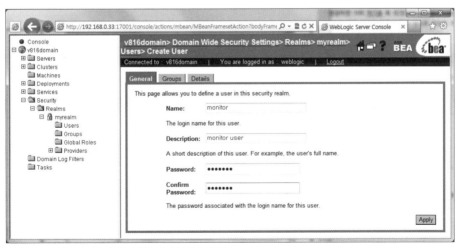

그림 10.71 9.0 이상 버전의 비밀번호 변경을 위한 설정 페이지

비밀번호를 변경하면 서버 재기동 후 반영되며 boot.properties 파일을 수정해야한다. 기존 계정에 대한 비밀번호 변경 외에도 운영 계정과 별도로 계정을 추가해 운영가능하다. 웹로직 8.1의 계정 추가 방법은 다음과 같다.

1. 어드민 콘솔에 로그인한다.

2. Admin Console ➤ [DOMAIN_NAME] ➤ Security ➤ Realms ➤ myrealm ➤ Users ➤ Configure a new user... 링크를 선택한다.

3. 추가할 계정의 Name과 Password를 설정한다.

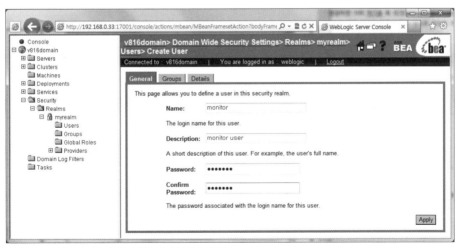

그림 10.72 새로 추가할 사용자 이름과 비밀번호 입력

4. 생성된 계정에는 Groups 탭을 선택해 Group 설정을 통해 허용할 범위를 선택할 수 있다. 생성한 모니터 계정은 모니터의 역할을 할당하기 위해 Monitors 항목을 선택하고 Apply 버튼을 누른다.

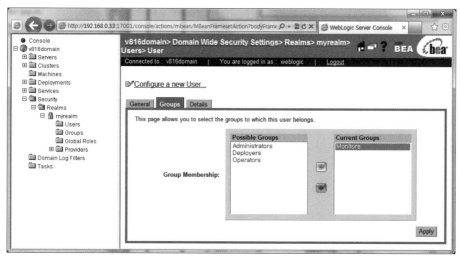

그림 10.73 Group에서 해당 계정의 역할을 설정한다.

5. 로그아웃 후 생성한 계정으로 접속하면 상단의 You are logged in as :에 해당 계정 이름이 표시되고 Group에서 지정한 역할에 맞는 설정만이 가능하다. Monitors의 경우 구성을 추가/변경하는 것은 불가능하다.

9.0 이상 버전에서는 그룹의 개수가 더 늘어난 변화 외에는 8.1 버전의 방식과 유사하다. 9.0 이상 버전의 계정 추가 방법은 다음과 같다.

1. 어드민 콘솔에 로그인한다.

2. 어드민 콘솔 > 도메인 이름 > 보안 영역 > myrealm 선택 > 사용자 및 그룹 탭 > 사용자 탭 > 새로 만들기를 선택한다.

3. 추가할 계정의 **이름**과 **비밀번호**를 설정한다.

그림 10.74 새로 추가할 사용자 이름과 비밀번호 입력

4. 생성된 계정을 선택하고 **그룹** 탭을 선택하면 그룹 설정을 통해 허용할 범위를 선택할 수 있다. 생성한 모니터 계정은 모니터의 역할을 할당하기 위해 Monitors 항목을 선택한다.

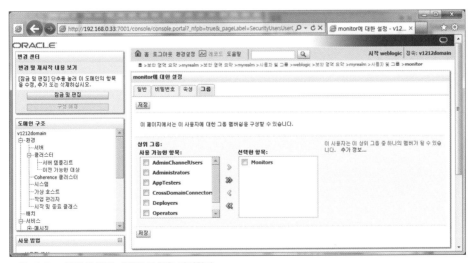

그림 10.75 그룹에서 해당 계정의 규칙을 설정한다.

5. 로그아웃 후 생성한 계정으로 접속하면 우측상단의 **시작**에 해당 계정 이름이 표시되고 **그룹**에서 지정한 역할에 맞는 설정만이 가능하다. **Monitors**의 경우 구성을 추가/변경하는 것은 불가능하다.

기존에 설정된 계정이나 추가하는 계정은 관리자^{Administrator} 권한을 갖는 계정 정보를 알고 있다는 가정하에 진행할 수 있다. 하지만, 간혹 기본 계정 정보를 잃어버려 어드민 콘솔로의 접근이나 기타 관리 작업을 하지 못하는 경우가 발생한다. 이 경우 계정 초기화가 가능하다. 계정 초기화는 weblogic.security.utils.AdminAccount 유틸리티를 통해 수행하며 이를 위해 weblogic.jar이 CLASSPATH에 추가되어야 한다. 유틸리티 실행 환경을 쉽게 읽는 작업은 웹로직 중지 스크립트의 처음 시작과 같다. weblogic.security.utils.AdminAccount를 수행할 때 마지막에 '.'이 있음에 주의한다.

```
# cd $DOMAIN_HOME
# . ./setEnv.sh
# java weblogic.security.utils.AdminAccount newuser newpw .
# rm ./[SERVERNAME]/ldap/DefaultAuthenticatormyrealmInit.initialized
# rm ./boot.properties
```

리스트 10.10 8.1 버전의 계정 초기화

```
# cd $DOMAIN_HOME/bin
# . ./setDomainEnv.sh
# rm ./security/DefaultAuthenticatorinit.ldift
# java weblogic.security.utils.AdminAccount newuser newpw .
# rm ./servers/[SERVERNAME]/data/ldap/DefaultAuthenticatormyrealmInit.
initialized
# rm ./servers/[SERVERNAME]/security/boot.properties
```

리스트 10.11 9.x 이상 웹로직 버전의 계정 초기화

윈도우 환경에서도 리스트 10.10과 리스트 10.11은 명령어만 다를 뿐 파일의 대상은 동일하다. 위 작업이 모두 완료되면 startWebLogic.sh(cmd)로 어드민 서버를 기동해 한 번 사용자 이름과 비밀번호를 수동으로 입력해 정상적으로 기동하는지 확인한다.

10.5.6 boot.properties 복호화

웹로직의 구성 요소의 정보 중 일부 보안과 관련한 내용은 모두 암호화되어 저장된다. boot.properties의 정보나 DB와의 연동 비밀번호와 같은 정보가 암호화되는데, 간혹 암호화된 정보들을 알아야 할 상황이 발생한다. 특히 웹로직의 계정 정보는 잊어버리면 계정을 다시 초기화해야 하는 문제도 발생하는데, 웹로직의 암호화와 복호화를 수행하는 클래스를 이용해 암호화된 정보의 확인이 가능하다. 복호화에 필요한 클래스를 사용하는 방법은 자바나 wlst를 사용해 수행할 수 있는데, 둘 모두 복호화 과정은 같으며 컴파일 단계가 필요 없는 wlst를 사용한 복호화를 알아보고자 한다.

적당한 위치에 복호화를 수행하는 wlst 스크립트를 생성한다. 해당 스크립트는 두 가지 변수가 필요한데 $DOMAIN_HOME 정보와 암호화된 정보다. 웹로직의 암호화 복호화는 각 도메인에 있는 'SerializedSystemIni.dat'를 사용하기 때문에 도메인 위치가 필요하다. 두 번째 인자값인 암호화된 정보는 boot.properties의 정보만이 아닌 config.xml이나 jdbc 설정 파일의 암호화된 정보 모두를 대상으로 할 수 있다.

```
import os
import weblogic.security.internal.SerializedSystemIni
import weblogic.security.internal.encryption.ClearOrEncryptedService

def decrypt(domainHomeName, encryptedPwd):
    domainHomeAbsolutePath = os.path.abspath(domainHomeName)
    encryptionService = weblogic.security.internal.SerializedSystemIni.getEncr
yptionService(domainHomeAbsolutePath)
    ces = weblogic.security.internal.encryption.ClearOrEncryptedService(encryp
tionService)
    clear = ces.decrypt(encryptedPwd)
    print "Decrypted Password:" + clear

try:
    if len(sys.argv) == 3:
        decrypt(sys.argv[1], sys.argv[2])
    else:
        print "INVALID ARGUMENTS"
        print "Usage: java weblogic.WLST decryptPassword.py <DOMAIN_HOME>
<ENCRYPTED_WORD>"
except:
    print "Unexpected error: ", sys.exc_info()[0]
    dumpStack()
```

리스트 10.12 8.1 복호화를 수행하는 wlst 스크립트 'dectypt.py'

복호화를 수행하는 wlst 스크립트를 적당한 위치에 생성했으면 스크립트에서도 명시한 실행 방법과 같이 java weblogic.WLST <WLST_SCRIPT> <DOMAIN_HOME> <ENCRYPTED_WORD> 형식으로 복호화를 수행한다. wlst를 수행하기 위해 setDomainEnv.sh를 호출하거나 weblogic.jar을 CLASSPATH에 설정함을 주의한다. 실행의 예제로 boot.properties의 username에 복호화된 계정 이름 정보를 수행했다.

```
#java weblogic.WLST /tmp/decrypt.py /app/wls/wls1212/domains/v1212domain {AES}
h7BXDqaeJccefgcpiuXHFsIaIxw5zfjUlpAXn/kM6uo=
```

그림 10.76 복호화로 얻은 계정 사용자 이름 정보

10.5.7 감시와 통지

웹로직 9.0 이상 버전에서는 진단 모듈을 사용해 웹로직에서 변경사항이 발생하거나 장애발생 시 이를 감지하고 사용자에게 이를 통보할 수 있는 진단 모듈이 있다. 이를 통해 웹로직 운영자가 미리 상태를 확인해 후속 조치를 가능하게 한다. 감지의 기준은 서버로그와 이벤트 데이터가 있다. 서버로그의 기준은 $DOMAIN_HOME/servers/[Server Name]/logs/[Server Name].log다. 따라서 표준 출력으로 발생하는 로그와는 차이가 있으니 주의가 필요하다. 대표적인 감지 대상은 BEA 코드 같은 **MSGID**와 실제 메시지 내용인 **MESSAGE** 항목들이 있다. 수집된 측정 단위는 서버의 Mbean값과 같은 서버 이벤트의 변화를 모니터링하는 것으로 대표적인 예는 **ServerRuntimeMBean**에서 상태를 감지하는 것이다.

통지 방법으로는 SMTP(전자 메일), SNMP, JMX, JMS, 진단 이미지 생성이 있는데, 여기서는 SMTP를 사용해 통지를 받는 방법을 사용해봤다. 이메일로 알림을 받기 위해서는 우선 '메일 세션'을 등록하고 진단 모듈에 감지자와 통지자를 설정한다. 메일 세션을 생성하는 방법은 다음과 같다.

1. 어드민 콘솔에 로그인한다.

2. 웹로직에서 사용하기 위한 메일 세션을 등록한다. **어드민 콘솔 > 도메인 이름 > 서비스 > 메일 세션 > 새로 만들기**를 클릭한다.

3. 이름에 설정하고자 하는 메일 세션의 이름을 기입한다. JNDI 이름은 웹로직 내에서 사용할 JNDI를 지정한다. JavaMail **속성**에는 현재 메일 세션의 목적이 메일을 보내기 위한 설정으로서 자신의 보내는 메일 정보를 입력하고 **다음** 버튼을 누른다.

   - mail.transport.protocol: 메일 프로토콜
   - mail.smtp.host: 보내는 메일 서버
   - mail.smtp.user: 메일 계정
   - mail.smtp.password: 메일 계정 비밀번호
   - mail.from: 보낸 이로 설정할 주소

그림 10.77 메일 세션 정의

4. 해당 메일 세션을 사용할 서버를 선택하면 구성된 **메일 세션**을 확인할 수 있다.

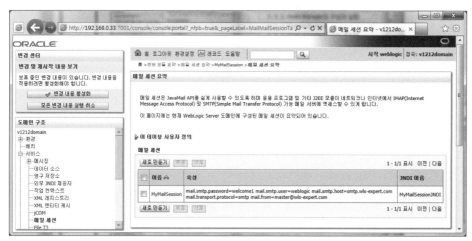

그림 10.78 생성된 메일 세션

감시와 통지를 사용하기 위해 우선 진단 모듈을 생성한다.

1. 어드민 콘솔 > 도메인 이름 > 진단 > 진단 모듈 > 새로 만들기를 클릭한다.

2. 진단 모듈의 **이름**을 설정하고 **확인** 버튼을 누르면 모듈이 생성된다.

3. 생성한 모듈을 선택하여 그 대상과 모듈의 동작을 정의한다.

4. 모듈 선택 후 **대상** 탭을 선택해 해당 모듈이 동작할 대상 서버를 지정한다.

5. **구성** 탭을 선택해 **감시 및 통지**에 대한 설정을 수행한다. **구성** 탭의 **감시 및 통지** 탭을 선택하면 해당 기능을 사용할 것인지 체크한다. **심각도**는 해당 진단 모듈에서의 감시/통지 심각도가 어떤 수준으로 보여질 것인지 설정한다. **로그 감시 심각도**는 어느 정도 수준의 로그를 감시할 것인지 지정한다. Info로 설정했다.

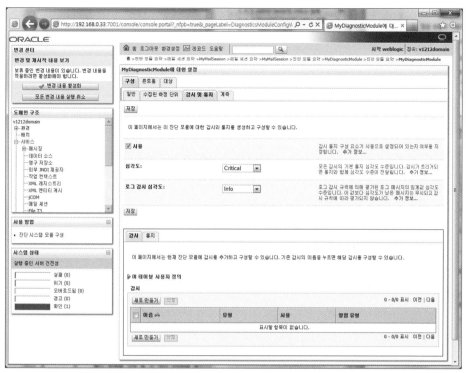

그림 10.79 감시 및 통지 구성

6. **감시 및 통지** 탭 하단에 감시 항목과 통지 항목을 각각 추가할 수 있는 구성 화면이 있다. 우선 통지를 먼저 설정한다. **통지** 탭을 선택 후 **새로 만들기** 버튼을 선택한다.

7. 통지 **유형**을 선택할 수 있다. 이메일로 통지받을 것이므로 SMTP(**전자 메일**)을 선택한다.

그림 10.80 통지 유형 선택

8. **통지 이름**에 사용하고자 하는 이름을 지정하고 통지를 활성화하기 위해 **통지 사용** 체크박스에 체크한다.

9. **통지 구성** 정보를 입력한다. 메일 세션이 이미 생성되어 있으면 **메일 세션 이름**에서 메일 세션을 선택할 수 있다. 통지 받을 메일을 **전자 메일 받는 사람**에 기입한다. 쉼 표 또는 줄바꿈으로 여러 메일 주소를 기입할 수 있다. **전자 메일 제목 입력**에 기본 값 사용 시 해당 통지의 MBean 값들이 모두 기입되므로 **사용자 정의**로 알아보기 쉽게 메일 제목을 지정할 수 있다. **전자 메일 본문 입력**에 별도의 메시지를 기입할 수도 있으나, **기본값 사용** 지정 시 발생한 서버 이름이나 발생 조건이 자동으로 기 입되므로 **기본값 사용**으로 설정했다.

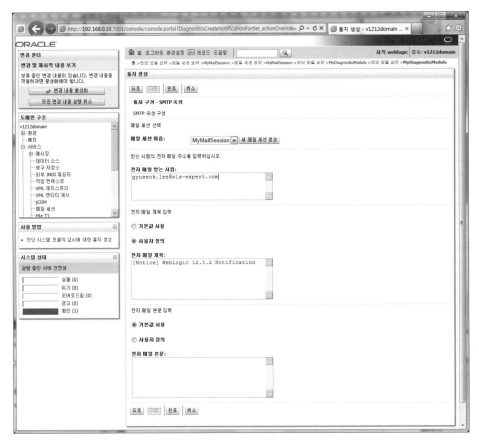

그림 10.81 통지하는 메일 세션을 선택하고 통지 받는 사람과 내용 설정

10. 통지 탭에 생성된 것을 확인할 수 있다. 이후 **감시** 탭을 선택해 **새로 만들기** 버튼을 선택, 감시 설정을 한다.

11. 감시를 생성하기 위해 **감시 이름**을 설정한다. **감시 유형**은 어떤 유형을 감시하여 액션을 취할 것인지 선택하는 부분이다. 로그의 특정 기록을 기준으로 통지할 것이므로 **서버 로그**를 선택한다. **감시 사용** 체크박스에 체크되어 있어야 해당 감지를 사용한다.

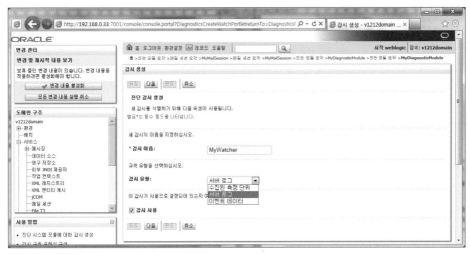

그림 10.82 감시의 이름과 유형 선택

12. 감시 유형에 대한 규칙을 정의한다. **현재 감시 규칙**의 **편집** 버튼으로 직접 수정할 수도 있으나 **표현식 추가**를 통해 원하는 방식의 감시 규칙을 만들 수 있다. 예를 들어 웹로직에서 애플리케이션 상태를 전환하는 경우 발생하는 'BEA-149059' 코드를 감시하여 통지하는 설정을 한다면 메시지 속성은 MSGID, 연산자는 해당 코드이므로 =, 값은 감시할 코드 **BEA-149060**를 넣어준다.

그림 10.83 감시 규칙 표현식 구성

13. 다음으로 진행하면 항상 감시를 할 것인지 한 번 감시된 이후 알람을 수동으로 활성화할 것인지, 아니면 자동으로 재설정 기간 이후에 활성화할 것인지 선택할 수 있는 **감시 알람 구성**이 있다. 매번 감시된 내용을 통지하려면 **알람 사용 안 함**을 선택한다. **다음** 버튼을 눌러 진행한다.

14. 해당 감시에서 **통지**의 **사용 가능한 항목**을 선택한 후 **선택한 항목**으로 옮기면 해당 통지를 사용하게 된다.

그림 10.84 감시에서 사용하는 통지 설정

감시 및 통지 설정을 완료하고 구성의 예로 코드 'BEA-149060'를 표현식에 넣었으므로 감시 및 통지가 설정된 서버에 배치된 애플리케이션을 중지하거나 시작하면 웹로직 로그에 진단 관련 메시지가 출력되고 설정한 메일 서버에서 메일을 전달받을 수 있다.

```
<Mar 26, 2014 1:54:50 PM KST> <Notice> <Diagnostics> <BEA-320068> <Watch
"MyWatcher" in module "MyDiagnosticModule" with severity "Critical" on server
"1212Admin" has triggered at Mar 26, 2014 1:54:50 PM KST. Notification details:
WatchRuleType: Log
WatchRule: (MSGID = 'BEA-149060')
WatchData: DATE = Mar 26, 2014 1:54:50 PM KST SERVER = 1212Admin MESSAGE =
Module web of application web successfully transitioned from STATE_ADMIN to
STATE_ACTIVE on server 1212Admin. SUBSYSTEM = Deployer USERID = <WLS Kernel>
SEVERITY = Info THREAD = [ACTIVE] ExecuteThread: '5' for queue: 'weblogic.
kernel.Default (self-tuning)' MSGID = BEA-149060 MACHINE = myserver TXID =
CONTEXTID =  TIMESTAMP = 1395809690811
WatchAlarmType: None
WatchAlarmResetPeriod: 60000
>
```

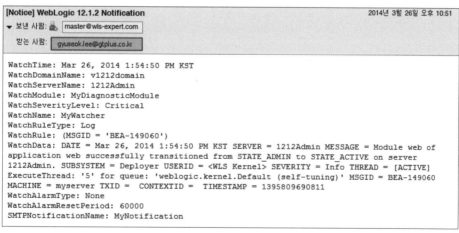

그림 10.85 전송된 메일 메시지

10.5.8 JNDI 트리

웹로직 서버에 생성된 JNDI 트리Tree는 어드민 콘솔에서 손쉽게 확인 가능하다. 웹로직 모든 버전에서 JNDI가 지정된 대상 서버 인스턴스에서 관련 자원의 확인이 가능하다. 웹로직 8.1 버전의 경우 어드민 콘솔의 서버 인스턴스 항목에서 가장 아래에 View

JNDI Tree 링크를 발견할 수 있고 9.0 이상의 경우 어드민 콘솔의 서버 인스턴스 항목의 **구성 > 일반** 탭에서 **JNDI 트리 보기** 링크를 확인할 수 있다.

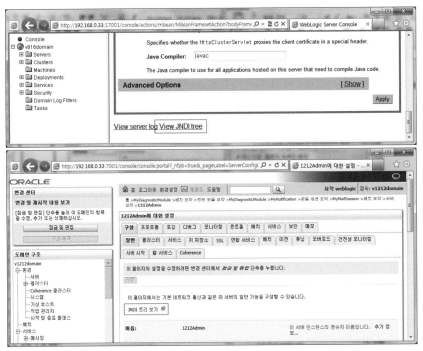

그림 10.86 웹로직의 JNDI 트리 확인 링크

JNDI 트리에서 해당 서버 인스턴스에 구성된 JNDI의 구조를 확인하고 애플리케이션이나 외부 JVM에서는 JNDI의 구조를 찾게 된다. 구성된 JNDI 구성을 선택하면 해당 JNDI의 바인딩 이름과 설정된 RMI 클래스를 보여주며, 이를 통해 애플리케이션에서 참조해야 하는 JNDI의 존재 유무가 손쉽게 확인 가능하다.

그림 10.87 JNDI 구성 확인

10.5.9 JTA 타임아웃

웹로직은 도메인에 전역 JTA 타임아웃[timeout] 값이 적용되며 설정된 값은 웹로직 도메인 내부에서 수행하는 관련 값들의 기본값으로 지정된다. 간혹 애플리케이션 수행 도중 다음과 같은 예외를 확인한다면 JTA와 관련된 현상이다.

```
Caused by: org.springframework.transaction.UnexpectedRollbackException:
JTA transaction unexpectedly rolled back (maybe due to a timeout); nested
exception is weblogic.transaction.RollbackException: Transaction timed out
after 30 seconds
```

리스트 10.13 8.1 JTA 타임아웃을 30초로 설정해서 발생한 예외

관련 설정은 어드민 콘솔의 **서비스**(Services) 항목에서 찾을 수 있다.

그림 10.88 서비스에 위치한 JTA 구성

JTA에 설정된 타임아웃 값이 영향을 주는 항목은 다음과 같다.

- EJB trans-timeout-seconds: 웹로직에 배치되는 EJB 애플리케이션의 weblogic-ejb-jar.xml에 trans-timeout-seconds 설정을 통해 EJB 애플리케이션마다 타임아웃 간격을 설정할 수 있는데, 해당 값이 설정되지 않으면 웹로직 도메인의 JTA 타임아웃 값이 적용된다.
- Statement.setQueryTimeout(int sec): jdbc 쿼리에 대한 타임아웃을 설정할 수 있는 api로 애플리케이션의 쿼리 수행에 타임아웃을 지정할 수 있다. 해당 값이 설정되지 않으면 웹로직 도메인의 JTA 타임아웃 값이 적용된다.
- XA Transaction timeout: XA 데이터 소스에서는 트랜잭션 타임아웃 값을 설정할 수 있다. 웹로직에 설정되는 Enable XA Transaction Timeout이 기본 false이고, 이 경우 웹로직 도메인의 JTA 타임아웃 값이 적용된다.

타임아웃은 비정상적으로 오랫동안 수행 중인 작업을 중지시키고 자원을 반환하는 순작용이 있는 반면 상황에 따라 작업 시간이 오래 걸리더라도 반드시 처리되어야만 하는 작업 요청도 있기 때문에 각 상황에 맞는 타임아웃 설정이 필요하다.

10.5.10 라이선스

웹로직 10.0 MP1 버전까지는 라이선스^{License}가 제공되어 왔다. 라이선스 파일은 웹로직 계약 관계에 따라 발급받았었는데 오라클의 오라클 라이선스 정책으로 인해 웹로직의 라이선스 파일은 현재 오픈되어 있는 상태다. 10.0 MP1 가지는 BEA 제품으로 취급되며 라이선스를 다운로드할 수 있는 웹 사이트는 다음과 같다.

http://www.oracle.com/us/support/licensecodes/index.html

라이선스 코드 제품군 항목에서 **BEA**를 선택하고 **BEA WebLogic Server Products**에서 각 버진에 맞는 라이선스 링크를 선택해 다운로드한다. 다운로드한 피일은 'txt' 형태로 내용은 웹로직 라이선스 파일인 'license.bea'의 형태다. 따라서 받은 파일 이름을 'license.bea'로 변경해 웹로직 설치 위치의 'BEA_HOME/license.bea'에 위치하면 적용된다. 라이선스가 요구되는 웹로직 버전의 경우 기본 사용자 수가 5명으로 제한되어 있기 때문에 운영 환경을 위해 반드시 라이선스 파일이 적용되어야 하며 라이

선스 파일은 클러스터 기능이 포함되어 있는 프리미엄 버전이 별도로 존재함에 유의
한다.

그림 10.89 Advantage(Standard)와 Premium(Enterprise) 라이선스

```xml
<?xml version="1.0" encoding="ISO-8859-1"?>

<bea-licenses>
    <license-group format="1.0" product="WebLogic Platform" release="8.1">
        <license
            component="2PC"
            cpus="1"
            expiration="never"
            ip="any"
            licensee="WebLogic Platform Developer"
            serial="616351266349-1496087369219"
            type="SDK"
            units="5"
            signature=" /SEBZrNutUwA=ZrD56BgSSnwi2NX"
        />
```

리스트 10.14 기본 사용자가 'units=5'로 설정된 5 user 라이선스 파일

```
<license
    component="Cluster"
    cpus="unvalued"
    expiration="never"
    ip="any"
    licensee="Customer"
    serial="454493271161-2642619090605"
    type="RTK"
    units="unlimited"
    signature="MC0CFQDS47IDCTRx0q/yr7x1JZrD56BgSSnwi2NXTtY="
/>
```

리스트 10.15 클러스터가 활성화되고 'units=unlimited'로 설정된 프리미엄 라이선스 파일

10.5.11 요청 처리 자원과 성능 팩

웹로직에서 사용자의 요청을 처리하는 실제 객체는 실행 스레드Execute Thread나 해당 스레드에 요청이 전달되기까지는 몇 단계의 과정을 거친다.

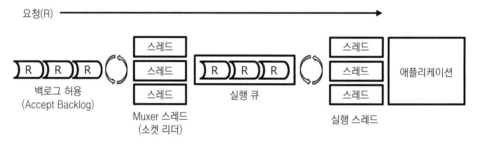

그림 10.90 서비스 요청의 흐름과 웹로직 요청 처리 자원

백로그 허용Accept Backlog을 통해 들어온 사용자 요청은 Muxer 모듈을 사용해 소켓으로부터 데이터를 읽어온다. 웹로직에서는 JavaSocketMuxer와 Native IO Muxer, NIOSocketMuxer를 제공한다. 웹로직은 자바로 구현되어 있기 때문에 Pure Java Muxer가 제공되는데, 이를 사용하는 경우 소켓으로부터 데이터를 읽는 과정에서 해당 소켓은 블록Block 상태가 된다. 블럭 상태가 발생함으로 인해 많은 요청이 발생되거나 요청의 수가 빈번하게 변경되면 Muxer 스레드 수의 산정이 어렵고 그때마다 자원을 늘리거나 줄이는 과정이 요구되기 때문에 성능이 떨어진다.

Native IO Muxer는 소켓에서 데이터를 읽는 기능이 각 OS 플랫폼별로 제공되는데 Pure Java Muxer와는 달리 Non-Blocking 스레드 환경을 제공한다. 따라서 웹로직

에서는 Native IO Muxer를 사용하면 Muxer에 대한 일정한 개수를 유지하게 되며 요청에 대한 처리 성능이 Pure Java Muxer를 사용하는 경우에 비해 향상된다. 웹로직에서는 Native Muxer를 사용하는 옵션을 제공하며 Performance Pack이라 표현되고 12.1.1 버전까지의 웹로직은 기본 Muxer로 Native IO Muxer를 사용한다. 생성되는 스레드 개수는 10.3.1 버전까지는 CPU+1개로 설정되나 스레드 개수가 많아져도 폴poll 하는 데 부하가 발생해 10.3.2 이후로는 CPU+1의 수가 4를 초과하여도 4개로 고정된다.

1 2 .1 .2 버전부터는 기본 Muxer가 NIOSocketMuxer로 변경되었다. NIOSocket Muxer는 Native IO Muxer의 장점인 Non-Blocking 기능을 자바로 구현한 것으로, JDK 7 환경에서는 Native IO Muxer와의 성능상 차이가 없다고 판단되어 기본 Muxer로 변경되었다.

웹로직의 Muxer를 통해 들어온 요청은 실행 큐Execute Queue에 쌓여 연결된 실행 스레드로 전달되어 실제 요청에 대한 애플리케이션이 수행된다. 백로그 허용과 Muxer에 관련된 설정은 어드민 콘솔의 각 서버 **구성**(Configuration) 탭의 **튜닝**(tuning) 탭에 있다 기본적으로 Native IO Muxer의 활성화 옵션인 **기본 IO 사용**(Enable Native IO)은 체크된 상태이고 8.1에서는 50개, 9.0 이상 버전에서는 300개의 **백로그 허용**(Accept Backlog) 개수를 가지고 있다.

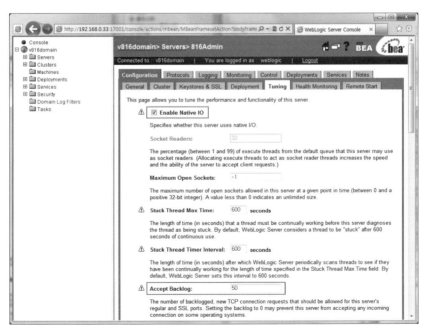

그림 10.91 8.1 버전의 Native IO Muxer, Accept Backlog 설정

그림 10.92 12.1.2 이상 버전의 기본 IO 사용, 백로그 허용 설정

NIOSocketMuxer의 설정 방법은 웹로직 실행 시 JAVA_OPTIONS에 설정하거나 config.xml에 설정한다.

```
JAVA_OPTIONS=$JAVA_OPTIONS -Dweblogic.MuxerClass=weblogic.socket.
NIOSocketMuxer
```

```
<server>
  <name>AdminServer</name>
  <muxer-class>weblogic.socket.NIOCosketMuxer</muxer-class>
```

## 11장

웹로직 실행 환경

웹로직으로 서비스를 수행하면 여러 환경적 요인의 영향을 받는다. 서비스 환경으로는 실행 프로세스가 생성되어 실행되는 기반인 OS 플랫폼, 웹로직에 서비스를 분배해주는 로드 밸런서와 실제 서비스가 수행되도록 설계된 애플리케이션이 있다. 이보다 더 많은 환경적 요인이 있겠지만 이 장에서는 세 가지를 다뤄보겠다.

11.1 : OS

웹로직에서 실행되는 JVM은 자바 코드로 구현된 자체 라이브러리와 소스코드를 사용해 대부분의 명령을 처리하지만, 자바가 다양한 플랫폼에서 실행되는 것은 각 플랫폼에 맞춰 네이티브 코드Native Code가 설계되었기 때문이다. 결국 네이티브 관련 수행은 OS의 자원과 설정 값에 영향을 받는다.

11.1.1 커널 매개변수

OS 플랫폼상에서 수행되는 웹로직은 커널 매개변수Kernal Parameter의 영향을 받는다. 예로 AIX의 udp_sendspace가 작으면 UDP 소켓의 Send 버퍼 데이터의 크기가 작아 통신에 영향을 주게 되고 클러스터가 구성된 웹로직의 세션 복제에 영향을 줄 수 있다. 일반적인 플랫폼의 권장 값을 설명하나 시기와 상황에 따른 적절한 값의 수정을 위해 각 OS 플랫폼 전문가에게 의뢰가 필요하다. 리눅스 플랫폼의 권장 값은 다음과 같다.

세부 항목	설명	체크포인트
ulimit – n	최대 오픈 파일 수	8192 이상 권장
kernel.msgmni	메시지큐 시스템 크기 조정	1024
kernel.sem	세마포어 최댓값 조정 • 의미: {배열당 최대 sem}{최대 sem 시스템 넓이}{semop 호출당 최대 op 수}{최대 배열수} • 공식: {최대 sem 시스템 넓이} = • {최대 배열 수} x {배열당 최대 sem 수}	1000 32000 32 512
kernel.shmmax	공유 메모리 최댓값 조정	2147483648

표 11.1 리눅스 커널 매개변수 권장 값 (이어짐)

세부 항목	설명	체크포인트
fs.file-max	커널이 할당할 수 있는 파일 핸들 최댓값	65535 이상
net.ipv4.tcp_max_syn_backlog	소켓의 Listen backlog 값 조정으로 동시 접속이 몰릴 경우에 대한 최적화	8192
net.ipv4.tcp_syncookies	DOS 공격 중의 하나인 SYN 플로딩(flooding) 공격을 막아주도록 ON(1)으로 변경 방화벽으로부터 보호되고 있어도 위 공격에 대한 대비책이 없다면 켜주는 것이 좋으나 성능에 영향이 있음	사용하는 경우 '1'
net.ipv4.tcp_fin_timeout	FIN_TIMEOUT 대기시간을 줄이면 끊어진 소켓의 소거 시간을 줄일 수 있음	30
net.ipv4.tcp_keepalive_time	KEEPALIVE 시간을 줄이면 비정상적으로 stale 된 접속을 해제하는 시간을 줄일 수 있음	600
net.ipv4.tcp_retries1	문제가 발생했을 때 연결을 위해 재시도하는 횟수	7
net.ipv4.tcp_retries2	TCP 연결을 끊기 전에 재시도하는 횟수	5

표 11.1 리눅스 커널 매개변수 권장 값

AIX 플랫폼의 권장 값은 다음과 같다.

세부 항목	설명	체크포인트
sb_max	개별적인 소켓에 대기 중인 소켓 버퍼 수의 상한선	1048576 이상
tcp_sendspace	TCP 소켓 send 버퍼 데이터 크기	65536 이상
tcp_recvspace	TCP 소켓 recive 버퍼 데이터 크기	65536 이상
udp_sendspace	UDP 소켓 send 버퍼 데이터 크기	65536 이상
udp_recvspace	UDP 소켓 recive 버퍼 데이터 크기	377680 이상
ipqmaxlen	IP 레이어 Input 큐의 최대 길이	512 이상

표 11.2 AIX 커널 매개변수 권장 값

HP-UX 플랫폼의 권장 값은 다음과 같다.

세부 항목	설명	체크포인트
tcp_conn_req_max	최대 실제 TCP 접속 개수	4096
tcp_xmit_hiwater_def	송신 버퍼의 최대 크기	1048576
tcp_ip_abort_interval	RESET 세그먼트가 보내지기 전에 접속이 설정된 상태에서 TCP가 재전송되는 최대 시간	60000
tcp_rexmit_interval_initial	재전송을 위한 최초 시간 간격	4000
tcp_keepalive_interval	KEEPALIVES가 설정되어 있고 응답하지 않은 연결이 계속 활성화	900000

표 11.3 HP-UX 커널 매개변수 권장 값

솔라리스 플랫폼의 권장 값은 다음과 같다.

세부 항목	설명	체크포인트
tcp_time_wait_interval	TCP/IP에 닫힌 연결 제어 블록의 보존 기간	60000
tcp_conn_req_max_q	TCP 커넥션 최대 대기 개수	16384
tcp_conn_req_max_q0	3웨이 핸드셰이크(way handshake)가 끝나지 않은 것을 포함한 최대 대기 개수	16384
tcp_ip_abort_interval	RESET 세그먼트가 보내지기 전에 연결이 설정된 상태에서 TCP가 재전송되는 최대 시간	60000
tcp_keepalive_interval	KEEPALIVES가 설정되어 있고 응답하지 않은 연결이 계속 활성화된 경우 검사하는 간격	7200000
tcp_rexmit_interval_initial	재전송을 위한 최초 시간 간격	4000
tcp_rexmit_interval_max	재전송을 위한 최대 시간 간격	10000
tcp_rexmit_interval_min	재전송을 위한 최소 시간 간격	3000
tcp_smallest_anon_port	익명 포트 최소 범위	32768
tcp_xmit_hiwat	송신 버퍼의 최대 크기	131072
tcp_recv_hiwat	수신된 데이터에 대해 할당되는 버퍼 공간의 크기	131072
tcp_naglim_def	버퍼를 위한 기본 바이트 의 수	1

표 11.4 솔라리스 커널 매개변수 권장 값

11.1.2 소켓

권장 커널 매개변수의 목록에서 대부분의 공통점은 통신과 관련된 항목인 점이다. 웹 로직은 외부적으로 웹 환경에서의 서비스와 내부적으로는 여러 서버와 데이터를 주고 받는 작업을 수행한다. 따라서 당연하겠지만 애플리케이션 내부적인 처리 외에 서버 클라이언트 통신이 가능해야 하고 이를 위한 기본적인 통신은 소켓을 통해 이루어진 다. 로컬local에서 원격remote으로 요청을 받기 위해 accept() 메소드를 사용해 요청을 받을 준비를 하고 로컬의 소켓 클래스로 원격과의 연결을 만든다. 만들어진 연결로 로 컬과 원격은 메시지를 버퍼에 담아 주고받고 모든 메시지가 전송되면 close() 메소드 를 사용해 소켓을 닫는다.

그림 11.1 자바 서버의 소켓 통신 개요

자바를 통해 요청되는 소켓 연결은 플랫폼의 네이티브Native 환경을 사용하고 플랫폼 의 내부적 통신은 다음의 순서로 진행된다.

- 로컬의 소켓은 connect()를 수행하여 리슨Listen 중인 원격에 SYN을 보내고 SYN_SENT 상태가 된다.
- SYN을 받은 원격의 소켓은 SYN_RECV 상태가 되고 다시 로컬에 SYN을 보낸다.
- SYN을 받은 로컬 소켓은 ESTABLEISHED 상태가 되고 클라이언트에 ACK를 보 낸다.
- ACK를 받은 원격 소켓은 ESTABLISHED 상태가 된다.

소켓은 ESTABLERISHED 상태인 로컬과 원격의 소켓으로 메시지를 주고받는다. 소 켓 자원을 사용 후 반납하기 위해 다음 순서로 진행된다.

- 로컬의 소켓은 close()를 수행하여 ESTABLISHED 상태의 소켓을 닫고자 FIN_ WAIT_1 상태로 변경되고 원격에 FIN_ACK를 보내고 CLOSING 상태가 된다.
- FIN_ACK를 받은 원격 소켓은 CLOSE_WAIT 상태가 되고 로컬에 ACK를 보낸다.

- ACK를 받은 로컬 소켓은 FIN_WAIT_2 상태가 되고 원격에서 `close()`가 수행되어 FIN_ACK를 다시 보내면 TIMED_WAIT 상태가 된다.
- LAST_ACK 상태의 원격 소켓이 로컬로부터 ACK를 받으면 연결된 소켓이 해지된다.

서버
클라이언트
connect()
LISTEN
SYN
SYN_SENT
SYN
ESTABLISHED
SYN_RECV
ACK
ESTABLISHED
서버
클라이언트
ESTABLISHED
ESTABLISHED
close()
FIN_WAIT_1
FIN_ACK
CLOSING
CLOSE_WAIT
ACK
FIN_WAIT_2
TIME_WAIT
close()
FIN_ACK
TIME_WAIT
LAST_ACK
ACK
CLOSED
CLOSED

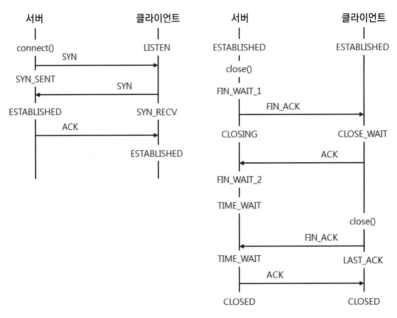

그림 11.2 소켓 연결의 connect()와 close() 시 상태 변화

웹 환경에서 웹로직 서버를 호출 시 호출하는 사용자는 서버 역할을 하고 웹로직은 클라이언트가 된다. 수행되는 애플리케이션에서 JDBC 커넥션 풀을 사용해 DB와 연결하면 웹로직이 서버 역할을 하고 DB가 클라이언트가 된다. 이렇게 수행되는 소켓은 `netstat`를 통해 각 플랫폼에서 확인 가능하다.

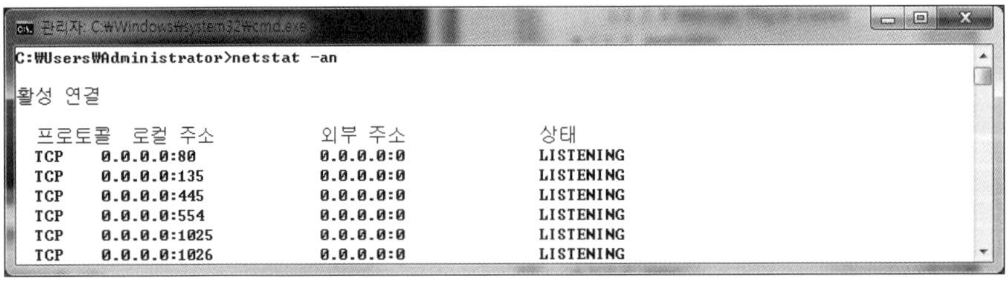

관리자: C:₩Windows₩system32₩cmd.exe
C:₩Users₩Administrator>netstat -an
활성 연결
프로토콜 로컬 주소 외부 주소 상태
TCP 0.0.0.0:80 0.0.0.0:0 LISTENING
TCP 0.0.0.0:135 0.0.0.0:0 LISTENING
TCP 0.0.0.0:445 0.0.0.0:0 LISTENING
TCP 0.0.0.0:554 0.0.0.0:0 LISTENING
TCP 0.0.0.0:1025 0.0.0.0:0 LISTENING
TCP 0.0.0.0:1026 0.0.0.0:0 LISTENING

그림 11.3 netstat -an으로 확인하는 소켓의 상태

하지만, 소켓이 항상 정상적으로 동작하는 것은 아니다. 로컬 소켓과 원격 소켓에 문제가 있거나 네트워크 상태에 따라 LISTEN이나 ESTABLISHED가 아닌 다른 상태로 표시되는데, 각 상태에 대한 설명은 다음과 같다.

- SYNC_SENT: 로컬에서 `connect()`를 호출하고 SYN을 받지 못함
- SYNC_RECV: LISTEN 상태의 로컬이 SYN을 받고 원격에 SYN을 보냈으나 ACK를 받지 못함
- CLOSE_WAIT: 로컬에서 FIN을 받았는데 `close()`를 호출하지 못함
- FIN_WAIT_1: 로컬에서 `close()`를 호출했는데 원격에서 ACK를 받지 못함
- FIN_WAIT_2: 로컬에서 `close()`를 호출했는데 원격이 `close()`를 호출하지 못함
- TIME_WAIT: FIN_WAIT_2에서 일정 시간이 지난 후 상태

각 상태에 따라 로컬과 원격의 상태를 확인하고 문제가 있다고 판단되는 부분에 확인과 조치가 가능하다.

11.2 : 로드 밸런서

이중화된 웹로직 환경에서는 다수의 웹로직 서버 인스턴스에 요청을 전달하는 로드 밸런서가 필요하다. 대표적으로는 웹 서버와 L4, L7 스위치가 있고 오라클의 OTD^{Oracle Traffic Director}가 사용된다.

11.2.1 웹로직 플러그인

가장 많이 사용하는 로드 밸런서는 단연 웹 서버다. 웹 서버는 자체적으로 정적 컨텐츠의 실행과 서비스가 가능해 서비스의 부하를 웹로직과 분배하는 장점이 있다. 웹로직은 웹 서버와의 연동을 위한 플러그인을 제공하고 요청 전달을 위한 대상 웹로직을 지정 외에 플러그인에서 조절하는 설정 값을 제공한다. 플러그인의 설정은 대체로 기본 값이 설정되어 있지만 일반적으로 설정 값을 변경하는 몇가지 설정 값을 알아보고자 한다.

- ConnectionTimeoutSecs와 ConnectRetrySecs: ConnectionTimeoutSecs
  는 웹로직에 요청 응답에 대한 타임아웃 값으로 해당 시간 이상 소요되
  면 웹 서버가 응답하지 않는다고 판단하여 503 에러 페이지를 보여준
  다. ConnectionRetrySecs는 ConnectionTimeoutSecs보다 클 수 없는데
  ConnectionRetrySecs가 ConnectionTimeoutSecs의 타임아웃 시간동안 몇 번
  재시도할지 간격을 설정하기 때문이다. ConnectionTimeoutSecs 값이 10초이
  고 ConnectionRetrySecs이 2초이면 웹로직에 요청에 대한 응답이 없을 때 2초
  간격으로 총 5회 재시도한다.

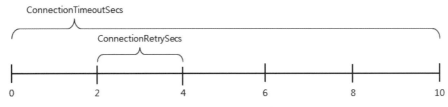

그림 11.4 ConnectionTimeoutSecs와 ConnectionRetrySecs 관계

- WLSocketTimeoutSecs: ConnectionTimeoutSecs는 웹로직 호스트로 접근해 해
  당 플랫폼 내에 리슨 상태인 웹로직에 연결 시도 후 응답이 없을 시 타임아웃 하
  지만, WLSocketTimeoutSecs는 호스트에 대한 타임아웃을 수행한다. 네트워크
  단절이나 호스트 서버에 응답이 없는 경우에 해당하며 값이 너무 긴 경우 웹로직
  간에 페일오버 시간이 지연된다.
- WLIOTimeoutSecs(HungServerRecoverSecs): 웹로직에서 요청에 대한 응답을
  받는 대기시간으로 기본 300초이지만, 일부 요청들이 300초를 넘는 경우가 있다
  면 타임아웃 처리가 된다. 따라서 서비스 전체에 대해 최대 허용 처리 시간을 설
  정해야 한다.
- Idempotent: WLIOTimeoutSecs로 인해 타임아웃된 요청을 다른 웹로직 서버
  에 요청을 다시 보낼 것인지 설정하는 값으로 기본 ON 값이나 서비스 처리 자체
  에 문제가 있어서 오래 지연되는 경우 계속 다른 서버로 요청이 옮겨가기 때문에
  OFF로 설정하는 것을 권장한다.

- DebugConfigInfo: 아파치의 `server-status`나 iPlanet의 `.perf`, 혹은 `jk_mode`로 연동한 톰캣의 `jkstatus`와 같이 웹 서버에서 연동된 웹로직의 상태를 확인하고 호출된 건수, 적용된 플러그인 옵션을 확인할 수 있다. 기본 `OFF` 값을 `ON`으로 활성화하며 웹 서버에서 웹로직으로 호출하는 요청 URL의 뒤에 `?__WebLogicBridgeConfig`를 붙여 확인한다('_'가 두 개임에 주의한다).

- CookieName: 자바 웹 애플리케이션의 기본 `CookieName`은 `JSESSIONID`이다. 클라이언트에 생성되는 `CookieName`으로 웹로직이 갖는 애플리케이션에 생성된 `CookieName`을 찾아가는 것으로 세션 값이라고도 한다. 웹 서버의 값과 웹로직에 배치된 애플리케이션의 값이 다르면 웹 서버에 들어온 요청의 `CookieName`의 대상을 찾을 수 없어 라운드 로빈 방식으로 웹로직에 요청을 재 전달함으로 인해 세션이 끊기는 현상이 발생한다. 따라서 웹 애플리케이션에 기본과 다른 `CookieName`을 설정했다면 해당 웹로직과 연동된 웹 서버의 플러그인 설정에도 같은 이름으로 설정해야 한다.

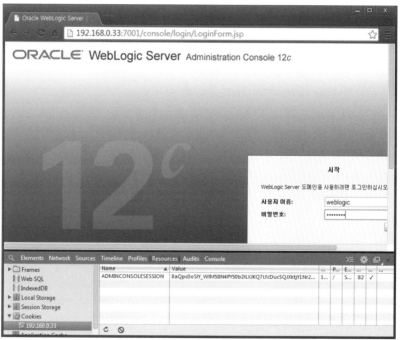

그림 11.5 어드민 콘솔의 CookieName은 'ADMIINCONSOLESESSION'으로 로그인 후 다른 어드민 콘솔에 로그인하면 기존 세션은 끊긴다.

- DynamicServerList: 클러스터 환경인 웹로직의 서버의 수가 변화할 수 있기 때문에 플러그인에서는 클러스터 멤버 중 하나라도 웹 서버와 연결되면 해당 웹로직 서버 인스턴스와 같은 클러스터에 존재하는 서버 목록을 웹 서버에 전달해 동적으로 대상을 생성한다. 그 예로 클러스터 멤버가 Server-1, Server-2인 경우 WebLogicCluster 옵션을 통해 Server-1만 지정했더라도 Server-1이 Server-2와 동일한 클러스터로 구성되어 있고 메시지 통신이 가능하면 웹 서버에 Server-2도 대상으로 전달해 관리한다.

☐ 서버 ⌃	시스템	수신 포트	상태	마지막 작업 상태
☐ DyCluster-1	Machine-Linux	7101	RUNNING	TASK COMPLETED
☐ DyCluster-2	Machine-Linux	7102	RUNNING	TASK COMPLETED
☐ DyCluster-3	Machine-Linux	7103	RUNNING	TASK COMPLETED
☐ DyCluster-4	Machine-Linux	7104	RUNNING	TASK COMPLETED
☐ DyCluster-5	Machine-Linux	7105	RUNNING	TASK COMPLETED

그림 11.6 7101~7105 포트를 갖는 동일 클러스터의 서버 구성

```
WebLogicCluster 192.168.0.33:7101
MatchExpression *.jsp
DynamicServerList ON
DebugConfigInfo ON
```

리스트 11.1 클러스터 구성원 서버 하나만을 'WebLogicCluster'에 설정

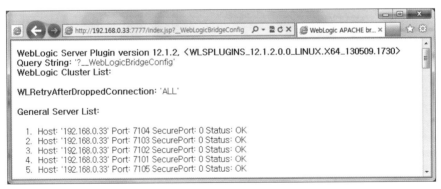

그림 11.7 서버 리스트에 추가되는 클러스터 구성원

11.2.2 웹 서버 자원

웹로직에 요청이 전달되기까지 백로그 허용이나 Muxer 스레드 등의 과정을 거치는데 웹 서버와 연동되면 웹로직 그 이전에 웹 서버의 자원을 소모한다. 아파치 계열의 경우 프리포크prefork나 워커worker와 같은 MPM 방식에 대한 설정 값 튜닝이나 iPlanet의 스레드 수 조절이 요구된다. 웹로직의 실행 스레드와 같이 웹 서버의 수행 주체가 되는 설정 값들은 웹 서버 자체에서 처리하는 자원도 중요하지만 웹 서버를 통해 웹로직에 전달되는 요청 또한 같은 자원을 소모하기 때문이다. 따라서 웹 서버와 연동하는 경우 웹 서버에 대한 튜닝 또한 필수적이다.

튜닝 포인트로 한 가지 눈여겨 볼 점은 웹 서버가 여러 가지 요인으로 웹 서버에 자원을 소모하겠지만 소켓이나 스레드가 부족해지는 이유 중 하나로 Keepalive를 꼽을 수 있다. 웹 서버는 웹 환경의 서비스 중에 일반적으로 가장 먼저 접근되는 서비스 환경 중 하나다. 따라서 클라이언트와의 빠른 응답을 위해 소켓을 반복해 생성하지 않고 연결된 소켓을 유지하여 클라이언트와 웹 서버 간의 소켓 재생성을 막아 응답속도를 개선할 수 있다. 하지만, 임의의 다수 사용자가 사용하는 서비스인 경우 Keepalive 설정으로 인해 한정된 소켓 자원의 순환이 늦어지는 경우가 발생한다.

11.2.3 스티키

웹로직에 서비스를 분배하는 로드 밸런서의 분배 방식은 스티키Sticky한 성격이 요구된다. 다수의 웹로직은 애플리케이션이 하나와 같이 동작하지만 클라이언트와 연결된 웹로직은 로드 밸런서가 연결한 하나의 웹로직 서버다. 서비스의 대부분은 로그인을 하여 사용자의 인증 정보를 가지고 서비스를 제공하는데, 클라이언트에서는 사용자 정보를 유지하기 위해 세션을 사용하고 세션 정보는 웹로직 서버 인스턴스에 저장된다. 일반적으로 세션이라 불리우는 이 정보는 단일 웹로직으로 서비스하는 경우에는 모든 세션이 동일한 웹로직 서버에 저장되지만 분산된 환경에서는 기존에 세션이 생성된 웹로직 서버로 다시 요청이 전달되어야 사용자 세션을 재사용한다

세션을 유지해 클라이언트가 사용자 정보를 갖고 서비스를 지속하기 위해 로드 밸런서에 요구되는 설정은 다음과 같다.

- L4 스위치: 로드 밸런서로 L4가 사용되는 경우 기존에 연결된 웹로직으로 다시 동일 클라이언트의 요청을 전달하기 위해 해시^{Hash}나 세션 스티키$^{Session\ Sticky}$를 사용할 수 있다. 해시는 사용자의 IP 주소를 해시 값으로 변환해 웹로직에 연결하고 동일 사용자가 접근하는 경우 저장된 해시 값으로 기존 웹로직에 다시 요청을 전달한다. 세션 스티키는 기존 사용자의 세션 상태를 유지시켜 기존 웹로직에 계속 요청을 전달하는 방식이다.
  - 웹 서버: 웹 서버로 로드 밸런서를 사용하면 플러그인에 설정된 CookieName으로 전달 대상 웹로직을 구분해 요청을 전송한다

로드 밸런서를 사용해 다중 웹로직으로 서비스를 수행하는 경우 세션이 끊어진다면 이와 같은 환경에 대한 확인이 필요하다.

11.2.4 웹로직 플러그인 사용

애플리케이션에서 서비스 성격에 따라 클라이언트 IP가 요구되는 경우 request.getRemoteAddr()을 사용해 값을 받아온다. 하지만, 웹로직이 웹 서버와 플러그인으로 연동되어 있다면 웹로직에서 수행중인 애플리케이션은 클라이언트 IP로 웹 서버의 IP를 받아온다. 이 경우 웹로직의 **WebLogic 플러그인 사용**(WebLogic Plug-In Enabled) 옵션을 활성화하면 웹 서버와 연동되어 있더라도 헤더 값을 변경하여 플러그인에서 인지하는 클라이언트의 IP를 얻는다. 설정은 어드민 콘솔의 서버 구성에서 확인 가능하다.

옵션을 통해 실 사용자의 클라이언트 IP를 받는 서비스 요구사항과 함께 웹 서버의 IP 또한 필요한 서비스의 경우 또한 존재한다. 이 경우 **WebLogic 플러그인 사용** 옵션을 활성화하면 사용자 IP를 받기 쉬운 반면 웹 서버의 IP를 받기 힘들어지기 때문에 옵션을 비활성화하여 웹 서버 IP 값을 구하고 사용자 IP는 request.getHeader("WL-Proxy-Client-IP")를 사용해 얻는다. request.getHeader의 매개변수 값으로는 추가적으로 Proxy-Client-IP나 X-Forwarded-For도 가능하다.

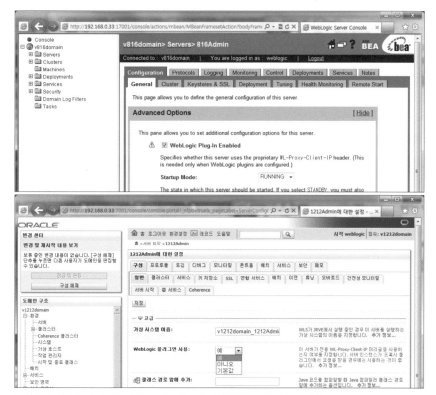

그림 11.8 서버 구성, 일반 탭의 고급 항목에 있는 웹로직 플러그인 사용 옵션

11.3 ┊ 애플리케이션

웹로직에서 실행되는 애플리케이션은 웹로직의 환경설정 값에 영향을 받기 때문에 운영 환경과 개발 환경의 차이나 웹로직 버전 업그레이드 작업에서 확인되어야 하는 환경설정 값이 있다. 또한 애플리케이션의 디버깅을 위한 설정과 애플리케이션 맞교환 기능을 제공하여 개발과 운영에 도움을 준다.

11.3.1 인코딩

한글을 사용하는 국내 환경에서는 한글 인코딩과 관련한 설정을 무시하기 어렵다. 특히 인코딩으로 인한 데이터 깨짐 현상이 발생하면 어떤 부분을 수정하고 적용해야 할지 판단하기 힘든 경우가 많다. 인코딩으로 인한 문제 발생을 덜어보고자 웹로직과 인코딩 관련 내용을 정리한다.

웹로직은 문자를 유니코드로 취급하기 때문에 문자 데이터 교환 시 코드 변환이 수행된다. 코드 변환은 OS 플랫폼, JVM, 애플리케이션의 설정된 인코딩 설정에 영향을 받고 적용되는 범위가 작을수록 우선순위가 높다. OS에 설정된 인코딩은 글로벌한 설정이고 애플리케이션에 설정된 인코딩은 로컬 애플리케이션에 사용되므로 이 경우 애플리케이션에 설정된 인코딩 설정이 우선한다. OS 플랫폼의 인코딩은 윈도우의 경우 제어판에 있는 '국가 및 언어 옵션'에서 설정한다. 대표적인 인코딩 값은 영어가 'CP1252'이고 한국어가 'MS949'이다. 유닉스/리눅스 환경에서는 `locale`을 지정하는데 플랫폼에 따라 인코딩 명칭에 차이가 있으므로 `locale -a` 명령을 통해 사용 가능한 `locale`을 확인해 `LANG` 환경변수를 치환한다. OS에서 설정한 `locale`은 별도의 인코딩 지정이 안 된 플랫폼상의 웹로직에 기본 인코딩 값이 적용된다.

플랫폼	UTF-8	EUC-KR
AIX	ko_KR.UTF-8	ko_KR.IBM-eucKR
HP-UX	ko_KR.UTF8	ko_KR.eucKR
솔라리스	ko_KR.UTF-8(ko.UTF-8)	ko
리눅스	ko_KR.UTF-8	ko_KR.euckr

표 11.5 플랫폼에 따라 명칭에 차이가 있는 locale

웹로직이 실행되는 JVM 환경상에 인코딩을 설정하기 위해서는 -Dfile.encoding=<인코딩>을 자바 옵션에 추가해 실행시킨다. 한글 인코딩 값은 플랫폼과는 다르게 'UTF8'을 사용하거나 'EUC_KR'을 사용한다. 웹로직 JVM은 동일 도메인과 클러스터 멤버 서버의 인코딩을 동일하게 사용해야 함에 주의한다.

```
USER_MEM_ARGS="-Xms512m -Xmx512m -Dfile.encoding=UTF8"
```

애플리케이션의 인코딩 설정은 web.xml과 weblogic.xml을 통해 애플리케이션 전체에 대한 인코딩 설정이 가능하다. web.xml에서는 `url-pattern` 패턴이나 `mime-type`에 인코딩 설정이 가능하다. `context-param`은 weblogic.xml의 `input-charset`이 대신한다.

```
<web-app>
  <jsp-config>
     <jsp-property-group>
       <url-pattern>*.jsp</url-pattern>
```

```
        <page-encoding>UTF-8</page-encoding>
      </jsp-property-group>
    </jsp-config>
  </web-app>
```

리스트 11.2 web.xml의 url 패턴에 대한 인코딩 설정

```
<web-app>
  <mime-mapping>
      <extension>jsp</extension>
      <mime-type>test/jsp;charset=UTF=8</mime-type>
    </mime-mapping>
  </web-app>
```

리스트 11.3 web.xml의 mime 타입에 코딩 설정

weblogic.xml에서는 url 패턴에 따른 인코딩 설정과 JSP 페이지에서 사용하는 인
코딩을 설정한다.

```
<weblogic-web-app>
  <charset-params>
      <input-charset>
        <resource-path>/jsp/*</resource-path>
        <java-charset-name>UTF-8</java-charset-name>
      </input-charset>
  </charset-params>
</weblogic-web-app>
```

리스트 11.4 weblogic.xml의 요청 url에 인코딩 설정

```
<weblogic-web-app>
  <jsp-descriptor>
      <jsp-param>
        <param-name>encoding</param-name>
        <param-value>UTF-8</param-value>
      </jsp-param>
    </jsp-descriptor>
  </weblogic-web-app>
```

리스트 11.5 8.1 버전 weblogic.xml의 jsp 인코딩 설정

```
<weblogic-web-app>
  <jsp-descriptor>
      <encoding>UTF-8</encoding>
  </jsp-descriptor>
</weblogic-web-app>
```

리스트 11.6 9.0 이상 버전 weblogic.xml의 jsp 인코딩 설정

인코딩 설정을 애플리케이션의 소스 코드마다 지정하지 않고 플랫폼, JVM, 애플리케이션의 구성 xml을 수정하여 글로벌한 인코딩 설정을 적용할 수 있지만 서로 다른 인코딩 환경을 갖는 애플리케이션이나 동일 애플리케이션 내의 소스 코드상의 각 인코딩을 지정하는 데 주의를 필요로 한다. 윈도우 'MS949' 인코딩 환경에서 UTF-8 한글 형태의 이름과 내용을 갖는 파일을 저장하고 JSP 페이지에 파일을 읽어오는 애플리케이션을 테스트하는 경우 각 설정의 영향도는 다음과 같다.

-Dfile. encoding	weblogic. xml jsp encoding	weblogic. xml input- charset	jsp @page charset	jsp(html) META charset	화면	파일	내용	url	Read
n/a	n/a	n/a	n/a	n/a	정상	깨짐	깨짐	깨짐	X
UTF-8	n/a	n/a	n/a	n/a	정상	깨짐	깨짐	깨짐	X
n/a	UTF-8	n/a	n/a	n/a	깨짐	깨짐	깨짐	깨짐	X
n/a	n/a	UTF-8	n/a	n/a	정상	깨짐	깨짐	깨짐	O(깨짐)
n/a	n/a	n/a	UTF-8	n/a	깨짐	깨짐	깨짐	깨짐	X
n/a	n/a	n/a	n/a	UTF-8	정상	깨짐	깨짐	깨짐	X
UTF-8	n/a	UTF-8	n/a	n/a	정상	깨짐	깨짐	깨짐	O
n/a	UTF-8	UTF-8	n/a	n/a	정상	깨짐	깨짐	깨짐	O(깨짐)
n/a	n/a	UTF-8	UTF-8	n/a	깨짐	깨짐	깨짐	깨짐	O(깨짐)
n/a	n/a	UTF-8	n/a	UTF-8	정상	깨짐	깨짐	깨짐	O(깨짐)
UTF-8	EUC_KR	UTF-8	n/a	n/a	정상	깨짐	깨짐	깨짐	O(깨짐)
UTF-8	n/a	UTF-8	EUC_KR	n/a	정상	정상	정상	정상	O(jsp 내용 깨짐)
UTF-8	n/a	UTF-8	n/a	EUC_KR	정상	깨짐	깨짐	깨짐	O
UTF-8	EUC_KR	UTF-8	n/a	EUC_KR	정상	깨짐	깨짐	깨짐	O(깨짐)
UTF-8	n/a	UTF-8	EUC_KR	EUC_KR	정상	깨짐	깨짐	깨짐	O(깨짐)
UTF-8	EUC_KR	UTF-8	EUC_KR	n/a	정상	정상	정상	정상	O
n/a	EUC_KR	UTF-8	EUC_KR	n/a	정상	정상	정상	정상	O
n/a	EUC_KR	EUC_KR	EUC_KR	n/a	정상	정상	정상	정상	X

표 11.6 JSP 페이지 화면, 파일 이름, 파일 내용, 표시 URL, 읽기 여부를 테스트한 인코딩 환경

11.3.2 jsp verbose

웹로직에서는 JSP 페이지를 컴파일하는 중간 과정인 자바 파일을 유지하는 설정을 제
공한다. 때에 따라서 JSP 페이지에 코딩 내용상의 문제나 클래스로 변경되기 전의 값
의 확인을 위해 사용된다.

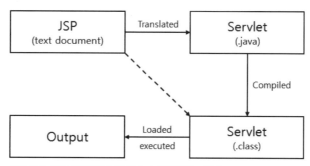

그림 11.9 JSP 페이지가 보여지기까지 변화하는 형태

weblogic.xml의 jsp-descriptor에 debug 설정을 true로 설정하면 기본
'working-dir' 경로에 클래스로 변경되기 전의 자바 파일이 저장된다.

```
<weblogic-web-app>
  <jsp-descriptor>
      <debug>true</debug>
  </jsp-descriptor>
</weblogic-web-app>
```

리스트 11.7 9.0 이상 버전 weblogic.xml의 jsp 디버그 설정

```
<html>
  <head>
    <title>Hello Jsp</title>
  </head>
  <body>
  <h1> Jsp Index page</h1>
  <%
    out.println("Hello World!");
  %>
  </body>
</html>
```
```
package jsp_servlet;
```

```
import java.lang.*;
import javax.servlet.*;
import javax.servlet.http.*;
import javax.servlet.jsp.*;

public final class __index extends  weblogic.servlet.jsp.JspBase implements
weblogic.servlet.jsp.StaleIndicator {

    private static void _releaseTags(javax.servlet.jsp.PageContext
    pageContext, javax.servlet.jsp.tagext.JspTag t) {
        while (t != null) {

            //생략//

            out.println("Hello World!");

            _bw.write(_wl_block1Bytes, _wl_block1);
        } catch (java.lang.Throwable __ee){
            __ee.setStackTrace(weblogic.jsp.internal.jsp.utils.SMAPUtils.
            loadSMAP(this.getClass()).p
            rocessStackTrace(__ee.getStackTrace()));
            if(!(__ee instanceof javax.servlet.jsp.SkipPageException)) {
                while ((out != null) && (out != _originalOut)) out =
                pageContext.popBody();
                _releaseTags(pageContext, _activeTag);
                pageContext.handlePageException(__ee);
            }
        }
    }
}
```

리스트 11.8 'index.jsp'와 자바로 변경된 '__index.java'의 일부

11.3.3 가상 디렉토리

유닉스/리눅스에서는 웹 애플리케이션 내부에 심볼릭 링크를 사용해 특정 디렉토리를 웹 애플리케이션 외부의 디렉토리에 연결이 가능하다. 웹로직에서는 웹 애플리케이션의 특정 URL을 가상으로 지정해 외부의 디렉토리 위치와 연결하는 기능을 제공한다. 가상 디렉토리 기능은 다운로드 파일이나 업로드 파일, 이미지 파일을 별도로 관리하는 경우와 같이 애플리케이션 외부 디렉토리와 연동해 마치 애플리케이션 내부에 존재하는 것처럼 동작한다. 배치된 애플리케이션에서 호출되는

'http://www.wls-export.com/downloads' 경로의 파일은 별도의 외부 디렉토리인 '/app/downloads'의 파일을 호출하고자 할 때 weblogic.xml의 virtual-directory-mapping 설정을 이용한다.

```
<weblogic-web-app>
  <virtual-directory-mapping>
    <local-path>/app</local-path>
    <url-pattern>/downloads/*</url-pattern>
  </virtual-directory-mapping>
</weblogic-web-app>
```

리스트 11.9 weblogic.xml의 virtual-directory-mapping 설정의 예

local-path는 경로 대상이 위치하는 상위 디렉토리를 지정하고 url-pattern에서 local-path에 위치한 특정 디렉토리를 URL과 맵핑한다. 웹 애플리케이션 URL에서 /downloads로 요청됨으로 동일한 디렉토리가 존재해야 한다.

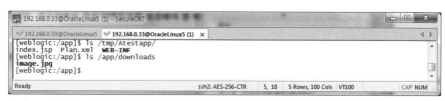

그림 11.10 context-root가 Atestapp인 애플리케이션과 별도의 위치에 존재하는 다운로드

그림 11.11 가상 디렉토리 기능을 사용해 호출된 URL

11.3.4 Versioned Deployment

Versioned Deployment는 기존에 'Side By Side', 'Production Redeploy'라고 불리던 기능으로 웹로직에 배치되는 애플리케이션의 버전 관리 기능이다. 운영 중인 애플리케이션을 사용 중인 사용자는 기존 버전의 애플리케이션을 사용하고 새 세션으로 접근한 사용자는 신규 버전의 애플리케이션을 호출하는 방식이다. 기존 사용자의 세션이 모두 종료되면 해당 애플리케이션은 어드민 상태로 변경되고 어드민 콘솔이나 weblogic.Deployer로 해당 애플리케이션을 삭제할 수 있다. Production Redeploy를 사용하기 위해서는 처음 배치부터 기능을 사용해야 한다. 이러한 기능은 weblogic.xml에서 JSP나 서블릿의 동적 반영 기능을 사용하지 않거나 서비스 중인 애플리케이션을 수정하는 경우에 활용 가능하다.

버전 관리 방법은 '$APP_HOME/META_INF/MANIFEST.MF'에 버전을 명시하거나 weblogic.Deployer를 사용해 구성 가능하다.

```
Manafest-Version: 1.0
WebLogic-Application-Version: v1.0
```

리스트 11.10 $APP_HOME/META-INF/MANIFEST.MF의 애플리케이션 버전 명시

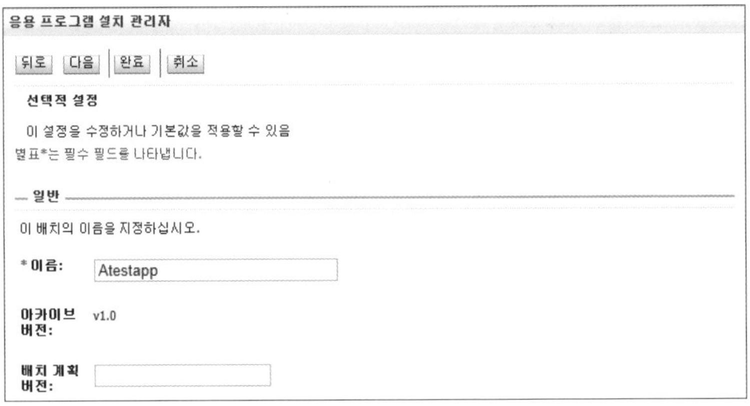

그림 11.12 'MANIFEST.MF'에 명시한 버전이 나타나는 배치 과정

```
java weblogic.Deployer -adminurl t3://192.168.0.33:7001 -username weblogic
-password welcome1 -deploy -name Atestapp -appversion v1.0 -targets
AdminServer -source /tmp/Atestapp -debug
```

리스트 11.11 버전을 명시한 애플리케이션 배치 스크립트

버전을 명시한 애플리케이션은 재배치나 갱신이 아닌 신규 배치 순서로 진행해야
한다. 이는 기존 애플리케이션과 다른 신규 애플리케이션을 배치한다고 인지하기 때문
이다. 버전이 명시된 애플리케이션은 어드민 콘솔에서도 확인된다.

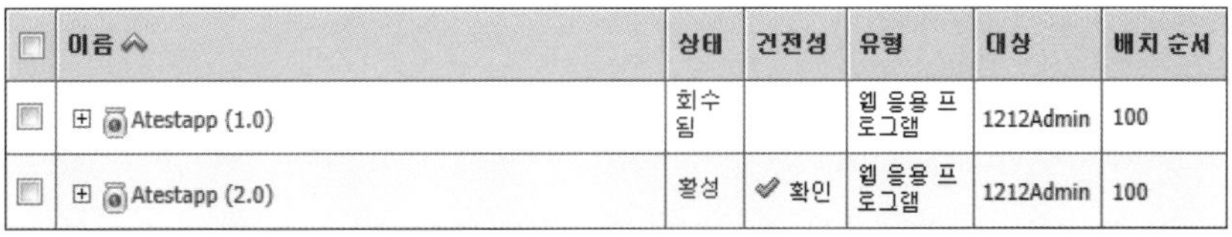

	이름 ⌃	상태	건전성	유형	대상	배치 순서
☐	⊞ 🔘 Atestapp (1.0)	회수됨		웹 응용 프로그램	1212Admin	100
☐	⊞ 🔘 Atestapp (2.0)	활성	✔ 확인	웹 응용 프로그램	1212Admin	100

그림 11.13 신규 버전이 배치된 상태 확인과 회수된 기존 애플리케이션

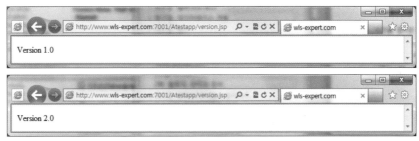

그림 11.14 동일한 URL로 요청한 기존 세션과 새 세션의 내용 변경 확인

JMS

JMS^{Java Messaging Service}는 자바에서 지원하는 비동기식 메시징 서비스를 위한 API들을 말한다. JMS는 자바 EE가 지원하는 엔터프라이즈 메시징 시스템에 접근할 수 있도록 하는 벤더 독립적인 표준 API로서 메시징 서비스를 이용하려면 MOM^{Message Oriented Middleware}이 필요하다. JMS 프로바이더^{Provider}는 벤더에서, 자바 EE 플랫폼을 제공하는 회사에서 만드는 것이다. MOM은 메시지를 전달할 수 있으며, 메시지 전달을 비동기적으로 처리할 수 있는 특징이 있는 시스템으로 웹로직과 IBM MQSeries, iPlanet 메시지 큐^{Message Queue}, 아파치 ActiveMQ 등이 있다. JMS는 웹로직에서 지원하는 기본 컴포넌트의 하나로 데이터 소스와 비슷하다는 측면으로 접근해보면, 데이터 소스는 DB 종류와 무관하게 여러 종류의 DB에 접근할 수 있도록 하는 표준 API이고 JMS는 DB가 아닌 메시징 시스템에 접근하는 API다.

12.1 : JMS의 개요

웹로직에 JMS 관련 구성을 하기 이전에 우선 JMS의 이해를 돕고자 한다. JMS를 구성하기 전에 우선적으로 JMS를 사용하는 상황과 어떤 JMS 모델을 사용해야 하는지 판단해야 한다. 메시징 서비스는 애플리케이션 간의 데이터 송수신을 지원하는데, 애플리케이션의 통신에는 동기^{Synchronous}와 비동기^{Asynchronous} 방법이 있다. RMI, IIOP, SOAP 나 TCP 패킷을 이용한 통신 방법은 인터페이스 센트릭^{interface-centric} 통신 방식이라고 한다. 이 방식은 메시지를 보내는 송신자^{Sender}와 받는 수신자^{Receiver} 간에는 주고받을 데이터 타입이 약속되어 있고 수신자가 데이터를 받고, 받는 작업이 확인될 때까지 대기해야 한다.

12.1.1 JMS 목적지

JMS는 데이터 센트릭^{data-centric} 통신 방식으로 비동기 통신 방법을 사용한다. 송신자는 데이터를 보내기만 하고 수신자가 데이터를 받은 결과나 혹은 수신자가 몇 개인지는 알지 못한다. 대신 JMS는 메시지를 직접 보내지 않고 중계자에 메시지 전달을 위임한다. 수신자는 중개자에게 보내진 데이터를 전달 받는데, JMS의 핵심적 개념인 메시지 중개자^{Message Broker}는 비동기 통신인 JMS의 메시지 송수신에 신뢰성을 보장하게 된다. 이 같은 데이터 전달 방식은 송신자가 데이터를 보낸 뒤 시스템에 문제가 발생하더라도 데이터는 중개자가 가지고 있기 때문에 시스템 복구 후 정상적으로 수신자에게 전달된다. 이런 JMS의 동작은 마치 우체국에 비유하는데 메시지를 우체국에 보내면 우체국이 대신 메시지 대상에게 전달하는 방법과 같다. JMS의 핵심적 개념의 다른 한 가지는 목적지Destination다. JMS 목적지는 클라이언트가 생성하는 메시지의 대상 및 클라이언트가 이용하는 메시지의 소스를 나타내는 오브젝트로 큐와 토픽Topic이라는 두 가지 모델이 있다. 큐는 P2PPoint-to-Point 모델이 적용되고 토픽은 PUB/SUBPublish-Subscribe 모델이 적용된다.

- 큐: P2P 모델로서 여러 개의 메시지 발신자Producer에서 보낸 메시지를 MOM의 메시지 큐에 순서대로 저장하고 메시지 소비자Consumer가 큐의 내용을 하나씩 읽어들여 처리할 수 있는 방식을 말한다. 메시지 큐는 소비자가 메시지를 읽어갈 때까지, 혹은 유효 시간이 경과되기 전까지 메시지를 저장하고 있다.

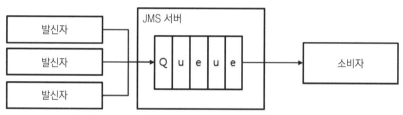

그림 12.1 큐 방식에서 발신자와 소비자의 메시지 송수신

- 토픽: PUB/SUB 모델로서 메시지 발신자가 메시지를 MOM에게 전달하면, 등록된 클라이언트에게 메시지가 전달되는 방식으로 마치 뉴스 그룹, 게시판, RSS를 구독하는 방식과 비슷한 1:N 방식의 모델이다. JMS 서버는 해당 주제에 가입하는 소비자에게 메시지를 순차적으로 제공한다.

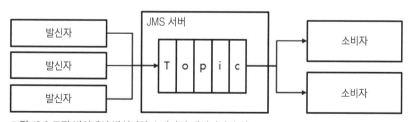

그림 12.2 토픽 방식에서 발신자와 소비자의 메시지 송수신

12.1.2 JMS 활용 방안

서비스를 제공하는 애플리케이션에서 각 구성 요소들 중에는 목적과 역할에 따라 비동기적인 처리가 더 유리한 작업이 있다. 이런 일들은 비동기적 메시지 전송이 보장되는 JMS를 활용해 동기적인 처리보다 더 나은 성능과 자원 관리의 효과를 가져올 수 있겠다. JMS의 활용 방안의 예는 다음과 같다.

- 가입, 결제, 이벤트 등 메일 발송
- 배치 작업
- 채팅 서비스
- 결제와 배송 프로세스
- 브로드 캐스팅 서비스
- 가상화나 클라우드의 프로비저닝

웹로직에서 JMS를 구성하는 단계는 다음과 같다.

1. 메시지를 저장하는 영구 저장소Persistent Store를 생성한다. JDBC를 이용하거나 파일을 이용할 수 있다. JDBC를 이용하는 경우 JDBC 저장소에서 설정하는 프리픽스Prefix에 따라 'Prefix+WLSTORE' 테이블이 생성된다.
2. JMS 서버를 생성해 JMS를 사용할 대상 서버를 지정한다.
3. 메시지 모델을 선택해 JMS 서버에 등록한다.

웹로직에 JMS가 구성되면 JMS의 메시지 또한 메모리상에서 처리되는 단위이기 때문에 대상 웹로직 서버 인스턴스에 추가적인 힙 메모리Heap Memory가 할당되어야 함에 주의한다.

12.2 : JMS 생성과 튜닝

애플리케이션에서 사용할 JMS를 생성하는 방법은 버전에 따라 약간의 UI 측면의 차이가 있지만, 사용할 영구 저장소, JMS 서버, JMS 접속 팩토리Connection Factory, JMS 큐, 토픽을 생성한다.

12.2.1 8.1 버전 JMS 구성

웹로직 8.1 버전에서 JMS를 사용하기 위한 방법을 설명한다. 우선 영구 저장소를 생성하는 방법은 다음과 같다.

1. 어드민 콘솔에 로그인한다.

2. Admin Console > Services > JMS > Stores에서 JDBC 혹은 파일 형태의 Store 유형을 새로 만든다. 여기서는 Configure a new JMS File Store...를 선택해 파일 유형의 JMS Store를 생성한다.

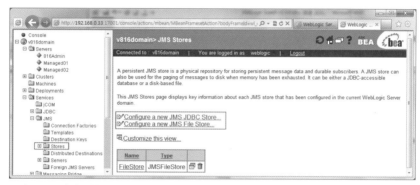

그림 12.3 두가지 유형의 Store 유형 생성 링크

3. JMS File Store 설정에서 Store의 Name을 입력하고 Directory 경로를 넣는다. 상대경로를 넣으면 '$DOMAIN_HOME'이 기준이다.

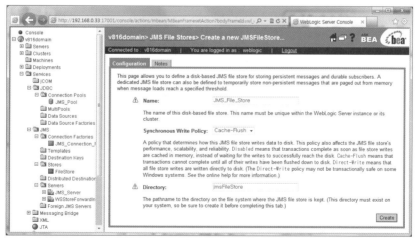

그림 12.4 JMS File Store 설정

파일 저장소^{File Store}의 경우 해당 디렉토리가 자동으로 생성되지 않기 때문에 수동으로 디렉토리를 만들어야 한다. 영구 저장소^{Persistent Store} 생성을 완료하면 JMS 서버를 생성한다.

1. Admin Console > Services > JMS > Servers에서 Configure a new JMS Server...를 선택한다.

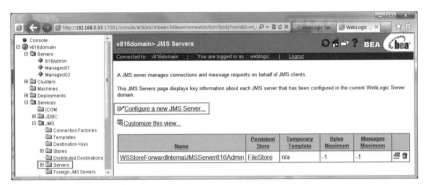

그림 12.5 JMS 서버 생성 링크

2. JMS 서버의 Name을 입력하고 미리 생성한 파일 저장소를 Persistent Store로 설정한다. 나머지 설정 값은 기본으로 진행한다.

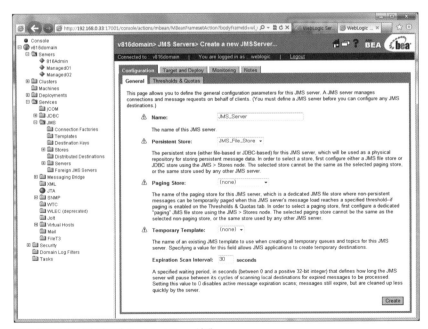

그림 12.6 JMS 서버 이름과 Persistent Store 선택

3. 진행을 계속하면 Target에서 JMS 서버 대상을 선택한다.

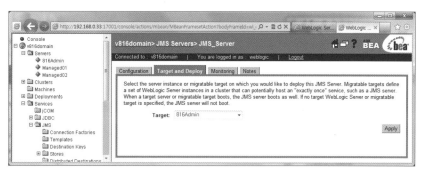

그림 12.7 JMS 서버의 대상 선택

다음으로 JMS 접속 팩토리Connection Factory를 생성한다.

1. Admin Console > Services > JMS > Connection Factories에서 Configure a new JMS Connection Factory...를 선택한다.

그림 12.8 JMS 접속 팩토리 생성 링크

2. JMS 접속 팩토리의 Name과 JNDI Name을 설정한다.

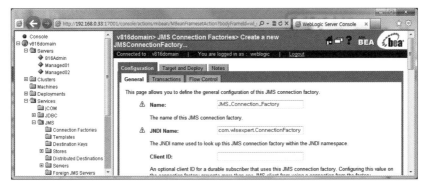

그림 12.9 JMS 접속 팩토리의 이름과 JNDI 설정

3. 진행을 계속하면 JMS 접속 팩토리 대상을 선택한다.

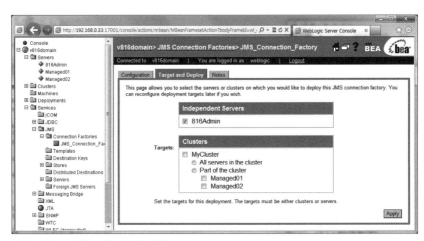

그림 12.10 JMS 접속 팩토리 대상 선택

기본적인 JMS 구성 설정이 완료되면 큐나 토픽 형태의 목적지를 선정한다. 목적지는 새로 생성한 JMS 서버에 구성한다.

1. Admin Console > Services > JMS > Servers에서 앞서 생성한 JMS Server를 선택하면 하단에 목적지를 선택하는 Configure Destinations...를 선택하면 큐와 토픽을 생성하는 링크가 나온다.

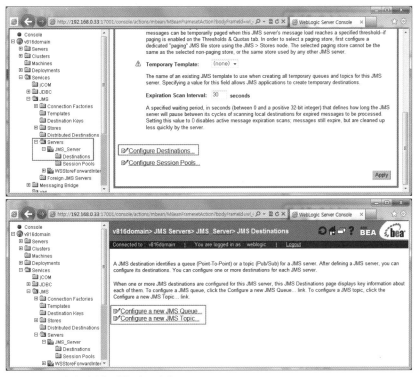

그림 12.11 목적지 설정을 위한 링크 선택

2. 필요에 따라 방식을 선택해 생성하며 각 방식의 목적지 이름과 JNDI 이름을 설정
한다.

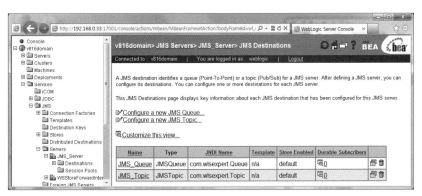

그림 12.12 큐와 토픽 설정

12.2.2 9.0 이상 버전 JMS 구성

웹로직 9.0 이상 버전에서 JMS를 사용하기 위한 방법을 설명한다. 각 버전의 설정은 거의 동일하며 12.1.2 버전을 기준으로 설명한다. 우선 영구 저장소를 생성하는 방법은 다음과 같다.

1. 어드민 콘솔에 로그인한다.

2. **어드민 콘솔 > 서비스 > 영구 저장소**(Persistent Stores)에서 JDBC 혹은 파일 형태의 저장소 유형을 새로 만든다. 여기서는 파일 유형의 영구 저장소를 생성한다.

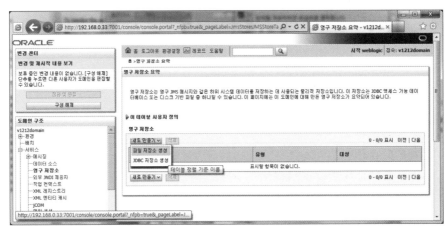

그림 12.13 두 가지 유형의 저장소 유형 생성 링크

3. JMS **파일 저장소 설정**에서 저장소의 **이름**을 입력하고 **디렉토리** 경로를 넣는다. 상대 경로를 넣으면 '$DOMAIN_HOME'이 기준이다.

그림 12.14 JMS 파일 저장소 설정

파일 저장소를 파일 유형으로 생성하는 경우 디렉토리를 생성하지 않았다면 '$DOMAIN_HOME/⟨FileStore⟩' 디렉토리가 없다는 IO 예외 메시지가 나타난다. 디렉토리를 만들고 다시 서버를 기동해 오류가 발생하는지 확인한다. 문제가 없다면 다음으로 JMS 서버를 생성한다.

1. **어드민 콘솔 > 서비스 > 메시징**(Messaging) **> JMS 서버**에서 **새로 만들기**를 선택한다.

그림 12.15 JMS 서버 생성 페이지

2. JMS 서버의 **이름**을 입력하고 미리 생성한 파일 저장소를 **영구 저장소**로 설정한다.

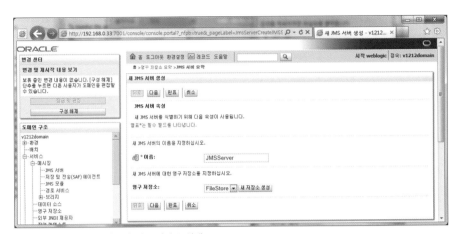

그림 12.16 JMS 서버 이름과 영구 저장소 선택

3. 진행을 계속하면 JMS 서버 **대상**을 선택한다.

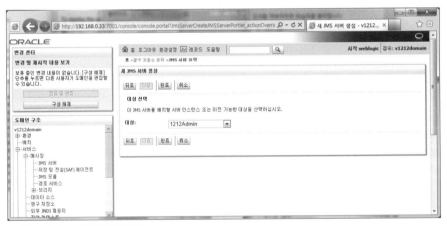

그림 12.17 JMS 서버의 대상 선택

다음으로 JMS 모듈을 생성한다.

1. **어드민 콘솔 ＞ 서비스 ＞ 메시징 ＞ JMS 모듈**에서 **새로 만들기**를 선택한다.

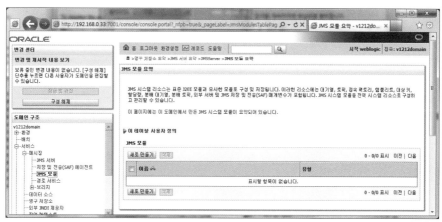

그림 12.18 JMS 모듈 생성 페이지

2. JMS 모듈의 **이름**을 정의한다. 나머지 값은 기본값으로 진행한다.

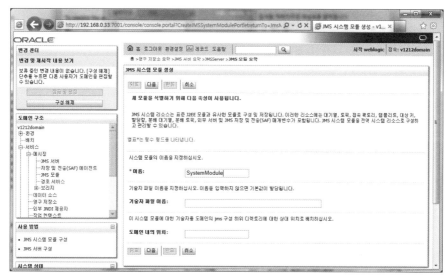

그림 12.19 JMS 모듈 이름 설정

3. JMS 모듈이 동작할 대상 서버를 선택해 진행한다.

4. 모듈에 리소스 추가 여부를 묻는다. 리소스에는 큐, 토픽, 접속 팩토리가 지정된다. **이 JMS 시스템 모듈에 리소스를 추가하시겠습니까?**를 **체크**하고 진행하면 JMS 모듈의 리소스 추가 화면으로 이동한다.

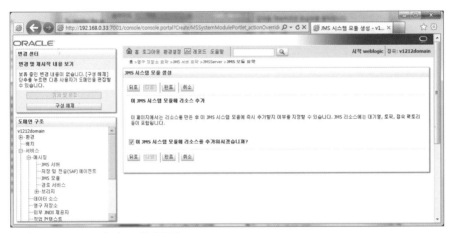

그림 12.20 JMS 모듈에 리소스 추가 물음

5. JMS 모듈에 리소스를 추가한다. 생성된 JMS 모듈을 선택해도 모듈 구성 화면에서 리소스를 새로 생성할 수 있다. **새로 만들기**를 선택해 리소스를 추가한다.

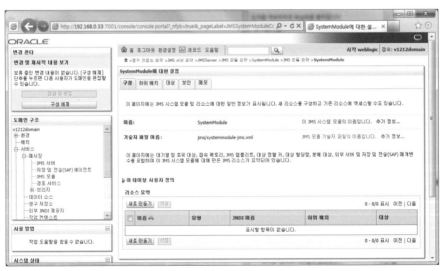

그림 12.21 JMS 모듈 구성 화면의 리소스 추가 테이블

6. 대기열이나 **토픽**을 필요에 따라 리소스를 선택해 생성하며 각 방식의 목적지 **이름**과 JNDI **이름**을 설정한다.

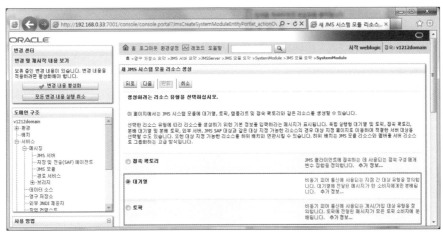

그림 12.22 큐나 토픽 같은 유형을 선택해 진행하는 리소스 추가

그림 12.23 큐 리소스 추가 과정의 이름과 JNDI 이름 입력

7. 리소스를 추가하다보면 **하위 배치**(Subdeployment) 설정 단계가 있다. 그룹 단위로 JMS 리소스를 관리하는 방법으로 추가하는 경우 **새 하위 배치 생성**(Create a new Subdeployments)을 선택해 이름을 설정하면 대상으로 **JMS 서버**를 선택한다.

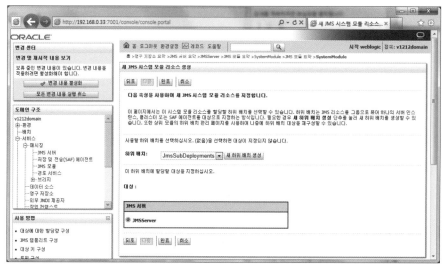

그림 12.24 하위 배치 설정

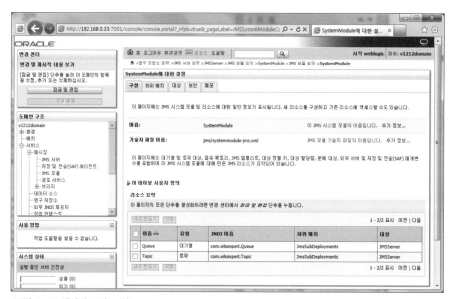

그림 12.25 생성된 큐와 토픽

JMS 모듈에 목적지 리소스를 설정했다면 추가로 접속 팩토리를 생성한다.

1. JMS 모듈 구성 화면에서 **새로 만들기**를 선택한다.

2. **접속 팩토리**(Connection Factory)를 선택해 진행한다.

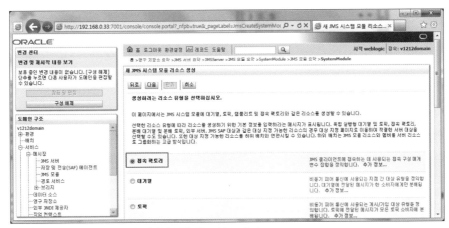

그림 12.26 접속 팩토리 유형을 선택해 진행하는 리소스 추가

3. 접속 팩토리에 대한 **이름**과 **JNDI 이름**을 설정하고 진행한다. 나머지 값들은 기본값으로 진행한다.

그림 12.27 접속 팩토리 이름과 JNDI 이름 설정

4. 접속 팩토리의 대상은 JMS 모듈 생성 시 대상이 지정된다. 설정을 완료한다.

12.3 : JMS 테스트

JMS를 테스트하기 위한 소스를 컴파일하기 위한 조건으로 소스 코드 내에서 JNDI를 룩업lookup하기 위한 JNDI 팩토리로 웹로직 클래스 `weblogic.jndi.WLInitialContextFactory`를 사용하기 때문에 웹로직 환경설정이 필요하다. 웹로직 환경을 불러오는 작업은 중지 스크립트와 같이 setEnv.sh나 setDomainEnv.sh를 호출한다.

- 유닉스/리눅스 (8.1)

  ```
  # . $DOMAIN_HOME/setEnv.sh
  ```

- 유닉스/리눅스 (9+)

  ```
  # . $DOMAIN_HOME/bin/setDomainEnv.sh
  ```

- 윈도우 (8.1)

  ```
  > %DOMAIN_HOME%\setEnv.sh
  ```

- 윈도우 (9+)

  ```
  > %DOMAIN_HOME%\bin\setDomainEnv.sh
  ```

웹로직 버전에 따른 환경설정을 호출하면 다음과 같이 컴파일을 수행한다.

```
# javac <FILENAME>.java
```

테스트를 위해 작성한 소스는 JMS 서버가 대상으로하는 웹로직 서버 URL을 인자값으로 받아 실행된다. 컴파일된 클래스는 다음과 같이 실행한다.

```
# java <CLASSNAME> t3://WEBLOGICSERVER_IP:PORT
```

12.3.1 큐 테스트

JMS 큐를 테스트하기 위한 소스는 웹로직 JNDI 팩토리에 선언된 JMS 접속 팩토리를 룩업해서 새로운 연결을 생성하고 큐 송신자QueueSender를 통해 메시지를 웹로직의 큐에 전송한다. 전송된 메시지는 웹로직 JMS 큐에 저장되고 큐 수신자QueueReceiver에 의해 메시지를 전달받는다. 큐에 메시지를 보내는 'QueueSend.java'는 JMS 큐가 할당된 웹로직 서버 URL을 인자값으로 받아 해당 서버의 JMS를 룩업해서 메시지를 전송한다. 큐에서 메시지를 가져오는 'QueueReceive.java'는 JMS 큐가 할당된 웹로직 서버 URL을 인자값으로 받아 해당 서버의 JMS를 룩업해서 메시지를 가져온다. JMS_FACTORY 변수에 JMS 접속 팩토리 JNDI 이름을 선언하고 QUEUE 변수에 큐 JMS JNDI 이름을 선언한다.

```java
import java.io. * ;
import java.util.Hashtable;
import javax.jms.JMSException;
import javax.jms.*;
import javax.naming.*;

public class QueueSend{
  public final static String JNDI_FACTORY = "weblogic.jndi.WLInitialContextFactory";
  public final static String JMS_FACTORY = "com.wlsexpert.ConnectionFactory";
  public final static String QUEUE = "com.wlsexpert.Queue";

  private QueueConnectionFactory qconFactory;
  private QueueConnection qcon;
  private QueueSession qsession;
  private QueueSender qsender;
  private Queue queue;
  private TextMessage msg;

  public void init(Context ctx, String queueName)
  throws NamingException,
  JMSException{
    qconFactory = (QueueConnectionFactory)ctx.lookup(JMS_FACTORY);
    qcon = qconFactory.createQueueConnection();
    qsession = qcon.createQueueSession(false, Session.AUTO_ACKNOWLEDGE);
    queue = (Queue)ctx.lookup(queueName);
    qsender = qsession.createSender(queue);
    msg = qsession.createTextMessage();
    qcon.start();
  }

  public void send(String message)throws JMSException {
    msg.setText(message);
    qsender.send(msg);
  }

  public void close()throws JMSException {
    qsender.close();
    qsession.close();
```

```java
      qcon.close();
  }

  public static void main(String[]args)throws Exception {
    if (args.length != 1) {
      System.out.println("Usage: java QueueSend WebLogicURL");
      return;
    }
    InitialContext ic = getInitialContext(args[0]);
    QueueSend qs = new QueueSend();
    qs.init(ic, QUEUE);
    readAndSend(qs);
    qs.close();
  }

  private static void readAndSend(QueueSend qs)throws IOException,
  JMSException{
    String line = "Test Message Body with counter = ";
    BufferedReader br = new BufferedReader(new InputStreamReader(System.in));
    boolean readFlag = true;
    System.out.println("\n\tStart Sending Messages (Enter QUIT to Stop):\n");
    while (readFlag) {
      System.out.print("Msg_Sender: ");
      String msg = br.readLine();
      if (msg.equals("QUIT") || msg.equals("quit")) {
        qs.send(msg);
        System.exit(0);
      }
      qs.send(msg);
      System.out.println();
    }
    br.close();
  }

  private static InitialContext getInitialContext(String url)throws
  NamingException{
    Hashtable env = new Hashtable();
    env.put(Context.INITIAL_CONTEXT_FACTORY, JNDI_FACTORY);
    env.put(Context.PROVIDER_URL, url);
    return new InitialContext(env);
  }
}
```

리스트 12.1 QueueSend.java

```
import java.util.Hashtable;
import javax.jms.*;
import javax.naming.*;

public class QueueReceive implements MessageListener{
  public final static String JNDI_FACTORY = "weblogic.jndi.WLInitialContextFactory";
  public final static String JMS_FACTORY = "com.wlsexpert.ConnectionFactory";
  public final static String QUEUE = "com.wlsexpert.Queue";
  private QueueConnectionFactory qconFactory;
  private QueueConnection qcon;
  private QueueSession qsession;
  private QueueReceiver qreceiver;
  private Queue queue;
  private boolean quit = false;

  public void onMessage(Message msg) {
    try {
      String msgText;
      if (msg instanceof TextMessage) {
        msgText = ((TextMessage)msg).getText();
      } else {
        msgText = msg.toString();
      }
      System.out.println("Msg_Receiver: " + msgText);
      if (msgText.equalsIgnoreCase("quit")) {
        synchronized(this) {
          quit = true;
          this.notifyAll(); // Notify main thread to quit
        }
      }
    } catch (JMSException jmse) {
      jmse.printStackTrace();
    }
  }
  public void init(Context ctx, String queueName)throws NamingException,
  JMSException{
    qconFactory = (QueueConnectionFactory)ctx.lookup(JMS_FACTORY);
    qcon = qconFactory.createQueueConnection();
    qsession = qcon.createQueueSession(false, Session.AUTO_ACKNOWLEDGE);
    queue = (Queue)ctx.lookup(queueName);
    qreceiver = qsession.createReceiver(queue);
    qreceiver.setMessageListener(this);
    qcon.start();
  }
```

```
public void close()throws JMSException{
  qreceiver.close();
  qsession.close();
  qcon.close();
}

public static void main(String[]args)throws Exception{
  if (args.length != 1) {
    System.out.println("Usage: java QueueReceive WebLogicURL");
    return;
  }
  InitialContext ic = getInitialContext(args[0]);
  QueueReceive qr = new QueueReceive();
  qr.init(ic, QUEUE);
  System.out.println("JMS Ready To Receive Messages (To quit, send a
  \"quit\" message from QueueSender.class).");
  // Wait until a "quit" message has been received.
  synchronized(qr) {
    while (!qr.quit) {
      try {
        qr.wait();
      } catch (InterruptedException ie) {}
    }
  }
  qr.close();
}

private static InitialContext getInitialContext(String url)throws
NamingException{
  Hashtable env = new Hashtable();
  env.put(Context.INITIAL_CONTEXT_FACTORY, JNDI_FACTORY);
  env.put(Context.PROVIDER_URL, url);
  return new InitialContext(env);
}
}
```

리스트 12.2 QueueReceive.java

　작성한 소스를 컴파일하고 우선 QueueSend 클래스를 실행해 메시지를 보내본다. 큐로 보내진 메시지는 QueueReciver가 메시지를 가져오기까지 큐에 저장되어 있으며 어드민 콘솔에서 모니터링된다.

그림 12.28 QueueSend 클래스로 큐에 전송한 메시지

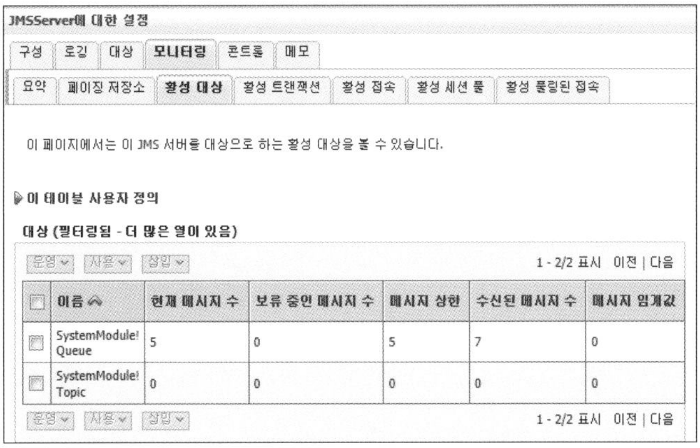

그림 12.29 JMS 서버의 모니터링에서 확인하는 큐의 메시지 수

큐에 저장된 메시지는 QueueReceive 클래스를 통해 가져올 수 있다. 큐 방식은 수신자가 연결되어 있지 않은 상황에서도 전달받은 메시지를 보관하여 재연결된 수신자에 저장된 메시지를 다시 전달하는 작업이 확인된다. 모든 메시지가 전달되면 JMS 서버 모니터링에서 현재 메시지 수가 '0'으로 변경됨을 확인할 수 있다.

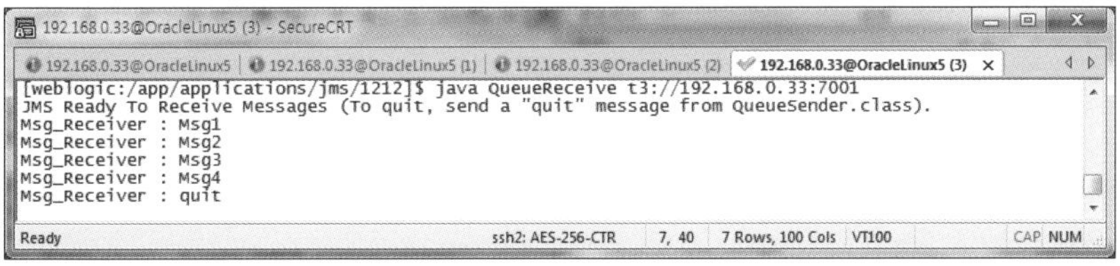

그림 12.30 QueueReceive 클래스로 가져온 큐의 메시지

이름	현재 메시지 수	보류 중인 메시지 수	메시지 상한	수신된 메시지 수	메시지 임계값
SystemModule! Queue	0	0	5	7	0

그림 12.31 메시지가 모두 전송되어 빈 상태의 큐

12.3.2 토픽 테스트

JMS 토픽을 테스트하기 위한 소스는 웹로직 JNDI 팩토리에 선언된 JMS 접속 팩토리를 룩업하여 새로운 연결을 생성하고 토픽퍼블리셔^{TopicPublisher}를 통해 메시지를 웹로직의 토픽에 전송한다. 전송된 메시지는 웹로직 JMS 토픽에 저장되고 토픽퍼블리셔에 의해 메시지를 전달받는다. 토픽에 메시지를 보내는 'TopicSend.java'는 JMS 토픽이 할당된 웹로직 서버 URL을 인자값으로 받아 해당 서버의 JMS를 룩업하여 메시지를 전송한다. 토픽에서 메시지를 가져오는 'TopicReceive.java'는 JMS 토픽이 할당된 웹로직 서버 URL을 인자값으로 받아 해당 서버의 JMS를 룩업하여 메시지를 가져온다. JMS_FACTORY 변수에 JMS 접속 팩토리 JNDI 이름을 선언하고 TOPIC 변수에 토픽 JMS JNDI 이름을 선언한다.

```java
import java.io.*;
import java.util.*;
import javax.transaction.*;
import javax.naming.*;
import javax.jms.*;
import javax.rmi.*;

public class TopicSend
{
  public final static String JNDI_FACTORY="weblogic.jndi.WLInitialContextFactory";
  public final static String CONN_FACTORY="com.wlsexpert.ConnectionFactory";
  public final static String TOPIC="com.wlsexpert.Topic";

  protected TopicConnectionFactory dutconFactory;
  protected TopicConnection dutcon;
  protected TopicSession dutsession;
  protected TopicPublisher dutpublisher;
  protected Topic dutopic;
  protected TextMessage msg;

  public static void main(String[] args) throws Exception
  {
    if (args.length != 1)
    {
      System.out.println("Usage: java examples.jms.dutopic.TopicSend
      WebLogicURL");
      return;
```

```
    }
    InitialContext ic = getInitialContext(args[0]);
    TopicSend duts = new TopicSend();
    duts.init(ic, TOPIC);
    readAndSendMsg(duts);
    duts.close();
}

public void init(Context ctx, String topicName)throws NamingException,
JMSException
{
    dutconFactory = (TopicConnectionFactory)PortableRemoteObject.narrow(ctx.
    lookup(CONN_FACTORY),TopicConnectionFactory.class);
    dutcon = dutconFactory.createTopicConnection();
    dutsession = dutcon.createTopicSession(false, Session.AUTO_ACKNOWLEDGE);
    dutopic = (Topic) PortableRemoteObject.narrow(ctx.lookup(topicName),
    Topic.class);
    dutpublisher = dutsession.createPublisher(dutopic);
    msg = dutsession.createTextMessage();
    dutcon.start();
}

protected static InitialContext getInitialContext(String url)throws
NamingException
{
    Hashtable<String,String> env = new Hashtable<String,String>();
    env.put(Context.INITIAL_CONTEXT_FACTORY, JNDI_FACTORY);
    env.put(Context.PROVIDER_URL, url);
    env.put("weblogic.jndi.createIntermediateContexts", "true");
    return new InitialContext(env);
}

public void sendmsg(String message) throws JMSException
{
    msg.setText(message);
    dutpublisher.publish(msg);
}

protected static void readAndSendMsg(TopicSend duts)throws IOException,
JMSException
{
    BufferedReader msgStream = new BufferedReader (new
    InputStreamReader(System.in));
    String line=null;
```

```
    do
    {
      System.out.print("Enter your message (\"quit\" to quit): \n");
      line = msgStream.readLine();
      if (line != null && line.trim().length() != 0)
      {
        duts.sendmsg(line);
        System.out.println("Sent JMS Message: "+line+"\n");
      }
    }
    while (line != null && ! line.equalsIgnoreCase("quit"));
  }

  public void close() throws JMSException
  {
    dutpublisher.close();
    dutsession.close();
    dutcon.close();
  }
}
```

리스트 12.3 TopicSend.java

```
import java.io.*;
import java.util.*;
import javax.transaction.*;
import javax.naming.*;
import javax.jms.*;
import javax.rmi.*;

public class TopicReceive implements MessageListener
{

  public final static String JNDI_FACTORY="weblogic.jndi.WLInitialContextFactory";
  public final static String CONN_FACTORY="com.wlsexpert.ConnectionFactory";
  public final static String TOPIC="com.wlsexpert.Topic";

  private TopicConnectionFactory dutconFactory;
  private TopicConnection dutcon;
  private TopicSession dutsession;
  private TopicSubscriber dutsubscriber;
  private Topic dutopic;
  private boolean quit = false;
```

```java
  public void onMessage(Message msg)
  {
    try
    {
      String msgText;

      if (msg instanceof TextMessage)
      {
        msgText = ((TextMessage)msg).getText();
      }
      else
      {
        msgText = msg.toString();
      }

      System.out.println("Received JMS Message: "+ msgText );

      if (msgText.equalsIgnoreCase("quit"))
      {
        synchronized(this)
        {
          quit = true;
          this.notifyAll();
        }
      }
    }
    catch (JMSException jmse)
    {
      System.err.println("An exception has occurred: "+jmse.getMessage());
    }
  }

public static void main(String[] args) throws Exception
  {
    if (args.length != 1)
    {
      System.out.println("Usage: java examples.jms.dutopic.TopicReceive
      WebLogicURL");
      return;
    }
    InitialContext ic = getInitialContext(args[0]);
    TopicReceive tr = new TopicReceive();
    tr.init(ic, TOPIC);
```

```
    System.out.println("JMS Is Now Ready To Receive Messages (To quit, send a
    \"quit\" message).");

    synchronized(tr)
    {
      while (! tr.quit)
      {
        try
        {
          tr.wait();
        }
        catch (InterruptedException ie)
        {}
      }
    }
    tr.close();
}

private static InitialContext getInitialContext(String url)throws
NamingException
{
  Hashtable env = new Hashtable();
  env.put(Context.INITIAL_CONTEXT_FACTORY, JNDI_FACTORY);
  env.put(Context.PROVIDER_URL, url);
  env.put("weblogic.jndi.createIntermediateContexts", "true");
  return new InitialContext(env);
}

public void close() throws JMSException
{
  dutsubscriber.close();
  dutsession.close();
  dutcon.close();
}

/**
 *
 * Below are the code which makes it a Durable Subscriber by giving the
   Client ID and Subscription Name
 *
 */

public void init(Context ctx, String topicName)throws NamingException,
JMSException
```

```
    {
        dutconFactory = (TopicConnectionFactory)PortableRemoteObject.narrow(ctx.
        lookup(CONN_FACTORY),TopicConnectionFactory.class);
        dutcon = dutconFactory.createTopicConnection();

        // ### Below the Clinet ID is been given which is "wls" ###
        dutcon.setClientID("wls");
        dutsession = dutcon.createTopicSession(false, Session.AUTO_ACKNOWLEDGE);
        dutopic = (Topic)PortableRemoteObject.narrow(ctx.lookup(topicName),Topic.
        class);

        // ### Below the Subscription Name is been given which is "Test" ###
        dutsubscriber = dutsession.createDurableSubscriber(dutopic, "Test");
        dutsubscriber.setMessageListener(this);
        dutcon.start();
    }
}
```

리스트 12.4 TopicReceive.java

작성한 소스를 컴파일하고 우선 TopicReceive 클래스를 실행해 Subscriber를
등록한다. 토픽의 특성을 확인하기 위해 여러 개의 Subscriber를 실행할 수 있으나
TopicReceive.java의 클라이언트 ID가 동일한 Subscriber가 접근하면 클라이언트
ID 중복으로 인한 예외가 발생한다.

```
weblogic.jms.common.InvalidClientIDException: Client id, wls, is in use.  The
reason for rejection is "The JNDI name weblogic.jms.connection.clientid.
wls was found, and was bound to an object of type weblogic.jms.frontend.
FEClientIDSingularAggregatable: FEClientIDSingularAggregatable(SingularAggrega
table(<3378264067751281895.1>:0):wls)"
```

따라서 여러 개의 TopicReceive 클래스를 실행시키기 위해서는 dutcon.
setClientID("wls");의 아이디를 변경한 다른 클래스를 생성해 클라이언트 ID가 중
복되지 않도록 한다. 이런 설정은 Subscriber를 구분하기 위한 설정으로, JMS 접속 팩
토리의 클라이언트 ID 정책의 제한을 없애고 가입 공유 정책을 가능하게 변경하면 동
일한 ID의 Subscriber의 접근이 허용되고 각각의 Subscriber는 라운드 로빈으로 메
시지를 받게 된다.

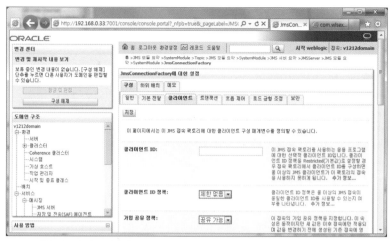

그림 12.32 JMS 접속 팩토리의 클라이언트 ID 정책과 공유 정책 변경

클라이언트 ID가 서로 다른 Subscriber를 먼저 실행하고 퍼블리셔Publisher를 실행한 뒤 메시지를 전송하면 동시에 여러 Subscriber가 메시지를 전달받는다. 또한 한번 등록된 Subscriber는 재접속 시 토픽에 저장된 메시지를 받을 수 있다.

그림 12.33 TopicSend 클래스로 전송한 메시지와 동시에 메시지를 받는 Receive 클래스들

12.3.3 분산된 JMS 목적지

웹로직에 구성한 JMS는 JNDI로 서비스를 요청하는 특성으로 인해 웹로직 클러스터 환경에서 JMS 서버에 대한 자원에 대한 분배가 가능하다. 기존에 하나의 웹로직 서버를 대상으로 한 JMS의 영구 저장소, JMS 서버, JMS 접속 팩토리, 큐나 토픽은 서버가 증가하면 각 서버에 대한 JMS 환경을 다시 구성해야 한다. 하지만, 웹로직 클러스터 환경에서 분배 큐와 분배 토픽을 사용하면 여러 서버에 걸쳐 하나의 메시지 저장 공간을 갖는 것처럼 동작하게 되어 JMS 분산처리와 장애상황에 대한 대응이 가능하다.

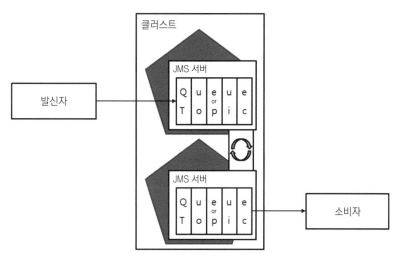

그림 12.34 분배 JMS 서버

분배 큐와 분배 토픽을 구성하기 위해 웹로직 클러스터로 대상을 지정해야 하는 JMS 구성 요소는 다음과 같다.

- 영구 저장소: 영구 저장소의 경우 파일 저장소는 대상인 클러스터의 구성원인 서버가 기동되는 동일 플랫폼에 대상 디렉토리를 생성해야 하고 JDBC 저장소는 해당 데이터 소스의 대상을 클러스터로 지정해야 한다.

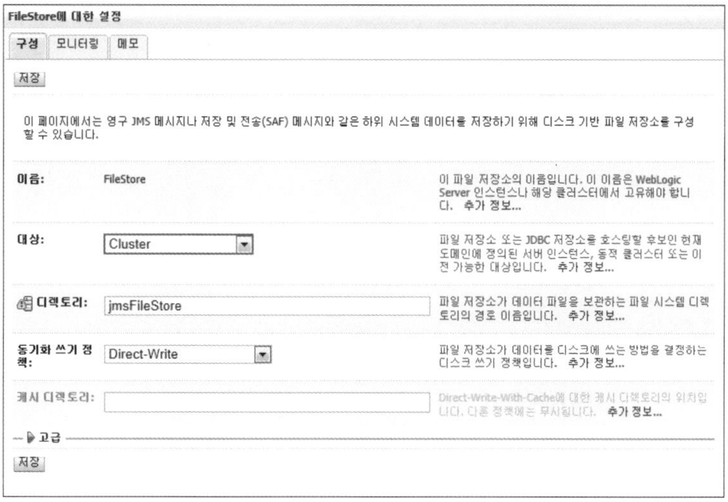

그림 12.35 클러스터를 대상으로 지정하는 파일 저장소

- JMS 서버

JMSServer에 대한 설정

구성 | 로깅 | 대상 | 모니터링 | 콘트롤 | 메모

저장

이 페이지에서는 이 JMS 서버를 배치할 서버 인스턴스 또는 이전 가능한 대상을 선택할 수 있습니다. 이전 가능한 대상은 JMS 서버와 같은 고정된 메시징 서비스를 잠재적으로 호스팅할 수 있는 클러스터에서 WebLogic Server 인스턴스의 집합을 정의합니다. 대상 서버 또는 이전 가능한 대상이 부팅되면 JMS 서버도 부팅됩니다. 지정된 대상 서버 인스턴스 또는 이전 가능한 대상이 없으면 JMS 서버는 부팅되지 않습니다.

대상: [Cluster ▼]   현재 도메인에서 정의되어 이 JMS 서버를 호스팅할 수 있는 모든 WebLogic Server 인스턴스 및 이전 가능한 대상의 목록입니다.   추가 정보...

저장

그림 12.36 클러스터를 대상으로 지정하는 JMS 서버

- JMS 모듈(JMS 접속 팩토리)

SystemModule에 대한 설정

구성 | 하위 배치 | 대상 | 보안 | 메모

저장

이 페이지에서는 이 JMS 시스템 모듈을 배치할 서버 또는 클러스터를 선택할 수 있습니다. 필요한 경우 나중에 대상을 재구성할 수 있습니다.

서버

☐ 1212Admin

클러스터

☑ **Cluster**
    ◉ 클러스터의 모든 서버
    ◉ 클러스터의 일부
       ☐ Server-2
       ☐ Server-1

저장

그림 12.37 클러스터를 대상으로 지정하는 JMS 모듈

클러스터 환경에서 큐와 토픽의 설정은 클래스터로 구성된 서버 모두에 메시지가 분배되어야 하므로 분산 환경을 위해 분배 큐와 분배 토픽을 생성한다.

그림 12.38 별도의 메뉴로 분리되어 있는 8.1 버전과 JMS 모듈에서 추가하는 9.0 이상 버전

생성한 분배 큐와 분배 토픽은 기존의 큐나 토픽과 설정상에 대상만 클러스터라는 점을 제외하고 모든 설정이 같다.

	이름 ∧	유형	JNDI 이름	하위 배치	대상
☐	ConnectionFactory	접속 팩토리	com.wlsexpert.ConnectionFactory	기본 대상 지정	Cluster
☐	DistributedQueue	균일한 분배 대기열	com.wlsexpert.Queue	기본 대상 지정	Cluster
☐	DistributedTopic	균일한 분배 토픽	com.wlsexpert.Topic	기본 대상 지정	Cluster

그림 12.39 클러스터를 대상으로 생성된 분배 큐와 분배 토픽

분배된 JMS의 큐와 토픽을 테스트하기 위해서 앞서 테스트한 클래스의 실행에 입력한 PROVIDER_URL을 Send 클래스와 Receive 클래스가 서로 다른 클러스터의 서버로 지정해 메시지를 보낸다.

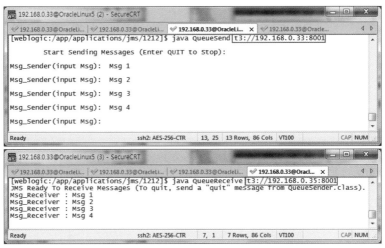

그림 12.40 PROVIDER_URL을 다르게 지정한 클러스터의 큐 메시지 전송

테스트를 위해 서로 다른 하나의 PROVIDER_URL을 사용했지만, 클러스터 환경에서 서버 인스턴스에 문제가 발생하는 경우 페일오버를 위해 클러스터로 구성된 서버의 URL을 다중으로 선택해 지정할 수 있다.

```
Context.PROVIDER_URL = t3://192.168.0.33:8001,192.168.0.35:8001
```

테스트 소스를 이용한 다중 PROVIDER_URL 지정의 예는 다음과 같다.

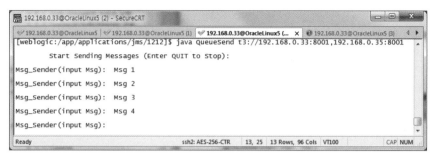

그림 12.41 다중 PROVIDER_URL을 지정한 JMS 서비스

12.3.4 외부 JMS – IBM MQ 예제

웹로직에서는 내부적으로 관리하는 JMS 서비스가 있지만 필요에 의해 메시지 큐^{MQ,}
Message Queue 서버를 별도로 관리하는 경우가 있다. 아파치의 ActiveMQ의 경우 애플
리케이션 개발 과정에서 ActiveMQ API를 사용해 구현하게 되며, 이렇게 개발된 애플
리케이션은 웹로직에 배치될 때 별도의 JMS 설정 없이 구현된 API로 ActiveMQ와 연
동된다.

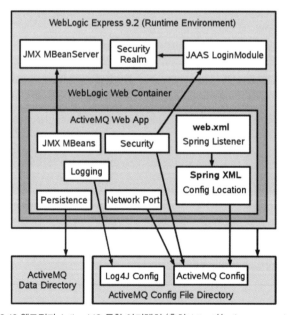

그림 12.42 웹로직과 Active MQ 통합 아키텍처 (출처: https://activemq.apache.org)

이 같은 메시지 서비스 구성은 과거 JMS 서비스 구성을 사용하지 못하는 익스프레스Express 라이선스의 웹로직 환경이나 아파치 톰캣에서 JMS 기능을 사용하도록 구현된다. 애플리케이션 자체적으로 외부 MQ 서버와 연동하는 방법도 있지만 웹로직에서는 외부 MQ 서버와의 연동을 지원한다. 대표적인 IBM MQSeries와의 연동을 위해 외부 JMS 연동 모듈을 제공하며 JCAJava EE Connector Architecture를 통해 MQSeries와 추가적인 소스 변경 없이 연동한다. IBM에서 제공하는 예제를 통해 웹로직과 IBM MQSeries의 연동을 테스트한다.

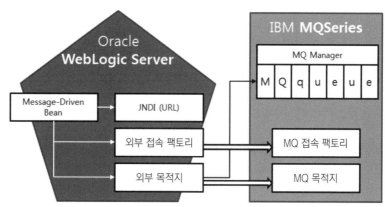

그림 12.43 웹로직 외부 JMS 서버와 IBM MQSeries의 연동 예

웹로직과 IBM MQSeries의 연동은 다음의 URL의 예를 참고했다.

http://www.ibm.com/developerworks/websphere/library/techarticles/0604_kesavan/0604_kesavan.html

IBM에서 작성한 예는 윈도우 플랫폼에서 웹로직 8.1 버전 기준 테스트다. 여기서는 웹로직 12.1.2 버전으로 테스트하는 방법에 대해 설명하며 테스트 제품 버전은 다음과 같다.

- Oracle Enterprise Linux 5 64비트(x86_64)
- WebLogic Server 12.1.2(Linux)
- WebSphere MQ(WMQ) V7.5.0.2 Trial for Linux on x86 64비트 Multilingual(Linux)

우선 WMQ에 대한 설치와 테스트 환경에 대해 설명한다.

1. IBM 홈페이지에서 MQ를 다운로드한다. 테스트를 위해 90일 제한 라이선스의 리눅스 플랫폼 기반 WMQ 7.5 버전을 다운로드했다. 다운로드를 위해 IBM 홈페이지에 회원가입이 필요하다.

   http://www-01.ibm.com/software/kr/integration/wmq/

2. 설치 파일을 업로드하고 gzip인 상태의 파일을 해제하며 root 계정으로 수행한다.

   ```
   WLS Installer: /app/installer/mq/MQ_7.5.0.2_TRIAL_LNX_ON_X86_64_ML.tar.gz
   ```

3. mqm 그룹을 갖는 mqm 계정을 생성한다.

   ```
   # groupadd mqm
   # useradd -g mqm mqm
   # passwd mqm
   Changing password for user mqm.
   New UNIX password: welcome1
   Retype new UNIX password: welcome1
   passwd: all authentication tokens updated successfully.
   ```

4. WMQ 설치 조건을 충족하기 위한 Kernel 값을 수정 또는 추가한다.

   ```
   kernel.shmmni = 4096
   kernel.shmall = 2097152
   kernel.shmmax = 268435456
   kernel.sem = 500 256000 250 1024
   net.ipv4.tcp_keepalive_time = 300
   ```

   리스트 12.5 '/etc/sysctl.conf'에 수정 또는 추가

   ```
   mqm              hard    nofile        10240
   mqm              soft    nofile        10240
   ```

   리스트 12.6 '/etc/security/limits.conf'에 수정 또는 추가

5. 압축을 해제한 WMQ 설치 파일의 위치에서 라이선스 허용 스크립트를 실행한다.

   ```
   # ./mqlicense.sh -accept
   Licensed Materials - Property of IBM
    5724-H72
   ```

6. 우선 MQSeriesRuntime과 MQSeriesServer의 rpm을 설치한다. WMQ의 설치 디
렉토리는 /opt/mqm이다.

```
# rpm -ivh MQSeriesRuntime-7.5.0-2.x86_64.rpm
Preparing...                ######################### [100%]
   1:MQSeriesRuntime         ######################### [100%]
#
# rpm -ivh MQSeriesServer-7.5.0-2.x86_64.rpm
Preparing...                ######################### [100%]
   1:MQSeriesServer          ######################### [100%]
```

After the installation has completed, run the '/opt/mqm/bin/mqconfig'
command, using the 'mqm' user ID.

For example, execute the following statement when running as the 'root'
user:

    su mqm -c "/opt/mqm/bin/mqconfig"

The 'mqconfig' command validates that the system configuration satisfies the
requirements for WebSphere MQ, and ensures that the settings for the 'mqm'
user ID are suitably configured. Other WebSphere MQ administrators in the
'mqm' group can run this command to ensure their user limits are also
properly configured to use WebSphere MQ.

If 'mqconfig' indicates that any of the requirements have not been met,
consult the installation section within the WebSphere MQ Information
Center for details about how to configure the system and user limits.

7. mqconfig를 수행해 WMQ 설치 유효성 검사를 수행한다. FAIL로 확인된 항목에 대
해서는 다시 Kernel 값을 확인한다.

```
# su mqm -c "/opt/mqm/bin/mqconfig"
mqconfig: Analyzing Red Hat Enterprise Linux Server release 5.10
          (Carthage) settings for WebSphere MQ V7.5

System V Semaphores
   semmsl     (sem:1)   500 semaphores             IBM>=500       PASS
   semmns     (sem:2)   13 of 256000 semaphores (0%) IBM>=256000   PASS
```

```
   semopm      (sem:3)  250 operations                      IBM>=250         PASS
   semmni      (sem:4)  5 of 1024 sets           (0%)  IBM>=1024        PASS

System V Shared Memory
   shmmax               268435456 bytes               IBM>=268435456 PASS
   shmmni               51 of 4096 sets          (1%)  IBM>=4096        PASS
   shmall               42981 of 2097152 pages   (2%)  IBM>=2097152    PASS

System Settings
   file-max             13152 of 6815744 files  (0%)   IBM>=524288      PASS
   tcp_keepalive_time   300 seconds                    IBM<=300         PASS

Current User Limits  (mqm)
   nofile      (-Hn)    10240 files                    IBM>=10240       PASS
   nofile      (-Sn)    10240 files                    IBM>=10240       PASS
   nproc       (-Hu)    58 of 63965 processes    (0%)  IBM>=4096        PASS
   nproc       (-Su)    58 of 63965 processes    (0%)  IBM>=4096        PASS
```

8. MQSeriesClient, MQSeriesSDK, MQSeriesSample, MQSeriesJava, MQSeriesMan, MQSeriesJRE, MQSeriesExplorer의 rpm을 다음과 같이 추가로 설치한다. 설치 진행은 생략한다.

```
# rpm -ivh MQSeriesClient-7.5.0-2.x86_64.rpm
# rpm -ivh MQSeriesSDK-7.5.0-2.x86_64.rpm
# rpm -ivh MQSeriesSamples-7.5.0-2.x86_64.rpm
# rpm -ivh MQSeriesJava-7.5.0-2.x86_64.rpm
# rpm -ivh MQSeriesMan-7.5.0-2.x86_64.rpm
# rpm -ivh MQSeriesJRE-7.5.0-2.x86_64.rpm
# rpm -ivh MQSeriesExplorer-7.5.0-2.x86_64.rpm
```

9. WMQ의 구성 요소가 모두 설치되면 환경설정을 추가하고 설치된 WMQ 정보를 확인한다.

```
# /opt/mqm/bin/setmqinst -i -p /opt/mqm/
118 of 118 tasks have been completed successfuly.
'Installation1' (/opt/mqm) set as the Primary Installation.
#
# su - mqm
$ . /opt/mqm/bin/setmqenv -s
$
$ dspmqver
Name:      WebSphere MQ
Version:   7.5.0.2
Level:     p750-002-130704.TRIAL
```

```
BuildType:    IKAP - (Production)
Platform:     WebSphere MQ for Linux (x86-64 platform)
Mode:         64-비트
O/S:          Linux 2.6.18-308.el5
InstName:     Installation1
InstDesc:
Primary:      Yes
InstPath:     /opt/mqm
DataPath:     /var/mqm
MaxCmdLevel: 750
```

10. 컨텍스트 정의를 웹로직과 파일로 공유하기 위해 JMSAdmin.config 파일을 수정하고 공유할 PROVIDER_URL로 지정된 디렉토리를 생성한다.

```
INITIAL_CONTEXT_FACTORY=com.sun.jndi.fscontext.RefFSContextFactory
PROVIDER_URL=file:/tmp/JNDI-Directory
SECURITY_AUTHENTICATION=none
```

리스트 12.7 '/opt/mqm/java/bin/JMSAdmin.config' 파일 수정

WMQ가 설치되면 메시지 매니저를 생성하고 테스트에서 사용할 큐를 생성한다. 각 구성 요소의 생성을 위해 WMQ의 MQ 익스플로러Explorer로 수행한다. 실행을 위해서는 X윈도우 환경이 필요하다. 기존 웹로직 자체 JMS의 경우 JMS 서버와 영구 저장소를 웹로직에서 관리하나 WMQ와 연동하게 되면 해당 구성의 역할을 WMQ가 담당한다.

1. 리눅스의 X윈도우에 mqm 계정으로 로그인한다.

2. 메뉴의 Applications의 Programming에 생성된 IBM WebSphere MQ Explorer를 실행한다.

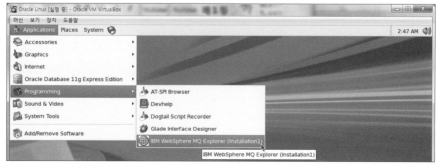

그림 12.44 MQ 익스플로러 실행

3. 내비게이터에서 Queue Managers를 우클릭해 New ➤ Queue Manager...를 선택한다.

4. 이름으로 QMA를 넣고 생성한다.

5. 생성된 큐 매니저는 정지된 상태로 우클릭해 Start...를 선택, 서비스를 실행한다.

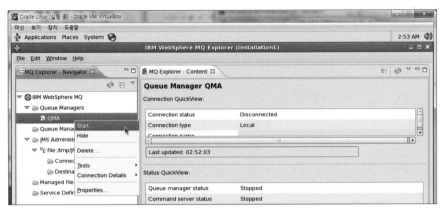

그림 12.45 생성한 큐 매니저 실행

6. WMQ에서 큐를 처리할 구성을 생성하기 위해 MyMDBQueue, MyReplyQueue를 생성한다. 내비게이터에서 큐 매니저의 QMA를 확장해 보여지는 Queues에 우클릭해 New ➤ Local Queue...를 선택한다. 이름을 입력해 진행하고 큐 생성 시 Default persistence는 Persistent로 설정한다.

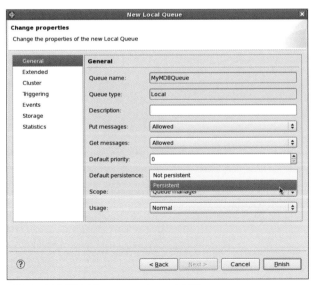

그림 12.46 큐 생성과 'Default persistence' 선택

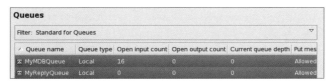

그림 12.47 생성된 큐

7. 내비게이터에서 JMS Administered Objects를 우클릭해 Add Initial Context...를 선택한다. 컨텍스트 정보를 생성할 Bindings directory 경로는 앞서 설정한 PROVIDOR_URL 정보가 기록되는 위치와 같은 디렉토리를 설정한다.

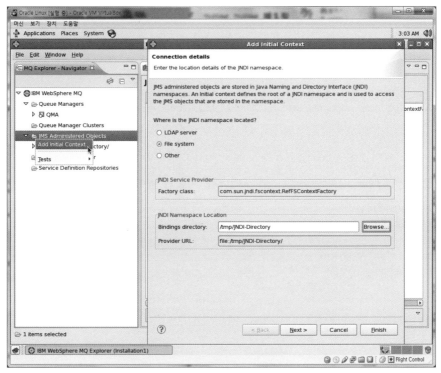

그림 12.48 File system으로 생성되는 'JMS Administered Objects'

8. 생성한 JMS Administered Objects에 ReceiverQCF와 SenderQCF 접속 팩토리를 생성한다. 각 접속 팩토리는 웹로직에 메시지를 전달하고 받는 JMS 연결을 생성하는 역할을 한다. 내비게이터에서 JMS Administered Objects의 file:/〈디렉토리〉를 확장하고 Connection Factory를 우클릭해 New ➤ Connection Factory...를 선택한다. Name을 입력하고 Support XA transactions를 선택한다. 나머지는 기본값으로 진행한다.

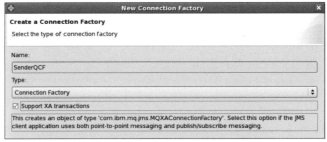

그림 12.49 접속 팩토리 생성 시 'Support XA transactions' 선택

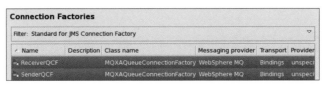

그림 12.50 생성된 접속 팩토리

9. 생성한 JMS Administered Objects에 MyMDBQueue와 MyReplyQueue 목적지를 생성
    한다. 각 목적지는 웹로직에서 보낸 메시지를 큐에 전달하는 역할을 한다. 내비게
    이터에서 JMS Administered Objects의 file:/〈디렉토리〉를 확장하고 Destinations를 우
    클릭해 New > Destinations...를 선택한다. 이름을 입력하고 Queue Manager는 QMA
    를, Queue는 목적지 이름과 같은 큐를 선택한다. 나머지는 기본값으로 진행한다.

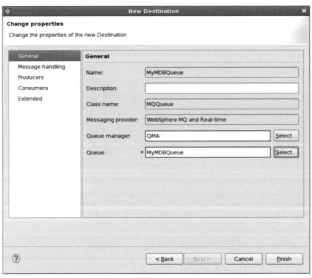

그림 12.51 목적지 생성 시 설정하는 'Queue Manager'와 'Queue'

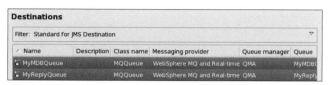

그림 12.52 생성된 목적지

웹로직은 WMQ가 JMS 서버의 역할을 대신하므로 애플리케이션에서 사용할 접속 팩토리와 목적지만 있으면 메시지를 전달하게 되는데, 이때 사용되는 JMS 모듈로 외부 서버Foreign Server 모듈이 사용된다. 외부 서버 모듈은 웹로직 내부에서 호출될 JNDI 이름과 해당 JNDI 이름으로 요청하는 WMQ의 컨텍스트 정보를 이어주는 역할을 한다. 웹로직에 외부 서버는 다음과 같이 구성한다.

1. 웹로직과 WMQ 연동 시 필요한 다음 라이브러리를 '$DOMAIN_HOME/lib'에 복사한다. 라이브러리의 위치는 '/opt/mqm/java/lib'에 있다.

   - com.ibm.mq.jar

   - com.ibm.mq.jmqi.jar

   - com.ibm.mqjms.jar

   - dhbcore.jar

   - fscontext.jar

2. 웹로직과 WMQ 연동 시 필요한 SHARED_LIBRARY 경로를 환경변수에 추가한다.
   - 리눅스 32비트: export LD_LIBRARY_PATH="$LD_LIBRARY_PATH:/opt/mqm/java/lib"
   - 리눅스 64비트: export LD_LIBRARY_PATH="$LD_LIBRARY_PATH:/opt/mqm/java/lib64"

3. 웹로직을 기동하고 JMS 모듈을 생성한다. 모듈의 대상을 JMS 서비스를 사용하는 서버로 지정한다.
   - **NAME**: MQModule
   - **Target**: AdminServer

4. 생성한 JMS 모듈을 선택해 추가 리소스를 구성한다. 이때 모듈 리소스 유형을 **외부 서버**(Foreign Server)를 선택한다.

- **NAME**: MQForeignServer

- **Target**: AdminServer

◎ 분배 대기열	여러 JMS 서버에 배치되지만 JMS 클라이언트에 단일의 논리적 대기열로 액세스할 수 있는 대기열 집합을 정의합니다. 추가 정보...
◎ 분배 토픽	여러 JMS 서버에 배치되지만 JMS 클라이언트에 단일의 논리적 토픽으로 액세스할 수 있는 토픽 집합을 정의합니다. 추가 정보...
◉ 외부 서버	현재 도메인의 일부가 아닌 외부 메시징 제공자 또는 원격 WebLogic Server 인스턴스를 정의합니다. 추가 정보...
◎ 할당량	대상에 사용할 수 있는 시스템 리소스의 할당을 제어합니다. 추가 정보...

그림 12.53 JMS 모듈의 외부 서버 리소스 유형 선택

5. 생성한 외부 서버를 선택해 일반 설정의 다음 항목을 변경한다. **JNDI 접속 URL**은 WQM의 컨텍스트 정보가 저장되어 있는 디렉토리를 지정한다.

  - **JNDI 초기 컨텍스트 팩토리**: com.sun.jndi.fscontext.RefFSContextFactory
  - **JNDI 접속 URL**: file:///tmp/JNDI-Directory

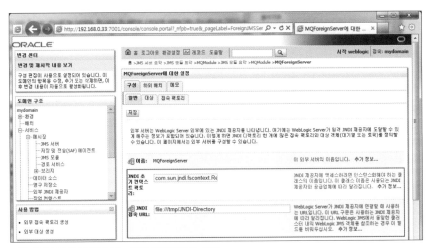

그림 12.54 WMQ와 연동하는 외부 서버의 일반 설정

6. 생성한 외부 서버를 선택해 접속 팩토리에 다음 항목을 추가한다.

  - **이름**: WLSenderQCF
  - **로컬 JNDI 이름**: jms/WLSenderQCF
  - **원격 JNDI 이름**: SenderQCF

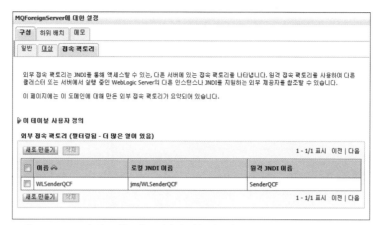

그림 12.55 WMQ와 연동하는 외부 서버의 접속 팩토리

7. 생성한 외부 서버를 선택해 목적지에 다음 항목을 추가한다.

- **이름**: WLMyReplyQueue

- **로컬 JNDI 이름**: jms/WLMyReplyQueue

- **원격 JNDI 이름**: MyReplyQueue

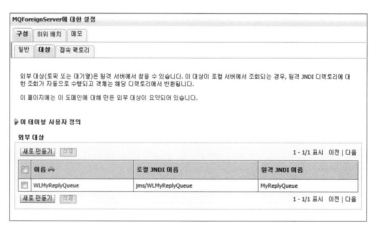

그림 12.56 WMQ와 연동하는 외부 서버의 목적지

웹로직에 설정된 외부의 **로컬 JNDI 이름**을 통해 배치된 애플리케이션이 JMS 서비스를 호출하고 **원격 JNDI 이름**을 통해 WMQ와 연동된다. **원격 JNDI 이름**의 동작은 **JNDI 접속 URL**로 정의한 디렉토리의 '.binding'에 정의되어 있다. 외부 JMS 메시지 서비스를 테스트하는 애플리케이션은 예제 페이지의 소스를 참조했다. 예제 애플리케이션

인 'WLSSampleMDB.jar'은 WMQ의 'MyMDBQueue'에 들어온 메시지를 읽고 다시 'MyReplyQueue'로 전달하는 작업을 수행한다.

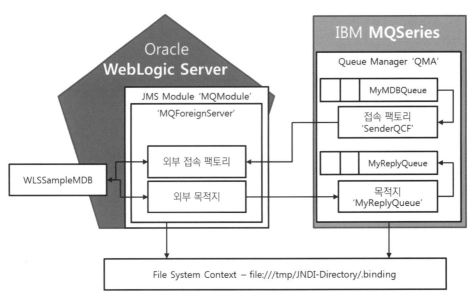

그림 12.57 테스트 예제의 JMS 메시지 전달 흐름

다운로드한 WLSSampleMDB.jar을 구성하는 내용은 다음과 같고 웹로직 12.1.2에서 사용하기 위해 약간의 수정이 필요하다. 다운로드한 예제의 xml 디스크립터는 웹로직 8.1의 형태이지만 웹로직 12.1.2에서도 문제없이 동작한다.

```
<!DOCTYPE ejb-jar PUBLIC '-//Sun Microsystems, Inc.//DTD Enterprise JavaBeans
2.0//EN' 'http://java.sun.com/dtd/ejb-jar_2_0.dtd'>

<!-- Generated XML! -->

<ejb-jar>
  <enterprise-beans>
    <message-driven>
      <ejb-name>SampleMDBBean</ejb-name>
      <ejb-class>com.ibm.WLSampleMDB.SampleMDBBean</ejb-class>
      <transaction-type>Container</transaction-type>
      <message-driven-destination>
        <destination-type>javax.jms.Queue</destination-type>
      </message-driven-destination>
```

```
      <resource-ref>
        <res-ref-name>WLSenderQCF</res-ref-name>
        <res-type>javax.jms.QueueConnectionFactory</res-type>
        <res-auth>Application</res-auth>
        <res-sharing-scope>Unshareable</res-sharing-scope>
      </resource-ref>
      <resource-ref>
        <res-ref-name>WLMyReplyQueue</res-ref-name>
        <res-type>javax.jms.Queue</res-type>
        <res-auth>Application</res-auth>
        <res-sharing-scope>Unshareable</res-sharing-scope>
      </resource-ref>
    </message-driven>
  </enterprise-beans>
</ejb-jar>
```

리스트 12.8 META-INF/ejb-jar.xml

```
<!DOCTYPE weblogic-ejb-jar PUBLIC '-//BEA Systems, Inc.//DTD WebLogic 8.1.0
EJB//EN' 'http://www.bea.com/servers/wls810/dtd/weblogic-ejb-jar.dtd'>

<!-- Generated XML! -->

<weblogic-ejb-jar>
  <weblogic-enterprise-bean>
    <ejb-name>SampleMDBBean</ejb-name>
    <message-driven-descriptor>
      <pool>
      </pool>

      <destination-jndi-name>MyMDBQueue</destination-jndi-name>
      <initial-context-factory>
        com.sun.jndi.fscontext.RefFSContextFactory
      </initial-context-factory>
      <provider-url>file:///tmp/JNDI-Directory</provider-url>
      <connection-factory-jndi-name>
        ReceiverQCF
      </connection-factory-jndi-name>
    </message-driven-descriptor>

    <transaction-descriptor>
      <trans-timeout-seconds>300</trans-timeout-seconds>
    </transaction-descriptor>

    <reference-descriptor>
      <resource-description>
```

```xml
      <res-ref-name>WLSenderQCF</res-ref-name>
      <jndi-name>jms/WLSenderQCF</jndi-name>
    </resource-description>
    <resource-description>
      <res-ref-name>WLMyReplyQueue</res-ref-name>
      <jndi-name>jms/WLMyReplyQueue</jndi-name>
    </resource-description>
  </reference-descriptor>

  <jndi-name>SampleMDBBean</jndi-name>
  <remote-client-timeout>0</remote-client-timeout>
 </weblogic-enterprise-bean>
</weblogic-ejb-jar>
```

리스트 12.9 META-INF/weblogic-ejb-jar.xml

```java
package com.ibm.WLSampleMDB;

import javax.jms.JMSException;
import javax.jms.Queue;
import javax.jms.QueueConnection;
import javax.jms.QueueConnectionFactory;
import javax.jms.QueueSender;
import javax.jms.QueueSession;
import javax.jms.Session;
import javax.naming.Context;
import javax.naming.InitialContext;
import javax.naming.NamingException;

public class SampleMDBBean implements javax.ejb.MessageDrivenBean, javax.jms.
MessageListener {
  private javax.ejb.MessageDrivenContext fMessageDrivenCtx;

  /**
   * getMessageDrivenContext
   */
  public javax.ejb.MessageDrivenContext getMessageDrivenContext() {
    return fMessageDrivenCtx;
  }

  /**
   * setMessageDrivenContext
   */
  public void setMessageDrivenContext(javax.ejb.MessageDrivenContext ctx) {
    fMessageDrivenCtx = ctx;
  }
```

```
/**
 * ejbCreate
 */
public void ejbCreate() {
}

/**
 * onMessage
 */
public void onMessage(javax.jms.Message msg) {
  try {
    System.out.println("Message Received: " + msg);
    System.out.println("puting the message to MyReplyQueue");
    putMessage(msg);
  } catch (Exception e) {
    System.out.println("exception: ");
    e.printStackTrace();
  }
}

public void putMessage(javax.jms.Message msg) {
  QueueConnectionFactory queueConnectionFactory = null;
  QueueConnection queueConnection = null;
  QueueSession queueSession = null;
  Context jndiContext = null;
  Queue queue = null;
  QueueSender queueSender = null;
  String queueName = "java:comp/env/jms/WLMyReplyQueue";
  try {
    jndiContext = new InitialContext();
    queueConnectionFactory = (QueueConnectionFactory) jndiContext.
    lookup("java:comp/env/jms/WLSenderQCF");
    System.out.println("looked up QueueConnectionFactory: "
        + queueConnectionFactory);
    queue = (Queue) jndiContext.lookup(queueName);
    System.out.println("looked up Queue: " + queue);
  } catch (NamingException e) {
    System.out.println("JNDI Problem: ");
    e.printStackTrace();
  }

  try {
    queueConnection = queueConnectionFactory.createQueueConnection();
    queueSession = queueConnection.createQueueSession(false, Session.AUTO_
    ACKNOWLEDGE);
    queueSender = queueSession.createSender(queue);
    queueSender.send(msg);
    System.out.println("Message send");
```

```
      } catch (Exception e) {
        System.out.println("Exception: ");
        e.printStackTrace();
        if (e instanceof JMSException) {
          ((JMSException) e).getLinkedException().printStackTrace();
        }
      } finally {
        try {
          System.out.println("Closing Connection");
          queueSession.close();
          queueConnection.close();

        } catch (Exception e) {
          System.out.println("Exception: ");
          e.printStackTrace();
          if (e instanceof JMSException) {
            ((JMSException) e).getLinkedException().printStackTrace();
          }
        }
      }

    }

  }

  /**
   * ejbRemove
   */
  public void ejbRemove() {
  }
}
```

리스트 12.10 com/ibm/WLSampleMDB/SampleMDBBean.java

SampleMDBBean.java는 웹로직 라이브러리를 읽어오기위해 환경설정파일(set
DomainEnv.sh)을 먼저 호출하여 컴파일한 후 다음과 같은 디렉토리 구조로 업로드해
배치한다.

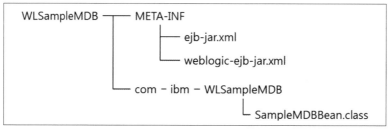

그림 12.58 WLSampleMDB.jar 구조

구성한 WMQ와의 연동 테스트를 위해 MW 익스플로러에서 QMA > Queues > MyMDBQueue에 메시지를 넣어준다. 메시지를 넣는 방법은 MyMDBQueue를 우클릭해 Put Test Message...를 선택해 해당 큐에 메시지를 넣을 수 있다. 큐에 넣어진 메시지는 Current queue depth 항목에서 개수로 표현되는데 MyMDBQueue에 메시지가 넣어지면 웹로직의 MDB에서 메시지를 바로 가져와서 MyReplyQueue로 전달한다.

```
Message Received:
weblogic.deployment.jms.WrappedMessage_com_ibm_jms_
JMSTextMessage@2ab98beputing the message to MyReplyQueue looked up
QueueConnectionFactory:
|   com.ibm.mq.jms.MQXAQueueConnectionFactory  :-
|   |   XMSC_ADMIN_OBJECT_TYPE              :-  17
|   |   XMSC_ASYNC_EXCEPTIONS               :-  -1
|   |   XMSC_CLIENT_ID                      :-  <null>
|   |   XMSC_CONNECTION_TYPE                :-  1
|   |   XMSC_CONNECTION_TYPE_NAME           :-  com.ibm.msg.client.wmq
생략
|   |   wildcardFormat                      :-  0
looked up Queue: queue://QMA/MyReplyQueue
Message send
Closing Connection
```

리스트 12.11 웹로직 서버에 표준 출력으로 출력된 외부 JMS를 통해 동작하는 MDB

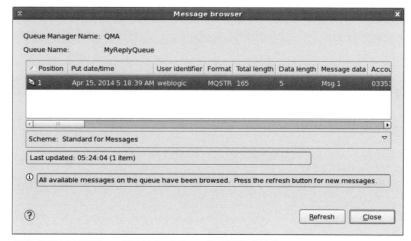

그림 12.59 MyMDBQueue에서 MyReplyQueue로 전달된 메시지

WMQ 7.1 이상에서는 메시지 전달과 관련해 권한이 필요하다. 현재 WMQ는 mqm 계정 권한이고 웹로직은 weblogic. 계정 권한이기 때문에 MDB가 동작할 때 인증 에러가 발생한다.

```
<Apr 15, 2014 1:55:52 AM KST> <Warning> <EJB> <BEA-010061> <The Message-Driven
EJB SampleMDBBean is unable to connect to the JMS destination MyMDBQueue. The
Error was:
com.ibm.msg.client.jms.DetailedJMSSecurityException: JMSWMQ2008: Failed to
open MQ queue 'MyMDBQueue'.
JMS attempted to perform an MQOPEN, but WebSphere MQ reported an error.
Use the linked exception to determine the cause of this error. Check that the
specified queue and queue manager are defined correctly.
Nested exception: com.ibm.mq.MQException: JMSCMQ0001: WebSphere MQ call failed
with compcode '2' ('MQCC_FAILED') reason '2035' ('MQRC_NOT_AUTHORIZED').>
```

웹로직에 설정된 외부 서버가 SenderQCF를 통해 연동되는 MyMDBQueue에 권한이 없기 때문이다. 권한을 추가하기 위해서는 MQ 익스플로러에서 MyMDBQueue에 대해 웹로직 계정에 대한 권한을 부여한다. MyMDBQueue를 우클릭해 Object Authorities > Manage Authority Records를 선택하면 권한 생성 및 부여가 가능하다.

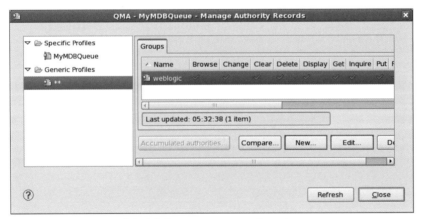

그림 12.60 MyMDBQueue에서 관리되는 Manage Authority Records

## 13장

코히어런스

오라클 코히어런스Oracle Coherence는 인 메모리In-Memory 분산 데이터 그리드 솔루션이다. 애플리케이션에서 사용 빈도가 높은 데이터에 대해서 빠른 응답과 더불어 높은 신뢰도를 갖는 접근 방법을 제공하며 손쉬운 확장성을 갖는 제품이다. 웹로직을 포함해 IBM 웹스피어WebSphere, 아파치 톰캣Apache Tomcat, 카우초 레진Caucho resin, 글래스피시 GlassFish, 제이보스 애플리케이션 서버JBoss Application Server, 제티Jetty 등 다양한 자바 기반의 WAS와 퓨어 자바Pure Java, C++, .NET 애플리케이션에도 사용가능하다.

13.1 : 코히어런스의 기능

코히어런스는 애플리케이션 서비스에 필요한 고가용성과 확장성 위한 기능을 수행하고 웹로직과의 역할을 분담하여 기본적인 클러스터 기능에서 나아가 그리드Grid 형태의 서비스 아키텍처를 설계할 수 있다. 코히어런스는 크게 두 가지 측면의 기능을 수행한다. 첫 번째 기능은 세션 그리드 서비스Session Grid Service다. 코히어런스는 웹로직에서 관리하던 HTTP 세션을 같이, 혹은 별도로 관리되는 JVM상에서 그리드 형태의 클러스터를 생성한다. 이런 관리상의 이점은 웹로직 서버에서 관리되던 세션을 코히어런스가 담당하게 됨으로 인해 힙 메모리의 확보와 세션 클러스터의 기능을 사용하게 된다. 주요 특징은 다음과 같다.

- 세션 그리드 클러스터: WAS 사용자 세션을 그리드 형태로 구현되며 웹로직의 서로 다른 클러스터 간의 세션 통합도 가능하다.
- 이기종 WAS 간의 세션 공유: 코히어런스에서 지원하는 WAS 간의 세션 통합이 가능하다.
- 힙 메모리 확보: WAS에서 관리하던 HTTP 세션을 코히어런스에서 별도 관리함으로 인해 WAS에서 유연한 메모리 관리가 가능하다.
- 코딩이 필요 없음: 애플리케이션의 변경사항 없이 적용이 가능하다.

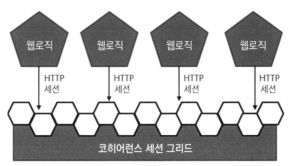
그림 13.1 코히어런스 세션 그리드 서비스

두 번째 기능은 데이터 그리드 서비스Data Grid Service다. DB의 데이터나 서비스로 생성된 데이터를 물리적인 저장소에 접근하지 않고 분리된 인메모리 그리드 형태의 캐시에서 요청하도록 한다. 해당 그리드 서비스를 이용하는 다양한 클라이언트는 공유된 데이터를 사용하고 분산된 환경에서의 성능과 안정성을 제공받는다. 주요 특징은 다음과 같다.

- 분산된 형태의 캐시: 물리적 저장소의 데이터를 메모리에 적재하여 구성된 데이터 그리드로 데이터를 요청한다. 분산된 형태의 캐시인 데이터 그리드는 데이터 병목 해소와 유연한 확장성을 갖는다.
- 분석: 분산된 환경, 병렬 처리로 DB에서 처리할 수 있는 처리량보다 많은 쿼리의 수행이 가능하다.
- 트랜잭션: 데이터 처리에 대한 트랜잭션을 지원한다.
- 이벤트: 데이터 기반 이벤트Data-Driven Envent의 실시간 처리와 수행 결과를 보장한다.

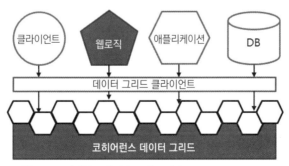
그림 13.2 코히어런스 데이터 그리드 서비스

세션이나 데이터 그리드 서비스로 구성되는 코히어런스는 저장되는 데이터를 여러 코히어런스 노드에 분산하여 관리한다. Primary 데이터에 대한 Secondary 데이터를 클러스터로 구성된 다른 노드에 저장하고 실시간으로 백업된 데이터를 업데이트한다. 백업의 방법은 모든 데이터를 백업하거나 일부 노드의 데이터만 백업하는 등의 여러 방식을 제공하여 노드 간 백업과 동기화로 인한 부하를 조절할 수 있다. 코히어런스도 라이선스 정책에 의해 기능에 제한을 두는데, 기본적인 분산 캐시의 사용부터 소스의 변경 없이 HTTP 세션 클러스터를 지원하는 Coherence*Web, WAN 환경에서의 클러스터 구성이나 자바 외의 언어를 지원하는 기능들로 나뉜다.

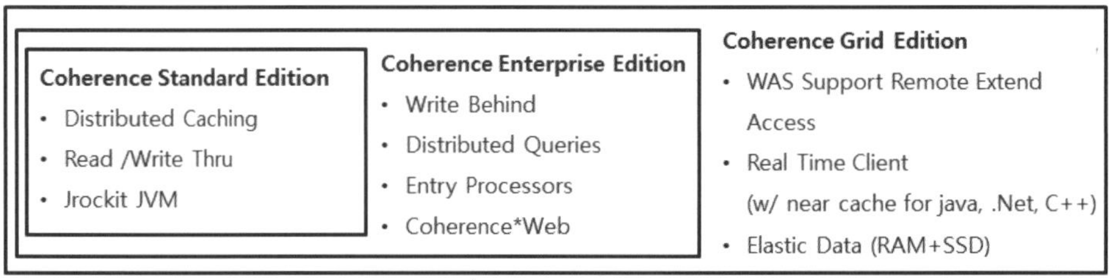

```
┌─────────────────────────────────────────────┐   Coherence Grid Edition
│ ┌───────────────────┐                        │   • WAS Support Remote Extend
│ │ Coherence Standard Edition  Coherence Enterprise Edition │     Access
│ │                   │   • Write Behind       │   • Real Time Client
│ │ • Distributed Caching  • Distributed Queries │     (w/ near cache for java, .Net, C++)
│ │ • Read /Write Thru │   • Entry Processors   │   • Elastic Data (RAM+SSD)
│ │ • Jrockit JVM      │   • Coherence*Web      │
│ └───────────────────┘                        │
└─────────────────────────────────────────────┘
```

그림 13.3 코히어런스 라이선스 기능 분포

13.2 : 코히어런스 12c 클러스터

코히어런스는 웹로직 서버와 긴밀한 관계를 갖는 솔루션이다. 웹로직은 9.2 버전부터 코히어런스와의 세션 그리드 서비스 형태의 Coherence*Web을 지원하며 웹로직 10.3.3 버전부터는 설치 패키지에 통합되고 웹로직의 어드민 콘솔에도 코히어런스 클러스터 관련 메뉴가 추가되었다. 코히어런스와의 클러스터 설정은 자바 옵션에 연동과 관련한 설정을 추가해 구성된 멤버 간의 통신을 수행한다. 코히어런스는 별도의 실행 스크립트를 통해 구성하거나 웹로직 도메인에서 관리되는 구성 방법이 있다.

```
-Dtangosol.coherence.management.remote=true
-Dtangosol.coherence.clusteraddress=237.1.1.4
-Dtangosol.coherence.clusterport=8890
-Dtangosol.coherence.session.localstorage=false
-Dtangosol.coherence.distributed.localstorage=false
-Dtangosol.coherence.edition=EE
-Dtangosol.coherence.mode=prod
-Dtangosol.coherence.cluster=cohe_cluster
```

리스트 13.1 코히어런스 클러스터를 위한 기본적인 자바 옵션 코히어런스와의 연동을 위한 최소한의 자바 옵션 설정을 살펴보면, 멀티캐스트 통신으로 클러스터간의 데이터를 송수신하는 `clusteraddress`와 `clusterport` 설정으로, 웹로직과 코히어런스를 연동한다. 세션이나 분산 데이터에 대해 웹로직이 코히어런스에 위임하여 사용하므로 `session.localstorage`와 `distributed.localstorage`는 웹로직은 `false` 코히어런스는 `true`로 설정한다. 동일한 멀티캐스트 영역이더라도 'cluster'의 이름을 다르게 지정한 코히어런스 노드들은 서로 다른 클러스터로 인지한다. 이러한 방법은 Standalone 형태의 코히어런스와 연동하거나 코히어런스를 어드민 콘솔에서 관리할 수 있는 10.3.3 버전부터 일반적인 설정사항이다.

이전의 웹로직과 코히어런스와의 클러스터 기능을 사용하기 위한 구성은 별도의 솔루션을 연동해 구성하는 듯한 모습을 보였다. 마치 데이터 소스나 JMS, 턱시도Tuxedo 연동을 위한 WTC^WebLogic Tuxedo Connector와 같은 특정 자원을 사용하기 위해 내부 혹은 외부 솔루션의 자원을 웹로직이 이용하는 구성이었다. 하지만, 웹로직 12.1.2 버전부터는 앞서 코히어런스와 연동하기 위한 설정이 간소화된다. 별도의 자립 형태로 기동되던 코히어런스는 웹로직 서버 인스턴스에 포함되었다. 따라서 코히어런스 클러스터 구성의 멤버 중 하나로 설정된 웹로직 서버는 설정에 따라 웹로직 서버, 코히어런스, 또는 둘 모두의 기능을 수행하게 된다. 이런 웹로직의 구조적인 변화는 기존 자바 옵션으로 정의되던 코히어런스 클러스터와의 설정이 도메인 내부에서 메뉴의 선택지를 통해 설정 가능하게 변경된다.

그림 13.4 웹로직 서버와 코히어런스 기능의 통합

어드민 콘솔에서 구성과 설정이 가능하게 된 코히어런스 12c는 이전 버전에서의 구성보다 좀 더 쉽고 간단히 설정할 수 있다. 웹로직 12.1.2 이상 버전에서의 코히어런스 클러스터 구성은 다음과 같다.

1. 어드민 콘솔에 로그인한다.

2. 클러스터 설정을 위해 웹로직 서버 인스턴스를 3개 생성한다.

이름 ⌃	유형	클러스터	시스템	상태	건전성	수신 포트
1212Admin(관리)	구성됨			RUNNING	✔ 확인	7001
Server-1	구성됨		Machine-Linux	RUNNING	✔ 확인	8001
Server-2	구성됨		Machine-Linux	RUNNING	✔ 확인	8002
Server-Cohe	구성됨		Machine-Linux	RUNNING	✔ 확인	8100

그림 13.5 코히어런스 클러스터로 구성할 대상 서버 생성

3. **어드민 콘솔 > 환경 > Coherence 클러스터**에서 **새로 만들기**를 선택해 새로운 코히어 런스 클러스터를 생성한다.

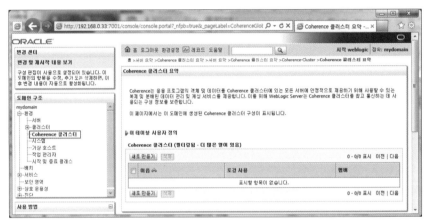

그림 13.6 코히어런스 클러스터 추가

4. 코히어런스 클러스터 **이름**을 설정하고 진행한다.

5. 코히어런스 클러스터의 주소를 설정한다. **클러스터링 모드**는 유니캐스트와 멀티캐 스트 유형이 가능하다. 여기서는 **멀티캐스트**로 진행했다.

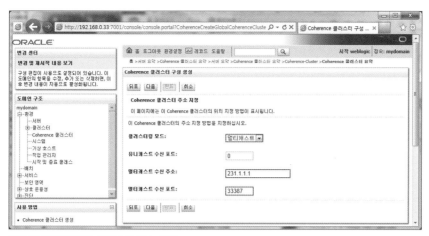

그림 13.7 코히어런스 클러스터 주소 설정

6. 해당 코히어런스 클러스터의 멤버로 추가될 웹로직 서버 인스턴스 대상을 선택한다. 코히어런스 관련 정보를 각각의 웹로직 서버에 설정하지 않고 코히어런스 클러스터 대상은 동일한 설정을 할당받는다. 설정이 완료되면 생성된 코히어런스 클러스터와 멤버로 설정된 서버 인스턴스가 보여진다.

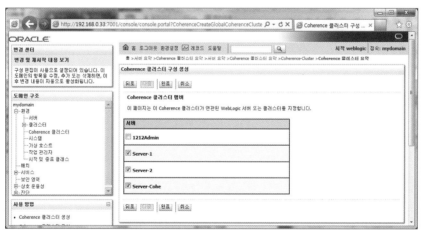

그림 13.8 코히어런스 클러스터 대상 설정

이름 ⌃	로깅 사용	멤버
Coherence-Cluster	true	Server-1, Server-2, Server-Cohe

그림 13.9 구성된 코히어런스 클러스터

7. 코히어런스의 저장소 역할을 수행하는 멤버의 설정을 변경한다. 여기서는 Server-Cohe를 대상으로 한다. 대상 서버를 선택해 **구성** 탭의 Coherence 하위 탭을 선택해 다음의 두 저장 영역 설정을 활성화한다.

- **로컬 저장 영역이 사용으로 설정됨**(Local Storage Enabled)
- **Coherence 웹 로컬 저장 영역이 사용으로 설정됨**(Coherence Web Local Storage Enabled)

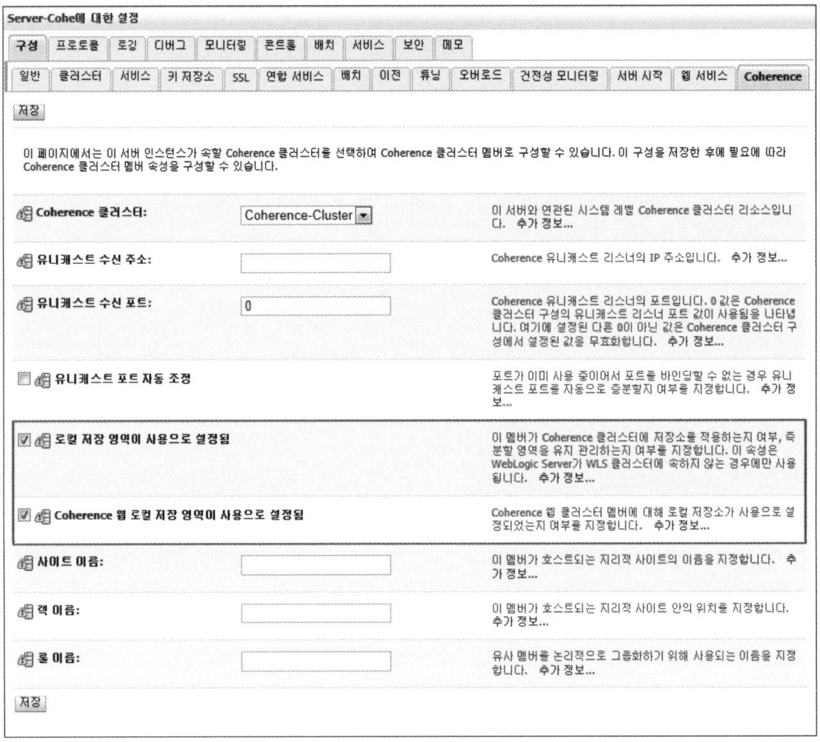

그림 13.10 코히어런스 클러스터의 저장소 구성 멤버 설정

8. 나머지 구성 멤버는 앞서 설정한 저장 영역을 해제한다.

그림 13.11 코히어런스 클러스터의 일반 멤버 설정

구성된 클러스터 멤버를 실행하면 로그상에서 코히어런스 클러스터와 관련한 메시지가 출력되는 것이 확인된다. 동일 클러스터 간에 웹로직이 실행되는 것만으로도 간단히 코히어런스 클러스터의 멤버로 추가된다. 로그에는 코히어런스의 버전 정보와 라이선스, 수행 모드, 코히어런스 클러스터 주소와 포트, 멤버 정보, 멤버 상태 등의 정보가 표시된다.

```
Oracle Coherence Version 12.1.2.0.0 Build 44396 Grid Edition: Development mode
Copyright (c) 2000, 2013, Oracle and/or its affiliates. All rights reserved.

<Apr 15, 2014 12:22:46 PM KST> <Info> <com.oracle.coherence> <BEA-000000>
<2014-04-15 12:22:46.369/34.798 Oracle Coherence GE 12.1.2.0.0 <Info>
(thread=[ACTIVE] ExecuteThread: '0' for queue: 'weblogic.kernel.Default (self-
tuning)', member=n/a): Started cluster Name=Coherence-Cluster

Group{Address=231.1.1.1, Port=33387, TTL=4}

MasterMemberSet(
  ThisMember=Member(Id=3, Timestamp=2014-04-15 12:22:45.983,
  Address=192.168.0.33:13003, MachineId=22446, Location=site:,machine:Machine-
  Linux,process:15447,member:Server-2, Role=WeblogicServer)
  OldestMember=Member(Id=1, Timestamp=2014-04-15 12:22:36.25,
  Address=192.168.0.33:13100, MachineId=22446, Location=site:,machine:Machine-
  Linux,process:15442,member:Server-Cohe, Role=WeblogicServer)
  ActualMemberSet=MemberSet(Size=3
    Member(Id=1, Timestamp=2014-04-15 12:22:36.25, Address=192.168.0.33:13100,
    MachineId=22446, Location=site:,machine:Machine-Linux,process:15442,member
    :Server-Cohe, Role=WeblogicServer)
    Member(Id=2, Timestamp=2014-04-15 12:22:40.26, Address=192.168.0.33:13001,
    MachineId=22446, Location=site:,machine:Machine-Linux,process:15433,member
    :Server-1, Role=WeblogicServer)
    Member(Id=3, Timestamp=2014-04-15 12:22:45.983, Address=192.168.0.33:13003,
    MachineId=22446, Location=site:,machine:Machine-Linux,process:15447,member
    :Server-2, Role=WeblogicServer)
    )
  MemberId|ServiceVersion|ServiceJoined|MemberState
    1|12.1.2|2014-04-15 12:22:36.25|JOINED,
    2|12.1.2|2014-04-15 12:22:40.26|JOINED,
    3|12.1.2|2014-04-15 12:22:45.983|JOINED
  RecycleMillis=1200000
  RecycleSet=MemberSet(Size=0
    )
  )
```

```
TcpRing{Connections=[2]}
IpMonitor{Addresses=0}
>
```

리스트 13.2 웹로직 서버 로그에 출력된 코히어런스 클러스터 멤버 구성 로그

간단한 테스트를 위해 코히어런스상에서 세션 그리드 서비스를 수행하는 Coherence*Web을 구현한다. 애플리케이션은 기존 웹로직 클러스터에서 사용한 애플리케이션을 그대로 사용하고 session-descriptor의 persistent-store-type을 coherence-web으로 설정해 세션이 Coherence*Web 구성상에 저장되도록 weblogic.xml 파일을 변경한다.

```
<?xml version='1.0' encoding='UTF-8'?>
<weblogic-web-app
 xmlns="http://xmlns.oracle.com/weblogic/weblogic-web-app"
 xmlns:xsi="http://www.w3.org/2001/XMLSchema-instance"
 xsi:schemaLocation="http://xmlns.oracle.com/weblogic/weblogic-web-app
 http://xmlns.oracle.com/weblogic/weblogic-web-app/1.5/weblogic-web-app.xsd">
 <context-root>/</context-root>

 <session-descriptor>
   <persistent-store-type>coherence-web</persistent-store-type>
 </session-descriptor>

 <jsp-descriptor>
   <page-check-seconds>1</page-check-seconds>
 </jsp-descriptor>
</weblogic-web-app>
```

리스트 13.3 weblogic.xml에 설정한 'coherence-web' 형태의 세션 저장소

weblogic.xml의 설정을 변경한 애플리케이션을 코히어런스 클러스터의 일반 멤버에 추가하면 코히어런스 클러스터상에서 세션을 관리하는 테스트 환경이 구성된다. 웹로직 클러스터와 다른 점은 세션을 관리하는 주체가 기존 클러스터 구성원 모두에서 별도로 세션만 관리하는 코히어런스 클러스터의 저장 대상이 있다는 점이다. 이런 특징을 테스트해보려면 애플리케이션을 배치한 웹로직 서버 인스턴스를 모두 중지하고 다시 기동해도 기존 사용 중인 웹 브라우저로 다시 호출하면 세션이 유지됨을 확인할 수 있다.

14장

트러블슈팅

트러블슈팅은 문제의 근본적인 원인을 진단하고 해결 방안을 모색하는 작업이다. 웹로직에 장애발생 시 원인 파악과 향후 대처 방안을 수립하기 위해서는 당장의 장애 해결을 위해 서버를 재기동하기보다는 장애 상황의 파악과 정보 수집을 우선해야 한다. 장애가 발생하면 다음의 사항에 대한 확인이 필요하다.

- 웹로직 프로세스 확인
- 로그 확인
- GC 로그 확인
- 스레드 덤프Thread dump
- lsof, iostat, netstat로 정보 수집

장애를 유발하는 대표적인 케이스는 다음과 같다.

- 아웃 오브 메모리OutOfMemory 에러
- 스레드 행 업
- 시스템 리소스 병목
- JDBC Connection Leak
- 애플리케이션 오류
- 웹로직 구성상의 오류

주요 장애 케이스와 원인을 파악하고 장애 상황의 정보가 있으면 대부분의 장애 해결에 도움이 된다.

14.1 : 힙 메모리

힙 메모리Heap Memory는 JVM의 작업 공간이다. 작업공간에 클래스나 시스템 자원 객체를 읽고 가공하거나 애플리케이션 로직을 처리하고 결과를 보여준다. 화면에 보여지는 화면이나 처리되는 모든 데이터는 메모리상에서 처리됨으로 메모리가 크면 그만큼 작업공간이 넓어 많은 양이 수용 가능하다. 하지만, 시스템 자원에는 한계가 있기 때문에 무작정 크게 설정할 수는 없고 32비트 JVM 환경에서는 2기가바이트GB 미만의 메모리만 사용 가능하기 때문에 적정한 사이징이 필요하다.

힙 메모리의 크기는 한정적이기 때문에 사용한 객체들은 메모리상에서 삭제하는 작업이 필요한데 이런 작업을 GC^{Garbage Collection}라 한다. 메모리에는 애플리케이션의 요청에 따라 메모리에 사용할 객체가 올라오는데, 사용된 객체는 대부분 다시 사용하지 않기 때문에 곧 GC가 수행된다. 하지만, 일부 객체는 reachable한 상태로 객체에서 참조하고 있는 상태로 GC되지 않는다. unreachable한 상태가 되지 않는 객체는 결국 계속하여 남아 있게 되는데, 이런 객체들로 인해 메모리 가용성이 낮아지면 가비지 콜렉터^{Garbage Collector}는 Full GC를 수행한다. Full GC는 기존 참조된 객체 간의 관계를 정리해야 함으로 인해 서비스를 잠시 중지하여 GC를 수행해야 하고 이러한 상태를 'Stop the World'라고 한다. GC 튜닝은 Full GC로 인한 서비스 중지 시간을 줄이고 시스템 자원을 적게 소모하는 데 목적이 있다.

14.1.1 썬 JVM GC

썬^{Sun} 계열의 JDK는 GC를 간단히 설정하면 다음과 같다.

- 썬 계열의 JDK는 Young Generation, Survivor Space1, Survivor Space2, Old Generation, Permanent Generation으로 나뉜다.
- 처음 메모리에 올라오는 객체는 Young Generation에 위치한다.
- Young Generation에서 GC되지 않는 객체는 Survivor Space에 위치한다.
- Survivor Space1, 2 간에는 GC되지 않는 객체가 서로 다른 Survivor Space로 이동한다.
- Survivor Space에서 계속 GC되지 않는 객체는 Old Generation에 위치한다.
- Old Generation이 가득차면 Full GC가 수행된다.
- JDK 7 까지 존재하는 Permanent Generation 과 JDK 8 의 Metaspace에는 상수형 객체가 위치한다.

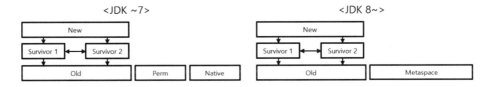

그림 14.1 Sun 계열 힙 메모리 구조

GC의 수행은 기본 'mark-sweep-compact' 단계를 거치고 이를 수행하는 GC 방법을 정의하는 각각의 방식은 다음과 같다.

- Serial GC: GC를 수행하는 스레드가 하나로 순차적으로 처리된다.

  (-XX:+UseSerialGC)

- Parallel GC: GC를 수행하는 스레드가 여러 개로 Serial GC보다 빠르다.

  (-XX:+UseParallelGC)

- Parallel Old GC: Old Generation에 대한 GC가 'mark-summary-compact'로 수행된다.

  (-XX:+UseParallelOldGC)

- Concurrent Mark & Sweep GC: CMS GC라고 불려지고 GC 상태가 아닌 스레드에서 마크Mark를 수행하고 스윕Sweep한다. 다른 GC와는 다르게 이니셜 마크Initial Mark와 리마크Remark 단계에서 서비스 중지가 발생하며 중지시간은 짧고 자원을 더 많이 사용하는 단점이 있다. Compaction은 일반적으로 수행하지 않으나 단편화로 인한 Full GC가 수행되면 중지시간이 다른 GC 방식에 비해 더 길어진다. JDK8 에서는 더 이상 사용되지 않는다.

  (-XX:+UseConcMarkSweepGC)

- G1 GC: G1 GC는 썬 JVM의 힙 메모리 형태가 여러개로 반복하여 연결되어 있는 모양을 떠올리면 되며 일반적으로 바둑판 형태로 설명된다. 여러 개의 공간은 개별적으로 GC가 수행되며 Old로 전달하는 과정 대신 다른 공간으로의 전달 과정이 있어 서비스 중시를 야기하는 Full GC에 대해 CMS 방식보다 나은 방식으로 평가된다. JDK 1.6.0_25 이상 버전에서도 사용은 가능하지만 실험적인 성격이 있고 문제 발생 시 정식 지원을 받을 수 없다는 점에 유의한다.

  (-XX:+UseG1GC)

설정된 GC는 로그를 생성해 동작하는 양상을 파악하는데, JVM 기동 시 GC 로그 관련 옵션을 추가해 생성하며 각 방식에 따라 로그 형태에 차이가 있다.

OS 플랫폼	옵션	설명
솔라리스 리눅스	–verbosegc	기본적인 GC 로그 출력을 위한 옵션으로 표준 출력 로그에 출력된다.
	–XX:+PrintGCDetails	GC의 상세 정볼르 출력한다.
	–XX:+PrintGCTimeStamps	GC의 수행 시간을 출력한다.
	–XX:+PrictGCDateStamps	GC의 수행 날짜를 출력한다.
	–Xloggc	–Xloggc:〈로그 파일〉 형태로 적용하며 파일 경로에 GC로그를 별도로 출력한다.
HP–UX	–Xverbosegc	Solaris/Linux와 같은 옵션을 사용 가능하나 HP–UX 에서 제공하는 독자적인 로그 포맷으로 기록한다.

표 14.1 썬 계열 JVM의 GC 로그 옵션

적용된 GC 로그의 예는 다음과 같은 형태를 지닌다.

```
2014-04-02T12:38:24.536+0900: 46.264:
[GC2014-04-02T12:38:24.536+0900: 46.264:
[DefNew: 77800K->8703K(78656K), 0.0469140 secs]
141870K->78031K(253440K), 0.0470970 secs]
[Times: user=0.04 sys=0.01, real=0.05 secs]
```

14.1.2 IBM JVM GC

썬 계열의 JVM은 각 영역별로 객체를 위치시키고 GC가 수행되나 IBM의 AIX 계열의 JVM은 영역을 하나로 사용한다. 'mark-sweep-compaction'의 과정은 동일하고 Old Generation이 별도로 존재하지 않기 때문에 힙 메모리에서 수행되는 GC는 Full GC와 같이 'Stop the World' 상태가 되고 그 중 Compaction 수행 시 가장 많은 시간을 소요한다. Permanent Generation은 JDK 1.4에서는 같은 영역 이였으나 단편화 이슈로 인해 힙 메모리와 별개의 공간에 생성된다. 수행하는 GC 방법을 정의하는 각 방식은 다음과 같다.

- optthruput: Parallel GC 방식으로 Throughput 위주의 성능을 보여준다. 배치 batch 형태의 애플리케이션에서 최상의 효과를 보여준다.

  (-Xgcpolicy:optthruput)

- optavgpause: CMS GC 방식으로 1.4.2에서는 Concurrent Marking만 수행했지만 1.5이상에서는 Concurrent Sweep도 수행한다.

  (-Xgcpolicy:optavgpause)

- gencon: JDK 1.5에서 추가되었으며 썬 계열의 JVM과 같이 Nursery(New) Space와 Tenured(Old) Space로 분리되어 GC가 수행된다. 성능상 이점으로 많이 사용된다.

  (-Xgcpolicy:optavgpause)

- subpool: 힙 메모리상의 여유 공간을 리스트화하고 공간에 맞는 객체를 할당하는 방식으로 효율적이기는 하나 상당한 부하가 있다.

  (-Xgcpolicy:subpool)

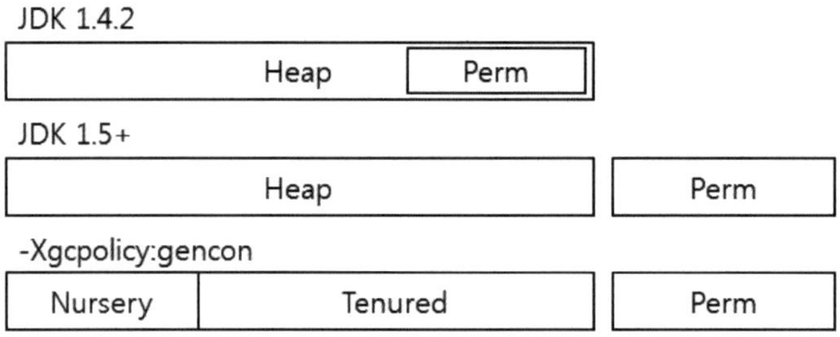

그림 14.2 IBM의 AIX 계열 JVM 힙 메모리 구조

여러 방식으로 GC로 인한 서비스 중지에 대응하며 특히 메모리 단편화로 인해 Compaction 수행시간이 길어지는 경우 -Xcompactgc 옵션을 사용해 매번 마크 & 스윕 과정만 수행할 때도 Compaction을 수행하도록 하여 한 번에 Compaction할 때보다 서비스 중지시간을 단축하는 경우도 있다. AIX 계열 JVM 또한 기동 시 GC 로그 관련 옵션을 추가해 생성 가능하다.

OS 플랫폼	옵션	설명
AIX	−verbosegc	기본적인 GC 로그 출력을 위한 옵션으로 표준 출력 로그에 출력된다.
	−Xverbosegclog	−Xverbosegclog:⟨로그 파일⟩ 형태로 적용하며 파일 경로에 GC로그를 별도로 출력한다.

표 14.2 AIX 계열 JVM의 GC 로그 옵션

적용된 GC 로그의 예는 다음과 같은 형태를 지닌다.

```
<af type="nursery" id="112" timestamp="Wed Apr 02 10:38:53 2014"
intervalms="10399990.030">
  <minimum requested_bytes="48" />
  <time exclusiveaccessms="0.504" />
  <nursery freebytes="0" totalbytes="966367232" percent="0" />
  <tenured freebytes="327679864" totalbytes="1073741824" percent="30" >
    <soa freebytes="273993592" totalbytes="1020055552" percent="26" />
    <loa freebytes="53686272" totalbytes="53686272" percent="100" />
  </tenured>
  <gc type="scavenger" id="112" totalid="112" intervalms="10400002.113">
    <flipped objectcount="1170630" bytes="94848776" />
    <tenured objectcount="9144" bytes="686824" />
    <refs_cleared soft="1458" weak="29431" phantom="0" />
    <finalization objectsqueued="2557" />
    <scavenger tiltratio="87" />
    <nursery freebytes="846758160" totalbytes="943444992" percent="89"
    tenureage="14" />
    <tenured freebytes="326500216" totalbytes="1073741824" percent="30" >
      <soa freebytes="272813944" totalbytes="1020055552" percent="26" />
      <loa freebytes="53686272" totalbytes="53686272" percent="100" />
    </tenured>
    <time totalms="451.073" />
  </gc>
  <nursery freebytes="846756112" totalbytes="943444992" percent="89" />
  <tenured freebytes="326500216" totalbytes="1073741824" percent="30" >
    <soa freebytes="272813944" totalbytes="1020055552" percent="26" />
    <loa freebytes="53686272" totalbytes="53686272" percent="100" />
  </tenured>
  <time totalms="453.159" />
</af>
```

14.1.3 OutOfMemoryError

Full GC나 Compaction으로 인한 서비스 중지 시간에 대한 튜닝과 더불어 메모리와 관련한 이슈중 하나는 아웃 오브 메모리 에러^{OOME, OutOfMemory Error}다. OOME는 '애플리케이션 처리에서 요구되는 메모리가 범위를 벗어났다.'라는 의미로 풀이된다. 즉, 메모리가 부족하다라는 의미로서 OOME 발생 시 추가적으로 보여지는 정보로 각 상황에 대한 대처가 가능하다.

`'java.lang.OutOfMemoryError: Java Heap Space'`

가장 많이 접하는 OOME 메시지로 힙 메모리의 부족 현상으로 몇 가지 원인과 해결 방안은 다음과 같다.

- 한정된 힙 영역에 대량의 데이터를 가져오는 행위: SQL의 조건을 축소시키거나 화면에 출력되는 양을 조절해야 한다. 32비트를 64비트 환경으로 변경하여 힙 사이즈를 증가시키는 것도 하나의 방법이다.
- 애플리케이션의 불필요한 행위: 이미 가져온 데이터를 다른 객체로 복사해 사용하는 행위는 같은 사이즈의 객체를 불필요하게 다시 생성한다.
- 작은 힙 사이즈: 애플리케이션의 수정과 데이터의 증가에 비해 작은 힙 메모리를 사용하는 경우 늘려줘야 한다.
- 메모리 릭^{Leak}: 지속적으로 참조되는 객체로 인해 GC 수행 시 제거되지 않는 현상으로 애플리케이션 수정이 필요하다.

`'java.lang.OutOfMemoryError: PermGen space'`

썬 계열의 JVM에 설정되는 Permanent Generation이 부족하여 발생하는 현상으로 해당 영역의 메모리 크기를 늘려줘야 한다. 적정한 값을 차지 못하는 경우 최솟값과 최댓값을 다르게 하여 GC 로그를 통해 적정 값을 찾는다. 간혹 릭이 발생하는 경우가 있어 이 경우 힙 덤프^{Heapdump} 분석이 요구된다.

```
-XX:Permsize=256m -XX:MaxPermSize=512m
```
`'java.lang.OutOfMemoryError: requested 793020 bytes for Chunk::new. Out of swap space?'`
`'java.lang.OutOfMemoryError: unable to create new native thread'`
`'java.lang.StackOverflowError'`

위 세가지 메시지의 경우 힙 메모리 외에 플랫폼에서 지정하는 메모리 공간에 대한 부족 현상이다. 32비트 환경에서는 힙 메모리를 크게 설정하면 하나의 프로세스가 컨트롤하는 메모리 공간인 2GB에서 네이티브^Native 영역이 사용할 메모리가 줄어듦으로 인한 부작용이거나 반복문에서 수행되는 횟수가 과도하게 많은 경우가 있다. 32비트 환경에서는 힙 사이즈를 줄이거나 64비트 환경으로 전환하는 방법을 고려하고 애플리케이션에서 반복문의 횟수가 적절한지의 검토가 필요하다. 자바 옵션으로는 -Xss를 사용해 스택 사이즈^Stack Size를 조절하는 방법도 있다.

```
'java.lang.OutOfMemoryError: allocLargeObjectOrArray - Object size: 372032,
Num elements: 372012'
```

Large Object의 제한 값으로 인해 발생하는 경우가 있으며 메모리 릭이 원인일 수도 있다. 자바 옵션 -XXlargeObjectLimit:<값>으로 조절한다.

```
'java.lang.outofmemoryerror: nativeGetNewTLA'
```

스레드 로컬 영역에 할당되는 스레드 로컬 변수에 대한 사용이 많아지거나 사용 후 데이터를 삭제하지 않아 발생한다. 애플리케이션에서 스레드 로컬 변수 사용에 대한 확인이 필요하며 자바 옵션으로는 -XXtlasize:<값>을 사용해 조절하는 방법도 있다.

```
'java.lang.OutOfMemoryError: GC overhead limit exceeded'
```

JDK 6 환경에서 GC overhead limit exceeded는 OOME 조건을 미리 예측하여 힙 공간이 부족하기 전에 미리 감지하여 OOME를 발생, 작업중인 스레드를 중지시킨다. 이러한 GC 정책은 GC 수행시간과 빈도, 여유 공간의 비율을 기준으로 판단된다. 이러한 작업은 JVM이 OOME로 인한 행 업^Hang-up이 발생하기 전 에러를 발생시켜 JVM이 완전히 멈추기 전에 데이터 수집과 힙 덤프, 스레드 덤프를 남기게 하나 근본적인 원인을 해결하는 것은 아니다. 특히 객체의 크기가 큰 애플리케이션의 경우 이런 형태의 OOME가 발생할 확률이 높기 때문에 -XX:-UseGCOverheadLimit 옵션을 주어 이 정책을 사용하지 않게 설정하기도 한다.

14.1.4 힙 덤프

메모리를 분석하기 위해서는 메모리 단면, 힙 덤프 파일이 필요하다. 힙 덤프는 생성 당시의 힙 메모리의 객체와 클래스에 대한 정보를 포함하기 때문에 힙 메모리에 기인한 문제를 해결하는 데 도움을 준다. 힙 덤프가 제공하는 정보는 다음과 같다.

- Objects: Class, Filed, Primitive Value, References
- Classes: Class Loader, Name, Super Class, Static Fileds
- GC Root: JVM상에서 접근 가능한 객체
- Thread Stack
- Local 변수

힙 덤프는 각 OS 플랫폼마다 생성하는 방법에 차이가 있기 때문에 환경에 맞게 힙 덤프를 생성하는 작업이 필요하다. 중복되는 방법이 있지만 대표적으로 사용되는 생성 방법을 정리한다.

OS 플랫폼	힙 덤프 관련 설정	JDK 버전
솔라리스 리눅스 윈도우	'−XX:+HeapDumpOnOutOfMemoryError' 옵션을 자바 옵션에 적용하면 OOME 발생 시 자동으로 힙 덤프를 생성시킨다.	1.4.2_12+ 1.5.0_7+
HP−UX	'−XX:HeapDumpPath=〈덤프 파일〉' 형태로 자바 옵션에 적용하면 덤프파일 위치에 힙 덤프가 생성된다.	1.4.2_11+
	'−XX:HeapDumpOnCtrlBreak'를 적용하면 유닉스/리눅스 환경에서는 'kill −3 〈pid〉' 수행 시 스레드 덤프와 함께 힙 덤프가 생성된다. 윈도우의 경우 'SendSignal.exe 〈pid〉'로 수행하며 웹로직 실행 창을 선택하고 'Ctrl+Break'키로도 가능하다.	
AIX	시스템 환경변수 'IBM_HEAPDUMP_OUTOFMEMORY'를 true로 설정하면 OOME 발생 시 힙 덤프가 생성된다.	All
	시스템 환경변수 'IBM_HEAPDUMDIR=〈덤프 파일〉'을 설정하면 덤프파일 위치에 힙 덤프가 생성된다.	
	시스템 환경변수 'IBM_HEAPDUMP'를 true로 설정하면 'kill −3 〈pid〉' 수행 시 힙 덤프가 생성된다.	

표 14.3 OS 플랫폼 환경에 따른 힙 덤프 관련 옵션

솔라리스/리눅스/윈도우/HP-UX 플랫폼에서는 JDK 5의 특정 마이너 버전 이상이나 JDK 6 이상의 버전에서는 -XX:HeapDumpOnCtrlBreak 옵션을 적용하면 JVM이 기동되지 않는 경우가 있는데 해당 JDK 버전에서는 이를 대신하여 jmap 유틸리티를 제공한다. 유틸리티의 사용 방법은 다음과 같다.

- JDK 1.5.0: $JAVA_HOME/bin/jmap -heap:format=b <pid>
- JDK 1.6+: $JAVA_HOMe/bin/jmap -dump:format-b,file=<덤프파일> <pid>

생성된 힙 덤프는 'hprof'나 'phd' 확장자를 갖고 분석을 위해 JDK에서 제공하는 jhat이나 IBM의 힙 분석기HeapAnalyzer, 이클립스의 메모리 분석기MAT, Memory Analyzer를 사용한다.

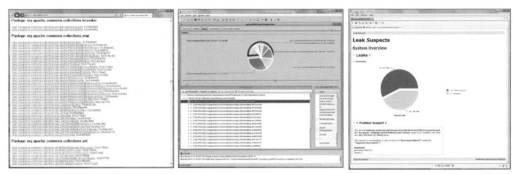

그림 14.3 jhat, HeapAnalyzer, MAT의 힙 덤프 분석 화면

14.1.5 Permanent GC

JVM의 메모리 영역에 대해 설명해보면 다음과 같다.

- 힙: 애플리케이션에서 생성하는 객체가 저장되는 공간으로 동적으로 할당한다.
- 스택: 메소드가 요청되면 지역변수, 매개변수, 임시변수 등을 저장하기 위한 스택 형태의 공간이다.
- 네이티브: JVM의 네이티브 객체를 위한 공간으로 자바 객체와는 별개다. OS 플랫폼에서 결정한다.
- Permanent: 클래스에 대한 메타Meta 정보를 저장하는 공간으로 상수형 객체가 존재한다.

힙 영역에 대한 공간 할당은 자바 옵션을 통해 크기를 설정하고, 스택 영역은 스택 사이즈를 설정해 사용자가 필요에 따라 조절이 가능했다. OOME 발생 시 난감한 상황은 네이티브와 Perm^{Permanent} 영역에 대한 것인데, 우선 네이티브 영역에 존재하는 것들은 다음과 같다.

- 버퍼, 룩업 테이블, ZIP 파일 작업
- Swing.AWT의 네이티브 GUI 관련 버퍼와 구조체
- JNI 코드로 사용된 데이터
- JIT^{Just-in-time} 컴파일러와 관련 코드
- MI^{Mixed-Mode-Interpreter} 함수
- 일부 스레드

네이티브 영역을 사용하는 작업이나 코드들은 OS 플랫폼에서 네이티브 코드와 관련한 것들을 저장하는 것으로 사용자가 임의로 조절하지 못한다. 그렇다면 썬 JVM 환경에서 조절 가능한 Perm 영역은 어떠한가? Perm 공간에 저장되는 정보는 대부분 상수형 객체여서, 한 번 저장된 객체는 GC 대상으로 판단되는 경우는 거의 없다. 하지만, 애플리케이션에서 객체를 상수화시키면 해당 객체는 Perm 공간을 점유하게 되는 상황이 발생하는데, 한 가지 예로 `String.intern()` 메소드의 사용이다. `intern()` 메소드는 생성된 `String` 객체를 상수화시켜 저장하고 새로 생성되는 `String` 객체가 이미 상수화된 문자열인 경우 생성한 값을 저장된 상수를 가리키게 한다. 힙에 새롭게 만들어진 객체를 반환하고 저장된 상수를 가리킴으로 힙 메모리를 절약하게 된다. 하지만, 상수로 저장된다는 특징은 Perm 공간에 저장되어 점유하고 이렇게 상수화된 객체가 많아지면 결국 Perm 영역 또한 GC를 수행하게 된다. JDK 7에서는 이런 `intern()` 메소드의 Perm 점유 현상은 개선되었지만 Perm 공간의 점유를 유발하는 애플리케이션의 경우 Perm 영역의 GC를 유발하게 된다.

이러한 Perm의 특징으로 인해 기존 JDK 1.4.2의 IBM JVM의 경우 Perm 영역이 힙 공간 내부에서 JDK 5 이후 힙 공간 밖으로 이동되었고 썬 JVM 또한 JDK 8에서는 IBM JVM과 같이 Perm을 별도로 지정하지 않고 JVM에서 관리하는 Metaspace로 변경된다.

14.2 : 행 업

서비스의 정지나 지연은 서비스 요청에 의한 처리에 필요한 자원이 부족하거나 대량의 요청으로 인한 동시 처리 속도 지연, 일부 비정상적인 애플리케이션 소스를 원인으로 추정한다. 웹로직으로 서비스하는 중에 행 업^{Hang-up} 현상이 발생하면 다음의 정보를 확인해 어떤 문제인지 추측할 수 있다.

- 행 업 프로세스 상태 확인
- 스턱^{Stuck} 스레드 발생 확인
- GC로그 확인
- 로드 밸런서를 통하지 않고 웹로직에 직접 요청하여 처리 결과 확인
- 스레드 자원 확인
- 스레드 덤프 생성과 확인
- vmstat, top, topas, glance를 이용한 CPU 정보 확인
- netstat -an | grep <port> 명령어로 소켓 상태 확인
- iostat로 디스크 사용 정보 확인

14.2.1 스레드 덤프

웹로직과 같은 WAS에서는 동시에 여러 요청을 처리하기 위해 스레드를 생성해 각 스레드에 요청이 할당되고 받은 요청이 동시에 수행된다. 웹로직에서는 스레드 풀을 관리해 요청이 들어올 때까지 기다렸다가 리슨 스레드와 Muxer 스레드를 거쳐 실행 스레드에서 실체 요청을 처리한다. 스레드 덤프는 생성 시점의 스레드 작업 상태를 확인하기 위한 단면으로 서비스 행 업의 경우 중요한 분석 정보로 사용된다. 웹로직에서 스레드 덤프를 생성하는 방법은 다음과 같다.

- 유닉스/리눅스: kill -3 <pid>를 수행하면 표준 출력 로그에 스레드 덤프가 생성된다. AIX의 경우 '.javacore' 파일이 별도로 생성된다.
- 윈도우: SendSignal.exe <pid>를 수행하거나 활성화된 창에서 **Ctrl+Break** 키를 누르면 표준 출력 로그에 스레드 덤프가 생성된다.

- 9.0 이상 버전 어드민 콘솔: 9.0 이상 버전의 웹로직은 어드민 콘솔의 [SERVER_NAME] > monitoring > Thread > Dump Thread Stacks Button을 통해 웹 화면에서 스레드 덤프 확인이 가능하다.
- 웹로직 유틸: `java weblogic.Admin -url <ip:port> -username <username> -password <password> THREAD_DUMP` 명령으로 표준 출력 로그에 스레드 덤프를 생성한다.
- Jstack: JDK 1.6.0에서 제공되는 유틸리티로 `jstack <pid>`를 수행하면 실행 화면에 스레드 덤프가 표시된다.

생성된 스레드 덤프에는 스레드 이름과 우선순위, ID, 상태, 스택 정보 형식으로 나타난다.

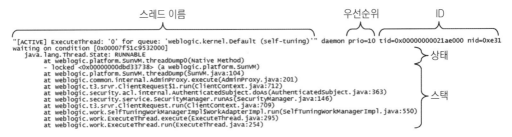

```
"[ACTIVE] ExecuteThread: '0' for queue: 'weblogic.kernel.Default (self-tuning)'" daemon prio=10 tid=0x00000000021ae000 nid=0xe31
waiting on condition [0x00007f51c9532000]
   java.lang.Thread.State: RUNNABLE
      at weblogic.platform.SunVM.threadDump0(Native Method)
      - locked <0x00000000dbd33738> (a weblogic.platform.SunVM)
      at weblogic.platform.SunVM.threadDump(SunVM.java:104)
      at weblogic.common.internal.AdminProxy.execute(AdminProxy.java:201)
      at weblogic.t3.srvr.ClientRequest$1.run(ClientContext.java:712)
      at weblogic.security.acl.internal.AuthenticatedSubject.doAs(AuthenticatedSubject.java:363)
      at weblogic.security.service.SecurityManager.runAs(SecurityManager.java:146)
      at weblogic.t3.srvr.ClientRequest.run(ClientContext.java:709)
      at weblogic.work.SelfTuningWorkManagerImpl$WorkAdapterImpl.run(SelfTuningWorkManagerImpl.java:550)
      at weblogic.work.ExecuteThread.execute(ExecuteThread.java:295)
      at weblogic.work.ExecuteThread.run(ExecuteThread.java:254)
```

그림 14.4 스레드 덤프의 스레드 정보

스레드 이름에서는 요청을 처리중인 스레드를 확인하며 웹로직은 ExecuteThread라는 이름의 스레드가 요청을 처리하는 스레드다. 스레드 상태를 확인하면 현재 스레드의 동장 상태가 확인되며 주요 상태는 다음과 같다.

- RUNNABLE: 자원이 할당되어 작업을 수행 중인 상태
- WAITING: `wait()`, `park()`, `join()` 메소드 등을 수행하여 다음 작업을 기다리는 상태
- TIMED_WAITING: `sleep()`,`wait()`, `park()`, `join()` 메소드 등을 수행하여 다음 작업을 기다리는 상태로 메소드에서 최대 대기 시간을 설정해 시간의 변화로 인해 해제될 수 있는 상태로서 WAITING 상태와 차이가 있다.
- BLOCKED: 다른 스레드의 락Lock 해제를 기다리는 상태

웹로직 9.0 이상 버전에서는 작업 관리자Work Manager가 스레드를 관리하면서 기존 JVM의 스레드 상태와는 별개로 웹로직에서는 스레드 이름에도 상태를 표시하는데 웹로직에서 생성한 스레드 풀을 관리하기 위함이다. 실행 스레드의 상태는 다음과 같다.

- [ACTIVE]: 요청의 처리가 가능한 활성화된 스레드
- [STANDBY]: 요청을 처리하지는 않지만 추가적인 ACTIVE 상태 요청을 위한 대기 스레드
- [STUCK]: 웹로직에서 지정한 시간 이상 처리 중인 스레드

웹로직상에서 수행되는 서비스의 행 업 상태에 대한 원인과 해결 방안의 도출을 위해 스레드 덤프의 스레드 상태와 수행중인 콜 스택Call Stack으로 해결 방안을 모색할 수 있다.

14.2.2 데드락

둘 이상의 스레드가 서로 점유한 자원에 접근하여 발생하는 데드락DEADLOCK은 흔히 로깅 프레임워크Logging framework의 동기화한 동작이나 접속 매니저의 자원 관리 오류로 인해 발생하는 경우가 있다. 데드락이 발생하면 시간의 흐름에 따라 동일한 서비스를 이용하는 스레드의 증가로 인해 자원의 락이 풀리기를 기다리는 스레드가 증가하기 때문에 사용 불가능 상태wating for monitor entry가 되어 행 업이 발생한다. 이 경우 데드락을 유발하는 요청에 대해 비동기적으로 동작할 수 있도록 조치가 요구된다.

```
<Thread1>:
at oracle.jdbc.driver.OracleTimeoutThreadPerVM.cancelTimeout
(OracleTimeoutThreadPerVM.java:128)
- waiting to lock <0x00002aab176c8b50>
(a oracle.jdbc.driver.OracleTimeoutThreadPerVM)
...
at
oracle.jdbc.driver.OraclePreparedStatement.execute (OraclePreparedStatement.
java:3937)
- locked <0x00002aab170962a8>
(a oracle.jdbc.driver.T4CConnection)
at oracle.jdbc.driver.OraclePreparedStatementWrapper.execute
(OraclePreparedState mentWrapper.java:1535)
```

```
<Thraed2>:
at oracle.jdbc.driver.PhysicalConnection.setUsable
(PhysicalConnection.java:19144)
- waiting to lock <0x00002aab170962a8>
(a oracle.jdbc.driver.T4CConnection)
at oracle.jdbc.driver.DatabaseError.newSQLException
(DatabaseError.java:124)
...
at
oracle.jdbc.driver.OracleTimeoutThreadPerVM.interruptIfAppropriate
(OracleTimeoutThreadPerVM.java:183)
- locked <0x00002aab176c8b50>
(a oracle.jdbc.driver.OracleTimeoutThreadPerVM)
at oracle.jdbc.driver.OracleTimeoutPollingThread.pollOnce
(OracleTimeoutPollingTh read.java:209)
```

리스트 14.1 스레드 간에 자원을 락을 걸고 서로의 락을 기다리는 상태

14.2.3 동기화

데드락과 비슷하지만 동기화^{Synchronized}, 혹은 락킹^{Locking}이라고도 불리는 문제는 주요
자원에 대해 동시적인 접근으로 락을 거는 스레드의 작업이 종료되어야 다음 스레드
에서 해당 자원을 가져갈 수 있는 상태다. 시간이 지날수록 응답속도가 점점 느려지며
행 업을 유발할 수 있다.

```
"ExecuteThread: '92' for queue: 'weblogic.kernel.Default'" daemon prio=5
tid=0x08b5f988 nid=0x68 runnable [0x98918000..0x98919d98]
at java.util.zip.ZipFile.getEntry(Native Method)
at java.util.zip.ZipFile.getEntry(ZipFile.java:148)
- locked <0xa80766d8> (a java.util.jar.JarFile)
at java.util.jar.JarFile.getEntry(JarFile.java:202)
...
at org.apache.xalan.transformer.TransformerImpl.transformNode
(TransformerImpl.java:1213)
- locked <0xb4e2abd8> (a org.apache.fop.fo.FOTreeBuilder)
- at org.apache.xalan.transformer.TransformerImpl.transform
(TransformerImpl.java:668)

"ExecuteThread: '82' for queue: 'weblogic.kernel.Default'" daemon prio=5
tid=0x09010160 nid=0x5e waiting for monitor entry [0x98bee000..0x98befd98]
at java.util.zip.ZipFile.getEntry(ZipFile.java:143)
- waiting to lock <0xa80766d8> (a java.util.jar.JarFile)
```

```
...

"ExecuteThread: '50' for queue: 'weblogic.kernel.Default'" daemon prio=5
tid=0x08c3c618 nid=0x3e waiting for monitor entry [0x9940e000..0x9940fd98]

at java.util.zip.ZipFile.getEntry(ZipFile.java:143)
- waiting to lock <0xa80766d8> (a java.util.jar.JarFile)
...

"ExecuteThread: '38' for queue: 'weblogic.kernel.Default'" daemon prio=5
tid=0x08ed68c8 nid=0x32 waiting for monitor entry [0x9971a000..0x9971bd98]

at java.util.zip.ZipFile.getEntry(ZipFile.java:143)
- waiting to lock <0xa80766d8> (a java.util.jar.JarFile)
...

"ExecuteThread: '36' for queue: 'weblogic.kernel.Default'" daemon prio=5
tid=0x08ed5220 nid=0x30 waiting for monitor entry [0x9979c000..0x9979dd98]

at java.util.zip.ZipFile.getEntry(ZipFile.java:143)
- waiting to lock <0xa80766d8> (a java.util.jar.JarFile)
...
```

리스트 14.2 ExecuteThread '92'가 락을 건 자원을 기다리는 다른 스레드

14.2.4 CPU 과점유

시스템의 성능 저하와 웹로직의 서비스가 느려지는 현상과 관련해 CPU 사용량을 높
게 점유하는 작업으로 인한 경우가 있다. 하나의 작업이라도 CPU에 대한 점유율이 높
으면 상대적으로 다른 CPU를 사용해야 하는 작업이 충분한 CPU 자원을 받지 못하기
때문에 발생하는 현상이다. 웹로직이 실행하는 여러 작업 중에 어떤 작업이 CPU를 많
이 점유하는지 알아보고 찾는 방법을 알아보고자 한다. 웹로직에서 높은 CPU를 점유
하는 작업을 찾는 과정은 다음과 같다.

1. OS 플랫폼의 유틸리티를 사용해 CPU 사용률이 높은 웹로직 pid 확인

2. 해당 pid를 갖는 웹로직 프로세스에서 CPU 사용률이 높은 스레드 ID 확인

3. 스레드 덤프에서 스레드 ID를 찾아 문제가 되는 작업 확인

CPU 사용률이 높은 웹로직 프로세스의 pid는 top이나 glance, nmon 등의 유틸리티를 통해 찾을 수 있으나 해당 프로세스의 내부적인 스레드 중 어떤 스레드가 높은 CPU 사용률을 갖는지는 각 OS 플랫폼마다 차이가 있다.

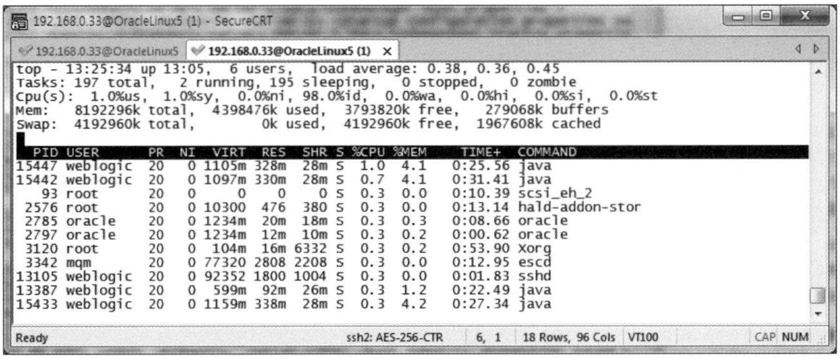

그림 14.5 'top'을 통해 CPU 사용률이 높은 pid 확인

각 OS 플랫폼별로 스레드 ID를 찾는 방법은 다음과 같다. 16진수 값으로의 변환은 윈도우의 계산기의 '프로그래머용 계산기'를 사용하면 쉽게 변환이 가능하다.

그림 14.6 윈도우의 계산기를 활용한 16진수로 값 변환

리눅스에서 스레드 ID 찾기

ps -Le -o pid,user,s,lwp,pcpu | grep <pid> 명령을 수행하여 해당 프로세스 내에서 높은 CPU 사용률을 보이는 LWP^{Light Weight Process}를 찾는다.

```
$ ps -Le -o pid,user,s,lwp,pcpu | grep 15447
15447 weblogic S 15502 15.2
15447 weblogic S 15449  0.3
15447 weblogic S 15455  0.0
```

pcpu 값이 높은 lwp 값을 확인하고 해당 값을 hex 값으로 변환한다. 스레드 덤프를 생성해 hex 값으로 스레드의 nid 값을 찾는다.

```
"[ACTIVE] ExecuteThread: '1' for queue: 'weblogic.kernel.Default (self-
tuning)'" daemon prio=10 tid=0x00007fce6c5ee000 nid=0x3c8e in Object.wait()
[0x00007fce79bf5000]
```

솔라리스에서 스레드 ID 찾기

prstat -L -p <pid> 명령을 수행하여 해당 프로세스 내에서 높은 CPU 사용률을 보이는 LWP를 찾는다. 솔라리스에서는 LWP 값을 확인하기 위해 LD_LIBRARY_PATH 환경변수에 /usr/lib/lwp가 포함되어야 한다.

```
$ prstat -L -p 15447

PID USERNAME SIZE RSS STATE PRI NICE TIME CPU PROCESS/LWPID
15447 weblogic 143M  58M run   58  0  0:00,00  13.2% java/8
15447 weblogic 143M  58M sleep 58  0  0:00,00   0.0% java/7
```

pstack <pid> 명령을 수행하여 네이티브 스레드와 LWP 간의 id 맵핑을 확인한다.

```
$ pstack 15447

---------------- lwp# 8 / thread# 24 --------------------
ff29b3dc lwp_sema_wait (f2481e30)
ff359818 _park (f2481e30, ff37e000, 0, f2481d78, 25020, f1c81d78) + 114
ff3594f0 _swtch (f2481d78, 0, ff37e000, 5, 1000, e) + 424
ff358004 cond_wait (4356, 36dfb0, ff37e000, 36dfc8, f2481d78, 0) + e4
fe514f44 __1cNObjectMonitorEwait6MxlpnGThread__v_ (fe76fb0c, 36dfc8, 36dfb0, fe
```

pstack을 통해 앞서 prstat를 통해 얻은 LWPID와 맵핑되는 스레드를 확인한다. 확인된 Thread ID를 hex 값으로 변경하여 스레드의 nid 값을 찾는다(24 → 0x18).

```
"Execute스레드: '11'for queue: 'default'"daemon prio=5 tid=0x36d630 nid=0x18
waiting on monitor [0xf2481000..0xf24819e0]
```

AIX에서 스레드 ID 찾기

ps -mp <pid> -0 THREAD 명령을 수행하여 웹로직 프로세스의 스레드별 CPU 사용률을 확인한다. CP 수치가 높은 TID를 확인한다.

```
$ ps -mp 15447 -0 THREAD

USER PID PPID TID ST CP PRI SC WCHAN F TT BND COMMAND
  -   -    - 659527 S 0  60 1 f10000879000a140 8410400 - - -
  -   -    - 663625 S 0  60 1 f10000879000a240 8410400 - - -
  -   -    - 667723 S 37 78 1 f1000089c020f150 400400 - - -
  -   -    - 671821 S 0  60 1 f10000879000a440 8410400 - - -
```

dbx -a <pid> 명령을 수행하여 해당 프로세스 내에서 높은 CPU 사용률을 보이는 스레드의 네이티브 ID 값을 찾는다. 'dbx'가 설치되어 있어야 한다. dbx에서 thread 명령을 수행하면 스레드 ID의 리스트가 나열된다. 앞서 ps를 통해 얻은 TID를 갖는 스레드를 k-tid에서 찾는다.

```
$ dbx -a 15447

(dbx) thread
thread state-k wchan state-u k-tid mode held scope function

$t15 wait 0xf10000879000a140 blocked 659527 k no sys _event_sleep
$t16 wait 0xf10000879000a240 blocked 663625 k no sys _event_sleep
$t17 run                     running 667723 k no sys JVM_Send
$t18 wait 0xf10000879000a440 blocked 671821 k no sys _event_sleep
```

앞서 k-tid와 일치하는 스레드 값으로 스레드 정보를 얻어온다. dbx에서 th info <thread> 명령을 수행한다.

```
(dbx) th info 17
thread state-k wchan state-u k-tid mode held scope function
$t17    run        running 667723 k    no   sys   JVM_Send
```

```
general:
  pthread addr = 0x3ea55c68 size = 0x244
  vp addr = 0x3e69e5e0 size = 0x2a8
  thread errno = 2
  start pc = 0x300408b0
  joinable = no
  pthread_t = 1011
scheduler:
  kernel =
  user = 1 (other)
```

general 항목의 pthread_t 값으로 스레드 ID 값을 확인하고 javacore의 스레드 덤프에서 native ID가 일치하는 스레드를 찾는다.

```
"ExecuteThread: '11'for queue: 'default'"(TID:0x31cf86d8, sys_thread_
t:0x3e5ea108, state:R, native ID:0x1011) prio=5
```

HP-UX에서 스레드 ID 찾기

HP-UX 플랫폼에서는 glance 유틸리티를 통해 스레드 ID를 찾을 수 있다. glance를 실행해 CPU를 많이 점유하는 웹로직 PID를 확인한다. 'G(대문자)'를 입력해 PID를 입력하면 프로세스의 내부 스레드의 자원 사용이 모니터링된다.

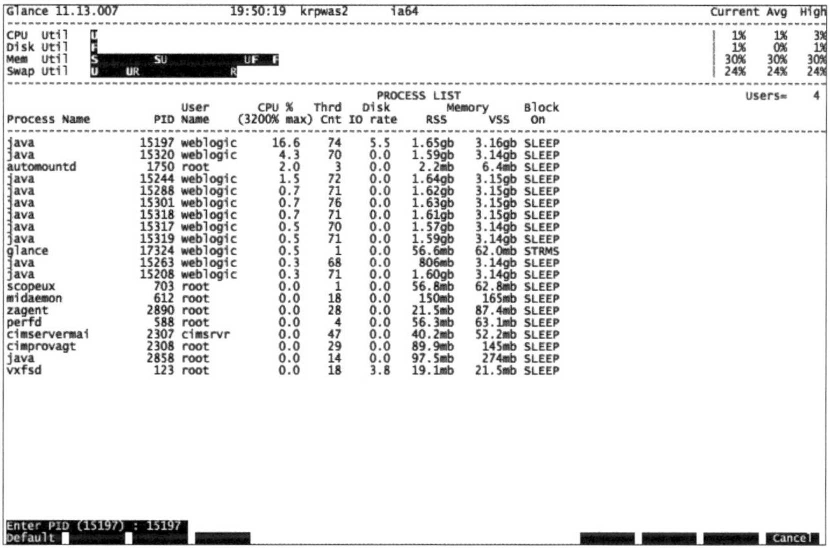

```
Glance 11.13.007              19:50:19 krpwas2      ia64                    Current Avg High
CPU  Util  T                                                                 1%    1%    3%
Disk Util  M                                                                 1%    0%    1%
Mem  Util  S     SU           UF  F                                         30%   30%   30%
Swap Util  U     UR           R                                             24%   24%   24%
                                       PROCESS LIST                        Users=      4
                       User    CPU %  Thrd  Disk       Memory      Block
Process Name      PID  Name  (3200% max) Cnt IO rate  RSS     VSS   On
java            15197 weblogic  16.6    74   5.5  1.65gb  3.16gb SLEEP
java            15320 weblogic   4.3    70   0.0  1.59gb  3.14gb SLEEP
automountd       1750 root       2.0     3   0.0   2.2mb   6.4mb SLEEP
java            15244 weblogic   1.5    72   0.0  1.64gb  3.15gb SLEEP
java            15288 weblogic   0.7    71   0.0  1.62gb  3.15gb SLEEP
java            15301 weblogic   0.7    76   0.0  1.63gb  3.15gb SLEEP
java            15318 weblogic   0.7    71   0.0  1.61gb  3.15gb SLEEP
java            15317 weblogic   0.5    70   0.0  1.57gb  3.14gb SLEEP
java            15319 weblogic   0.5    71   0.0  1.59gb  3.14gb SLEEP
glance          17324 weblogic   0.5     1   0.0  56.6mb  62.0mb STRMS
java            15263 weblogic   0.3    68   0.0   806mb  3.14gb SLEEP
java            15208 weblogic   0.3    71   0.0  1.60gb  3.14gb SLEEP
scopeux           703 root       0.0     1   0.0  56.8mb  62.8mb SLEEP
midaemon          612 root       0.0    18   0.0   150mb   165mb SLEEP
zagent           2890 root       0.0    28   0.0  21.5mb  87.4mb SLEEP
perfd             588 root       0.0     4   0.0  56.3mb  63.1mb SLEEP
cimservermai     2307 cimsrvr    0.0    47   0.0  40.2mb  52.2mb SLEEP
cimprovagt       2308 root       0.0    29   0.0  89.9mb   145mb SLEEP
java             2858 root       0.0    14   0.0  97.5mb   274mb SLEEP
vxfsd             123 root       0.0    18   3.8  19.1mb  21.5mb SLEEP




Enter PID (15197) : 15197
Default                                                                          Cancel
```

그림 14.7 Glance의 실행과 'G' 키를 입력해 상세 스레드를 확인할 pid 입력

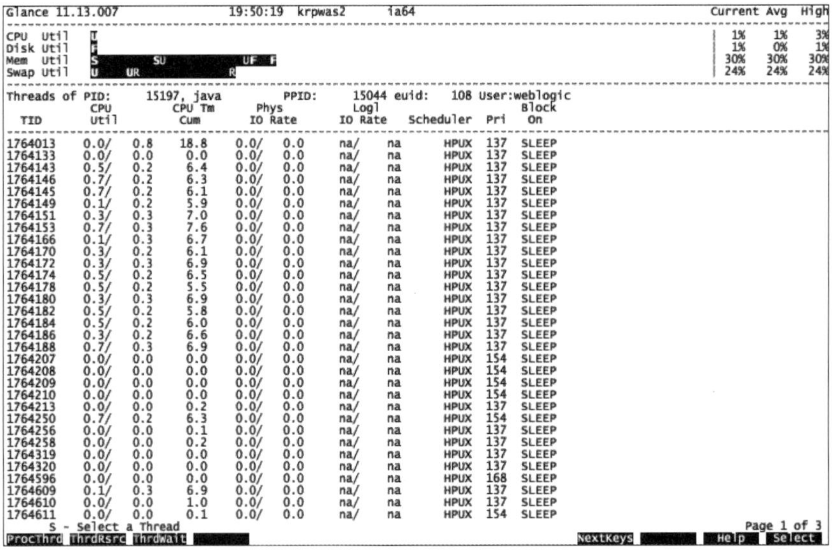

```
Glance 11.13.007              19:50:19  krpwas2      1a64                    Current Avg High
CPU  Util |T                                                                     1%   1%    3%
Disk Util |M                                                                     1%   0%    1%
Mem  Util |S       SU        UF F                                               30%  30%   30%
Swap Util |U    UR          R                                                   24%  24%   24%

Threads of PID:      15197, java        PPID:      15044 euid:     108 User:weblogic
                CPU          CPU Tm        Phys           Logl              Block
      TID      Util           Cum        IO Rate       IO Rate  Scheduler Pri  On
   1764013    0.0/  0.8       18.8       0.0/  0.0      na/   na    HPUX  137  SLEEP
   1764133    0.0/  0.0        0.0       0.0/  0.0      na/   na    HPUX  137  SLEEP
   1764143    0.5/  0.2        6.4       0.0/  0.0      na/   na    HPUX  137  SLEEP
   1764146    0.7/  0.2        6.3       0.0/  0.0      na/   na    HPUX  137  SLEEP
   1764145    0.7/  0.2        6.1       0.0/  0.0      na/   na    HPUX  137  SLEEP
   1764149    0.1/  0.2        5.9       0.0/  0.0      na/   na    HPUX  137  SLEEP
   1764151    0.3/  0.3        7.0       0.0/  0.0      na/   na    HPUX  137  SLEEP
   1764153    0.7/  0.3        7.6       0.0/  0.0      na/   na    HPUX  137  SLEEP
   1764166    0.1/  0.3        6.7       0.0/  0.0      na/   na    HPUX  137  SLEEP
   1764170    0.3/  0.2        6.1       0.0/  0.0      na/   na    HPUX  137  SLEEP
   1764172    0.3/  0.3        6.9       0.0/  0.0      na/   na    HPUX  137  SLEEP
   1764174    0.5/  0.2        6.5       0.0/  0.0      na/   na    HPUX  137  SLEEP
   1764178    0.5/  0.2        5.5       0.0/  0.0      na/   na    HPUX  137  SLEEP
   1764180    0.3/  0.3        6.9       0.0/  0.0      na/   na    HPUX  137  SLEEP
   1764182    0.5/  0.2        5.8       0.0/  0.0      na/   na    HPUX  137  SLEEP
   1764184    0.5/  0.2        6.0       0.0/  0.0      na/   na    HPUX  137  SLEEP
   1764186    0.3/  0.2        6.6       0.0/  0.0      na/   na    HPUX  137  SLEEP
   1764188    0.7/  0.3        6.9       0.0/  0.0      na/   na    HPUX  137  SLEEP
   1764207    0.0/  0.0        0.0       0.0/  0.0      na/   na    HPUX  154  SLEEP
   1764208    0.0/  0.0        0.0       0.0/  0.0      na/   na    HPUX  154  SLEEP
   1764209    0.0/  0.0        0.0       0.0/  0.0      na/   na    HPUX  154  SLEEP
   1764210    0.0/  0.0        0.0       0.0/  0.0      na/   na    HPUX  154  SLEEP
   1764213    0.0/  0.0        0.2       0.0/  0.0      na/   na    HPUX  137  SLEEP
   1764250    0.7/  0.2        6.3       0.0/  0.0      na/   na    HPUX  154  SLEEP
   1764256    0.0/  0.0        0.1       0.0/  0.0      na/   na    HPUX  137  SLEEP
   1764258    0.0/  0.0        0.2       0.0/  0.0      na/   na    HPUX  137  SLEEP
   1764319    0.0/  0.0        0.0       0.0/  0.0      na/   na    HPUX  137  SLEEP
   1764320    0.0/  0.0        0.0       0.0/  0.0      na/   na    HPUX  137  SLEEP
   1764596    0.0/  0.0        0.0       0.0/  0.0      na/   na    HPUX  168  SLEEP
   1764609    0.1/  0.3        6.9       0.0/  0.0      na/   na    HPUX  137  SLEEP
   1764610    0.0/  0.0        1.0       0.0/  0.0      na/   na    HPUX  154  SLEEP
   1764611    0.0/  0.0        0.1       0.0/  0.0      na/   na    HPUX  154  SLEEP
               S - Select a Thread                                            Page 1 of 3
ProcThrd ThrdRsrc ThrdWait                                     NextKeys         Help  Select
```

그림 14.8 CPU 사용률이 높은 TID 확인

TID를 확인해 스레드 덤프의 `lwp_id`가 일치하는 스레드를 찾는다.

```
"[ACTIVE] ExecuteThread: '4' for queue: 'weblogic.kernel.Default (self-tuning)'"
daemon prio=7 tid=6000000003c6f800 nid=63 lwp_id=1764013 in Object.wait()
[9fffffebb800000]
```

14.2.5 스틱 스레드 에러

웹로직에서 설정한 시간(기본 600초) 이상의 요청이 수행되면 스틱 스레드Stuck Thread
로 마킹을 하는데 웹로직 운영자에게 경고를 주기 위함이며 스레드 상태를 자체적으
로 해결하지는 않는다. 스틱 스레드가 되는 현상의 원인은 다음의 경우가 있다.

- 외부 리소스의 응답 대기
- 데드락
- 동기화(락킹)
- 파일 IO

외부 리소스의 대표적인 예는 SQL 수행 결과의 처리나 EJB의 원격Remote 통신이 있
다. 한 가지 예로 SQL을 DB에서 직접 수행하는 경우에는 빠른데, 웹로직에서는 느린
경우 웹로직은 데이터를 받기만 하지 않고 데이터를 사용자에게 보여주기 위한 형태

로 가공해야 하고 가공을 위해 메모리에 적재하는 과정이 필요하다. 실제 하나의 char 객체는 크기가 작지만 여러 개의 char 배열을 처리하고 해당 배열을 패킹packing하는 과정을 거치면 그 크기는 가늠할 수 없을 정도로 커지는 경우도 있다. 또한 원격 리소스와의 네트워크 속도가 느린 경우 데이터를 받기 위한 대기시간으로 인해 서비스가 지연되기도 한다.

파일 IO는 주로 업로드나 다운로드 시 서비스 사용자의 네트워크 상태에 따라 지연되는 경우가 있고 웹로직이 실행되는 OS 플랫폼의 디스크 IO 속도가 느려 IO 작업을 실행하는 경우 서비스가 지연되는 형상이 발생한다. 스턱 스레드 에러가 발생하면 표준 출력 로그상에 웹로직 요청한 서비스와 스택이 표시되어 문제 해결에 도움을 준다.

```
"[STUCK] ExecuteThread: '2' for queue: 'weblogic.kernel.Default (self-tuning)'"
daemon prio=10 tid=0x61a5b000 nid=0x25f runnable [0x6147b000..0x6147eeb0]
    java.lang.Thread.State: RUNNABLE
        at java.net.SocketInputStream.socketRead0(Native Method)
        at java.net.SocketInputStream.read(SocketInputStream.java:129)
        at oracle.net.ns.Packet.receive(Packet.java:239)
        at oracle.net.ns.DataPacket.receive(DataPacket.java:92)
        at oracle.net.ns.NetInputStream.getNextPacket
            (NetInputStream.java:172)
        at oracle.net.ns.NetInputStream.read(NetInputStream.java:117)
        at oracle.net.ns.NetInputStream.read(NetInputStream.java:92)
        at oracle.net.ns.NetInputStream.read(NetInputStream.java:77)
        at oracle.jdbc.driver.T4CMAREngine.unmarshalUB1
            (T4CMAREngine.java:1023)
        at oracle.jdbc.driver.T4CMAREngine.unmarshalSB1
            (T4CMAREngine.java:999)
...
```

리스트 14.3 SocketRead 상태로서 DB 결과를 받는 스레드 처리 지연

14.2.6 Reached maximum capacity of pool 메시지

웹로직에서 수행되는 요청이 실행 스레드로 전달되어 수행 도중 DB와의 연계 작업이 필요한 경우 데이터 소스를 사용한다. 데이터 소스를 웹로직에서 설정해 사용하면 모니터링과 자원관리 및 기타 편의 기능을 제공하는데 데이터 소스에 설정된 용량이 부족하면 웹로직은 표준 출력 로그에 Reached maximum capacity of pool 메시지를 출력한다.

```
<BEA-000627> <Reached maximum capacity of pool "MyPool", making "0" new
resource instances instead of "10".>
```

위 메시지는 'MyPool 이름의 데이터 소스에서 10개씩 증가하게 설정한 상태이나 최대 용량 값에 도달하여 신규로 0개를 만들었다.'라고 해석된다. 최댓값의 데이터 소스 용량에 도달한 커넥션 풀 상태이기 때문에 더 이상 자원을 추가하지 못하는 상황으로 DB에 부하가 가중되어 응답이 느리거나 웹로직에서 DB의 자원을 소모하는 요청이 지연되는 현상으로 확인할 수 있다. 이 경우 최대 수치를 증가시키는 방안도 있지만 DB에 자원도 한계가 있기 때문에 현재 수치가 적정한지, 애플리케이션에서 더 빠른 처리가 가능하도록 수정이 가능한지, 커넥션 릭Connection Leak을 유발하는 소스가 없는지 확인이 필요하다.

14.2.7 새로운 큐

행 업 현상이나 서비스 지연 현상에 대해 애플리케이션을 수정하여도 특정 작업의 성격상 지연이 발생하는 요청에 대해서만 웹로직에서 별도의 큐를 할당해 처리하는 설정이 가능하다. 웹로직 8.1 버전에서 새로운 큐를 생성하고 웹 애플리케이션에 특정 요청을 할당하는 방법은 다음과 같다.

1. 어드민 콘솔에 로그인한다.

2. Admin Console ➤ [Domain Name] ➤ Servers ➤ [SERVER_NAME] ➤ Monitoring ➤ General ➤ Monitor all Active Queues ➤ Configuration을 선택하거나 Admin Console ➤ [Domain Name] ➤ Servers ➤ [SERVER_NAME] ➤ 우클릭 ➤ View Execute Queues를 선택한다.

3. 새로운 큐를 생성하기 위해 Configure a new Execute Queue...를 선택한다.

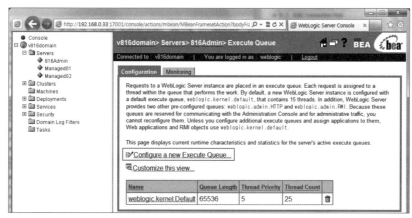

그림 14.9 새로운 큐를 생성하기 위해 'Configure a new Execute Queue...' 선택

4. weblogic.kernel.Default 기본 큐에서 스레드를 설정하는 것과 같은 방법으로 큐를
정의한다.

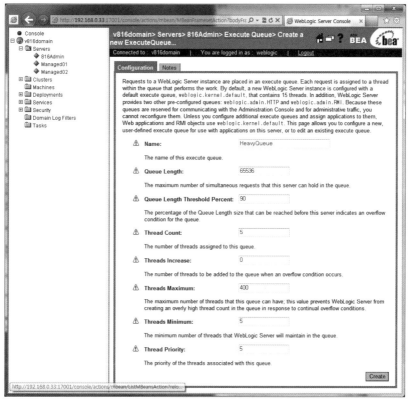

그림 14.10 새로운 큐의 정의

5. 배치된 웹 애플리케이션의 web.xml을 수정한다.

```xml
<?xml version='1.0' encoding='UTF-8'?>
<web-app xmlns="http://java.sun.com/xml/ns/javaee" xmlns:xsi="http://www.
w3.org/2001/XMLSchema-instance">
  <servlet>
    <servlet-name>HeavyQueueServlet</servlet-name>
    <jsp-file>/heavy.jsp</jsp-file>
    <init-param>
      <param-name>wl-dispatch-policy</param-name>
      <param-value>HeavyQueue</param-value>
    </init-param>
  </servlet>
  <servlet-mapping>
    <servlet-name>HeavyQueueServlet</servlet-name>
    <url-pattern>/long/*</url-pattern>
  </servlet-mapping>
</web-app>
```

리스트 14.4 HeavyQueue에 특정 파일이나 url 패턴 설정

6. 서버를 재기동한다.

web.xml에서 지정한 특정 페이지나 URL에 대한 요청에 대해 새로 생성한 큐에서 처리하는 것을 확인한다. 모니터링은 Admin Console ➤ [SERVER_NAME] ➤ Monitoring ➤ General ➤ Monitor all Active Queues... ➤ [QUEUE_NAME]에서 가능하다.

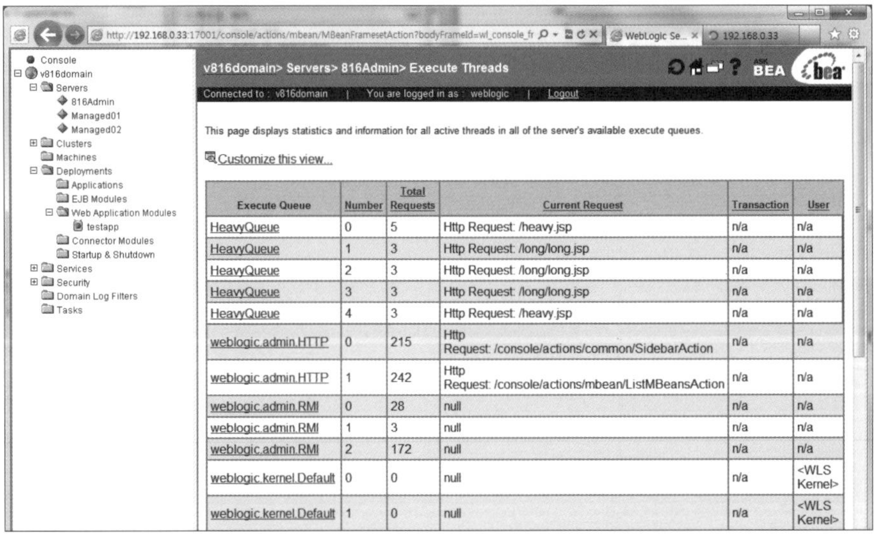

그림 14.11 추가한 큐에서 처리하는 요청 모니터링

14.2.8 새로운 작업 관리자

웹로직 9.0 이상 버전에서도 8.1의 큐 방식을 사용해 별도의 큐에서 요청에 대한 처리가 가능하다. 하지만, 스레드 카운트 수의 조절을 위해 장기적인 모니터링이 요구되기 때문에 자체 튜닝으로 최대 성능을 기대할 수 있는 작업 관리자를 이용하는 것을 권장한다. 응답지연 요청에 대해 정의할 작업 관리자의 구성 요소는 다음과 같다.

- **최대 스레드 제약 조건**: 최대 스레드를 제한한다.
- **용량 제약 조건**: 최대 스레드를 초과하는 요청에 대해 몇 개의 요청을 대기시킬 것 인 것 지정한다. 초과되는 요청은 거부된다.

새로운 작업 관리자를 구성하는 방법은 다음과 같다.

1. 어드민 콘솔에 로그인한다.

2. **어드민 콘솔 > 환경 > 작업 관리자** 위치에서 **새로 만들기**로 새 작업 관리자를 구성한다.

3. **작업 관리자** 유형을 선택하고 **이름**을 정의한다.

그림 14.12 작업 관리자 유형 선택과 이름의 정의

4. 새로운 작업 관리자가 수행될 대상 **서버**를 선택한다. 처리할 요청이 포함된 애플리케이션이 배치되어 있는 서버여야 한다.

5. 생성된 작업 관리자를 확인하고 설정을 위해 **새 작업 관리자**를 선택한다.

6. **최대 스레드 제약 조건**(Max Thread Constraint)을 생성하기 위해 해당 항목의 **새로 만들기**를 선택한다.

그림 14.13 최대 스레드 제약 조건 새로 만들기

7. 최대 스레드 제약 조건의 **이름**과 Count를 정의한다.

그림 14.14 이름과 최댓값 정의

8. **최대 스레드 제약 조건**을 수행될 대상 서버를 선택한다.

9. 작업 관리자 설정 화면에서 **용량 제약 조건**(Capacity Constraint)을 생성하기 위해 해당 항목의 **새로 만들기**를 선택한다.

그림 14.15 용량 제약 조건 새로 만들기

10. 용량 제약 조건의 **이름**과 Count를 정의한다.

그림 14.16 이름과 제한 값 정의

11. 용량 제약 조건을 수행할 대상 서버를 선택한다.

12. 작업 관리자 설정을 확인하고 저장한다.

13. 배치된 웹 애플리케이션의 web.xml을 수정한다.

```xml
<?xml version='1.0' encoding='UTF-8'?>
<web-app xmlns="http://java.sun.com/xml/ns/javaee" xmlns:xsi="http://www.
w3.org/2001/XMLSchema-instance">
  <servlet>
    <servlet-name>HeavyWMServlet</servlet-name>
    <jsp-file>/heavy.jsp</jsp-file>
    <init-param>
      <param-name>wl-dispatch-policy</param-name>
      <param-value>HeavyWM</param-value>
    </init-param>
  </servlet>
  <servlet-mapping>
    <servlet-name>HeavyWMServlet</servlet-name>
    <url-pattern>/long/*</url-pattern>
  </servlet-mapping>
</web-app>
```

리스트 14.5 HeavyWM에 특정 파일이나 url 패턴 설정

web.xml에서 지정한 특정 페이지나 URL에 대한 요청에 대해 새로 생성한 큐에서 처리하는 것을 확인한다. 모니터링은 **어드민 콘솔 ＞ [SERVER_NAME] ＞ Monitoring ＞ Thread**에서 확인 가능하다.

이름 ▲	총 요청 수	현재 요청	트랜잭션	사용자	유휴	막힘	호감	대기
[ACTIVE] ExecuteThread: '0' for queue: 'weblogic.kernel.Default (self-tuning)'	3517	Workmanager: consoleWorkManager, Version: 0, Scheduled=true, Started=true, Started time: 49 ms		weblogic	false	false	false	false
[ACTIVE] ExecuteThread: '1' for queue: 'weblogic.kernel.Default (self-tuning)'	947	Workmanager: HeavyWM, Version: 0, Scheduled=true, Started=true, Started time: 3210 ms		<anonymous>	false	false	false	false
[ACTIVE] ExecuteThread: '10' for queue: 'weblogic.kernel.Default (self-tuning)'	17			<WLS Kernel>	true	false	false	false
[ACTIVE] ExecuteThread: '11' for queue: 'weblogic.kernel.Default (self-tuning)'	16			<WLS Kernel>	true	false	false	false
[ACTIVE] ExecuteThread: '12' for queue: 'weblogic.kernel.Default (self-tuning)'	17			<WLS Kernel>	true	false	false	false
[ACTIVE] ExecuteThread: '13' for queue: 'weblogic.kernel.Default (self-tuning)'	17			<WLS Kernel>	true	false	false	false
[ACTIVE] ExecuteThread: '14' for queue: 'weblogic.kernel.Default (self-tuning)'	17			<WLS Kernel>	true	false	false	false
[ACTIVE] ExecuteThread: '15' for queue: 'weblogic.kernel.Default (self-tuning)'	15			<WLS Kernel>	true	false	false	false
[ACTIVE] ExecuteThread: '16' for queue: 'weblogic.kernel.Default (self-tuning)'	16	Workmanager: HeavyWM, Version: 0, Scheduled=true, Started=true, Started time: 3578 ms		<anonymous>	false	false	false	false
[ACTIVE] ExecuteThread: '2' for queue: 'weblogic.kernel.Default (self-tuning)'	3103			<WLS Kernel>	true	false	false	false
[ACTIVE] ExecuteThread: '3' for queue: 'weblogic.kernel.Default (self-tuning)'	782			<WLS Kernel>	true	false	false	false
[ACTIVE] ExecuteThread: '4' for queue: 'weblogic.kernel.Default (self-tuning)'	755			<WLS Kernel>	true	false	false	false
[ACTIVE] ExecuteThread: '5' for queue: 'weblogic.kernel.Default (self-tuning)'	657			<WLS Kernel>	true	false	false	false
[ACTIVE] ExecuteThread: '6' for queue: 'weblogic.kernel.Default (self-tuning)'	254	Workmanager: HeavyWM, Version: 0, Scheduled=true, Started=true, Started time: 3386 ms		<anonymous>	false	false	false	false
[ACTIVE] ExecuteThread: '7' for queue: 'weblogic.kernel.Default (self-tuning)'	45	Workmanager: HeavyWM, Version: 0, Scheduled=true, Started=true, Started time: 4122 ms		<anonymous>	false	false	false	false
[ACTIVE] ExecuteThread: '8' for queue: 'weblogic.kernel.Default (self-tuning)'	23	Workmanager: HeavyWM, Version: 0, Scheduled=true, Started=true, Started time: 3018 ms		<anonymous>	false	false	false	false
[ACTIVE] ExecuteThread: '9' for queue: 'weblogic.kernel.Default (self-tuning)'	17			<WLS Kernel>	true	false	false	false

그림 14.17 추가한 작업 관리자에서 처리하는 요청 모니터링

최대 스레드 제약 조건 수를 5개로 하고 용량 제약 조건 수를 7개로 했다면 동시 요청 개수는 7개이고 처리 가능한 스레드는 5이며 용량 제약 조건에서 지정한 수 이상의 요청이 들어오면 503 에러를 발생시키며 거부된다. 웹 서버를 통해 요청하는 경우 플러그인 설정의 **ErrorPage**를 지정해 안내 페이지를 보여줄 수도 있다.

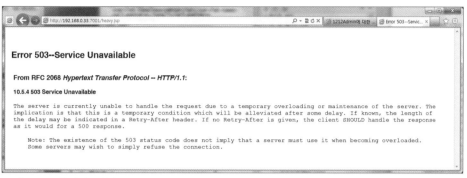

그림 14.18 요청이 거부되어 리턴된 503 에러 페이지

그림 14.19 플러그인의 'ErrorPage /TooManyRequest.jsp' 설정으로 리디렉션된 페이지

14.2.9 활성 상태가 아닌 접속 시간 초과 옵션

데이터 소스에 설정된 커넥션 풀의 수는 한정적이기 때문에 커넥션 릭이 발생하면 점차 사용할 자원이 부족하여 결국 서비스 행 업이나 지연을 유발한다. 최근의 개발 툴이나 프레임워크에서는 커넥션 릭이 발생하지 않도록 디자인되었으나, `getConnection()`을 별도로 수행하도록 코딩하는 경우 간혹 `close()`하지 않아 릭이 발생하기도 한다. 웹로직에서는 접속을 스레드에서 사용하지 않는 상태로 있는 경우 **활성 상태가 아닌 접속 시간 초과**(Inactive Connection Timeout) 설정을 통해 강제로 반환하는 설정이 있다. 기본값은 0으로 사용하지 않는 상태인데 활성 상태의 접속이라도 스레드에서 외부 트랜잭션 수행 후 다시 해당 접속을 사용하는 경우도 있기 때문에 기대되는 요청

시간만큼의 타임아웃 시간을 설정해야 한다. **활성 상태가 아닌 접속 시간 초과** 설정은 데이터 소스, 혹은 커넥션 풀 설정의 구성의 고급 설정에 있다.

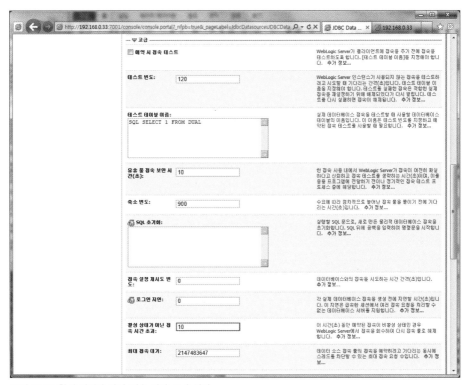

그림 14.20 활성 상태가 아닌 접속 시간 초과 설정

close()되지 않은 접속은 설정 시간만큼의 시간이 경과한 후 강제로 반환되어 유휴idle 상태로 변경된다. 강제 반환 시 표준 출력에 Forcibly releasing inactive/harvested connection 메시지가 출력된다.

```
<Apr 3, 2014 2:06:25 PM KST> <Warning> <JDBC> <BEA-001153> <Forcibly releasing
inactive/harvested connection "weblogic.jdbc.wrapper.PoolConnec
tion_oracle_jdbc_driver_T4CConnection@3" back into the data source connection
pool "JDBC Data Source", currently reserved by: java.lang.Exception
    ...
    at jsp_servlet.__leak._jspService(__leak.java:90)
    ...
```

14.2.10 Too Many Open Files 에러

유닉스/리눅스 환경에서는 프로세스마다 파일을 열수 있는 개수가 지정된다. 웹로직 서버에 요청이 증가하거나 하나의 화면에서 보여주는 파일의 개수가 많으면 요청처리를 위해 파일을 열거나, 소켓을 사용하게 되는데, 파일이나 소켓이 FD$^{File\ Descriptor}$를 사용하며, 설정 값 이상을 넘는 요청을 처리하게 되면 `Too many open files` 에러가 발생한다.

```
Caused by: java.io.IOException: java.io.IOException: error=24, Too many open files
    at java.lang.UNIXProcess.<init>(UNIXProcess.java:148)
    at java.lang.ProcessImpl.start(ProcessImpl.java:65)
    at java.lang.ProcessBuilder.start(ProcessBuilder.java:453)
    ... 40 more
java.net.SocketException: Too many open files
    at java.net.PlainSocketImpl.accept(Compiled Code)
    at java.net.ServerSocket.implAccept(Compiled Code)
    at java.net.ServerSocket.accept(Compiled Code)
    at weblogic.t3.srvr.ListenThread.run(Compiled Code)
```

OS 플랫폼마다 FD 값을 설정하는 방법은 다음과 같다.

- 솔라리스: `/usr/bin/ulimit` 명령으로 변경 가능하며 최댓값은 커널의 `rlim_fd_max`로 65536이다.

- 리눅스: /etc/security/limits.conf 파일의 `soft nofile`과 `hard nofile`의 수치를 조절하거나 /etc/rc.d/rc.local 파일에 다음과 같이 설정한다.

  ```
  # Increase system-wide file descriptor limit.
  echo 4096 > /proc/sys/fs/file-max
  echo 16384 > /proc/sys/fs/inode-max
  ```

- HP-UX: `nfile`로 정의된 개수가 최대 FD 값이며 `nfile=((NPROC*2)+1000)`으로 계산된다. NPROC 값은 `NPROC=((MAXUSERS*5)+64)`로 계산되므로 MAXUSERS를 100으로 정의하면 nfile은 2128개다. `maxfiles`는 `Soft Limit`이고 `maxfiles_lib`은 `Hard Limit`이다.

- AIX: /etc/security/limits에 FD 값을 정의하고 기본 2000개이다. `ulimit` 명령으로 설정하고 최댓값은 `OPEN_MAX` 수치다.

유닉스/리눅스 환경에서는 $WL_HOME/common/bin/commEnv.sh에서 ulimit 값을 설정한다. 웹로직 프로세스에서 사용할 FD 개수를 정의하려면 해당 스크립트의 ulmit 정의 수치를 수정한다. commEnv.sh 스크립트는 웹로직을 기동하면 불려지는 환경 파일이므로 동일한 웹로직 서버 구성을 사용하는 모든 웹로직에 적용된다.

```
# limit the number of open file descriptors
resetFd() {
  if [ ! -n "`uname -s|grep -i cygwin||uname -s|grep -i windows_nt||\ uname -s
  |grep -i HP-UX`" ]
  then
    ofiles=`ulimit -S -n`
    maxfiles=`ulimit -H -n`
    if [ "$?" = "0" -a  `expr ${maxfiles}: '[0-9][0-9]*$'` -eq 0 -a `expr
    ${ofiles}: '[0-9][0-9]*$ '` -eq 0 ]; then
      ulimit -n 4096
    else
      if [ "$?" = "0" -a `uname -s` = "SunOS" -a `expr ${maxfiles}: '[0-9][0-
      9]*$'` -eq 0 ]; then
        if [ ${ofiles} -lt 65536 ]; then
          ulimit -H -n 65536
        else
          ulimit -H -n ${ofiles}
        fi
      fi
    fi
  fi
}
```

리스트 14.6 'commEnv.sh' 스크립트에서 정의하는 FD 값

프로세스에서 사용 중인 FD 값은 유닉스/리눅스 플랫폼에서는 lsof -p <pid>로 확인 가능하나 lsof가 설치되지 않았다면 /proc/<pid>/fd에서 확인 가능하다. 윈도우 플랫폼에서는 handle -p java를 사용해 확인할 수 있다.

: 2부를 마치며 :

웹로직을 운영하면서 발생할 수 있는 모든 경우의 수에 대한 답은 정해지지 않지만, 웹로직의 기능들과 장애의 원인을 알고 나면 정답에 가까운 방안을 찾아갈 수 있다. 혹자는 문제만 생기면 WAS 엔지니어를 찾는다고 한다. 아마도 WAS의 역할이 요청을 받고, 처리하는 역할과 자원 관리 역할도 맡고 있기 때문이 아닌가 싶다. 웹로직을 통해 WAS의 역할과 서비스에서 차지하는 위치를 파악하면 전체적인 흐름을 알 수 있고, 따라서 누군가에게는 시스템 설계에, 애플리케이션 개발에, 서비스 운영과 관리에 도움을 줄 수 있었으면 한다.

부록
A

이클립스 연동

이클립스는 개발 툴로 자바를 비롯한 다양한 개발 언어를 지원한다. 오라클의 Jdeveloper나 웹로직이 번들되어 있는 OEPE 버전을 사용하면 WAS 서버로 웹로직을 선택하는 플러그인이 설치되어있으나 eclipse.org에서 받은 파일에는 별도의 웹로직 플러그인이 존재하지 않기 때문에 설치 과정이 필요하다. 또한 이클립스와의 연동을 위해 웹로직이 설치되어 있어야 하고 도메인은 개발 모드로 구성되어야 한다. 플러그인을 설치하고 WAS 서버로 웹로직을 선택하는 방법은 다음과 같다.

1. 이클립스를 설치한다.
2. 설치 후 메뉴의 Help에 있는 Install New Software...를 선택한다.
3. Work with:에 http://download.oracle.com/otn_software/oepe/〈배포판이름〉을 넣는다. 배포판 이름은 Kepler, Juno, Indigo와 같은 이클립스 버전에 따른 별칭을 넣는다.
4. 아래 Oracle Enterprise Pack for Eclipse가 추가되면 확장하여 Oracle WebLogic Server Tools를 선택해 진행한다.

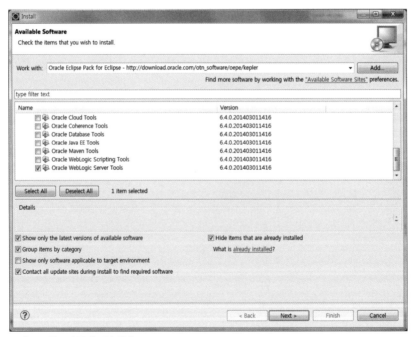

그림 A.1 웹로직 플러그인 선택

5. 설치 파일 다운로드 후 플러그인 목록이 확인된다. 라이선스에 대한 동의를 물어 보는 경우 동의 후 진행하면 설치가 진행된다. 완료 후 재시작한다.

6. 이클립스 메뉴의 File 항목에 New에 있는 Others를 선택한다. 또는 하단의 Servers 탭의 No servers are available. Click this link to create a new server...를 클릭한다. 또는 Ctrl+N 단축키로 실행해 type filter text에 server를 입력하면 Server 추가 아이콘 목록이 나타난다. 선택해 진행한다.

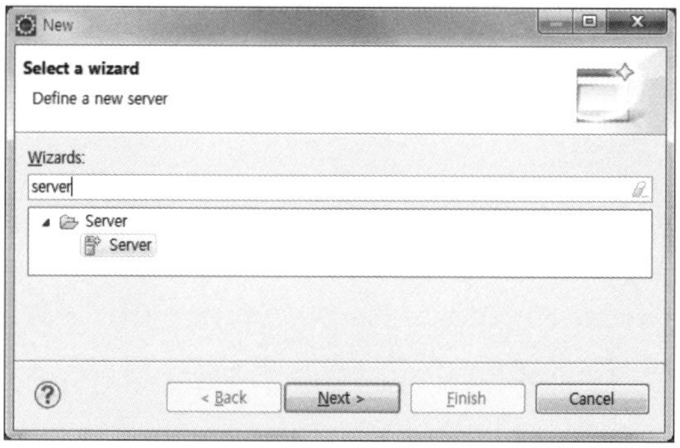

그림 A.2 서버 새로 만들기

7. 오라클에 있는 사용하고자 하는 웹로직 버전을 선택하고 웹로직 호스트 이름과 표기될 이름을 정의한다. 호스트 이름에는 원격지 이름이나 IP를 사용할 수도 있다.

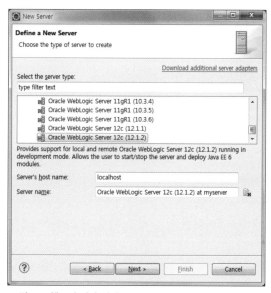

그림 A.3 웹로직 서버 선택

8. WebLogic home에는 WL_HOME 경로를 넣는다. WL_HOME에 설정된 JAVA_HOME 정보로 아래 Java home은 자동으로 채워지나 임의의 경로를 지정할 수도 있다.

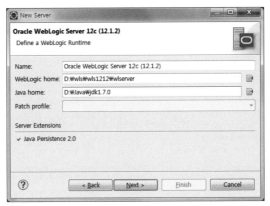

그림 A.4 웹로직 정보 입력

9. 웹로직 도메인을 선택하며 boot.properties 파일이 정의되어 있지 않으면 생성하라는 안내가 상단에 출력된다. 도메인이 없으면 도메인 디렉토리 입력란의 우측에 **별 세 개 모양** 아이콘으로 새로운 도메인을 생성할 수 있다.

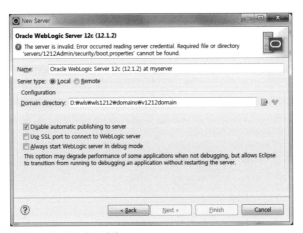

그림 A.5 도메인 정보 입력

10. 생성되어 있는 애플리케이션이 있는 경우 해당 애플리케이션을 서버에 등록한다.

이런 과정을 통해 이클립스에서 생성한 애플리케이션을 웹로직에 배치하여 사용 가능하다.

클러스터 영구 저장소

weblogic.xml에서는 여러 가지 형태의 영구 저장소^{persistent store}를 제공한다. 기본적으로는 메모리로 설정되어 있지만 웹로직의 클러스터 환경에서의 동작을 위해 `replicated`나 `replicated_if_clustered` 형태를 사용하기도 한다. 이 같은 방법은 메모리상의 복제를 사용한 방법으로 Primary와 Secondary로 구성된 방법을 사용한다. 하지만, 장애 상황은 예상대로 발생하지 않기 때문에 여러 가지 경우를 생각해 구성해 볼 수 있다.

B.1 : [persistent-store: jdbc]

클러스터에 구성된 웹로직 서버가 동시에 둘 이상이 정지되면 메모리 복제 방식의 경우 세션이 유실될 가능성이 크다. 따라서 별도의 세션 저장소를 구성하는 경우를 생각할 수 있는데 오라클 코히어런스나 오픈소스인 인피니스팬^{Infinispan}, 국산 제품인 메타세션^{MetaSession} 등을 사용해 메모리 세션 저장소를 구성할 수 있다. 또는 웹로직의 기본 영구 저장소 유형 중에 DB를 이용하는 방법으로 세션을 DB에 저장하는 방법이 있다.

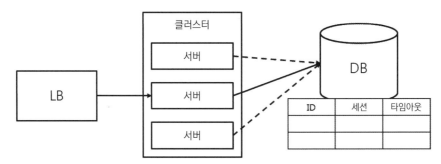

그림 B.1 DB의 영구 저장소 유형

DB를 영구 저장소로 사용하는 경우 Primary와 Secondary 형태의 세션 구성이 필요 없고 모든 클러스터 멤버 서버가 하나의 세션을 공유한다는 장점이 있다. 다만 바로 메모리에 세션을 저장하는 것이 아닌 DB에 저장한다는 성능상의 이슈가 있을 수 있다. DB를 영구 저장소로 사용하기 위해 우선 DB에 `wl_servlet_sessions` 테이블을 생성한다.

```
CREATE TABLE wl_servlet_sessions (
wl_id VARCHAR2(100) NOT NULL,
wl_context_path VARCHAR2(100) NOT NULL,
wl_is_new CHAR(1),
wl_create_time NUMBER(20),
wl_is_valid CHAR(1),
wl_session_values LONG RAW,
wl_access_time NUMBER(20),
wl_max_inactive_interval
INTEGER, PRIMARY KEY (wl_id, wl_context_path) );
```

리스트 B.1 'wl_servlet_sessions' 테이블 생성

이후 테이블을 생성한 DB와의 데이터 소스를 생성하고 웹 애플리케이션의
weblogic.xml에서 해당 데이터 소스를 persistent-store-pool로 지정한다.

```
<weblogic-web-app>

  <context-root>/</context-root>

  <session-descriptor>
    <persistent-store-type>jdbc</persistent-store-type>
    <persistent-store-pool>sessionDS</persistent-store-pool>
  </session-descriptor>

</weblogic-web-app>
```

리스트 B.2 weblogic.xml의 jdbc 유형의 영구 저장소 지정

생성된 세션은 데이터 소스를 통해 DB에 저장되며 테이블을 조회하면 저장된 세션
값을 확인할 수 있다.

그림 B.2 'wl_servlet_sessions'에 저장된 세션 값

B.2 : [persistent-store: file]

영구 저장소로 메모리나 DB를 사용하는 방법과 함께 로컬 환경의 파일에 저장하는 방법을 사용할 수 있다. 같은 파일 시스템을 사용하는 서버 간이나 HA로 구성된 서버에 적용하는 것이 바람직하다. 영구 저장소 유형을 파일로 정의하고 `persistent-store-dir`로 세션이 저장될 경로를 지정하면 해당 경로에 세션을 파일 형태로 저장한다. `persistent-store-dir` 경로를 지정하지 않으면 기본 경로인 '$DOMAIN_HOME/servers/[SERVER_NAME]/data/store'에 저장되므로 클러스터 환경에서는 동일 경로의 파일을 사용하기 위해 별도의 경로를 지정해야 한다.

```
<weblogic-web-app>

  <context-root>/</context-root>

  <session-descriptor>
    <persistent-store-type>file</persistent-store-type>
    <persistent-store-dir>/tmp/sessionDir</persistent-store-dir>
  </session-descriptor>

</weblogic-web-app>
```

리스트 B.2 weblogic.xml의 file 유형의 영구 저장소 지정

생성된 디렉토리에는 웹 애플리케이션 이름으로 세션 저장 디렉토리가 생성된다.

그림 B.3 'persistent-store-dir' 경로에 생성되는 세션

모니터링 툴

웹로직을 모니터링하는 방법은 기본적인 어드민 콘솔의 모니터링 탭의 수치를 확인하는 방법도 있지만 일반적인 JVM의 모니터링을 위해 제공되는 툴이 존재한다. APM^{Application Performance Manager} 툴로 사용자 분석이나 성능 개선 모니터링, 자원에 대한 모니터링을 제공받을 수도 있고 간단히 JVM의 자원만을 모니터링 하기위해 JMX^{Java Management eXtensions}를 활용하는 모니터링 툴을 이용할 수 있다.

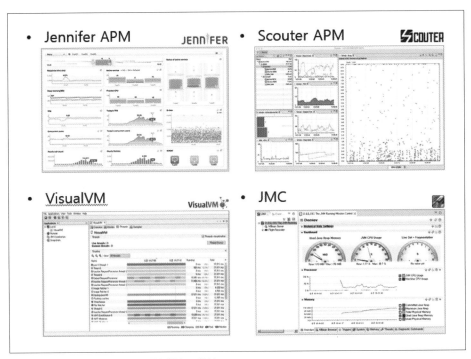

그림 C.1 Jennifer APM, Scouter APM과 Visual VM

썬 계열의 JDK를 설치하면 기본적으로 JDK 1.5부터 Jconsole, JDK 1.6.0_18부터 JVisualVM, JDK 1.7부터 자바 미션 컨트롤^{Java Mission Control}을 제공하며 '$JAVA_HOME/bin'에 실행 파일이 있다. 기본적으로 동일 로컬에서 수행되는 자바 프로세스는 자동으로 감지하고 원격지의 JVM의 경우 JMX 설정을 통해 원격으로 정보를 전달받는다. JMX 설정을 위한 자바 옵션은 다음과 같다.

- `Dcom.sun.management.jmxremote`
- `Dcom.sun.management.jmxremote.port=18001`
- `Dcom.sun.management.jmxremote.ssl=false`

- Dcom.sun.management.jmxremote.authenticate=false

설정을 추가하면 com.sun.management.jmxremote.port에 추가한 포트 번호로 JMX 모니터링 접근이 가능하다.

C.1 : Jconsole: [$JAVA_HOME/bin/jconsole]

Jconsole의 경우 가장 먼저 JDK에 포함된 툴이며 별도의 확장 기능 없이 직관적인 데이터를 확인할 수 있다.

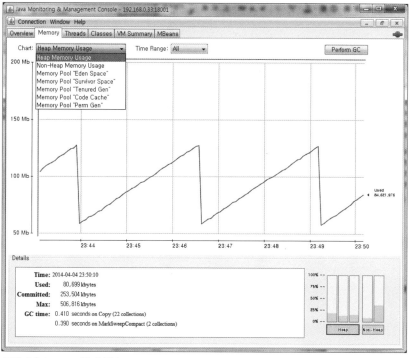

그림 C.2 Jconsole의 대시보드

C.2 : JVisualVM: [$JAVA_HOME/bin/jvisualvm]

Jconsole에서 부족한 부분인 플러그인의 추가와 스냅샷snapshot 기능, 스레드 덤프, 힙 덤프 기능들을 갖춘 툴로서, http://visualvm.java.net에서 공식 배포하고 있다.

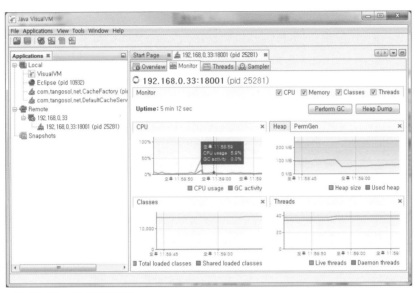

그림 C.3 JVisualVM의 대시보드

C.3 : Java Mission Control: [$JAVA_HOME/bin/jmc]

JDK의 변형인 JRockit이 기본 JDK와 병합되는 과정에서 JDK 1.7부터 추가된 툴이다. 오라클에서 관리하는 툴로서 웹로직이나 코히어런스와 같은 제품에 대한 플러그인이 제공된다. JVisualVM과 기능상 비슷하나 실시간 CPU 사용율이 높은 스레드의 탐지와 데드락 탐지 기능이 있고 특정 시간동안의 데이터를 수집하는 레코딩Recoding 기능이 제공된다. 레코딩 기능을 사용하기 위해서는 JDK 1.7.0_4 이상 버전에서 자바 옵션에 -XX:+UnlockCommercialFeatures -XX:+FlightRecorder이 추가되어야 한다.

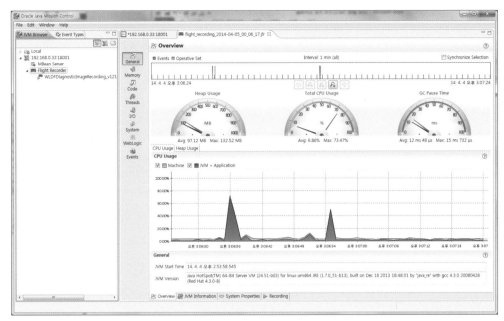

그림 C.4 자바 미션 컨트롤의 대시보드

JMX를 사용해 모니터링되는 정보만으로도 장애 감지와 분석에 도움이 될 수 있다. 각 시스템 환경에 맞는 도구를 사용해 좀 더 편리하고 쉽게 모니터링을 해보도록 하자.

C.4 : Scouter Project

스카우터는 오픈소스 APM 툴로서 웹로직을 포함하는 자바 어플리케이션 대부분에 적용할수 있는 툴이다. APM의 주요한 특징으로 실시간 모니터링과 성능데이터 측정, 저장, 성능 저하 원인 규명을 위한 다양한 데이터 제공을 특징으로 한다. 이 프로젝트가 있기 이전에는 성능 관리를 위해 필요한 데이터를 각기 다른 툴을 통해 수집하거나 상용 APM을 도입하여야 했으나, 2015년 공개된 스카우터 APM으로 고민을 덜어낼 수 있다.

- 프로젝트 페이지 : https://github.com/scouter-project/scouter
- 스카우터 OSS APM 사용자 모임 : https://www.facebook.com/groups/scouterapm/

2017년 9월 기준으로 1.7 버전이 릴리즈 된 상태이며 당월 11일 프로젝트 리더가 1.8을 예고한 바 있다. 개발자와 사용자간의 활발한 커뮤니케이션으로 지속적으로 기능의 추가와 버그 수정이 진행되고 있으며 기업에서 운영 환경에 도입하여 사용할 정도로 완성도와 신뢰도가 높다. 또한 향후 자바 어플리케이션 외에 레디스나 웹서버, NodeJS 등 또한 지원할 계획을 갖고 있다.

스카우터는 표준 HttpServlet 기반 자바 어플리케이션의 데이터 수집을 위한 '자바 에이전트'와 에이전트가 실행중인 운영체제의 자원을 수집하기 위한 '호스트 에이전트', 수집되는 데이터를 한데모으는 '서버'와 이클립스 기반의 '클라이언트'로 구분되어진다. 또한 프로젝트의 방향성이 'Scouter는 개발자를 위한 APM이며 실제로 문제 해결에 최적화된 APM을 핵심가치로 합니다.' 라는 취지에 맞게 기본으로 제공되어지는 에이전트나 설정 외에도 사용자가 에이전트를 개발할 수 있으며 다양한 형태의 플러그인도 개발할 수 있다는 강점이 있다.

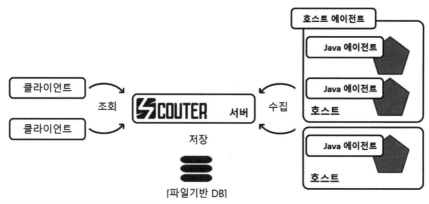

그림 C.4.1 스카우터의 일반적인 구성

기본적인 설치 방법은 매우 간단하며 서버, 클라이언트, 에이전트 순으로 진행하며 https://github.com/scouter-project/scouter/releases/ 에서 다운로드 받을 수 있다. 서버와 클라이언트는 'scouter-all-x.x.x.tar.gz' 형태로 되어있고 클라이언트는 'scouter.client.product-{os}.{platform}.{architecture}.zip' 형태로 되어있다. 클라이언트는 사용자의 환경에 맞게 다운로드 받을 수 있도록 주의하고 JDK를 미리 설치해 놓는다.

스카우터 APM의 사용법이나 활용방안에 대하여는 프로젝트 페이지나 사용자 모임에 상세하게 나와 있으니 여기서는 간단히 설치에 대한 내용만 다루고자 한다.

C.4.1 스카우터 서버 설치

다운로드 페이지에서 받은 'scouter-all-x.x.x.tar.gz'의 'server' 디렉토리 내용을 사용한다. 서버 설정은 conf디렉토리의 'scouter.conf'을 사용하고 포트나 저장 데이터 또는 로그 위치를 변경하고자 하는 경우에 다음을 추가하여 조정하도록 한다. 상세 설정은 클라이언트 실행 후 더 많은 설정 값을 확인 할 수 있다.

```
# Agent Control and Service Port(Default : TCP 6100)
net_tcp_listen_port=6100

# UDP Receive Port(Default : 6100)
net_udp_listen_port=6100

# DB directory(Default : ./database)
db_dir=./database

# Log directory(Default : ./logs)
log_dir=./logs
```

리스트 C.4.1 스카우터 서버 설정과 기본 값

시작 스크립트는 리눅스나 유닉스, 맥 용으로 쉘파일인 startup.sh 를 사용하고 윈도우는 startup.bat을 사용한다. 서버 정지는 stop 스크립트를 사용하면 된다.

```
  ____          _
 / ___| ___ ___  _   _| |_ ___ _ __
 \___ \ / __/ \| | | | __/ _ \ '__|
  ___) | (_| (+) | |_| | ||  __/ |
 |____/ \___\__/ \__,_|\__\___|_|
 Open Source S/W Performance Monitoring
 Scouter version 1.7.3.1

System JRE version : 1.8.0_144
```

리스트 C.4.2 스카우터 서버 실행 화면

C.4.2 스카우터 클라이언트 설치

다운로드 페이지에서 받은 'scouter.client.product-{os}.{platform}.{architecture}.
zip'를 받아 실행한다. 계정정보 입력 폼이 나오면 'Server Address'에 스카우터 서
버 ip와 설정한 port를 입력하여 기본 계정 정보로 'ID'는 'admin', 'Password'는
'admin'을 입력한다. 해당 계정 정보는 로그인 후 변경 가능하다.

그림 C.4.2 스카우터 클라이언트 실행과 대상 서버, 계정 입력

클라이언트 상에서 계정을 수정하고자 하는 경우 상단의 메뉴에서 'Collector 〉
Management 〉 Account 〉 Edit Account' 상에서 기본 암호 변경이 수정 가능하고
'Add Account' 로 새로운 사용자를 추가할 수 도 있다.

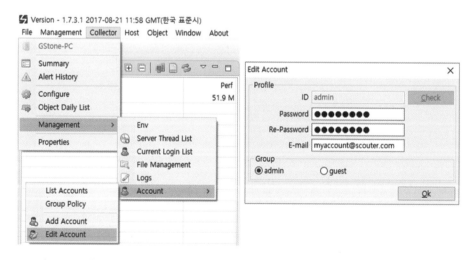

그림 C.4.3 스카우터 계정 관리

C.4.3 스카우터 호스트 에이전트 설치

스카우터 에이전트는 자바 프로세스가 실행중인 호스트 환경 모니터링을 위한 호스트 에이전트와 실제 자바 프로세스에서 어플리케이션 성능 데이터 수집에 필요한 자바 에이전트가 있다. 호스트에이전트의 실행은 어플리케이션 성능 측정과는 별개로 해당 호스트의 CPU나 메모리 같은 기본 성능 데이터를 수집한다. 우선 호스트 에이전트는 다운로드 페이지에서 받은 'scouter-all-x.x.x.tar.gz'의 'agent.host' 디렉토리 내용을 사용하며 JDK나 JRE만 설치되어있다면 단독으로 실행 가능하다. 호스트 설정은 기본 대상이 conf디렉토리의 'scouter.conf'을 사용하며 실행시 '-Dscouter.conf' 옵션에 대상 설정 파일을 지정할 수 도 있다. 서버에 데이터 전송을 위해 서버의 네트워크 설정 정보를 'net_collector_ip', 'net_collector_udp_port', 'net_collector_tcp_port'에 알맞게 기입한다.

```
### scouter host configruation sample
net_collector_ip=127.0.0.1
net_collector_udp_port=6100
net_collector_tcp_port=6100
```

리스트 C.4.3 스카우터 호스트 설정과 서버 기본 값

시작 스크립트는 리눅스나 유닉스, 맥 용으로 쉘파일인 host.sh 를 사용하고 윈도우는 host.bat을 사용한다. 서버 정지는 stop 스크립트를 사용하면 된다.

```
   ____                      _
  / ___|  ___ ___  _   _| |_ ___ _ __
  \___ \ / __/ _ \| | | | __/ _ \ '_|
   ___) | (_| (+) | |_| | ||  __/ |
  |____/ _____/ \__,_|\_\___|_|
  Open Source S/W Performance Monitoring
  Scouter version 1.7.3.1

Configure -Dscouter.config=.\conf\scouter.conf
Scouter Host Agent Version 1.7.3.1 2017-08-21 11:58 GMT
System JRE version : 1.8.0_144
```

리스트 C.4.4 스카우터 호스트 실행 화면

C.4.4 스카우터 자바 에이전트 설치

호스트 에이전트는 다운로드 페이지에서 받은 'scouter-all-x.x.x.tar.gz'의 'agent.java' 디렉토리 내용을 사용하며 자바 어플리케이션에 옵션을 추가하여 실행된다. 설정은 기본 대상이 conf디렉토리의 'scouter.conf'을 참고하여 사용하며 여러개의 자바 어플리케이션을 각각 관리하기 위해 별도의 설정 파일을 생성하는 것이 바람직 하다.

```
### scouter java agent configruation sample
#obj_name=WLS-01
net_collector_ip=127.0.0.1
net_collector_udp_port=6100
net_collector_tcp_port=6100
```

리스트 C.4.5 스카우터 호스트 설정과 서버 기본 값

자바 어플리케이션에 스카우터를 적용하기 위해 '-javaagent', '-Dscouter.conf', '-Dobj_name'을 추가한다.

```
-javaagent:${SCOUTER_AGENT_DIR}/scouter.agent.jar -
Dscouter.config=${SCOUTER_AGENT_DIR}/conf/wls-01.conf -Dobj_name=WLS-01
```

리스트 C.4.6 스카우터 자바 에이전트 적용을 위한 자바 옵션 값의 예

```
  _____                  _
 / ___|  ___ ___  _   _| |_ ___ _ __
 \___ \ / __/ _ \| | | | __/ _ \ '__|
  ___) | (_| (+) | |_| | ||  __/ |
 |____/ \___\__/ \__,_|\__\___|_|
 Open Source S/W Performance Monitoring
 Scouter version 1.7.3.1

20170917 17:38:14 [SCOUTER] Version 1.7.3.1 2017-08-21 11:58 GMT
20170917 17:38:14 [SCOUTER] loaded by system classloader
20170917 17:38:14 [SCOUTER] jar:file:/D:/wls/scouter/agent.java/scouter.agent.
jar
20170917 17:38:14 [SCOUTER] objType:java
20170917 17:38:14 [SCOUTER] objName:/GStone-PC/WLS-01
```

```
20170917 17:38:14 [A113] Counter Collector Started (#17)
20170917 17:38:14 [SCOUTER] Configure -Dscouter.config=D:\wls\scouter\agent.
java\conf\wls-01.conf
20170917 17:38:14 [A100] agent boot seed=x2g8q7fps26
```

리스트 C.4.7 스카우터 자바 에이전트가 적용된 로그

분석 툴

웹로직에서 분석을 위해 GC로그나 힙 덤프, 스레드 덤프를 수집하였어도 그대로의 내용을 참고해 분석하기는 사실상 어렵고 불편하다. 이런 불편한점을 해소해줄 몇가지 분석 툴을 살펴보자.

D.1 ┊ IBM HeapAnalyzer

IBM에서 제공하는 힙 덤프 분석 툴로서, JVM에서 생성한 힙 덤프파일을 읽어 힙 메모리 사용정보를 제공한다. 버전 업데이트도 활발하고 기능도 많이 추가되고 있다.

- 다운로드 페이지 : https://www.ibm.com/developerworks/community/groups/service/html/communitystart?communityUuid=4544bafe-c7a2-455f-9d43-eb866ea60091

다운로드 링크를 통해 받은 파일은 ha###.jar 파일로서 ha 이름 뒤에는 버전이 표기된다. 실행 방법은 jar 파일을 실행하듯 -jar을 사용해 실행하는데, 힙 덤프를 분석하는 경우 다소 큰 메모리가 요구된다.

```
# java -Xms8g -Xmx8g -jar ha456.jar
```

분석하기 위해 실행된 HeapAnalyzer의 메뉴 File에서 Open을 선택하거나 좌측 폴더 모양의 아이콘을 통해 힙 덤프 파일을 선택한다.

그림 D.1 힙 분석기에서 힙 덤프 파일 선택

처리 도중 OOME가 발생하면 실행 시 부여하는 메모리를 더 늘려준다. 처리가 완료되면 힙 덤프가 생성될 당시의 상태와 객체, 객체가 차지하는 힙 메모리 크기 등의 정보를 확인할 수 있다. Leak Suspect 항목에서는 메모리를 가장 많이 차지하여 메모리 릭을 유발한 객체를 가리키는 것으로 해당 객체가 점유한 힙 사이즈와 내부 객체 리스트를 보여주는 Tree View로 이동할 수 있다. 메모리 릭이나 많은 힙을 요구하는 객체를 확인해 트리의 끝으로 이동하면 해당 객체에서 요청한 클래스와 정보를 확인할 수 있다.

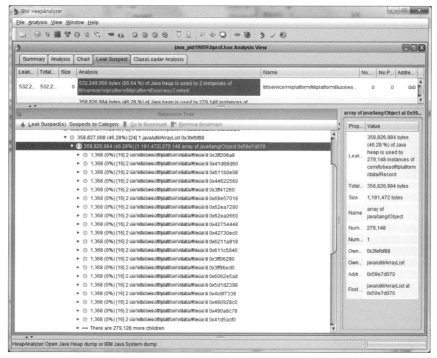

그림 D.2 Leak Suspect 객체가 점유하는 메모리 크기와 정보

D.2 : 이클립스 메모리 분석기

이클립스의 프로젝트 중 하나로 힙 덤프를 분석하는 툴이며 MAT^{Memory Analyzer}로 불린다.

- 다운로드 페이지: http://www.eclipse.org/mat/

다운로드 링크를 통해 받은 파일의 압축을 풀고 MemoryAnalyzer.exe를 실행하면 되는데 MAT의 메모리 설정은 MemoryAnalyzer.ini 파일에서 설정한다. 방법은 jar 파일을 실행하듯이 -jar을 사용해 실행하는데 힙 덤프를 분석하는 경우 다소 큰 메모리가 요구된다.

```
-startup
plugins/org.eclipse.equinox.launcher_1.2.0.v20110502.jar
--launcher.library
plugins/org.eclipse.equinox.launcher.win32.win32.x86_64_1.1.100.v20110502
-vmargs
-Xms12g
-Xmx12g
```

분석하기 위해 실행된 MAT의 메뉴 File에서 Open Heap Dump...를 선택해 힙 덤프 파일을 선택한다.

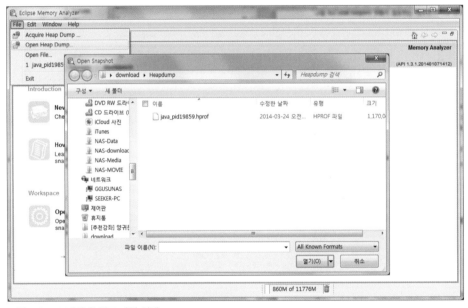

그림 D.3 MAT에서 힙 덤프 파일 선택

힙 덤프 파일을 읽으면 어떤 보고서 유형을 선택할지 선택한다. 보고서는 MAT에서 힙 덤프 파일에 대한 Overview 탭에서도 선택할 수 있다. OOME로 인한 힙 덤프 파일이면 Leak Suspects Report를 선택해 OOME를 유발하는 객체로 추정되는 객체를 보여준다.

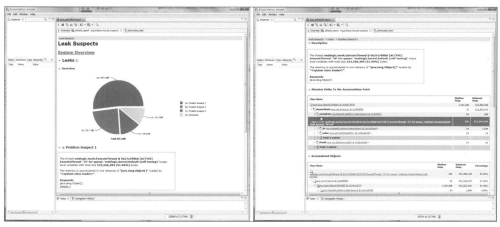

그림 D.4 'Leak Suspect Report'와 주요 요인에 대한 세부 화면

D.3 : GC Analyzer: [Pattern Modeling and Analysis Tool for Java Garbage Collector]

IBM에서 제공하는 GC로그 분석 툴로서 JVM에서 생성한 GC로그를 읽어 사용 정보와 그래프를 제공한다. 버전 업데이트도 활발하고 기능도 많이 추가되고 있다.

- 다운로드 페이지 : https://www.ibm.com/developerworks/community/ groups/service/html/communitystart?communityUuid=22d56091-3a7b-4497-b36e-634b51838e11

다운로드 링크를 통해 받은 파일은 ga###.jar 파일로서 ga 이름 뒤에는 버전이 표기 된다. 실행 방법은 jar 파일을 실행하듯이 -jar을 사용해 실행하며 GC로그 분석에 메 모리가 부족한 경우에는 다음과 같이 메모리를 충분히 설정한다.

```
# java -Xms1g -Xmx1g -jar ga456.jar
```

분석하기 위해 실행된 GC 분석기Analyzer의 메뉴 File에서 플랫폼별 GC 유형을 선 택하거나 좌측 폴더 모양의 아이콘을 통해 GC 로그가 기록된 파일을 선택한다. 아이 콘은 왼쪽부터 **자동 선택**, AIX verbosegc, Sun verbosegc, HP-UX Xverbosegc 형태의 로그다.

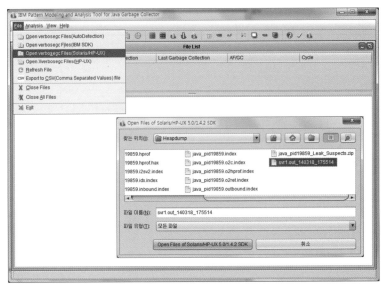

그림 D.5 GC 분석기에서 GC 로그 파일 선택

로딩된 GC 로그는 File List에 나타나며 GC 로그의 정보를 토대로 요약 뷰가 생성
된다.

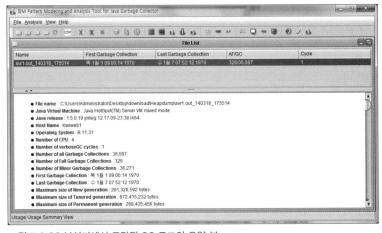

그림 D.6 GC 분석기에서 로딩된 GC 로그의 요약 뷰

메뉴 Analysis에서 Graph View All을 선택하면 GC 추이를 보여주는 그래프를 나타낸다. 우측 선택지에서 보고 싶은 유형의 GC 그래프를 선택하면 화면에 해당 추이를 보여주는 그래프가 추가된다.

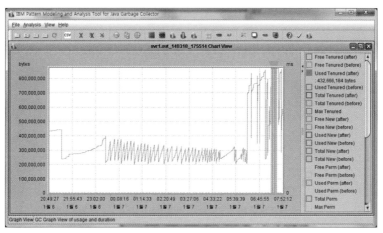

그림 D.7 GC Analyszer에서 로딩된 GC 로그의 그래프

찾아보기

에이콘출판의 기틀을 마련하신 故 정완재 선생님 (1935-2004)

설치에서 트러블슈팅까지 웹로직의 모든 것 WebLogic Expert

엔지니어, 개발자, 아키텍트, 운영자를 위한 버전 8부터 12까지

발　행 ｜ 2014년 6월 30일

지은이 ｜ 이 규 석 · 김 민 수

펴낸이 ｜ 권 성 준
편집장 ｜ 황 영 주
편　집 ｜ 이 지 은
디자인 ｜ 박 주 란

에이콘출판주식회사
서울특별시 양천구 국회대로 287 (목동)
전화 02-2653-7600, 팩스 02-2653-0433
www.acornpub.co.kr / editor@acornpub.co.kr

Copyright ⓒ 에이콘출판주식회사, 2014, Printed in Korea.
ISBN 978-89-6077-571-8
ISBN 978-89-6077-093-5 (세트)
http://www.acornpub.co.kr/book/weblogic-expert

이 도서의 국립중앙도서관 출판시도서목록(CIP)은 서지정보유통지원시스템 홈페이지(http://seoji.nl.go.kr)와
국가자료공동목록시스템(http://www.nl.go.kr/kolisnet)에서 이용하실 수 있습니다.(CIP제어번호: CIP2014018593)

책값은 뒤표지에 있습니다.